全面注册制下

企业发行上市审核

规/则/详/解

廖正江·编著

中国财经出版传媒集团
中国财政经济出版社
北京

图书在版编目（CIP）数据

全面注册制下企业发行上市审核规则详解 / 廖正江编著. -- 北京 ：中国财政经济出版社，2024.5

ISBN 978-7-5223-3048-8

Ⅰ. ①全… Ⅱ. ①廖… Ⅲ. ①股份有限公司－上市－审批制度－研究－中国 Ⅳ. ①F279.246

中国国家版本馆CIP数据核字（2024）第075151号

责任编辑：郁东敏　　责任校对：胡永立

封面设计：中通世奥　　责任印制：党　辉

全面注册制下企业发行上市审核规则详解

QUANMIAN ZHUCEZHI XIA QIYE FAXING SHANGSHI SHENHE GUIZE XIANGJIE

中国财政经济出版社 出版

URL：http：//www.cfeph.cn

E-mail：cfeph @cfemg.cn

社址：北京市海淀区阜成路甲28号　邮政编码：100142

营销中心电话：010-88191522

天猫网店：中国财政经济出版社旗舰店

网址：https：//zgczjjcbs.tmall.com

中煤（北京）印务有限公司印刷　各地新华书店经销

成品尺寸：170mm × 240mm　16开　32.75印张　431 000字

2024年5月第1版　2024年5月北京第1次印刷

定价：108.00元

ISBN 978-7-5223-3048-8

（图书出现印装问题，本社负责调换，电话：010-88190548）

本社图书质量投诉电话：010-88190744

打击盗版举报热线：010-88191661　QQ：2242791300

序言

股票发行注册制是我国资本市场改革的重大举措，也是我国证券法律制度的重大创新。自2023年2月17日起，我国全面实施了股票发行注册制，为此，中国证监会和各相关机构发布了一系列制度规则，涉及股票发行、上市、交易、信息披露、监管执法等各个环节，构建了一个完整的法律框架，为股票发行注册制的顺利运行提供了法律保障。

全面注册制相关制度规则不仅数量众多，而且内容复杂，涉及法律、财务、金融等多个领域和层面的知识以及不断变化的市场实践，一般读者理解起来存在较大困难。特别是，全面注册制的相关制度规则蕴含了许多新理念、新机制和新举措，需要对这些内容进行重新认识和理解。本书以8章48个专题，从发行上市审核基本知识、发行条件、上市条件、发行审核重点关注问题等多个方面，对全面注册制下IPO审核规则的重点条文进行了详尽的解读，旨在将艰深晦涩的规则内容以通俗易懂的方式呈现给读者。

本书特色：

第一，精解精析。对规则逐条、逐段、逐句进行解释，甚至具体到关键词，充分展示条款深层含义；同时，详细分析规则作出相关规定的缘由、背景，发掘规则内在逻辑，使读者不仅知其然，而且知其所以然，从而对规则有更深刻的认识。

第二，紧贴新法。规则的阐释融入了2023年12月29日修订的《公司法》新规的精神，对于规则与新规之间存在的差异，也预测性地提示了规则可能发生的变化，充分考虑和反映了公司法新规对今后证券规则的影响。

第三，注重规则稳定性。本书主要聚焦2023年2月17日及之后证监会、交易所发布的相关规则。这些规则多在科创板和创业板先行试点，经过实践检验，已逐渐成熟并趋于稳定。它们不仅构成了相对完整且全面的规则体系，而且在近期内发生重大修改的可能性较小。本书内容力求不因规则或者法规名称的修改而影响本书价值。

在编写本书过程中，作者参考了大量的文献资料和实践案例，并得到了许多同行和专家的指导和帮助，在此表示衷心的感谢。由于证券规则固有的专业性和复杂性、市场环境变化导致对规则理解的滞后性，以及作者个人主观认知的局限性等原因，本书一定存在不少错误、不足，恳请读者批评指正。

作者邮箱：lawzj@sina.com。

廖正江

二〇二四年二月十八日

凡例

一、法律、法规、规章和规范性文件名称中的“中华人民共和国”省略，其余不省略，例如《中华人民共和国证券法》简称为《证券法》。

二、除另有注明外，本书引用的主要法规、规则（含简称）对应的具体法规和规则全称、发布日期如下（但法律法规或规则原文、本书脚注中引用的法律法规，仍保持原貌）。

序号	本书所用规则名称（含简称）	法规全称、发布日期
1	《公司法》	《中华人民共和国公司法》（2023年12月29日第十四届全国人民代表大会常务委员会第七次会议第二次修订）
2	《首次公开发行股票注册管理办法》	《首次公开发行股票注册管理办法》（证监会2023年2月17日发布）
3	《招股说明书信息披露准则》	《公开发行证券的公司信息披露内容与格式准则第57号——招股说明书》（证监会2023年2月17日发布）
4	《（首发）证券期货法律适用意见第17号》	《〈首次公开发行股票注册管理办法〉第十二条、第十三条、第三十一条、第四十四条、第四十五条和〈公开发行证券的公司信息披露内容与格式准则第57号——招股说明书〉第七条有关规定的适用意见——证券期货法律适用意见第17号》（证监会2023年2月17日发布）
5	《监管规则适用指引——发行类第4号》	《监管规则适用指引——发行类第4号》（证监会2023年2月17日发布）

续表1

序号	本书所用规则名称（含简称）	法规全称、发布日期
6	《监管规则适用指引——法律类第2号》	《监管规则适用指引——法律类第2号：律师事务所从事首次公开发行股票并上市法律业务执业细则》（证监会、司法部、中华全国律师协会2022年1月28日联合发布）
7	《保荐人尽职调查工作准则》	《保荐人尽职调查工作准则》（证监会2022年5月27日发布）
8	《监管规则适用指引——关于申请首发上市企业股东信息披露》	《监管规则适用指引——关于申请首发上市企业股东信息披露》（证监会2021年2月9日发布）
9	《监管规则适用指引——发行类第8号股票发行上市注册工作规程》	《监管规则适用指引——发行类第8号股票发行上市注册工作规程》（证监会2023年2月17日发布）
10	《公开发行证券的公司信息披露内容与格式准则第46号——北京证券交易所公司招股说明书》	《公开发行证券的公司信息披露内容与格式准则第46号——北京证券交易所公司招股说明书》（证监会2023年2月17日公布）
11	《公开发行证券的公司信息披露内容与格式准则第58号——首次公开发行股票并上市申请文件》	《公开发行证券的公司信息披露内容与格式准则第58号——首次公开发行股票并上市申请文件》（证监会2023年2月17日发布）
12	《试点创新企业境内发行股票或存托凭证并上市监管工作实施办法》	《试点创新企业境内发行股票或存托凭证并上市监管工作实施办法》（证监会2023年2月17日发布）
13	《存托凭证发行与交易管理办法（试行）》	《存托凭证发行与交易管理办法（试行）》（证监会2023年2月17日发布）
14	《上市公司股权激励管理办法》	《上市公司股权激励管理办法》（证监会2018年8月15日修正）
15	《关于上市公司实施员工持股计划试点的指导意见》	《关于上市公司实施员工持股计划试点的指导意见》（证监会2014年6月20日发布）
16	《上市公司股东、董监高减持股份的若干规定》	《上市公司股东、董监高减持股份的若干规定》（证监会2017年5月26日发布）

续表2

序号	本书所用规则名称（含简称）	法规全称、发布日期
17	《非上市公众公司监管指引第6号——股权激励和员工持股计划的监管要求（试行）》	《非上市公众公司监管指引第6号——股权激励和员工持股计划的监管要求（试行）》（证监会2020年8月21日发布）
18	《上市公司分拆规则（试行）》	《上市公司分拆规则（试行）》（证监会2022年1月5日发布）
19	《上市公司独立董事管理办法》	《上市公司独立董事管理办法》（证监会2023年8月1日发布）
20	《上市公司独立董事规则》	《上市公司独立董事规则》（证监会2022年1月5日发布）
21	《上市公司收购管理办法》	《上市公司收购管理办法》（证监会2014年10月23日修订）
22	《上市公司监管指引第2号——上市公司募集资金管理和使用的监管要求》	《上市公司监管指引第2号——上市公司募集资金管理和使用的监管要求》（证监会2022年1月5日发布）
23	《科创属性评价指引》	《科创属性评价指引》（证监会2022年12月30日修订）
24	《上海证券交易所股票上市规则》	《上海证券交易所股票上市规则》（2023年8月修订）》
25	《深圳证券交易所股票上市规则》	《深圳证券交易所股票上市规则》（2023年8月修订）》
26	《深圳证券交易所创业板股票上市规则》	《深圳证券交易所创业板股票上市规则（2023年8月修订）》
27	《上海证券交易所科创板股票上市规则》	《上海证券交易所科创板股票上市规则（2023年8月修订）》
28	《北京证券交易所股票上市规则（试行）》	《北京证券交易所股票上市规则（试行）》（北京证券交易所2023年8月4日修订）
29	《上海证券交易所股票发行上市审核规则》	《上海证券交易所股票发行上市审核规则》（上海证券交易所2023年2月17日发布）

续表3

序号	本书所用规则名称（含简称）	法规全称、发布日期
30	《深圳证券交易所股票发行上市审核规则》	《深圳证券交易所股票发行上市审核规则》（深圳证券交易所2023年2月17日发布）
31	《上海证券交易所科创板企业发行上市申报及推荐暂行规定》	《上海证券交易所科创板企业发行上市申报及推荐暂行规定》（上海证券交易所2023年8月25日修改）
32	《深圳证券交易所创业板企业发行上市申报及推荐暂行规定》	《深圳证券交易所创业板企业发行上市申报及推荐暂行规定》（深圳证券交易所2022年12月30日修订）
33	《深圳证券交易所股票发行上市审核业务指南第3号——首次公开发行审核关注要点》	《深圳证券交易所股票发行上市审核业务指南第3号——首次公开发行审核关注要点》（深圳证券交易所2023年8月21日修订）
34	《上海证券交易所发行上市审核业务指南第4号——常见问题的信息披露和核查要求自查表1–首次公开发行》	《上海证券交易所发行上市审核业务指南第4号——常见问题的信息披露和核查要求自查表1–首次公开发行》（上海证券交易所2023年3月17日发布）
35	《上海证券交易所上市公司股东及董事、监事、高级管理人员减持股份实施细则》	《上海证券交易所上市公司股东及董事、监事、高级管理人员减持股份实施细则》（上海证券交易所2017年5月27日发布）
36	《北京证券交易所上市公司证券发行上市审核规则》	《北京证券交易所上市公司证券发行上市审核规则》（北京证券交易所2023年2月17日修订）
37	《全国中小企业股份转让系统投资者适当性管理办法》	《全国中小企业股份转让系统投资者适当性管理办法》（全国中小企业股份转让系统有限责任公司2021年9月17日修订）

目录

第一章　发行上市审核概要 001

1. 发行上市审核工作的管理 …… 001
2. 发行上市审核内容、审核注册主体 …… 007
3. 板块定位原则 …… 012

第二章　发行条件 026

1. 持续经营时间 …… 026
2. 会计基础及内控制度 …… 033
3. 持续经营能力 …… 048
4. 合规经营 …… 074

第三章　上市条件 091

1. 主板上市条件 …… 091
2. 主板上市条件中的市值及财务指标 …… 098
3. 具有表决权差异安排的主板上市企业市值及财务指标 …… 108
4. 红筹企业主板上市条件 …… 111
5. 已在境外上市的红筹企业主板上市条件中的市值及财务指标 …… 122
6. 未在境外上市的红筹企业主板上市条件中的市值及财务指标 …… 127
7. 科创板、创业板上市条件 …… 137
8. 创业板上市条件中的市值及财务指标 …… 140

9. 科创板上市条件中的市值及财务指标 …… 142
10. 具有表决权差异安排的科创板、创业板上市企业市值及财务指标 …… 150

第四章　发行审核重点关注问题——发行人基本情况 152

1. 历史上自然人股东人数较多 …… 152
2. 申报前引入的新股东 …… 161
3. 申报后产生的新股东 …… 177
4. 首发申报前制定、上市后实施的期权激励计划 …… 183
5. 首发申报前实施员工持股计划 …… 221
6. 历史上存在的工会或者职工持股会持股 …… 245
7. 对赌协议 …… 250
8. 资产管理产品、契约型私募投资基金投资发行人 …… 263
9. 出资瑕疵 …… 273
10. 国有企业或者集体企业改制瑕疵 …… 279
11. 发行人资产来自于上市公司 …… 285
12. 股权质押、冻结或发生诉讼仲裁 …… 299
13. 境外控制架构 …… 306
14. 诉讼或仲裁 …… 311
15. 公众公司、H股公司或境外分拆、退市公司申请IPO …… 320

第五章　发行审核重点关注问题——公司治理与独立性 329

1. 同业竞争 …… 329
2. 关联交易 …… 346
3. 资产完整性 …… 362
4. 发行人与关联方共同投资 …… 369

5. 董事、高级管理人员、核心技术人员变化 …… 379
6. 土地使用权 …… 387

第六章 发行审核重点关注问题——实际控制人 401

1. 实际控制人及单一实际控制人 …… 401
2. 共同实际控制人 …… 424
3. 无实际控制人 …… 439
4. 国有股权无偿划转或者重组等导致发行人控股股东发生变更 …… 442

第七章 发行审核重点关注问题——规范经营 450

1. 重大违法行为 …… 450
2. 环保问题 …… 460
3. 社保、公积金缴纳 …… 469

第八章 发行审核重点关注问题——信息披露 472

1. 涉及国家秘密的豁免披露 …… 472
2. 涉及商业秘密的豁免披露 …… 483
3. 募集资金用途 …… 495

第一章

发行上市审核概要

1. 发行上市审核工作的管理

【规则规定】中国证券监督管理委员会加强对发行上市审核注册工作的统筹指导监督管理，统一审核理念，统一审核标准并公开，定期检查交易所审核标准、制度的执行情况。[①]

【规则概要】本条规则规定了中国证监会对发行上市审核注册工作的管理职权。

【规则详解】根据《证券法》第七条的规定："国务院证券监督管理机构负责依法对全国证券市场进行集中统一的监督管理。"作为国家证券市场的法定监管机构，中国证券监督管理委员会（简称"中国证监会"）根据《证券法》及其他相关法律法规，对证券市场的发行、上市、交易、登记结算以及自律管理等环节进行全面监管，以确保市场的公正、透明和稳定，保障投资者权益，并推动市场的持续健康发展。在发行上市审核注册工作方面，中国证监会承担着重要的管理职权和职责，这不仅是《证券法》第七条在证券发行领域的具体实施，也是中国证监会执行集中统一监督管理职责的关键措施和要求。

① 《首次公开发行股票注册管理办法》第四条。

（1）统筹指导监督管理

发行上市审核注册工作，是指根据《证券法》和其他法律法规的规定，对申请公开发行股票并上市的企业进行审核和注册的工作，是证券市场准入的重要环节。主要包括两个方面：一是交易所审核。交易所受理发行人的申请，全面审核判断发行人是否符合发行条件、上市条件和信息披露要求，通过交易所提问、发行人回答等方式，督促发行人和中介机构履行信息披露责任。交易所认为发行人符合发行条件和信息披露要求的，将审核意见、相关审核资料和发行人注册申请文件报送中国证监会注册。二是中国证监会注册。中国证监会在交易所受理项目后，开展注册准备工作，召开注册准备会，研究项目的“两符合”“四重大”等情况；证监会对于交易所提请注册的项目，召开注册审议会，基于交易所的审核意见，依法履行注册程序，作出是否予以注册的决定。①

加强对发行上市审核注册工作的统筹指导监督管理，是中国证监会对发行上市审核注册工作的总体要求和目标，体现了中国证监会对全国证券市场的集中统一监督管理职责和权力。

统筹，是指中国证监会从全局和战略的角度，对发行上市审核注册工作进行统一的规划、安排和协调，保持审核进度总体平衡、发行节奏与市场承受能力相适应，促进一级、二级市场协调发展。

指导，是指中国证监会制定和完善发行上市审核注册的相关规则、制度和标准，统一审核理念，明确审核要求，对交易所审核工作提供业务指导和技术支持，及时解决审核中遇到的重大问题。

① 《首次公开发行股票注册管理办法》第十九条、第二十条、第二十三条、第二十四条；《监管规则适用指引——发行类第8号股票发行上市注册工作规程》第四条、第十条、第十六条。“两符合”是指申请股票发行上市的项目是否符合国家产业政策、是否符合拟上市板块定位；“四重大”是指项目是否涉及重大敏感事项、重大无先例情况、重大舆情、重大违法线索。

监督，是指中国证监会对交易所审核工作进行有效的监督考核，对发行人是否符合国家产业政策和板块定位进行把关，对发现的重大违法违规嫌疑及时采取立案稽查、中止审核注册、暂缓发行上市、撤销发行注册等措施，对违法违规行为依法处罚。

管理，是指中国证监会对发行上市审核注册工作的实施、人员配置、内部流程、质量控制等方面进行有效的组织、协调与控制，建立健全分级把关、集体决策的内控机制，防范权力过于集中，规范公权力运行。①

中国证监会加强对发行上市审核注册工作的统筹指导监督管理，是全面实施股票发行注册制改革的重要内容，对于提升资本市场效率、规范市场秩序、保护投资者权益、促进经济发展具有重要意义。具体体现在以下几个方面：一是优化监管资源配置，提高监管效能。通过加强对发行上市审核注册工作的统筹指导监督管理，中国证监会可以更好地发挥宏观审慎管理、市场监管、法律监管、风险防控等职能，实现监管机构的职能转型，提高监管效率和效果。二是统一审核标准，规范市场行为。通过加强对发行上市审核注册工作的统筹指导监督管理，中国证监会可以统一审核理念和标准，做到公开透明，使市场主体清楚发行上市的条件和要求，避免审核标准的不一致或者不明确，规范市场主体的行为，维护市场公平公正。三是强化事前事中事后全过程监管，有效防控风险。通过加强对发行上市审核注册工作的统筹指导监督管理，中国证监会可以在事前对发行人是否符合国家产业政策和板块定位进行把关，在事中对交易所审核中遇到的重大问题及时指导，在事后对发行人的信息披露、持续监管、退市等进行监督，形成有效的监管闭环，有效防控各种风险。四是从源头提升上市公司质量，促进资本市场健康发展。通过加强对发行上市审核注册工作

① “证监会有关部门负责人就全面实行股票发行注册制答记者问”，载于中华人民共和国中央人民政府网站，https：//www.gov.cn/zhengce/2023-02/01/content_5739609.htm，最后访问日期2023年12月23日。

的统筹指导监督管理，中国证监会可以推动交易所提高审核质量，把好资本市场入口关，从源头提升上市公司质量，增强上市公司的创新能力和竞争力，促进资本市场与实体经济的良性互动，服务国家战略和经济社会发展。

（2）统一审核理念

统一审核理念，是指中国证监会根据法律法规和市场实际情况，确定适用于所有发行人和交易所的统一的审核原则、目标、方法和思路。审核理念涵盖了审核的基本目标、价值观以及审核过程中的关键考虑因素。统一的审核理念是发行上市审核注册工作的指导思想，体现了中国证监会对发行上市审核注册工作的总体定位、基本态度和核心要求，是制定和执行统一审核标准的基础和前提。

统一审核理念对于发行上市审核注册工作具有以下意义：一是明确方向。统一审核理念为发行上市审核注册工作提供了明确的指导思想和工作方向，使审核工作的目标具有一致性，为中国证监会、交易所、发行人以及投资者提供明确的运行框架，使审核工作更加公开和公平，防止偏袒或歧视性审核的出现。二是提高效率。统一审核理念为发行上市审核注册工作提供了共享的方法和思路，有助于提高申报、审核的效率。通过建立统一的审核原则和方法，申报、审核可以减少冗余的工作、资源浪费和审核过程中的不确定性，加快企业融资的速度，同时降低审核成本。

从股票发行注册制的相关法律法规、规则来看，其中体现的审核理念主要包括以下几个方面：

一是以信息披露为核心。强调发行人应当诚实守信，依法充分披露投资者作出价值判断和投资决策所必需的信息，充分揭示当前及未来可预见的、对发行人构成重大不利影响的直接和间接风险，所披露信息必须真实、准确、完整，简明清晰、通俗易懂。相关法规、规则还规定了信息披露的内容、方式、时效等要求，以及信息披露违法违规的责任和处罚。

二是把选择权交给市场。精简发行条件，特别是删除针对主板持续盈利能力要求，明确对发行人首次公开发行股票申请予以注册，不表明中国证监会和交易所对该股票的投资价值或者投资者的收益作出实质性判断或者保证，也不表明中国证监会和交易所对注册申请文件的真实性、准确性、完整性作出保证。可见，对发行人的审核，不对发行人的财务状况、经营业绩、估值水平等进行实质性审查或者判断，将选择权交给市场。

三是以风险防范为基础。在发行上市审核注册工作中，坚持“申报即担责”的原则，压实发行人、中介机构、交易所等各方责任，强化信息披露的真实性、准确性、完整性，严厉打击欺诈发行、财务造假等违法行为，形成强有力震慑；建立健全风险预警和应急处置机制，及时发现和处理发行上市审核注册过程中出现的重大风险事件，采取中止审核注册、暂缓发行上市、撤销发行注册等措施，防止风险的恶化和扩大。

（3）统一并公开审核标准

审核标准，是指审核机构或者审核人员在进行审核时所依据的规则、准则、要求或者指南，用于评价被审核对象的符合性、有效性、合理性或者其他属性。统一并公开审核标准，是指中国证监会根据法律法规和市场实际情况，在同一领域或者同一板块的审核活动中，形成一致的审核依据、范围和内容，并向社会公开，以提高审核工作的规范性、可操作性和可预期性。统一审核标准，体现了中国证监会对发行上市审核注册工作的具体要求，它是保障和实现统一审核理念的工具和手段。

统一审核理念和统一审核标准有以下几个方面的差别：一是性质上，统一审核理念是发行上市审核注册工作的指导思想，而统一审核标准是发行上市审核注册工作的具体要求。二是内容上，统一审核理念涵盖了审核的原则、目标、方法和思路，是中国证监会对发行上市审核注册工作的总体定位、基本态度和核心要求，而统一审核标准包括发行上市条件、信息披露等方面的要求，是中国证监会制定或者批准并向社会公开的具体规范、操作细则。三是功能上，统一审核理念是制定和执行统一审核标准的基础和前提，而统一审核标准是保障和实现统一审核理念的工具和手段。

统一审核标准对于发行上市审核注册工作具有以下意义：一是规范行为。统一审核标准为发行上市审核注册工作设定了明确的规范和要求，使发行上市审核注册工作按照统一的尺度进行，保证了审核工作的一致性和稳定性，避免了审核工作的随意性、歧视性等问题。二是提高质量。统一审核标准为发行上市审核注册工作提供了严谨、科学的操作细则，使发行人、中介机构等相关方清楚地了解审核规则对于发行条件、上市条件、信息披露等方面的要求，引导企业合法、规范地参与证券发行上市活动，使他们更好地规划和准备审核所需的材料和信息，提高合规性水平；同时，审核机构依据统一的规则进行工作，减少了因标准缺乏、标准不一而导致的工作偏差、重复和不必要的沟通，提高了审核质效。三是增加预期。统一审核标准为发行上市审核注册工作参与者创造了公开统一的审核环境，可以避免出现审核结果不可预期等问题，提高了审核工作的透明性，满足了市场主体和社会公众的合理需求和期待。

（4）定期检查交易所审核标准、制度的执行情况

中国证监会按照一定的频率和方式，对交易所执行统一审核标准以及自身制定或者修订的配套业务规则、细则、指引等相关制度的情况进行检查，并根据检查结果进行评价、反馈或者采取相应措施。

定期检查旨在保障发行上市审核注册制度的有效实施，促进交易所不断完善自身审核能力和水平，保障发行上市审核注册工作的质量和效率。一是保障发行上市审核注册制度的有效实施。发行上市审核注册制度是证券市场改革的重要内容，旨在提高发行人和承销机构的信息披露质量，增强投资者的自主选择权，促进市场资源的有效配置。中国证监会定期检查交易所审核标准、制度的执行情况，可以促进交易所按照法律法规和统一的审核标准，公平、公正、公开地履行审核职能，排除任何形式的干预或者操纵，从而维护发行上市审核注册制度的权威性和公信力。二是保障发行上市审核注册工作的质量和效率。发行上市审核注册工作是证券市场的重要环节，直接关系到证券市场的健康发展和投资者的利益。中国证监会定期检查交易所审核标准、制度的执行情况，可以有效监督交易所履行审核职责，及时纠正或者惩处不合格或者不良的审核结果，保障发行上市审核注册工作的质量和效率，提升证券市场的活力和吸引力。三是促进发行审核制度的完善。发行审核制度是证券市场的基础性制度，需要不断适应市场变化和发展需求，完善制度设计和运行机制。中国证监会定期检查交易所审核标准、制度的执行情况，可以及时发现发行审核制度中存在的不足或者缺陷，如审核标准是否合理、审核流程是否高效、审核结果是否公正等，并根据检查结果提出改进建议或者修订规定，提高发行审核制度的科学性和适应性，促进证券市场的健康发展和创新。

2. 发行上市审核内容、审核注册主体

【规则规定】**首次公开发行股票并上市，应当符合发行条件、上市条件以及相关信息披露要求，依法经交易所发行上市审核，并报中国证监会注册。**[①]

【规则概要】发行上市审核内容及审核、注册主体。

【规则详解】《证券法》第二十一条规定："国务院证券监督管理机构

① 《首次公开发行股票注册管理办法》第五条。

或者国务院授权的部门依照法定条件负责证券发行申请的注册。证券公开发行注册的具体办法由国务院规定。按照国务院的规定，证券交易所等可以审核公开发行证券申请，判断发行人是否符合发行条件、信息披露要求，督促发行人完善信息披露内容。”据此，《国务院办公厅关于贯彻实施修订后的证券法有关工作的通知》就推进证券公开发行注册制、落实好公司债券公开发行注册制要求、完善证券公开发行注册程序等问题作出了规定。在前述法律框架下，本条规则进一步明确了首次公开发行股票的审核内容、审核主体与注册主体。

（1）发行上市审核的内容

规则规定，首次公开发行股票并上市，应当符合发行条件、上市条件以及相关信息披露要求。①

发行条件，此处是指公司首次公开发行股票需要满足的一系列法定要求和标准，包括持续经营年限、财务与会计规范、持续经营能力等方面的要求。②设置发行条件的目的是保证发行人具有一定的经营能力和信用水

① 《首次公开发行股票注册管理办法》第十九条、第二十条规定：“交易所主要通过向发行人提出审核问询、发行人回答问题方式开展审核工作，判断发行人是否符合发行条件、上市条件和信息披露要求，督促发行人完善信息披露内容。”“交易所按照规定的条件和程序，形成发行人是否符合发行条件和信息披露要求的审核意见。认为发行人符合发行条件和信息披露要求的，将审核意见、发行人注册申请文件及相关审核资料报中国证监会注册；认为发行人不符合发行条件或者信息披露要求的，作出终止发行上市审核决定。”《上海证券交易所股票发行上市审核规则》《深圳证券交易所股票发行上市审核规则》第四条规定：“本所对发行人的发行上市申请文件进行审核（以下简称发行上市审核），认为发行人符合发行条件、上市条件和信息披露要求的，将审核意见、发行上市申请文件及相关审核资料报中国证监会注册；认为发行人不符合发行条件、上市条件或者信息披露要求的，作出终止发行上市审核的决定。”第五条规定：“本所发行上市审核基于板块定位，重点关注并判断下列事项：（一）发行人是否符合中国证监会规定的股票发行条件；（二）发行人是否符合本所规定的股票上市条件；（三）发行人的信息披露是否符合中国证监会和本所要求。”

② 《首次公开发行股票注册管理办法》第二章“发行条件”、《北京证券交易所向不特定合格投资者公开发行股票注册管理办法》第二章“发行条件”。

平，能够承担发行股票的法律责任和风险。发行条件是发行注册制改革下仅保留的必要门槛，审核监管部门不再对企业的投资价值作出判断。关于发行条件的解析，参见本书第二章。

上市条件，是指企业申请在证券交易所挂牌交易股票必须满足的条件，包括股本总额、公开发行比例、市值及财务指标等方面的要求。[①]设置上市条件的目的是保证上市公司具有一定的质量和规模，能够适应证券交易所的交易规则和监管要求。不同证券交易所按照注册制改革下多元包容的市场分层安排，根据不同板块的定位和特色，设置了不同的上市条件。关于上市条件的解析，参见本书第三章。

发行条件、上市条件的侧重点有所不同，前者重点关注发行人在发行前的基本资质和法律合规性，以及是否符合国家的产业政策，更多地从投资者保护的角度出发，防止不合格的发行人进入市场，损害投资者的利益；后者更注重发行人在上市后的市场价值和成长性，以及是否符合交易所的市场定位和功能，更多地从市场发展的角度出发，引导优质的上市公司进入市场，提升市场的活力和效率。

信息披露要求，是指企业在发行上市过程中必须遵守的信息披露规则和标准，包括信息披露内容、格式、程序、时限等方面的要求。[②]信息披露要求的目的是保证发行人及时、公平地向投资者公开真实、准确、完整的信息，让投资者自主作出投资决策。信息披露要求是注册制改革下以信息披露为核心的理念，监管部门通过问询、现场检查、监管执法等方式，

---

① 《上海证券交易所股票上市规则》/《深圳证券交易所股票上市规则》第三章第一节；《上海证券交易所科创板股票上市规则》/《深圳证券交易所创业板股票上市规则》/《北京证券交易所股票上市规则（试行）》第二章第一节。

② 信息披露要求主要包括证券法及相关法规、《首次公开发行股票注册管理办法》第四章“信息披露”、《公开发行证券的公司信息披露内容与格式准则第57号——招股说明书》《公开发行证券的公司信息披露内容与格式准则第46号——北京证券交易所公司招股说明书》以及其他规则的相关要求。

压实发行人、中介机构及其他义务主体的信息披露责任。

申报IPO必须符合发行条件、符合上市条件、符合信息披露要求，是注册制改革下对企业发行上市的基本要求，体现了注册制改革的本质——把选择权交给市场。通过放宽发行上市门槛，提高信息披露质量，强化市场约束和法治约束，促进资本市场功能优化，更好地服务实体经济。

（2）发行上市审核主体、注册主体

①审核主体

发行上市审核主体，是指在股票发行注册制下，对企业申请公开发行股票并上市的申请文件进行审核的机构和人员。根据《首次公开发行股票注册管理办法》等相关规定，股票发行上市审核主体主要是证券交易所。交易所设立独立的审核部门，负责审核发行人是否符合发行条件、上市条件和信息披露要求，并出具审核报告；设立上市委员会，负责对审核报告和申请文件提出审议意见；设立科技创新咨询委员会或行业咨询专家库，负责为板块建设和发行上市审核提供专业咨询和政策建议。[①]

将发行上市审核职权交给证券交易所具有以下好处：一是有利于提高审核工作的市场化、专业化和法治化水平。证券交易所作为市场主体，更能了解市场需求和动态，更能运用专业知识和技术，更能遵循法律法规和规则规范，对发行人进行有效的审核。二是有利于压实证券交易所的主体责任和提高自律管理能力。证券交易所作为审核主体，必须按照有关业务规则履行审核职责，保证审核质量和效率；通过制定、完善相关业务规则、细则、指引等，规范和指导发行人和中介机构的行为，提高自身的审核能力和水平。三是有利于优化监管资源配置和提高监管效率和效果。证券交易所作为审核主体，可以减轻中国证监会的审核负担，让中国证监会更多地从宏观审慎监管的角度，对市场进行有效的指导、监督和管理。中

① 《首次公开发行股票注册管理办法》第十九条。

国证监会可以通过检查、评估、问责等方式，对证券交易所的审核工作进行有效的监督和管理。

当然，将发行上市审核职权完全交给证券交易所也可能出现以下弊端，一是不同证券交易所之间的审核标准和程序存在差异或者冲突。不同证券交易所可能根据自身的定位和特色，制定不同的业务规则、细则、指引，导致发行人在不同证券交易所申请上市时，面临不同的审核要求和流程。为此，中国证监会需加强对发行上市审核注册工作的统筹指导监督管理，统一审核理念、审核标准并监督交易所执行。二是证券交易所在审核工作中的利益冲突或者失误。证券交易所作为市场主体，可能受到市场竞争或者其他因素的影响，在审核工作中偏离公平、公正、公开的原则，或者出现疏漏、错误、违规等情况。三是可能导致中国证监会在注册决定中出现延迟或者失误。中国证监会基于证券交易所的审核意见，依法作出是否同意注册的决定。如果证券交易所的审核意见不及时、不准确、不完整或者不合规，可能影响中国证监会的注册决定的时效性、正确性、合规性。

根据相关规则的规定，在交易所行使审核职权的同时，中国证监会也通过同步关注、同步监督等方式，对交易所审核过程中涉及重大事项或新增事项等进行指导和反馈，其基于宏观审慎监管的考虑所提出的意见，也是一定程度间接参与发行上市审核的体现。①

②注册主体

中国证监会收到交易所审核意见及相关资料后，基于交易所审核意见，依法履行发行注册程序。在二十个工作日内对发行人的注册申请作出予以注册或者不予注册的决定。②

---

① 《首次公开发行股票注册管理办法》第二十三条、第五十三条；《监管规则适用指引——发行类第8号：股票发行上市注册工作规程》第六条、第八条、第十八条、第十九条、第二十四条、第二十八条。

② 《首次公开发行股票注册管理办法》第二十四条。

中国证监会基于交易所审核意见履行发行注册程序，并不意味着中国证监会完全按照交易所审核意见作出注册决定。某些情况下，对于证券交易所报中国证监会注册的申请文件，中国证监会也可能作出不予注册的决定。例如，中国证监会在同步关注发行人是否符合国家产业政策和板块定位时，发现发行人存在不符合国家产业政策或者不符合拟上市板块定位的情况，这些情况可能涉及国家产业结构调整、市场供需平衡、市场竞争秩序等重大问题。又如，审核注册过程中发现重大敏感事项、重大无先例情况、重大舆情、重大违法线索等，这些情况可能涉及国家安全、国家战略、社会稳定等重大问题。再如，中国证监会在注册阶段发现存在影响发行条件的新增事项，如发行人或者中介机构出现重大违法违规行为、重大财务造假行为、重大经营异常情况等，这些情况可能涉及发行人或者中介机构的诚信问题、信息披露问题、投资者保护问题等重大问题。上述情形都需要中国证监会从宏观审慎监管的角度进行综合评估，并根据国家法律法规和政策进行审慎处理。

3. 板块定位原则

【规则规定】发行人申请首次公开发行股票并上市，应当符合相关板块定位。

主板突出“大盘蓝筹”特色，重点支持业务模式成熟、经营业绩稳定、规模较大、具有行业代表性的优质企业。

科创板面向世界科技前沿、面向经济主战场、面向国家重大需求。优先支持符合国家战略，拥有关键核心技术，科技创新能力突出，主要依靠核心技术开展生产经营，具有稳定的商业模式，市场认可度高，社会形象良好，具有较强成长性的企业。

创业板深入贯彻创新驱动发展战略，适应发展更多依靠创新、创造、创意的大趋势，主要服务成长型创新创业企业，支持传统产业与新技术、新产业、新业态、新模式深度融合。[①]

【规则概要】本条规定主板、科创板、创业板的板块定位。

【规则详解】板块，是指在证券市场中，根据不同的标准，将具有相似特征或相关性的股票分为一类的集合。例如，根据交易所、市场层次的不同，将股票划分为沪市主板、深市主板、科创板、创业板、北交所等板块；根据行业的不同，将股票划分为金融板块、房地产板块、医药板块、消费板块等板块；根据投资主题的不同，将股票划分为新能源板块、军工板块、5G板块、环保板块等板块。发行上市规则中的“板块”指的是前述第一种划分。

板块定位，是指对每个板块所服务的企业类型、市场定位和发展方向的规定和界定。不同板块对企业的期望和要求有所不同，反映了证券市场对于不同类型企业的认知和期望。通过对企业进行分类，可以更有针对性地对证券市场提供服务、监管和支持。

规则要求发行人申请首次公开发行股票并上市必须符合所选定的相关板块定位，是为了保证发行人与市场匹配度，提高上市公司质量，保护投资者利益，维护市场秩序和公平。具体而言，首先，从市场匹配度来看，不同的市场板块通常面向不同类型的企业，例如，主板通常适合稳定经营、规模较大的企业，而科创板主要服务于新一代信息技术、高端装备、新材料、新能源、节能环保、生物医药等高新技术产业和战略性新兴产业。通过设定不同的板块定位，可以引导资金流向国家重点支持和鼓励的行业领域，为科技创新、产业升级、区域协调等提供有效的融资渠道和服务平台。发行人把握好板块定位，有助于自身找到最适合自己的融资通

---

① 《首次公开发行股票注册管理办法》第三条。

道，获得最佳的融资效果，并与投资者形成良好的互动关系。其次，从提高上市公司质量来看，发行人符合相关板块定位，说明其具备相应的核心竞争力、成长潜力、风险控制能力等优势，并能够适应所在板块的特点和要求。要求发行人选择符合其业务特点和实力的板块，有助于市场挑选出具备核心竞争力的企业，这些企业在所选定的板块中更有可能展现出卓越的竞争力，从而提高上市公司的整体质量。再次，从保护投资者利益来看，通过设定不同的板块定位，可以形成不同的市场层次和风险收益特征，为投资者提供更多的选择和机会。例如，科创板主要面向具有较高风险偏好和创新意识的投资者，而主板则更适合追求稳健收益和低风险的投资者。投资者通常根据自身的投资目标和风险偏好选择特定板块的公司。发行人选择符合自身业务特点和实力的板块，使其市场定位明晰化，投资者可以更容易地理解企业所在市场的特点和风险，有助于保护投资者免受投资不匹配或不适当的风险。最后，从维护市场秩序和市场公平来看，不符合市场板块定位的企业更可能导致市场不正常波动，损害市场的稳定性和公平性。具体表现是，企业不符合所选定的市场板块定位而强行申请上市，一方面可能会造成信息不对称和误导，例如，科技创新能力不足的企业在科创板上市，与科创板的定位和功能不符，会误导投资者对其价值和前景的认识；另一方面，如果企业不符合相关板块的产业政策和国家战略，例如，与国家重点支持和鼓励的行业领域无关或有潜在风险的企业在科创板上市，会与科创板的支持科技创新和产业升级的目标不符，通过违规或不合理的方式来获取有限的融资资源和政策空间，将破坏市场竞争规则，影响资源配置效率。

（1）主板的板块定位、重点支持的行业

主板突出“大盘蓝筹”特色，重点支持业务模式成熟、经营业绩稳定、规模较大、具有行业代表性的优质企业。

①板块定位：突出大盘蓝筹

大盘、中盘和小盘是按照流通股本和总市值规模对国内A股上市公司股票的分类，流通市值大的股票称为“大盘股”。“蓝筹”一词源于西方赌场中最有价值的筹码——蓝色筹码，此处是指具有稳定的盈余记录、能定期分派较优厚的股息、被公认为业绩优良的公司的普通股票，又称为“绩优股”。在海外股票市场上，投资者把那些在其所属行业内占有重要支配性地位、业绩优良、成交活跃、红利优厚的大公司股票称为蓝筹股。

大盘蓝筹，指的是在股票市场上具有较高市值、较高稳定性、较强的抗风险能力和较高分红率的优质股票。这些股票通常来自于行业领先、业绩稳健、成长性强、信誉良好的企业。大盘蓝筹股的特点是风险低、收益稳，适合长期持有。

②重点支持的对象

主板重点支持业务模式成熟、经营业绩稳定、规模较大、具有行业代表性的优质企业。

业务模式成熟，是评价企业经营能力和发展潜力的标准，一般指的是企业能够通过其核心竞争力和创新能力，提供有价值、有需求、有利润的产品或服务，并形成可持续、可复制、可扩展的商业逻辑和收入来源。这些企业通常具有可持续盈利的商业模式，它们的产品或服务在市场中有稳定的需求，并且公司能够有效运营和管理这些业务。业务模式成熟的企业通常具有清晰的目标、客户、价值主张、渠道、收入结构、成本结构、资源配置和合作伙伴等要素。

经营业绩稳定，是衡量企业财务状况和经济效益的指标，一般是指企业在一定时期内，能够保持或提高其营业收入、利润、现金流、资产回报率等财务指标，且不受外部环境和市场波动的影响。经营业绩稳定的企业通常具有良好的盈利能力、偿债能力、成长能力和抗风险能力。

规模较大，是一个相对的概念，一般是指企业在其所属行业或市场中，占据较高的份额或排名，并具有较强的影响力。规模较大的企业通常具有较多的从业人员、较高的营业收入、较大的资产总额等规模指标。

具有行业代表性，是评价企业在其所属行业或领域中，是否具有领先优势和示范作用的标准，一般指的是企业能够通过其核心技术、产品质量、品牌形象、市场占有率等方面，树立行业标杆或典范，并引领行业发展方向和趋势。具有行业代表性的企业通常具有较强的创新能力、竞争力和社会责任感。

主板作为中国证券市场的核心板块，其定位是重点支持业务模式成熟、经营业绩稳定、规模较大、具有行业代表性的优质企业，表明主板市场主要服务于那些在各自行业或领域中具有领先地位和能够发挥主导、示范作用，并且具有良好财务状况和发展潜力的优质企业。此类企业通常是国民经济的支柱和龙头，对于促进经济增长、保障社会稳定、提升国家竞争力等方面都有重要作用。此外，主板的这一定位还有利于培育和发展国家战略性新兴产业，推动传统产业转型升级。一方面，这些优质企业在其所属行业或领域中具有领先优势和示范作用，可以引领行业发展方向和趋势，推动技术创新和产业创新，增强国家的核心竞争力；另一方面，这些优质企业也可以通过上市融资、并购重组、跨界合作等方式，扩大自身规模和影响力，提升自身效率和效益，实现产业链的延伸和优化。

（2）科创板的板块定位、重点支持的方向

科创板面向世界科技前沿、面向经济主战场、面向国家重大需求。优先支持符合国家战略，拥有关键核心技术，科技创新能力突出，主要依靠核心技术开展生产经营，具有稳定的商业模式，市场认可度高，社会形象良好，具有较强成长性的企业。

①板块定位：三个面向

世界科技前沿，是指具有重大理论意义和实践价值，能够引领科技发展方向和趋势，推动人类社会进步的科学技术领域和领域内的最新成果。如量子信息、人工智能、生物技术、纳米技术、新材料等。

经济主战场，是指对国家经济发展具有重大战略意义，能够提高经济效率和质量，增强国际竞争力，促进产业升级和转型的经济领域和领域内的核心产业。如制造业、服务业、数字经济、绿色经济等。

国家重大需求，是指涉及国家安全、民生福祉、社会稳定、生态文明等方面，对于维护国家利益、保障人民幸福、实现中华民族伟大复兴具有重要意义的需求。如防范化解重大风险、保障粮食安全、应对气候变化、防控重大疫情等。

三个“面向”表明科创板的目标和导向，是为国家经济发展和社会进步提供有效的科技支撑和保障，促进科技成果转化为实际生产力，推动产业升级和转型，解决国家重大需求，增强国家核心竞争力。

②优先支持的对象

科创板优先支持符合国家战略，拥有关键核心技术，科技创新能力突出，主要依靠核心技术开展生产经营，具有稳定的商业模式，市场认可度高，社会形象良好，具有较强成长性的企业。①

符合国家战略，是评价企业是否与国家发展方向和目标相一致，是否能够为国家战略提供支撑和保障的标准，一般是指企业能够响应和贯彻国家制定的重大战略规划和部署，如“十四五”规划、“双循环”战略、“碳中和”目标等，以及国家在经济、社会、科技、文化、生态、安全等方面的重大需求和任务。此处“国家战略”主要指国家科技创新战略。国家科技创新战略，是指国家为实现科技强国的目标，制定的关于科技创新发展

① 《上海证券交易所科创板企业发行上市申报及推荐暂行规定》第三条将之表述为“科创板优先支持符合国家科技创新战略、拥有关键核心技术等先进技术、科技创新能力突出、科技成果转化能力突出、行业地位突出或者市场认可度高等的科技创新企业发行上市。”

方向、重点领域、重大任务、体制机制、政策措施等的总体规划和行动指南。国家科技创新战略是国家发展战略的重要组成部分，也是国家安全战略的重要支撑。国家科技创新战略体现了国家对科技创新的重视程度、发展理念、目标愿景、行动路径等。根据科创板发行上市申报及推荐的相关规定，科创板对属于新一代信息技术、高端装备、新材料、新能源、节能环保、生物医药等高新技术产业和战略性新兴产业的科技创新企业，给予发行上市的支持和优先。[①]这些产业领域是国家科技创新战略的重点领域，也是国家经济社会发展的战略性支柱和引领性产业。

拥有关键核心技术，是衡量企业具有自主创新能力和核心竞争力的指标，一般是指企业能够掌握或拥有在其所属行业或领域中具有重要影响和价值，能够支撑其主要产品或服务的研发、生产、运营等环节的技术。这些技术通常具有高度的原创性、先进性、复杂性、专业性和稀缺性，难以被模仿或替代。

科技创新能力突出，是评价企业具有持续推动科技进步和产业发展的能力的标准，一般是指企业能够在其所属行业或领域中不断进行科学研究和技术开发，形成具有自主知识产权和市场潜力的科技成果，并将其转化为实际生产力和经济效益。这些成果通常具有高度的创新性、领先性、前瞻性和引领性。

---

① 《上海证券交易所科创板企业发行上市申报及推荐暂行规定》第四条规定："申报科创板发行上市的发行人，应当属于下列行业领域的高新技术产业和战略性新兴产业：（一）新一代信息技术领域，主要包括半导体和集成电路、电子信息、下一代信息网络、人工智能、大数据、云计算、软件、互联网、物联网和智能硬件等；（二）高端装备领域，主要包括智能制造、航空航天、先进轨道交通、海洋工程装备及相关服务等；（三）新材料领域，主要包括先进钢铁材料、先进有色金属材料、先进石化化工新材料、先进无机非金属材料、高性能复合材料、前沿新材料及相关服务等；（四）新能源领域，主要包括先进核电、大型风电、高效光电光热、高效储能及相关服务等；（五）节能环保领域，主要包括高效节能产品及设备、先进环保技术装备、先进环保产品、资源循环利用、新能源汽车整车、新能源汽车关键零部件、动力电池及相关服务等；（六）生物医药领域，主要包括生物制品、高端化学药、高端医疗设备与器械及相关服务等；（七）符合科创板定位的其他领域。"

主要依靠核心技术开展生产经营，是反映企业以科技为主导，以技术驱动经济增长的指标，一般是指企业能够以其拥有或掌握的关键核心技术为基础，开发出具有市场竞争力和社会价值的产品或服务，并以此为主要收入来源。这些产品或服务通常具有高度的技术含量、附加值、差异化和专业化。

具有稳定的商业模式，是评价企业具有可持续发展能力和盈利能力的标准，一般是指企业能够通过其核心竞争力和创新能力，提供有价值、有需求、有利润的产品或服务，并形成可持续、可复制、可扩展的商业逻辑和收入来源。企业通常具有清晰的目标、客户、价值主张、渠道、收入结构、成本结构、资源配置和合作伙伴等要素。

市场认可度高，是反映企业受到市场主体和社会公众认可和信赖的指标，是指企业能够通过其优质的产品或服务、良好的品牌形象、高效的营销策略等方式，吸引并留住大量的客户和用户，并获得良好的口碑和评价。企业通常具有较高的市场占有率、客户满意度、用户活跃度等指标。

社会形象良好，是反映企业具有良好的社会责任感和公民意识的指标，一般指的是企业能够在其生产经营活动中，遵守法律法规和商业道德，尊重社会公德和人文精神，关注社会问题和民生需求，积极参与社会公益和慈善事业，为社会进步和发展做出贡献。企业通常具有较高的社会声誉、社会影响力、社会责任评价等指标。

具有较强成长性，是衡量企业具有良好的发展前景和潜力的指标，一般指企业能够在其所属行业或领域中，保持或提高其市场份额和竞争优势，并不断扩大其规模和影响力，实现其收入、利润、资产等财务指标的持续增长。企业通常具有较高的增长率、盈利率、回报率等指标。

对于发行人是否符合以上标准的评估，根据科创板发行上市申报及推荐的相关规定，申报科创板发行上市必须同时满足以下指标：（a）研发投入占比或金额。企业必须在最近三年内将研发投入占营业收入的比例达到5%以上，或者最近三年内的研发投入累计金额达到6000万元以上。这项要求强调企业在技术创新方面的投入，确保它们拥有足够的研发资源来支持科技创新活动。（b）研发人员比例。企业的研发人员占当年员工总数的比例不低于10%。这项要求表示企业必须有一定数量的专业人员从事研发工作，以确保技术创新的能力。（c）发明专利数量。企业必须拥有应用于其主营业务的发明专利不少于5项。这要求企业在技术领域有一定的知识产权保护，并表明其在技术创新方面取得了一定的成果。（d）营业收入增长率或金额。企业必须满足最近三年营业收入复合增长率达到20%的要求，或者最近一年的营业收入金额达到3亿元。这要求企业在商业模式方面具有一定的增长能力，以确保其具备稳定的商业模式。例外的情形是，对于采用《科创板上市规则》第2.1.2条第（五）项规定的上市标准申报科创板的企业，或已境外上市的红筹企业，可以不适用营业收入增长率的要求。软件行业不适用发明专利不少于5项的规定，但要求研发投入占比达10%以上。发行人未满足前述标准，但如果它们具备以下特定情形之一，也可以申报科创板发行上市：（a）拥有的核心技术被国家主管部门认定具有国际领先、引领作用或对国家战略具有重大意义。（b）获得国家自然科学奖、国家科技进步奖、国家技术发明奖等奖项，并将相关技术运用于主营业务。（c）独立或牵头承担与主营业务和核心技术相关的国家重大科技专项项目。（d）依靠核心技术形成的主要产品（服务）属于国家鼓励、支持和推动的关键设备、关键产品、关键零部件、关键材料等，并实现了进口替代。（e）拥有50项以上的核心技术和应用于主营业务的发明专利（含国防专利）。①

① 《上海证券交易所科创板企业发行上市申报及推荐暂行规定》第五条、第六条，《科创属性评价指引（试行）》第一条、第二条。

（3）创业板的板块定位、主要服务对象

创业板深入贯彻创新驱动发展战略，适应发展更多依靠创新、创造、创意的大趋势，主要服务于成长型创新创业企业，支持传统产业与新技术、新产业、新业态、新模式深度融合。

①创业板的目标和导向

创新驱动发展战略，是指以科技创新为核心，推动经济社会转型升级，提高国家综合实力和国际竞争力的战略。这是党的十八大明确提出的重大战略决策，也是我国实现高质量发展的必然选择。深入贯彻创新驱动发展战略，意味着创业板将积极执行这一战略，将创新置于经济发展的核心地位，强调将科技成果转化为实际生产力，推动经济升级和产业结构调整。创业板将配合国家战略，为创新型企业提供融资和市场机会。

创新、创造、创意是相互关联又有所区别的概念。一般来说，创意是指在思维过程中产生的新颖、有价值的想法；创造是指将创意转化为有形的产品或服务的过程；创新是指将创造的成果应用于实际生产和社会需求，并实现商业化或社会化价值的过程。适应发展更多依靠创新、创造、创意的大趋势，就是顺应时代变革和科技进步的要求，把握国内外发展机遇和挑战，不断提高自主创新能力和水平，推动产业结构优化升级，培育壮大新动能，增强经济社会发展的质量和效益。这是我国面对复杂多变的国际形势和国内发展阶段转换的必然选择。

由此可见，创业板的目标和导向是促进创新驱动发展战略的实施，支持成长型创新创业企业的发展，推动传统产业与新技术、新产业、新业态、新模式的深度融合，提高国家综合实力和国际竞争力。

②创业板服务、支持的对象

（a）创业板主要服务成长型创新创业企业

成长型创新创业企业，指在新兴产业部门中，在较长的时期内具有不

断寻找机会、以创新业务为特征，能够持续挖掘未利用资源能力，不同程度地呈现整体扩张态势，且未来发展预期良好的企业。主要服务成长型创新创业企业，就是通过优化融资环境、完善市场制度、加强监管保护等措施，为这类企业提供更加灵活、便捷、高效、低成本的资本市场服务，支持它们实现快速成长和健康发展。这是我国培育和发展战略性新兴产业和现代服务业的必然选择。

关于创业板成长型创新创业企业评价标准，一般是指符合下列标准之一的企业：（ⅰ）最近三年研发投入复合增长率不低于15%，最近一年研发投入金额不低于1000万元，且最近三年营业收入复合增长率不低于20%；（ⅱ）最近三年累计研发投入金额不低于5000万元，且最近三年营业收入复合增长率不低于20%；（ⅲ）属于制造业优化升级、现代服务业或者数字经济等现代产业体系领域，且最近三年营业收入复合增长率不低于30%。最近一年营业收入金额达到3亿元的企业，或者按照《关于开展创新企业境内发行股票或存托凭证试点的若干意见》等相关规则申报创业板的已境外上市红筹企业，不适用前述规定的营业收入复合增长率要求。①

（b）创业板支持传统产业与新技术、新产业、新业态、新模式深度融合。

传统产业，是一个相对概念，一般是指在工业化初级阶段发展起来，以传统技术为主要生产手段的一系列产业群，多为资本密集型、劳动密集型，且具有高物耗、高能耗、高污染的特征。例如，钢铁、冶金、电力、建筑、汽车、化工、食品、煤炭、石油、一般机械等产业。

新技术、新产业、新业态、新模式，通常指的是与现代科技和信息技术密切相关的领域和发展趋势。新技术，指那些尚未广泛应用或仍处于发展初期的技术，如人工智能、生物技术、区块链、云计算等，这些新技术

① 《深圳证券交易所创业板企业发行上市申报及推荐暂行规定》第三条。

的应用，改变了传统的生产方式和管理模式，促进了供需精准匹配，激发了众多新产业、新业态和新模式。新产业，指由新技术驱动或新市场需求引导而兴起的产业，如新能源汽车、生物医药、新材料等。新技术的突破和应用能够催生出新的商业模式和新的市场价值，从而形成新的产业。新业态，指以新技术或新商业模式为基础的业务模式，如共享经济、电子商务、在线教育等。新的商业模式和市场价值能够促进新技术在市场中的转化和普及，从而形成新的业态。新模式，指那些通过创新方法和思路，重新定义或优化传统行业或业务流程的方式，如O2O模式、直播带货模式等。新模式的出现能够打破原有的产业链及价值链，实现传统产业要素重新高效组合。具体表现为通过互联网与产业创新融合或是将硬件融入服务形式，提供更加灵活、快捷的个性化服务。

传统产业与新技术、新产业、新业态、新模式深度融合，就是要使传统产业在吸收和应用数字技术的过程中，利用互补和协同效应，不断创造、重新设计出符合市场需求和消费升级的产品和服务，提高自身效率和质量，增强竞争力和创造力。传统产业与新技术深度融合，是指传统产业运用互联网、大数据、人工智能、物联网等新一代信息技术，改造提升传统产业的生产过程、产品质量、运营效率和服务水平，实现传统产业的数字化、网络化和智能化。例如，农业利用物联网和人工智能技术实现智慧农业，提高农作物的种植效率和品质；制造业利用云计算和大数据技术实现智能制造，提高生产效率和质量；服务业利用移动互联网和人工智能技术实现智慧服务，提高服务效率和满意度。传统产业与新产业深度融合，是指传统产业借鉴或引入新兴产业的技术、产品、模式等要素，形成跨界融合的新兴产业形态，拓展传统产业的发展空间和增长点。例如，汽车产业与电子信息产业深度融合，形成了智能汽车产业；医疗产业与生物技术产业深度融合，形成了生物医药产业；文化产业与数字技术产业深度融合，形成了数字文化产业。传统产业与新业态深度融合，是指传统产业采用共享经济、平台经济等新型经营方式，打破行业壁垒和资源限制，实现资源共享和优化配置，提高传统产业的市场活力和社会效益。例如，餐饮行业利用外卖平台实现线上线下融合，扩大消费市场；住宿行业利用共享住宿平台实现闲置房屋的有效利用，满足多样化的住宿需求；交通行业利用网约车平台实现车辆的共享出行，提高交通效率和便捷性。传统产业与新模式深度融合，是指传统产业运用互联网思维和商业模式创新，在产品设计、营销推广、用户体验等方面进行差异化和个性化的创新，实现传统产业的价值重塑和品牌提升。例如，服装行业利用互联网平台实现定制化服装的生产和销售，满足消费者的个性化需求；旅游行业利用互联网平台实现旅游产品的定制化设计和推荐，满足游客的多元化需求。

支持传统产业与新技术、新产业、新业态、新模式深度融合，是指通过政策引导、资金支持、平台搭建等方式，鼓励传统企业加快数字化转型升级，促进数字经济与实体经济深度融合。根据创业板发行上市申报及推荐标准，原则上不支持农林牧渔业、采矿业、酒、饮料和精制茶制造业等十二类行业的企业在创业板发行上市，但是，如果这些行业中的企业与互联网、大数据、云计算、自动化、人工智能、新能源等新技术、新产业、新业态、新模式深度融合，那么它们可以被视为创新创业企业，可以申报在创业板上市。[①]

① 《深圳证券交易所创业板企业发行上市申报及推荐暂行规定》第五条规定："属于上市公司行业分类相关规定中下列行业的企业，原则上不支持其申报在创业板发行上市，但与互联网、大数据、云计算、自动化、人工智能、新能源等新技术、新产业、新业态、新模式深度融合的创新创业企业除外：（一）农林牧渔业；（二）采矿业；（三）酒、饮料和精制茶制造业；（四）纺织业；（五）黑色金属冶炼和压延加工业；（六）电力、热力、燃气及水生产和供应业；（七）建筑业；（八）交通运输、仓储和邮政业；（九）住宿和餐饮业；（十）金融业；（十一）房地产业；（十二）居民服务、修理和其他服务业。""禁止产能过剩行业、《产业结构调整指导目录》中的淘汰类行业，以及从事学前教育、学科类培训、类金融业务的企业在创业板发行上市。"第六条规定："本规定第五条第一款所列行业中与互联网、大数据、云计算、自动化、人工智能、新能源等新技术、新产业、新业态、新模式深度融合的创新创业企业，支持其申报在创业板发行上市。"

（4）科创板、创业板板块定位的异同

科创板和创业板的目标导向有一些相同点，但也存在一些差别。从相同点来看，一是科创板和创业板都支持国家的创新驱动发展战略。它们的共同目标是将创新置于经济发展的核心地位，推动科技成果的转化为实际生产力，促进经济升级和产业结构调整。二是两者都服务成长型的创新创业企业。这些企业通常具有高成长性和创新性，是推动经济发展和产业升级的重要力量。科创板对于申报企业的研发投入占比或金额、研发人员比例、发明专利数量等方面有较高的要求，同时也对于企业的营业收入增长率或金额有一定的要求；创业板对于申报企业的研发投入复合增长率或金额、营业收入复合增长率或金额等方面亦有一定的要求。

科创板、创业板定位主要差异在于，科创板主要服务于符合国家战略、突破关键核心技术、市场认可度较高的七大领域高新技术产业和战略性新兴产业，在研发投入和研发强度方面要求高；创业板则主要服务于成长型创新创业企业，通过设立不支持行业的“负面清单”，鼓励“三创四新”企业上市，覆盖面更广，在一定程度上更加包容不同行业和不同成长阶段的企业，在研发投入和研发强度方面要求相对科创板较低。

总之，科创板和创业板都支持创新和成长型企业，科创板更强调高科技和高技术含量，服务于国家科技发展战略，而创业板在一定程度上更加灵活，涵盖了更广泛的创业企业。两个板块对上市企业覆盖范围、所处发展阶段的侧重有所不同，但也有相互交叉的部分，形成兼容竞争的关系。

第二章

发行条件

1. 持续经营时间

【规则规定】发行人是依法设立且持续经营三年以上的股份有限公司，具备健全且运行良好的组织机构，相关机构和人员能够依法履行职责。

有限责任公司按原账面净资产值折股整体变更为股份有限公司的，持续经营时间可以从有限责任公司成立之日起计算。[①]

【规则概要】发行人申请首次公开发行股票应当满足的发行条件之一是组织机构健全，持续经营满三年。

【规则详解】《证券法》第十二条规定："公司首次公开发行新股，应当符合下列条件：（一）具备健全且运行良好的组织机构；（二）具有持续经营能力；（三）最近三年财务会计报告被出具无保留意见审计报告；（四）发行人及其控股股东、实际控制人最近三年不存在贪污、贿赂、侵占财产、挪用财产或者破坏社会主义市场经济秩序的刑事犯罪；（五）经国务院批准的国务院证券监督管理机构规定的其他条件。"本条规则是对证券法第十二条第一项条件的具体展开。

① 《首次公开发行股票注册管理办法》第十条。

（1）组织机构健全

①依法设立的股份有限公司

发行人是依法设立的股份有限公司，即发行人是按照《公司法》等相关法律法规，在中国注册成立为一家股份有限公司。

规则要求申请首次公开发行股票的公司必须是股份有限公司，主要是因为股份有限公司具有以下特点，符合公开发行和交易股票的要求：

一是资本的规模和股东构成。股份有限公司的股东没有数量的限制（发起人200人以下），股东之间通常没有紧密的联系，是典型的资合公司，可以扩大募集资金的范围和规模，增加股权的流动性和分散性。这一特点有助于公司在上市后吸引更多的投资者，提高股票的交易活跃度。相比之下，有限责任公司的股东不得多于50人，且股东之间通常有一定的信任关系。人合性与资合性结合的特性会限制有限责任公司募集资金的范围和规模，难以适应股票发行上市所需的流动性和市场活跃度。

二是股权转让的便利性。有限责任公司的股权向股东以外的人转让，必须从程序上保证其他股东的优先购买权，股权流动性相对较低、变现能力较弱。[①]股份有限公司的股份转让相对自由，可以在证券市场上公开交易，因此股份流动性较高、股份更容易转让，有助于吸引更多的投资者，促进融资的便利性。

②具备健全且运行良好的组织机构

组织机构，是指公司按照一定的原则和目标，将其内部分为若干个机构、部门或单位，并明确各机构、部门或单位的职责分工、权力关系的一

① 《公司法》第八十四条第二款规定："股东向股东以外的人转让股权的，应当将股权转让的数量、价格、支付方式和期限等事项书面通知其他股东，其他股东在同等条件下有优先购买权。股东自接到书面通知之日起三十日内未答复的，视为放弃优先购买权。两个以上股东行使优先购买权的，协商确定各自的购买比例；协商不成的，按照转让时各自的出资比例行使优先购买权。""公司章程对股权转让另有规定的，从其规定。"

种安排方式。组织机构是公司实现其经营管理活动的基础和核心，反映了公司的内部结构和运行机制。

发行人具备健全且运行良好的组织机构，即发行人按照《公司法》和《证券法》等相关法律法规，建立了符合现代企业制度要求的组织机构，包括股东会、董事会、监事会、经理层等，并明确了各机构和人员的职责、权限和关系。发行人的组织机构能够有效地实现公司治理目标，保护股东权益，维护公司稳健发展。

健全且运行良好的组织机构应该具备以下几个方面的特征：一是组织机构的设置和调整能够及时适应市场变化和业务发展的需要，保持组织结构的合理性和灵活性。二是组织机构的各个部门和层级能够明确各自的职责、权限和关系，形成有效的协调和沟通机制，避免重复或缺失的职能。三是组织机构的各个部门和层级能够按照法定程序和要求进行决策、监督和执行，实现内部权力制衡和监督，防止滥用职权或渎职行为。四是组织机构的各个部门和层级能够充分发挥股东会、董事会、监事会等各方利益相关者的作用，保障各方利益相关者的合法权益，提高公司运行效率和透明度。

发行条件中要求发行人具备健全且运行良好的组织机构，主要是出于以下几个方面的考虑：

一是健全且运行良好的组织机构是保证发行人合法、规范、稳健经营的基础，也是保护投资者利益、维护证券市场秩序、促进证券市场发展的重要条件。只有具备健全且运行良好的组织机构的发行人，才能够有效地应对市场的变化和挑战，提高公司的竞争力和盈利能力，实现公司的可持续发展，为投资者创造价值。

二是健全且运行良好的组织机构是提高发行人信誉和吸引力的关键，也是增强投资者信心和信任的保障。只有具备健全且运行良好的组织机构的发行人，才能够向投资者和社会展示公司的真实、完整、准确的信息，让投资者对公司的经营状况、财务状况、发展前景等有清晰的了解和判断，从而增加投资者的投资意愿和参与度。

三是健全且运行良好的组织机构是防范和化解发行人风险的手段，也是预防和打击证券市场违法违规行为的屏障。只有具备健全且运行良好的组织机构的发行人，才能够有效地控制公司的内部和外部风险，保障公司的合法权益和正常运营，避免出现重大损失或危机，同时也能够遵守证券市场的法律法规，杜绝发生内幕交易、虚假陈述、利益输送等违法违规行为，维护证券市场的公平、公正、公开。

③相关机构和人员能够依法履行职责

"相关机构和人员能够依法履行职责"语焉不详，一种理解认为，此处是指前述组织机构及人员具备相应的履职能力，以履行其在经营活动中所承担的义务和责任；另一种理解认为，此处是指发行人的组织机构中，直接参与或影响申请IPO过程的机构、部门或单位，以及相应的负责人或工作人员，在发行人申请IPO过程中，能够遵守《证券法》和相关规则，以及国务院证券监督管理机构的要求，履行相关决策程序，提交真实、准确、完整的申报文件，并接受其审核、抽查、询等监管措施。[①]发行人的控股股东、实际控制人、董事、监事、高级管理人员等相关责任人，能够诚信守法，勤勉尽责，保证信息披露的质量和时效，维护投资者利益。我

① 《首次公开发行股票注册管理办法》第十四条、第十五条、第三十六条："发行人董事会应当依法就本次发行股票的具体方案、本次募集资金使用的可行性及其他必须明确的事项作出决议，并提请股东大会批准。""发行人股东大会应当就本次发行股票作出决议，决议至少应当包括下列事项：（一）本次公开发行股票的种类和数量；（二）发行对象；（三）定价方式；（四）募集资金用途；（五）发行前滚存利润的分配方案；（六）决议的有效期；（七）对董事会办理本次发行具体事宜的授权；（八）其他必须明确的事项。""发行人及其董事、监事、高级管理人员应当在招股说明书上签字、盖章，保证招股说明书的内容真实、准确、完整，不存在虚假记载、误导性陈述或者重大遗漏，按照诚信原则履行承诺，并声明承担相应法律责任。发行人控股股东、实际控制人应当在招股说明书上签字、盖章，确认招股说明书的内容真实、准确、完整，不存在虚假记载、误导性陈述或者重大遗漏，按照诚信原则履行承诺，并声明承担相应法律责任。"

们认为，如果从逻辑连贯性来看，似应指前一种理解，但组织机构及其人员能够履行职责属前一句“具备健全且运行良好的组织机构”应有之义，且相关机构和人员职责主要由公司根据其内部经营管理需要而设定，与“依法履行职责”一语不符，故前一理解并不合理。若按后一种理解，有疑问的是，发行条件通常是指申报之前发行人应当满足的要求，而直接参与或影响申请IPO过程的单位（部门）以及其相应的负责人或工作人员的相关履职情况，只能体现在IPO申报、审核过程中，况且，发行人在申请IPO过程中，因履职能力不足，出现未按规定制作申请文件、披露不合规等情况，审核监管机构可依照规则作相应处理，比如，不予受理申报，或者终止审核程序等，而无需援引发行条件的要求。[①]因此，我们认为，此处“相关机构和人员能够依法履行职责”的要求有无必要，值得商榷。

（2）持续经营时间

①持续经营三年的理解

发行人持续经营三年以上，是指发行人在申请IPO之前至少连续经营了三个完整的会计年度，且没有发生重大的经营中断、停业、破产重组等影响公司经营连续性的情况。

---

① 《公开发行证券的公司信息披露内容与格式准则第58号——首次公开发行股票并上市申请文件》第九条规定：“未按本准则的要求制作和报送申请文件的，交易所可以按照有关规定不予受理。”《首次公开发行股票注册管理办法》第三十一条规定：“存在下列情形之一的，交易所或者中国证监会应当终止相应发行上市审核程序或者发行注册程序，并向发行人说明理由：（一）发行人撤回注册申请或者保荐人撤销保荐；（二）发行人未在要求的期限内对注册申请文件作出解释说明或者补充、修改；（三）注册申请文件存在虚假记载、误导性陈述或者重大遗漏；（四）发行人阻碍或者拒绝中国证监会、交易所依法对发行人实施检查、核查；（五）发行人及其关联方以不正当手段严重干扰发行上市审核或者发行注册工作；（六）发行人法人资格终止；（七）注册申请文件内容存在重大缺陷，严重影响投资者理解和发行上市审核或者发行注册工作；（八）发行人注册申请文件中记载的财务资料已过有效期且逾期三个月未更新；（九）发行人发行上市审核程序中止超过交易所规定的时限或者发行注册程序中止超过三个月仍未恢复；（十）交易所认为发行人不符合发行条件或者信息披露要求；（十一）中国证监会规定的其他情形。”

此处“持续经营”的理解，一是无经营中断，即企业在此期间内应该保持业务连续性，没有停工、关闭或暂停营业的情况。企业应持续提供产品或服务，维持正常的商业活动。二是财务记录的连续性，企业在这三年内应该能够提供完整、连续的财务记录和报告。[①]这些记录应该涵盖整个三年期间，以便审计机构和监管机构可以对企业的财务状况进行审查。

规则要求发行人必须持续经营三年以上的原因有以下几点：

一是为了保证发行人具有一定的经营历史和业绩基础，能够反映其真实的盈利能力和发展潜力，以便投资者进行合理的价值判断和投资决策。三年以上的持续经营时间可以使发行人经历不同的市场环境和经济周期，展现其经营发展及应对风险的能力，也可以使发行人形成稳定的经营模式和战略方向。一家持续经营三年以上的企业通常拥有更多的经营数据、财务数据供投资者参考，使投资者更好地了解企业的财务状况、经营绩效和稳定性。

二是为了保证发行人具有良好的公司治理水平和内部控制体系，能够有效地实现公司治理目标，保护股东权益，促进公司稳健发展。持续经营三年以上的企业通常已经渡过了初始创业阶段，可能积累更多经营管理经验和风险管理策略，使发行人基本上建立了运行良好的组织机构，形成了有效的决策、管理、制衡和激励机制，可能更有能力应对市场波动、竞争和其他经营风险，从而降低投资者的风险。

②持续经营时间的起算

根据规则的规定，有限责任公司按原账面净资产值折股整体变更为股份有限公司的，持续经营时间可以从有限责任公司成立之日起计算。

① 《证券法》第十二条规定：“公司首次公开发行新股，应当符合下列条件：……（三）最近三年财务会计报告被出具无保留意见审计报告”。《首次公开发行股票注册管理办法》第十一条规定：“……最近三年财务会计报告由注册会计师出具无保留意见的审计报告。”

按原账面净资产值折股，是指将有限责任公司的所有者权益，包括实收资本、资本公积、盈余公积和未分配利润等，按照经审计后的账面净资产额计算折合成等额股份，发起成立股份有限公司的行为。例如，一个有限责任公司的账面净资产为5000万元，它可以将这5000万元折合成5000万股，每股面值1元的股份有限公司，原有限责任公司的股东就成为新成立的股份有限公司的股东。

除按原账面净资产值折股外，还有按照评估值折股。这是一种将有限责任公司的所有者权益，按照经评估后的净资产额计算折合成等额或不等额股份，发起成立股份有限公司的行为。例如，一家有限责任公司的账面净资产为5000万元，但经评估后其净资产为8000万元，它可以将这8000万元折合成8000万股或其他数量的股份，每股面值不低于1元的股份有限公司，原有限责任公司的股东就成为新成立的股份有限公司的股东。

规则规定有限责任公司按原账面净资产值折股整体变更为股份有限公司的，持续经营时间可以从有限责任公司成立之日起计算，而按照评估值折股的方式变更为股份有限公司的，持续经营时间不能从有限责任公司成立之日起计算，而要从股份有限公司成立之日起计算，其考虑主要有以下几点：①

一是从变更方式的性质来看，按原账面净资产值折股整体变更为股份有限公司的，是不改变企业的实质性经营状况，只将企业的组织形式和股权结构进行了调整。这种变更方式并不影响企业的经营连续性和业绩可比性，仍然是一个持续经营的市场主体，是同一法人主体资格的自然延续，并保证其财务会计的持续性。因此，这种变更方式可以沿用有限责任公司的成立时间作为持续经营时间的起点。

① 《首发业务若干问题解答（2020年6月修订）》（已废止）问题一："有限责任公司按原账面净资产折股整体变更为股份有限公司的，持续经营时间可以从有限责任公司成立之日起计算。如有限公司以经评估的净资产折股设立股份公司，视同新设股份公司，业绩不可连续计算。"

二是从折股方式对于资本充足性的影响来看，按原账面净资产值折股是以历史成本进行核算，反映的是企业某个时间点所拥有的资产总额减去负债总额的账面净资产价值，是一种对净资产价值的静态评估，不考虑企业的未来赢利能力。而以经评估的净资产折股反映的是资产在特定的市场环境下的现实价值，这种定价方法的核心是资产价值受未来收益的影响。因此，公司以上市为目标进行改制时按评估值折股，可能考虑了资产未来盈利因素，实际上虚增了净资产的价值，折股后的注册资本也因此有所虚增，可能导致股东出资不实的风险，违反资本充足性的原则。

三是从规则规定的目的来看，规定发行人必须持续经营三年以上的条件是为了保证发行人具有一定的经营历史和业绩基础，能够反映其真实的盈利能力和发展潜力，以便投资者进行合理的价值判断和投资决策。因此，在判断发行人是否符合这一条件时，应该以能够反映其真实经营情况和业绩水平为原则。对于按原账面净资产值折股整体变更为股份有限公司的发行人，投资者可以更容易地比较有限责任公司和股份有限公司时期的财务数据，因为它们是在相同的基础上计算的，可以沿用其原有限责任公司时期的经营历史和业绩基础，作为了解企业在不同阶段财务表现的依据。而按照评估值折股的方式变更为股份有限公司的发行人，有限责任公司的净资产价值通常会根据新的评估值进行重新估算，这可能会导致财务历史的不连续性，需要重新建立其新股份有限公司时期的经营历史和业绩基础作为了解财务状况的依据。

2. 会计基础及内控制度

【规则规定】发行人会计基础工作规范，财务报表的编制和披露符合企业会计准则和相关信息披露规则的规定，在所有重大方面公允地反映了发行人的财务状况、经营成果和现金流量，最近三年财务会计报告由注册会计师出具无保留意见的审计报告。

发行人内部控制制度健全且被有效执行，能够合理保证公司运行效率、合法合规和财务报告的可靠性，并由注册会计师出具无保留结论的内部控制鉴证报告。[①]

【规则概要】申请首次公开发行股票应当满足的四个基本条件之二是会计基础工作规范，内控制度健全有效。

【规则详解】本条规则是对《证券法》第十二条第三项"最近三年财务会计报告被出具无保留意见审计报告"的具体展开。

（1）会计基础工作规范

①会计基础工作规范

会计基础工作，是指根据会计核算和监督的要求设置会计机构、配备会计人员，进行会计核算、实行会计监督、预测经济前景、参与经营决策、考核经济责任等一系列最基本的会计任务和操作。会计基础工作是会计工作的基本环节，也是经济管理工作的重要基础。

会计基础工作规范，是指会计基础工作符合国家统一的会计制度和相关法律法规的规定，遵循会计原则和规范，保证会计资料的真实、完整、准确、及时，保证会计信息的质量和可信度。会计基础工作规范是保证财务报表公允反映发行人财务状况和经营成果的前提条件，也是保护投资者利益和维护市场秩序的重要手段。具体而言，会计基础工作规范包括以下几个方面：（a）会计政策规范，即发行人要根据企业会计准则和相关法律法规的要求，制定和执行适合自身特点和业务性质的会计政策，如会计核算方法、会计估计方法、会计确认条件、会计计量基础等，保证会计信息的一致性和可比性。（b）会计核算规范，即发行人要根据企业会计

① 《首次公开发行股票注册管理办法》第十一条。

准则和相关法律法规的要求，建立和完善会计核算体系，如会计账簿、会计凭证、会计报表等，保证会计信息的完整性和可追溯性。（c）会计报告规范，即发行人要根据企业会计准则和相关法律法规的要求，按照规定的格式、内容、期限、方式等，编制和披露会计报告，如资产负债表、利润表、现金流量表、所有者权益变动表、附注等，保证会计信息的公允性和透明性。（d）会计监督规范，即发行人要根据企业会计准则和相关法律法规的要求，接受和配合会计监督机构和注册会计师的监督和审计，如提供会计资料、说明会计事项、改正会计差错等，保证会计信息的合规性和可靠性。

规则要求申报IPO的企业必须符合会计基础工作规范的要求，一是为了保证财务报表的真实性、准确性和完整性，公允地反映发行人的财务状况、经营成果和现金流量，以便投资者进行合理的价值判断和投资决策。会计基础工作规范是保证财务报表质量和可信度的前提条件，如果会计基础工作不规范，就可能导致财务报表存在虚假记载、误导性陈述或者重大遗漏，损害投资者利益，扰乱市场秩序。二是为了保证发行人具有良好的公司治理水平和内部控制体系，能够有效地实现公司治理目标，保护股东权益，促进公司稳健发展。会计基础工作规范是保证发行人具有持续经营能力和发展潜力的重要基础，如果会计基础工作不规范，就可能影响发行人的组织稳定性、经营连贯性、资金安全性和盈利模式与战略的匹配性等方面，降低发行人质量和市场信誉度。

②财务报表的编制和披露

规则规定，财务报表的编制和披露应符合企业会计准则和相关信息披露规则的规定，在所有重大方面公允地反映了发行人的财务状况、经营成果和现金流量。

（a）财务报表的编制和披露规则

财务报表，是指企业按照会计制度和规范，定期或不定期地向内部管理者和外部利益相关者提供的反映企业财务状况、经营成果和现金流量的会计文件。财务报表一般包括资产负债表、损益表、现金流量表、附表和附注等。

财务报表的编制，是指企业根据会计核算的结果，按照会计制度和规范，采用统一的会计科目、会计账簿、会计凭证和会计报表格式，对企业的财务状况、经营成果和现金流量进行汇总、整理、分析和确认的过程。财务报表的编制应当遵循会计原则，如历史成本原则、持续经营原则、稳健性原则、重要性原则等。

财务报表的披露，是指企业将编制好的财务报表及其相关信息，按照法律法规和信息披露规则的要求，通过指定的渠道和方式，向内部管理者和外部利益相关者公开发布的行为。财务报表的披露应当遵循信息披露原则，如真实性原则、完整性原则、及时性原则、公平性原则等。

财务报表的编制和披露符合企业会计准则和相关信息披露规则的规定，是指发行人在编制和披露财务报表时，应当严格遵守国家统一颁布并实施的企业会计准则（包括基本准则、具体准则、应用指南等）和相关信息披露规则（包括《证券法》及相关规则）的要求，保证财务报表在所有重大方面公允地反映发行人的财务状况、经营成果和现金流量，不存在虚假记载、误导性陈述或者重大遗漏，并接受注册会计师的审计或者审阅。

（b）财务报表的公允性

财务状况，是指发行人在某一特定日期（如会计年度末或会计期间末）的资产、负债和所有者权益的状况，反映了发行人的经济资源和义务，以及其权益结构和偿债能力。财务状况主要通过资产负债表来体现。

经营成果，是指发行人在某一特定期间（如会计年度或会计期间）的收入、费用和利润的状况，反映了发行人的经营活动的效率和效果，以及其盈利能力和发展潜力。经营成果主要通过利润表（损益表）来体现。

现金流量，是指发行人在某一特定期间（如会计年度或会计期间）的现金流入和流出的状况，反映了发行人的现金来源和用途，以及其现金流动性和资金管理水平。现金流量主要通过现金流量表来体现。

所有重大方面，是指财务报表中对用户决策有重要影响的项目、事项或信息，如果发生遗漏或错误，可能会导致用户对财务报表的整体理解产生误导或改变。所有重大方面的判断应考虑财务报表的性质、目的、规模、复杂度、相关性和可靠性等因素，以及用户的合理预期和需求等因素。此处主要指对投资者作出价值判断和投资决策有重要影响的方面，包括发行人的资产、负债、权益、收入、费用、利润、现金流等项目的金额、性质、分类、计量、确认和披露等。

公允地反映，是指财务报表能够客观地、真实地、完整地、及时地展示发行人的财务状况、经营成果和现金流量，不会存在虚假记载、误导性陈述或者重大遗漏，也不会存在过分保守或者过分乐观的偏差，能够符合投资者的合理期望。

规则中对财务报表的两方面要求，即符合企业会计准则和相关信息披露规则，以及强调财务报表的公允性，虽然都涉及财务报表的质量和透明度，但它们的侧重点有所不同：

财务报表符合企业会计准则和相关信息披露规则，侧重于财务报表的规范性和一致性，即发行人应当按照统一的会计科目、会计账簿、会计凭证和会计报表格式进行会计核算和财务报表编制，确保市场上的财务信息是标准化和一致的，使投资者能够更容易比较不同发行人的财务情况，有助于提高财务信息的可比性和透明度。

财务报表的公允性，侧重点是保证财务报表的可信度和有效性，即发行人应当根据实际发生的经济业务和事项进行会计确认和计量，并及时向投资者披露相关信息，以便于投资者作出价值判断和投资决策。

简而言之，合规性要求更注重符合特定的规则和标准，而公允性要求更注重财务报表的真实性和客观性。

③无保留意见的审计报告

规则规定，最近三年财务会计报告由注册会计师出具无保留意见的审计报告。这一规定源于《证券法》第十二条第一款第三项的要求。

财务会计报告，是指发行人按照企业会计准则编制的财务报表及其附注，财务会计报告比会计报表更加全面和详细，除了包括资产负债表、利润表、现金流量表等会计报表外，还包括对各项会计政策、会计估计、重要事项等的说明和注释。

审计报告，是指注册会计师在对发行人的财务会计报告进行审计后，根据审计结果，按照审计准则和规范，出具的书面文件。审计报告是注册会计师对发行人财务会计报告是否公允反映其财务状况、经营成果和现金流量的专业意见。审计报告一般包括以下几个部分：（a）报告标题。应当明确表示是审计报告，并注明被审计单位的名称、审计期间和审计对象（如财务会计报告）。（b）报告对象。应当明确表示是向被审计单位的股东或者董事会等相关方。（c）财务会计报告的责任。应当说明被审计单位负责根据企业会计准则编制并公允反映其财务状况、经营成果和现金流量的财务会计报告，以及建立有效的内部控制体系。（d）审计程序。应当简要描述注册会计师采用的主要审计程序，如检查账簿、凭证、合同等原始资料，核实资产、负债、权益等项目的金额和性质，分析收入、费用、利润等项目的变化和合理性，评估会计政策、会计估计、重要事项等的选择和披露等。（e）审计意见。应当明确表示注册会计师对财务会计报告是否公允反映发行人财务状况、经营成果和现金流量的专业意见，如无保留意见、保留意见、否定意见或者无法表示意见，并说明理由和依据。（f）注册会计师事务所的名称、印章和签字日期。

无保留意见的审计报告，是指注册会计师在对发行人的财务会计报告进行审计后，认为财务会计报告在所有重大方面公允地反映了发行人的财务状况、经营成果和现金流量，不存在虚假记载、误导性陈述或者重大遗漏，符合企业会计准则和相关信息披露规则的规定，并在审计报告中明确表示这一意见。[①]

规则要求申报IPO的发行人最近三年财务会计报告必须由注册会计师出具无保留意见的审计报告，其原因主要有以下几点：

一是为了保证财务会计报告的真实性、准确性和完整性，公允地反映发行人的财务状况、经营成果和现金流量，以便投资者进行合理的价值判断和投资决策。只有无保留意见的审计报告才能保证财务会计报告的真实性、准确性和完整性，否则就可能存在以下情况：（a）保留意见的审计报告是指注册会计师在对发行人的财务会计报告进行审计后，认为财务会计报告存在某些重大方面不公允地反映发行人的财务状况、经营成果和现金流量，或者存在某些重大方面无法获得充分和适当的审计证据，但不足以影响整体财务会计报告的公允性，并在审计报告中明确表示这一意见。保留意见的审计报告会影响投资者对发行人财务状况、经营成果和现金流量的完整了解，降低投资者对发行人信任度和认可度。（b）否定意见的审计报告是指注册会计师在对发行人的财务会计报告进行审计后，认为财务会计报告存在某些重大方面不公允地反映发行人的财务状况、经营成果和现金流量，并足以影响整体财务会计报告的公允性，并在审计报告中明确表示这一意见。否定意见的审计报告表明发行人存在严重的财务问题或者

① 根据《中国注册会计师审计准则第1501号——审计报告》，审计意见类型分为：1.标准审计报告（无保留意见审计报告）。当注册会计师出具的无保留意见的审计报告不附加说明段、带强调事项段或任何修饰性用语时，该报告称为标准审计报告。如果认为财务报表符合下列所有条件，注册会计师应当出具无保留意见的审计报告：（1）财务报表已经按照适用的会计准则和相关会计制度的规定编制，在所有重大方面公允反映了被审计单位的财务状况、经营成果和现金流量；（2）注册会计师已经按照中国注册会计师审计准则的规定计划和实施审计工作，在审计过程中未受到限制。2.非标准审计报告。所谓非标准审计报告，是指标准审计报告以外的其他审计报告，包括：带强调事项段的无保留意见的审计报告和非无保留意见的审计报告。非无保留意见的审计报告包括保留意见的审计报告、否定意见的审计报告和无法表示意见的审计报告。

违规行为，可能严重损害投资者利益，扰乱市场秩序。（c）无法表示意见的审计报告是指注册会计师在对发行人的财务会计报告进行审计后，认为由于某些重大方面无法获得充分和适当的审计证据或者存在其他重大不确定性，导致无法对财务会计报告是否公允地反映发行人的财务状况、经营成果和现金流量作出任何意见，并在审计报告中明确表示这一情况。无法表示意见的审计报告表明发行人存在严重的信息披露障碍或者风险暴露问题，可能严重影响投资者判断和决策。

二是为了保证发行人遵守国家统一的会计制度和相关法律法规的规定，履行信息披露的义务和责任，接受国务院证券监督管理机构或者国务院授权的部门的监管措施。无保留意见的审计报告是国家对发行人进行会计监督和信息披露监管的重要手段，是维护证券市场秩序和保护投资者利益的重要法律依据。根据《证券法》第十二条第一款第三项的规定，申请首次公开发行股票的发行人，必须满足的条件之一是最近三年财务会计报告由注册会计师出具无保留意见的审计报告。

三是为了提高发行人质量，增强市场信誉度。无保留意见的审计报告是衡量发行人质量的重要指标之一，也是反映发行人信誉度的重要标志之一。如果发行人能够连续三年获得无保留意见的审计报告，可以展示发行人的经营实力和发展潜力，增加投资者对发行人的信任和认可，提高发行人在市场上的竞争力和影响力。相反，如果发行人不能获得无保留意见的审计报告，就可能表明发行人存在财务问题或者相关违规行为，降低投资者对发行人的信心和支持，降低发行人在市场上的价值和地位。

（2）内控制度健全有效

规则规定，发行人内部控制制度应健全且被有效执行，能够合理保证公司运行效率、合法合规和财务报告的可靠性，并由注册会计师出具无保留结论的内部控制鉴证报告。

①内控制度健全有效

内部控制，是指企业为了实现其经营目标，按照相关法律法规和规范，建立和执行的一套规章制度、组织结构、流程措施和监督机制，其目的是保证企业的运行效率、合法合规和财务报告的可靠性。例如，为了保证财务报告的真实可靠，企业建立财务核算、审计、监督等控制活动，以防止或发现财务造假、错误或欺诈等行为；为了保证资产的安全完整，企业建立物资管理、保险、防盗等控制活动，以防止或减少资产的损失或损坏等风险。

内部控制按其控制的目的的不同可以分为会计控制和管理控制。会计控制主要是用来保护企业财产物资的安全完整性、会计信息的真实可靠性、财务活动的合法性等有关的控制；而管理控制主要是用来保证企业经营方针、经营决策的贯彻执行和经营管理行为合法合规，提高经营活动的经济性和效率，以及经营目标的实现等有关的控制。会计控制与管理控制是相互补充、相互协调的两种控制方式，二者共同保证企业实现内部控制的目标。

内部控制制度，是指企业为了实施内部控制而制定的一套规章制度、流程图、程序文件、信息系统等载体，内容包括内部控制方针、内部控制目标、内部控制要素、内部控制程序、内部控制责任、内部控制检查等。例如，为了实现财务核算的控制活动，企业制定财务会计制度、规范，以规范财务业务的处理和记录；为了实现物资管理的控制活动，企业制定物资采购、入库、出库、盘点等流程图和程序文件，以明确物资管理的步骤和责任。内部控制制度是企业内部控制的具体体现和载体，是企业内部各个成员遵循和执行的指导性文件。

关于内部控制制度应健全且被有效执行的理解：（a）内部控制制度应健全，即发行人应当根据其经营特点和风险特征，以及相关法律法规和规范的要求，建立一套完善、科学、合理的内部控制制度，覆盖企业的各个层面和环节，能够有效地实现企业的经营目标，并能够及时调整和完善以适应外部环境和内部情况的变化。（b）内部控制制度应被有效执行，即发行人应当确保其内部各个成员都能够严格遵守和执行内部控制制度，形成良好的内部控制氛围和文化，并通过有效的监督机制，对内部控制的运行情况进行定期或不定期的检查、评价和改进，以保证内部控制的持续有效性。

健全有效的内部控制制度一般应包含控制环境、风险评估、控制活动、信息与沟通、监督这五个要素，并且这五个要素都能够发挥其应有的作用。例如，为了保证财务核算的控制活动能够有效执行，首先，企业需要建立良好的控制环境，如提倡诚信文化、设置合理的激励机制、建立健全的组织结构等；其次，企业需要进行风险评估，如识别和分析可能导致财务报告失真的风险因素，并采取相应的风险应对策略；再次，企业需要建立信息与沟通机制，如及时收集和传递与财务核算相关的信息，并使这些信息在企业内外有关方面进行有效沟通和正确应用；最后，企业需要进行监督检查与评估，如定期对财务核算的准确性和完整性进行审计，并及时报告和改进发现的问题。

规则要求发行人内部控制制度应健全且被有效执行，一是为了保障财务信息的真实性和可靠性。投资者在作出投资决策时依赖公司提供的财务信息，如果这些信息受到虚假报告或财务不当行为的影响，投资者可能蒙受损失。要求内部控制制度的健全和有效执行，旨在保护投资者的合法权益，使其能够基于准确的财务信息作出明智的投资决策。二是为了保障发行人规范经营和稳健发展。内部控制制度是一套旨在合理保证实现企业基本目标的控制活动，包括保证财务报告的真实可靠、遵循法律法规和监管要求、提高经营效率和效果等，提高公司的整体运作效率和可持续发展水平。如果发行人内部控制制度不健全或者执行不到位，可能导致发行人偏离经营目标、管理失控、违法违规等问题，从而影响其业绩表现和市场地位。

②合理保证公司运行效率、合法合规和财务报告的可靠性

保证公司运行效率，是指内部控制制度能够有效地支持和促进企业实现其经营目标，提高资源的利用效率和效果，降低成本和浪费，增加收益和利润，提升竞争力和市场份额。例如，通过明确的组织结构、职责分工、授权机制、激励约束等方式，实现企业内部各个部门和个人之间的协调和配合，避免重复工作、冲突纠纷、失误延误等问题；通过科学的计划、预算、评价、考核等方式，实现企业对其经营活动的有效规划、监督、调整和改进，避免盲目决策、偏离目标、错失机会等问题；通过合理的采购、存储、销售、结算等方式，实现企业对其物资资金的有效管理和使用，避免库存积压、资金闲置、欠款逾期等问题。

保证合法合规，是指内部控制制度能够有效地防止和控制企业违反相关法律法规和规范的风险，确保企业的经营活动符合国家的法律要求和社会的道德规范，避免或减少因违法违规而造成的损失和处罚。例如，建立法律事务部门、法律顾问机制、法律培训机制等方式，实现企业对其经营活动涉及的法律问题的及时识别和妥善处理，避免因无知或疏忽而触犯法律；建立合同管理制度、风险管理制度、纠纷处理机制等方式，实现企业对其经营活动中可能发生的风险事件的有效预防和应对，避免因风险发生而造成重大损失或纠纷；建立反洗钱制度、反腐败制度、反不正当竞争制度等方式，实现企业对其经营活动中可能存在的不道德或不正当行为的有效监督和惩戒，避免因此而损害企业的声誉或受到处罚。

保证财务报告的可靠性，是指内部控制制度能够有效地保障企业财务信息的真实完整性、准确可靠性和及时披露性，反映企业的财务状况和经营成果，满足投资者和其他利益相关方对财务信息的需求。例如，建立财务会计制度、财务核算制度、财务审计制度等方式，实现企业对其财务业务的有效记录和核实，避免财务错误或造假；建立财务分析制度、财务预测制度、财务评价制度等方式，实现企业对其财务状况和经营成果的有效

分析和评价，避免财务失真或误导；建立信息披露制度、信息沟通制度、信息保密制度等方式，实现企业对其财务信息的有效披露和沟通，避免信息滞后或泄露。

合理保证，是指内部控制制度能够在一定程度上实现其控制目标，但并不意味着能够完全消除或避免所有可能影响企业运行效率、合法合规和财务报告的可靠性的风险因素。也就是说，"合理保证"是一种相对而非绝对的概念，它既体现了内部控制制度的有效性和必要性，又体现了内部控制制度的局限性和不确定性。"合理保证"是一种基于成本效益分析的判断，即内部控制制度所能带来的收益应当大于或等于其所需投入的成本。如果内部控制制度所投入的成本过高或者所带来的收益过低，那么内部控制制度就不具有合理性和可行性。因此，"合理保证"是一种动态而非静态的判断，它需要根据企业的经营特点和风险特征，以及外部环境和内部情况的变化，不断调整和完善内部控制制度，以达到最优化的效果。

规则要求内控制度必须合理保证公司运行效率，是因为公司运行效率是衡量企业经营绩效和竞争力的重要指标，也是投资者评估企业价值和投资回报的重要依据。如果公司运行效率低下，可能导致企业资源浪费、成本增加、收益减少、利润下降、市场份额缩小等问题，影响企业的发展前景，也会降低投资者的信心和兴趣。因此，规则要求内控制度能够通过有效的控制活动和监督机制，促进企业提高资源利用效率和经营管理效率，实现经营目标和增加股东价值。

规则要求内控制度必须合理保证合法合规，是因为合法合规是企业经营活动的基本前提和底线，也是维护社会公共利益和市场秩序的基本要求。如果企业违反相关法律法规和规范，可能导致企业受到行政处罚、民事诉讼、刑事追究等后果，损害企业的利益和声誉，也会对投资者和市场造成不良影响。因此，规则要求内控制度能够通过有效的风险识别和风险应对，防止和控制企业经营活动中可能存在的违法违规风险，确保企业遵守国家法律和社会道德。

规则要求内控制度必须合理保证财务报告的可靠性，是因为财务报告是反映企业财务状况和经营成果的重要文件，也是投资者作出价值判断和投资决策的重要信息。如果财务报告存在虚假记载、误导性陈述或者重大遗漏，可能导致投资者对企业的真实情况产生错误认识。因此，规则要求内控制度能够通过有效的财务核算和财务审计，保障企业财务信息披露的真实性、准确性和完整性，满足投资者和其他利益相关方对财务信息的需求。

③无保留结论的内控鉴证报告

规则规定，内部控制制度应由注册会计师出具无保留结论的内部控制鉴证报告。[①]

内部控制鉴证报告，是指会计师事务所接受委托，对特定基准日内部控制设计与运行的有效性进行审计，并出具的报告。内部控制鉴证报告的目的是向社会公众声明企业的内部控制是否无重大缺陷或存在哪些重大缺陷，让社会公众了解企业内部控制的现状。内部控制鉴证报告可能有以下

① 美国安然、世通财务舞弊事件发生后，各国监管机构将监管重心从单纯注重财务报告本身的信息质量，转向财务报告本身信息质量与建立健全财务报告信息质量保证体系并重。在此背景下，美国国会在2002年颁布的《萨班斯—奥克利法案》中，首次提出对“财务报告内部控制”的有效性进行审计的要求。与此相适应，美国公众公司会计监督委员会（PCAOB）随后发布审计准则，对会计师事务所执行上市公司财务报告内部控制审计工作进行了规范。同样日本《金融商品交易法》也要求审计师对企业财务报告内部控制进行审计。顺应国际资本市场监管变革趋势，2008年5月和2010年4月，财政部会同证监会、审计署、银监会和保监会分别发布了《企业内部控制基本规范》和《企业内部控制审计指引》等企业内部控制制度，确立了我国企业内部控制审计制度，要求执行内部控制规范体系的企业，必须聘请会计师事务所对其财务报告内部控制有效性进行审计。其中《企业内部控制审计指引》自2011年1月1日起在境内外同时上市的公司施行，自2012年1月1日起在上海证券交易所、深圳证券交易所主板上市公司施行。摘引自“中注协就《企业内部控制审计指引实施意见》答问”，载于中华人民共和国中央人民政府网，https：//www.gov.cn/gzdt/2011-10/18/content_1972519.htm，最后访问日期：2023年8月27日。

三种意见：（a）无保留意见。注册会计师在审计过程中未受到限制，且在基准日，被审计单位按照适用的内部控制标准的要求，在所有重大方面保持了有效的内部控制，并未发现任何重大缺陷或重要缺陷，因而对内部控制出具肯定意见。（b）否定意见。注册会计师在审计过程中未受到限制，但在基准日，被审计单位未能按照适用的内部控制标准的要求，在所有重大方面保持有效的内部控制，存在一项或多项重大缺陷或重要缺陷，因而对内部控制出具否定意见。（c）无法表示意见。注册会计师在审计过程中受到了限制，无法获取足够的证据来判断被审计单位在基准日是否按照适用的内部控制标准的要求，在所有重大方面保持了有效的内部控制，因而对内部控制出具无法表示意见。

关于企业内部控制审计与财务报告审计的联系与差别。首先，企业内部控制的了解和测试，及其有效性评估是制定财务报告审计策略、实施进一步审计程序的基础和前提。因此，内部控制审计和财务报告审计存在着多方面联系，主要体现在以下五个方面：一是共同目标。企业内部控制审计和财务报告审计的最终目标都是提高财务信息的质量，增加财务报告的可信度，为利益相关者提供高质量的信息。二是风险导向。两者均采用风险导向的审计模式。注册会计师先进行风险评估，以识别潜在的重大错报或内部控制缺陷，然后制定相应的审计策略和程序来应对这些风险。三是内部控制测试。内部控制审计和财务报告审计都需要了解和测试企业的内部控制，以确保内部控制的有效性。它们使用类似的方法和程序，如询问、检查、观察、穿行测试等。四是重点审计领域。两者都需要识别重点账户、重要交易类别等重点审计领域，以确保财务报告的准确性或内部控制的有效性。五是重要性水平。内部控制审计和财务报告审计都需要确定重要性水平，以帮助确定审计程序的范围和深度。

其次，虽然二者存在着多方面的联系，但财务报告审计是为了提高财务报告的可信赖程度，重在审计“结果”；而内部控制审计是对保证企业财务报告质量的内在机制的审计，重在审计“过程”。审计对象、重点等的不同，使得二者存在实质性差异，内部控制审计独立于财务报告审计。二者的差异主要体现在以下六个方面：一是审计对象不同。财务报告审计的主要对象是公司的财务报告，即财务报表的真实性和准确性。而内部控制审计的主要对象是公司的内部控制制度，即内部控制的有效性和运行情况。二是审计目的不同。财务报告审计的目的是发表关于财务报表的审计意见，以评估其真实性和公允性。内部控制审计的目的是发表关于内部控制的审计意见，以评估其有效性。三是审计范围不同。在财务报告审计中，注册会计师可以根据成本效益原则选择不同的审计策略，可能绕过内部控制测试程序进行审计。而在内部控制审计中，注册会计师不能绕过内部控制测试程序，需要对每一审计领域获取控制有效性的证据。四是测试可靠性要求不同。财务报告审计对控制测试的可靠性要求相对较低，审计师有一定的弹性。而内部控制审计对控制测试的可靠性要求更为严格，样本量选择相对较小。五是控制缺陷评价不同。在财务报告审计中，注册会计师通常将内部控制缺陷分为值得关注的内部控制缺陷和一般缺陷。在内部控制审计中，需要对内部控制缺陷进行更严格的评价，区分重大缺陷和重要缺陷。六是审计报告内容不同。在财务报告审计中，注册会计师一般不对外报告内部控制的情况，除非内部控制影响到对财务报告的审计意见。而在内部控制审计中，注册会计师需要报告内部控制的有效性。

可见，企业内部控制审计与财务报告审计是两个独立的审计领域，各自具有不同的审计目标和焦点，但它们在技术层面和实务工作中仍然有许多共通之处，例如风险识别、评估、应对等工作内容相似，可以共享一些基础工作，从而提高审计效率和效果。①

---

① 参见“中注协就《企业内部控制审计指引实施意见》答问”，载于中华人民共和国中央人民政府网，https：//www.gov.cn/gzdt/2011-10/18/content_1972519.htm，最后访问日期：2023年8月27日。

规则要求由注册会计师对内部控制制度出具无保留结论的内部控制鉴证报告，一是为了保障发行人的财务信息质量。注册会计师是一种独立、客观、专业的第三方审计机构，其对内部控制制度的审计意见能够反映发行人内部控制的真实状况，有助于投资者和市场了解发行人的经营管理水平和风险防范能力。二是为了促进发行人建立健全和有效实施内部控制，提高企业治理水平。注册会计师在执行内部控制审计过程中，不仅要对发行人的内部控制设计与运行的有效性进行测试和评价，还要与发行人沟通识别出的所有控制缺陷，并提出改进建议，可以监督、推动发行人将内部控制规范落到实处，解决存在的问题和不足。三是符合国际资本市场监管趋势和国际惯例。在美国、日本等国家，上市公司都必须委托注册会计师对其财务报告内部控制进行审计，并公布内部控制审计报告，此类要求可以增强上市公司信息披露的透明度和公信力，维护市场秩序和公平竞争。

3. 持续经营能力

【规则规定】发行人业务完整，具有直接面向市场独立持续经营的能力：

（一）资产完整，业务及人员、财务、机构独立，与控股股东、实际控制人及其控制的其他企业间不存在对发行人构成重大不利影响的同业竞争，不存在严重影响独立性或者显失公平的关联交易。

（二）主营业务、控制权和管理团队稳定，首次公开发行股票并在主板上市的，最近三年内主营业务和董事、高级管理人员均没有发生重大不利变化；首次公开发行股票并在科创板、创业板上市的，最近二年内主营业务和董事、高级管理人员均没有发生重大不利变化；首次公开发行股票并在科创板上市的，核心技术人员应当稳定且最近二年内没有发生重大不利变化。

发行人的股份权属清晰，不存在导致控制权可能变更的重大权属纠纷，首次公开发行股票并在主板上市的，最近三年实际控制人没有发生变更；首次公开发行股票并在科创板、创业板上市的，最近二年实际控制人没有发生变更。

（三）不存在涉及主要资产、核心技术、商标等的重大权属纠纷，重大偿债风险，重大担保、诉讼、仲裁等或有事项，经营环境已经或者将要发生重大变化等对持续经营有重大不利影响的事项。[①]

【规则概要】申请首次公开发行股票应当满足的四个基本条件之三是发行人股权清晰，业务完整并具有直接面向市场独立持续经营的能力。

【规则详解】《证券法》第十二条对IPO的条件进行了重大的修改，其中第二项为“持续经营能力”而非“持续盈利能力”。本条规则是针对“持续经营能力”的具体展开。

持续经营能力和持续盈利能力是两个不同的概念。持续盈利能力是指企业具有在一定期间内连续创造正向现金流的能力，通常以财务指标为衡量标准。持续经营能力是指企业具有在市场上独立运作、应对风险、实现长期发展的能力，而不仅仅是单纯地追求利润。

新《证券法》将公司首次公开发行新股的条件从“具有持续盈利能力”改为“具有持续经营能力”，是为了适应新经济发展的特点和趋势，更加关注企业的经营质量、创新能力、成长潜力等方面，而不是过分依赖历史财务数据。这一修改有利于支持一些财务数据暂时不佳但具备良好前景的科创企业上市，也有利于培育理性投资和长期投资。

根据证券规则，发行人具有持续经营能力的具体要求是“业务完整，具有直接面向市场独立持续经营的能力”。这里的“业务完整”是指发行人已经形成完整的产业链或者价值链，能够提供稳定、可靠、高质量的产

① 《首次公开发行股票注册管理办法》第十二条。

品或服务。“直接面向市场”是指发行人能够根据市场需求和变化，自主调整产品或服务的价格、数量、质量等。“独立持续经营”是指发行人不依赖于其他主体或者政策扶持，能够自主承担风险和责任，实现可持续发展。

（1）公司独立性

①资产完整

资产完整，是指发行人拥有与主营业务相匹配的固定资产、流动资产、无形资产等，能够支撑其正常的生产经营活动。这些资产包括公司的物质和非物质资产，如设备、设施、知识产权、品牌价值等。资产完整性还要求这些资产没有被其他主体占用、抵押、质押、冻结或者侵占，也不存在重大的权属纠纷或者诉讼风险。根据规则要求，生产型企业应具备与生产经营有关的主要生产系统、辅助生产系统和配套设施，合法拥有与生产经营有关的主要土地、厂房、机器设备以及商标、专利、非专利技术的所有权或者使用权，具有独立的原料采购和产品销售系统；非生产型企业应具备与经营有关的业务体系及主要相关资产。①

如果发行人租赁控股股东、实际控制人房产或者商标、专利来自于控股股东、实际控制人授权使用的，根据相关配套规则，保荐机构和发行人律师通常应关注并核查以下方面：相关资产的具体用途、对发行人的重要程度、未投入发行人的原因、租赁或授权使用费用的公允性、是否能确保发行人长期使用、今后的处置方案等，并就该等情况是否对发行人资产完整性和独立性构成重大不利影响发表明确意见。如发行人存在以下情形之一的，保荐机构及发行人律师应当重点关注、充分核查论证并发表意见：一是生产型企业的发行人，其生产经营所必需的主要厂房、机器设备等固

① 《公开发行证券的公司信息披露内容与格式准则第57号——招股说明书》第七十三条。

定资产系向控股股东、实际控制人租赁使用；二是发行人的核心商标、专利、主要技术等无形资产是由控股股东、实际控制人授权使用。[①]前述规则的具体阐释，参见本书第五章的“3.资产完整性”专题。

②人员独立

人员独立，是指公司的管理层和关键员工应该不受外部控制或影响，以便他们能够按照公司治理结构和内部控制制度履行职责。即公司的高级管理层和关键员工应该有足够的自主权，能够自主制定业务决策，不受控股股东或实际控制人的命令或干预。根据规则要求，发行人的总经理、副总经理、财务负责人和董事会秘书等高级管理人员不在控股股东、实际控制人及其控制的其他企业担任除董事、监事以外的其他职务，不在控股股东、实际控制人及其控制的其他企业领薪；发行人的财务人员不在控股股东、实际控制人及其控制的其他企业兼职。[②]

③财务独立

财务独立，是指发行人具有自己的独立账户和财务管理系统，不与其他主体混合或者挪用；发行人的财务数据应当真实、准确、完整、及时地反映其经营状况和财务状况，不受控股股东或实际控制人的操控。根据规则要求，发行人已建立独立的财务核算体系、能够独立作出财务决策；具有规范的财务会计制度和对分公司、子公司的财务管理制度；发行人未与控股股东、实际控制人及其控制的其他企业共用银行账户。[③]

④机构独立

机构独立，是指发行人具有自己的董事会、监事会、经理层等组织机构和管理体系，不与其他主体重合或者交叉，公司的组织结构、治理体系、决策流程等应该独立运作，不会受到外部机构的控制或干预。根据规

① 《监管规则适用指引——发行类第4号》第10条。

②③ 《公开发行证券的公司信息披露内容与格式准则第57号——招股说明书》第七十三条。

则要求，发行人已建立健全内部经营管理机构、独立行使经营管理职权，与控股股东和实际控制人及其控制的其他企业不存在机构混同的情形。①

⑤业务独立

业务独立，是指发行人的主营业务活动不受来自控股股东、实际控制人或其他关联企业的影响或干扰，发行人能够自主制定经营策略、作出决策，在市场上独立竞争，而不受外部干预，也不会受制于关联方的利益。根据规则要求，发行人的业务应独立于控股股东、实际控制人及其控制的其他企业，与控股股东、实际控制人及其控制的其他企业不存在对发行人构成重大不利影响的同业竞争，以及严重影响独立性或者显失公平的关联交易。②

（a）同业竞争

同业竞争，此处是指发行人与其控股股东、实际控制人及其控制的其他企业所从事的业务相同或相似，双方构成或可能构成的直接或间接的竞争关系。

关于同业竞争的限制，在注册制实施之前，首发规则要求发行人与控股股东、实际控制人及其控制的其他企业间不得有同业竞争。③现行规则规

---

①② 《公开发行证券的公司信息披露内容与格式准则第57号——招股说明书》第七十三条。

③ 《首次公开发行股票并上市管理办法（2006）》（已废止）第十九条规定："发行人的业务独立。发行人的业务应当独立于控股股东、实际控制人及其控制的其他企业，与控股股东、实际控制人及其控制的其他企业间不得有同业竞争或者显失公平的关联交易。"《首次公开发行股票并在创业板上市管理办法（2014）》（已废止）第十六条规定："发行人资产完整，业务及人员、财务、机构独立，具有完整的业务体系和直接面向市场独立经营的能力。与控股股东、实际控制人及其控制的其他企业间不存在同业竞争，以及严重影响公司独立性或者显失公允的关联交易。"《公开发行证券的公司信息披露内容与格式准则第1号——招股说明书（2015年修订）》（已废止）第五十一条规定："发行人应披露已达到发行监管对公司独立性的下列基本要求：……（五）业务独立方面。发行人的业务独立于控股股东、实际控制人及其控制的其他企业，与控股股东、实际控制人及其控制的其他企业间不存在同业竞争或者显失公平的关联交易。"

定，发行人与控股股东、实际控制人及其控制的其他企业间不存在对发行人构成重大不利影响的同业竞争。

规则并不绝对禁止发行人与控股股东、实际控制人及其控制的其他企业间的同业竞争。一方面，修改后的规则更加符合市场化和法治化原则，更加尊重企业自主经营权。因为在市场经济条件下，企业之间存在一定程度的同业竞争是正常现象，只要不违反法律法规和公序良俗，就应当允许企业根据自身的优势和劣势，以及市场的需求和变化，制定合理的经营策略和发展规划，实现自身的价值最大化。同时，在法治社会中，监管机构应当依法履行职责，不能超越法律赋予的权限，不能过度干预企业正常经营活动。另一方面，规则兼顾了投资者利益和市场公平竞争。如果发行人与关联方之间同业竞争没有适当的限制，可能会导致利益冲突、不当交易、资源挪用或其他不法行为。例如，发行人被迫放弃或者转让自己的核心业务或者核心技术，或者被迫接受不合理或者不公平的价格或者条件，或者被迫承担过高或者不必要的风险或者责任等。这些情况不仅会损害发行人的经营效益和发展前景，影响发行人的价值实现和价值提升，还会破坏市场规则，导致市场信息可能出现失真或者不透明、市场价格可能出现操纵或者波动、市场竞争可能出现失衡或者失效，从而损害其他市场参与者的利益，影响市场的稳定性、效率和活力。总之，综合考虑上述因素，规则旨在确保同业竞争控制在合理范围内，不会对发行人的经营和上市后的市场表现产生不利影响。这种平衡有助于保护各方的利益，包括投资者、市场参与者和公司自身，同时也有助于维护整个市场的稳定和公平竞争。

关于“重大不利影响”的定义，本书认为，是指发行人与控股股东、实际控制人及其控制的其他企业间的同业竞争对发行人的经营状况、财务状况、市场地位、竞争优势等方面产生的负面影响，足以影响发行人的价值判断和投资决策，或者足以损害发行人和投资者的合法权益，或者足以破坏市场的公开、公平、公正。具体来说，可以从以下几个方面来判断是否构成重大不利影响：

一是同业竞争的范围、程度、时间和持续性。如果同业竞争涉及发行人的主要业务或者核心技术，或者同业竞争的规模、市场份额、收入或者利润占发行人的较大比例，或者同业竞争已经存在较长时间或者有可能持续存在，则同业竞争可能构成重大不利影响。

二是同业竞争对发行人的经营策略、资源配置、市场定位、竞争优势等方面的影响。如果同业竞争导致发行人的经营决策受到限制或者干扰，或者导致发行人的资源分散或者浪费，或者导致发行人的市场份额下降或者丧失竞争力，则同业竞争可能构成重大不利影响。

三是同业竞争对发行人的财务状况、盈利能力、现金流量等方面的影响。如果同业竞争导致发行人的营收减少或者成本增加，或者导致发行人的利润率下降或者亏损增加，或者导致发行人的现金流入减少或者现金流出增加，同业竞争可能构成重大不利影响。

四是同业竞争对发行人的法律风险、合规风险、声誉风险等方面的影响。如果同业竞争导致发行人违反法律法规或者行业规范，或者导致发行人受到监管机构的处罚或者诉讼，或者导致发行人的信誉受损或者投资者信心下降，同业竞争可能构成重大不利影响。

现行相关配套规则规定，"竞争方的同类收入或者毛利占发行人主营业务收入或者毛利的比例达百分之三十以上的，如无充分相反证据，原则上应当认定为构成重大不利影响的同业竞争"，可见，配套规则主要从收入、利润角度给出判断标志。[①]

关于同业竞争相关规则的阐释，参见本书第五章的"1.同业竞争"专题。

① 《〈首次公开发行股票注册管理办法〉第十二条、第十三条、第三十一条、第四十四条、第四十五条和〈公开发行证券的公司信息披露内容与格式准则第57号——招股说明书〉第七条有关规定的适用意见——证券期货法律适用意见第17号》第一条。

（b）关联交易

规则规定，发行人的业务应独立于控股股东、实际控制人及其控制的其他企业，与控股股东、实际控制人及其控制的其他企业间不存在严重影响发行人独立性或者显失公平的关联交易。

《公司法》第二十二条规定："公司的控股股东、实际控制人、董事、监事、高级管理人员不得利用关联关系损害公司利益。"该条规定与本项规则规制的目的和适用范围有所不同：前者主要侧重于对公司内部关联关系的监管，目的是保护公司整体利益，防止公司内部人员滥用关联关系损害公司利益；而规则更关注申请IPO的发行人的独立性，筛选具有持续经营能力的发行人，旨在保护投资者的权益，维护资本市场的健康发展。《公司法》第二十二条适用于所有公司，而本项规则针对申请首次公开发行股票的公司。

关联交易是指发行人与关联方之间的交易和业务往来。[①]关联方是指与发行人存在关联关系的主体，包括公司控股股东、实际控制人、董事、监事、高级管理人员以及与发行人具有直接或者间接控制关系的企业，以及可能导致发行人利益转移的其他主体。关联交易可以包括购销交易、借贷交易、租赁、资产转让等各种交易和协议。[②]

关联交易可能存在的风险，一是损害发行人的独立性，使发行人不能按照自身的利益和市场规律进行经营决策，而受到关联方的干预或控制；二是损害交易公允性，使发行人不能按照公平、公正、公开的原则与关联

① 《企业会计准则第36号——关联方披露（2006）》第七条规定："关联方交易，是指关联方之间转移资源、劳务或义务的行为，而不论是否收取价款。"

② 《企业会计准则第36号——关联方披露（2006）》第八条规定："关联方交易的类型通常包括下列各项：（一）购买或销售商品。（二）购买或销售商品以外的其他资产。（三）提供或接受劳务。（四）担保。（五）提供资金（贷款或股权投资）。（六）租赁。（七）代理。（八）研究与开发项目的转移。（九）许可协议。（十）代表企业或由企业代表另一方进行债务结算。（十一）关键管理人员薪酬。"

方进行交易，而导致利益输送或者资产流失；三是损害信息披露真实性，使发行人不能按照适用的财务报告编制基础对关联交易进行恰当的会计处理和信息披露，而导致财务报表失真，误导投资者。

规则并不完全禁止关联交易，主要出于以下考虑：一方面，关联交易并非都是不利于发行人和投资者的。有些关联交易是基于正常的商业逻辑和市场需求而产生的，可以为发行人提供优质的资源、服务或者市场渠道，降低运营成本、提高效率和竞争力，增加收入和利润。例如，如果发行人与其控股股东或实际控制人有协同效应或者互补优势，可以通过合理的关联交易实现资源共享、规模效应或者品牌效应等。完全禁止这类关联交易可能会损害发行人的正常经营和合法权益。另一方面，禁止关联交易的代价过高。有些关联交易是由于历史原因或者特殊情况而产生的，如果强制要求发行人终止这类关联交易，可能会给发行人带来不必要的风险和成本。例如，如果发行人与其控股股东或实际控制人有长期稳定的合作关系，突然中断这类合作可能会影响发行人的供应链、客户资源或者融资渠道等。在这种情况下，应当允许发行人在符合法律法规和公司治理规范的前提下，逐步减少或者优化这类关联交易。

严重影响发行人独立性，是指发行人与关联方之间的关联交易，导致发行人不能自主决定经营政策，不能独立面向市场进行经营活动，业务决策受到控股股东或实际控制人等关联方的控制；或者发行人高度依赖关联交易来维持其业务运营，没有足够的多样化或替代选择，业务受制于关联方，难以自主经营。例如，发行人与其关联方共用重要的资产、设施、技术、品牌等资源，资源使用上受到关联方牵制；发行人与其关联方之间存在大量或者长期的销售、采购、融资等交易，可能会造成发行人对关联方的过度依赖，影响其经营稳定性和持续盈利能力。

显失公平的关联交易，是指发行人与关联方之间按照非公平交易原则进行交易，导致发行人利益受到显著损害或者不合理的大额利益转移。非公平交易原则是指交易价格、条件或者方式与无关联第三方之间进行类似交易时所采用的价格、条件或者方式不一致，并且对一方不利。例如，发行人向其关联方出售资产或提供服务时，收取远低于市场价的价格；发行人从其关联方购买资产或接受服务时，支付远高于市场价的价格；发行人与其关联方之间存在无偿转让大额资产、提供大额担保、高额借款利息不合理等情形。即关联交易导致一方承担更多的义务而获得更少的权益，或者在经济利益上遭受重大损失，而另一方则以较少的代价获得了极大的利益。

关于"严重影响""显失公平"的判断，可以综合考虑以下因素：

一是关联交易的性质和目的。关联交易的性质和目的是判断关联交易是否合理、必要和正当的重要依据。[①]如果关联交易是为了实现发行人与关联方之间的协同效应、互补优势或者其他合法商业目的，则可能不会对发行人独立性或者公允性造成严重影响或者显失公平。如果关联交易是为了利用发行人与关联方之间的特殊关系，进行利益输送或者其他不正当行为，则可能会对发行人独立性或者公允性造成严重影响或者显失公平。

二是关联交易的规模和频率。关联交易的规模和频率是判断关联交易是否对发行人经营活动产生重大影响的重要依据。如果关联交易的金额、数量或者比例占发行人总资产、总收入或者总利润的较高比例，或者关联交易的次数、期限或者持续时间较长，则可能会对发行人独立性或者公允性造成严重影响或者显失公平。如果关联交易的金额、数量或者比例占发行人总资产、总收入或者总利润的较低比例，或者关联交易的次数、期限或者持续时间较短，则可能不会对发行人独立性或者公允性造成严重影响

① 《监管规则适用指引——发行类第4号》第11条第2项规定："关于关联交易的必要性、合理性和公允性。发行人应披露关联交易的交易内容、交易金额、交易背景以及相关交易与发行人主营业务之间的关系；还应结合可比市场公允价格、第三方市场价格、关联方与其他交易方的价格等，说明并摘要披露关联交易的公允性，是否存在对发行人或关联方的利益输送。"

或者显失公平。[①]

三是关联交易的价格和条件。关联交易的价格和条件是判断关联交易是否符合公平交易原则的重要依据。如果关联交易的价格、条件或者方式与无关联第三方之间进行类似交易时所采用的价格、条件或者方式一致，那么可能不会对发行人独立性或者公允性造成严重影响或者显失公平。如果关联交易的价格、条件或者方式与无关联第三方之间进行类似交易时所采用的价格、条件或者方式不一致，并且对一方不利的程度较大，则可能会对发行人独立性或者公允性造成严重影响或者显失公平。[②]

四是关联交易的信息披露和审议程序。关联交易的信息披露和审议程序是判断关联交易是否符合公司治理规范和投资者保护要求的重要依据。信息披露可以让投资者和监管部门及时了解关联交易的内容、原因、定价、影响等；审议程序可以让独立董事、独立股东等对关联交易进行独立判断和监督，回避义务可以避免关联方对关联交易的决策产生不利影响。因此，如果发行人对关联交易进行了真实、准确、完整和及时的信息披露，并且按照法律法规和公司章程等规定履行了审议程序和回避义务。这些措施可以有效提高关联交易的合法性和合理性，减少对发行人独立性或者公允性的负面影响。[③]

---

①② 《监管规则适用指引——发行类第4号》第11条第2项规定："对于控股股东、实际控制人与发行人之间关联交易对应的营业收入、成本费用或利润总额占发行人相应指标的比例较高（如达到30%）的，发行人应结合相关关联方的财务状况和经营情况、关联交易产生的营业收入、利润总额合理性等，充分说明并摘要披露关联交易是否影响发行人的经营独立性、是否构成对控股股东或实际控制人的依赖，是否存在通过关联交易调节发行人收入利润或成本费用、对发行人利益输送的情形；此外，发行人还应披露未来减少与控股股东、实际控制人发生关联交易的具体措施。"

③ 《监管规则适用指引——发行类第4号》第11条第3项规定："关于关联交易的决策程序。发行人应当披露章程对关联交易决策程序的规定，已发生关联交易的决策过程是否与章程相符，关联股东或董事在审议相关交易时是否回避，以及独立董事和监事会成员是否发表不同意见等。"

关于关联交易相关规则的阐释，参见本书第五章“2.关联交易”专题。

（2）控制权稳定性

发行条件还要求发行人在首次公开发行股票并上市时具备稳定的经营状况、管理团队和控制权结构，即主营业务、管理团队和控制权稳定。

①主营业务、管理团队稳定

关于发行条件中的“持续经营能力”，规则要求发行人“主营业务、控制权和管理团队稳定，首次公开发行股票并在主板上市的，最近三年内主营业务和董事、高级管理人员均没有发生重大不利变化；首次公开发行股票并在科创板、创业板上市的，最近二年内主营业务和董事、高级管理人员均没有发生重大不利变化；首次公开发行股票并在科创板上市的，核心技术人员应当稳定且最近二年内没有发生重大不利变化”。

主营业务，是指一个公司或组织主要依靠以某种产品、服务或领域为核心来获取营收和盈利的经营活动。主营业务通常是该公司最重要、最关键的业务领域，对公司的整体运营和经济状况具有决定性的影响。主营业务是企业收入的主要来源，应重点加以核算。因此，企业在会计上应设置“主营业务收入”科目，核算主营业务形成的收入。

管理团队，是指一个公司或组织的高级管理层，它们负责领导和管理公司的各个部门和业务功能，以实现公司的战略目标和长期愿景。各企业管理团队所包含的职位或者角色根据其具体情况可能各有不同。一般来讲，管理团队包括高级管理人员、部门管理人员及其他层级的管理人员。《首次公开发行股票注册管理办法》第十二条第二项中将董事、高级管理人员及科创板的核心技术人员统称“管理团队”。规则要求发行人的董事、高级管理人员及科创板的核心技术人员不发生重大不利变化，而不对监事作出类似要求，可能的考虑是，董事、高级管理人员及科创板的核心技术人员是公司的主要决策者和执行者，对公司的战略规划、业务发展、技术创新等方面有决定性的影响，因此其变化对公司的持续经营能力的影响相对较大。如果这些人员出现较多的离职、更换或调整，可能会导致公司的管理层和技术团队出现较大的缺口或不稳定因素，影响公司的战略执行和技术创新能力。而监事的主要职责是负责全公司的监督、检查、考核等任务，对公司的财务情况、管理层和技术团队的执行情况进行监督，以及向股东会提出建议或提案。监事不直接参与公司的经营决策和重大事项，也不直接影响公司的业绩和市场地位，因此其变化对公司的持续经营能力的影响相对较小。

规则并没有绝对限制主营业务、管理团队的变化，只是要求主营业务、管理团队不存在重大不利变化，其原因一是主营业务、管理团队的变化是企业正常经营和发展的必然结果，不能一概否定或禁止。企业可能会根据市场需求、技术创新、战略调整等因素，对其主营业务进行优化、拓展、转型等，以提高其竞争力和盈利能力。企业也可能会根据人才培养、激励机制、组织架构等因素，对其管理团队进行补充、更换、调整等，以提高其管理效率和创新能力。二是主营业务、管理团队的变化只要不影响企业的持续经营能力，就不应该成为企业发行上市的障碍。持续经营能力是指企业具有直接面向市场独立持续经营的能力，是评价企业上市条件的重要标准之一。只要企业能够证明其主营业务和管理团队的变化是合理的、正常的或者有利的，不会导致其主营业务收入、利润、市场份额等出现明显下降或恶化，也不会导致其管理层和技术团队出现较大的缺口或不稳定因素，就可以认为其持续经营能力没有受到重大不利影响。

一般来讲，主营业务“重大不利变化”是指发行人的主营业务收入、利润、市场份额、竞争优势等方面出现明显下降或恶化，导致发行人的持续盈利能力受到严重影响或存在较大不确定性的情况。例如，发行人的主营业务因为市场需求减少、政策调整、技术更新、竞争加剧等出现大幅度的萎缩或衰退，或者发行人的主营业务因为产品质量问题、知识产权纠纷、环境污染等原因遭受重大的法律风险或社会责任问题，都可能构成“主营业务重大不利变化”。

管理团队“重大不利变化”则是指发行人的董事、高级管理人员及科创板的核心技术人员出现较多的离职、更换或调整的情况，导致发行人的管理层和技术团队出现较大的缺口或不稳定因素，影响发行人的战略执行和技术创新能力。例如，发行人的董事、高管等关键岗位出现空缺或频繁更换，董事会的重大改组，或者发行人的核心技术人员（特别是在科创板上市的情况下）因为竞业限制、股权激励等原因出现集体离职或流失，都可能构成“管理团队重大不利变化”。

根据有关规则的规定，对于管理团队变化情况的披露与核查：

（a）发行人应当按照要求披露董事、高级管理人员的变动情况。中介机构对上述人员是否发生重大变化的认定，应当本着实质重于形式的原则，综合以下两方面因素分析：一是最近36个月（或24个月）内的变动人数及比例，在计算人数比例时，以董事和高级管理人员合计总数作为基数；二是上述人员离职或无法正常参与发行人的生产经营是否对发行人生产经营产生重大不利影响。

变动后新增的董事、高级管理人员来自原股东委派或发行人内部培养产生的，原则上不构成人员的重大变化。发行人管理层因退休、调任等原因发生岗位变化的，不轻易认定为重大变化，但发行人应当披露相关人员变动对公司生产经营的影响。

（b）如果最近36个月（或24个月）内发行人的董事、高级管理人员变动人数比例较大，或董事、高级管理人员中的核心人员发生变化，对发行人的生产经营产生重大不利影响的，保荐机构及发行人律师应当重点关注、充分核查论证并审慎发表意见。

（c）发行人申请在科创板上市的，还应当按照上述要求披露核心技术人员的变动情况。保荐机构及发行人律师按照要求核查论证并发表意见。[①]

关于前述规则的阐释，参见本书第五章的“5.董事、高级管理人员、核心技术人员变化”专题。

关于如何界定主营业务、管理团队的变化达到“重大不利”的标准，目前并没有统一的法律规定或者明确的量化指标。一般来说，需要根据发行人的具体情况，结合行业特点、市场环境、竞争对手等因素，综合分析发行人的主营业务和管理团队的变化是否会对发行人的经营业绩、盈利能力、市场地位、战略执行、技术创新等方面产生重大的负面影响或者不确定性，从而影响发行人的持续经营能力。具体来说，可以参考以下几个方面的判断依据：

对于主营业务的变化，可以从以下几个角度进行分析：主营业务收入占比是否有明显下降或者波动，是否表明发行人的主营业务存在较大的市场风险或者竞争压力；主营业务利润率是否有明显下降或者波动，是否表明发行人的主营业务存在较大的成本压力；主营业务市场份额是否有明显下降或者波动，是否表明发行人的主营业务存在较大的替代风险或者竞争劣势；主营业务产品或服务是否有明显的更新换代或者创新，是否表明发行人的主营业务存在较大的技术风险；主营业务所属行业是否有明显的衰退或者调整，是否表明发行人的主营业务存在较大的政策风险或者需求风险。

对于管理团队的变化，可以从以下几个角度进行分析：管理团队变动人数和比例是否较多或者频繁，是否表明发行人的管理层存在较大的稳定性问题或者流动性问题；管理团队变动涉及的职位或角色是否重要或者关键，是否表明发行人的管理层存在较大的能力问题或者空缺问题；管理团队变动原因和背景是否正常或者合理，是否表明发行人的管理层存在较大的信任问题或者纠纷问题；管理团队变动对发行人战略规划和执行是否

① 《监管规则适用指引——发行类第4号》第12条。

有明显影响或者干扰，是否表明发行人的管理层存在较大的分歧问题或者协调问题；管理团队变动对发行人核心技术和资产是否有明显影响或者损失，是否表明发行人的管理层存在较大的依赖问题或者保护问题。

规则区分主板和科创板、创业板规定了不同的经营稳定期，主板应达到的稳定期更长。主板上市的发行人通常是行业领先、规模较大的企业，其主营业务和管理团队的变化对其经营业绩和市场地位有重大影响，因此需要有较长的稳定期间来证明其可持续发展的能力。

②控制权稳定

关于发行条件中的“持续经营能力”，规则还要求发行人的股份权属清晰，不存在导致控制权可能变更的重大权属纠纷，首次公开发行股票并在主板上市的，最近三年实际控制人没有发生变更；首次公开发行股票并在科创板、创业板上市的，最近二年实际控制人没有发生变更。

控制权，是指对企业的财务和经营政策有决定性影响的权力，通常体现在对企业的重大事项有实际上的决定权。控制权可以通过股权、协议、管理层等不同方式实现，也可以通过直接或间接的方式行使。控制权的判断需要综合考虑各种因素，如股东持股比例、股东会表决权、董事会席位、实际出资人、关联交易等。控制权稳定，是指发行人的控制权归属在一定期间内没有发生变更或者存在变更的可能，即发行人的实际控制人在该期间内没有发生变更或者存在变更的可能。

规则之所以要求发行人的控制权在一定期间必须保持稳定，是因为发行人的控制权通常体现在对发行人的重大事项有实际上的决定权，该决定权直接关系到发行人的经营决策和重大事项的执行，从而影响发行人的持续经营能力。如果发行人的控制权在一定期间内发生变更或者存在变更的可能，可能会导致以下风险或问题：发行人可能会因控制权变更而出现经营方向、战略规划、业务模式等方面的调整或转型，影响发行人的业绩和市场地位；因控制权变更而出现管理层和技术团队的离职、更换或调整，影响发行人的管理效率和创新能力。

（a）发行人的股份权属清晰，不存在可能导致控制权变更的重大权属纠纷

股份权属，是指股份的所有权和支配权，即股东对所持有的股份享有相应的权利和义务，包括出资、分红、表决、监督、转让等。股份权属是公司资本的构成成分，也是公司治理结构的基础。股份权属清晰，是指发行人的出资人与股东名册记载的、工商登记的股东信息一致，不存在隐名持股、委托持股、代持股等情形，发行人的股东及其所持股份均能够明确确定其真实身份和合法来源。股份权属清晰是保证发行人股东身份确定、治理结构透明、实际控制人稳定的重要前提。"发行人的股份权属清晰"并非无差别地针对发行人所有股份，而是仅针对其权属不明或者争端可能导致控制权变更的特定股份。此前的规则对于此项要求的表述是"控股股东和受控股股东、实际控制人支配的股东所持发行人的股份权属清晰"，含义上与此似无实质性差别。[①]

导致控制权可能变更的重大权属纠纷，是指发行人存在或可能存在的与其控制权相关的争议或潜在争议，如股东之间或与第三方之间关于股份转让、股权担保、协议控制、管理层变动、债务清偿等事项的诉讼、仲裁或其他形式的纠纷，这些纠纷可能会影响发行人控制权的稳定性和连续性，从而影响发行人的持续经营能力。根据相关配套适用规则，对于控股股东、实际控制人支配的发行人股权出现质押、冻结或诉讼仲裁的，发行人应当按照招股说明书准则要求予以充分披露；保荐机构、发行人律师应当充分核查发生上述情形的原因，相关股权比例，质权人、申请人或其他利益相关方的基本情况，约定的质权实现情形，控股股东、实际控制人的

① 《首次公开发行股票并在创业板上市管理办法》（2014）第十五条、《创业板首次公开发行股票注册管理办法（试行）》（2020）第十二条、《科创板首次公开发行股票注册管理办法（试行）》（2020）第十二条。

财务状况和清偿能力，以及是否存在股份被强制处分的可能性、是否存在影响发行人控制权稳定的情形等。对于被冻结或诉讼纠纷的股权达到一定比例或被质押的股权达到一定比例且控股股东、实际控制人明显不具备清偿能力，导致发行人控制权存在不确定性的，保荐机构及发行人律师应充分论证，并就是否符合发行条件审慎发表意见。对于发行人的董事、监事及高级管理人员所持股份发生被质押、冻结或发生诉讼纠纷等情形的，发行人应当按照招股说明书准则的要求予以充分披露，并向投资者揭示风险。①

（b）控制权稳定期间

依照规则的定义，实际控制人是指拥有公司控制权、能够实际支配公司行为的主体。实际控制人依照相关规则进行认定。②

本项规则中，"拥有公司控制权的主体"与"能够实际支配公司行为的主体"似无实质性差别，他们都具有对公司的财务和经营政策有决定性影响的权力，都可以将自己的意志转化为公司的意志。从《公司法》关于实际控制人的定义来看，后者已涵盖前者。③如果一定要作区分，我们认为，拥有公司控制权的主体可能更多地通过直接或间接持有或控制公司股份来获取和行使控制权，例如控股股东、间接持股、交叉持股等；能够实际支配公司行为的主体则更多地不以股权为基础来获取和行使控制权，例如协议安排、委托投票、征集投票权等。拥有公司控制权的主体更强调形式上的权力基础，关注于法律文件或公司章程中规定的决策权；能够实际支配公司行为的主体着眼点在于实际的操控。

实际控制人没有发生变更，是指在一定期间拥有公司控制权、能够实

① 《监管规则适用指引——发行类第4号》第7条。

② 参见《〈首次公开发行股票注册管理办法〉第十二条、第十三条、第三十一条、第四十四条、第四十五条和〈公开发行证券的公司信息披露内容与格式准则第57号——招股说明书〉第七条有关规定的适用意见——证券期货法律适用意见第17号》第二条。

③ 《公司法》第二百六十五条第三项规定："实际控制人，是指通过投资关系、协议或者其他安排，能够实际支配公司行为的人。"

际支配公司行为的股东或者其他个人、实体没有发生变化或转移。规则之所以区分主板和科创板、创业板，并规定了不同的实际控制人稳定期间要求，一是从业务模式和风险差异来看，主板通常吸引成熟和稳定的公司，它们的业务模式和盈利能力相对较高，控制权结构较为稳定，要求最近三年内实际控制人没有发生变更，反映了对主板公司稳定性的更高期望；科创板和创业板通常容纳更多的初创和高科技公司，它们的业务更容易受到市场波动和竞争压力的影响，其实际控制人变更的可能性和频率相对较高，要求较短的实际控制人稳定期间，反映了这些板块快速发展和变化的特性。二是从市场发展阶段来看，主板通常是一个成熟、高度监管的市场，拥有更严格的法规和市场规则；相比之下，科创板和创业板通常处于更初期的发展阶段，监管可能相对灵活，以促进创新和初创公司的上市。三是不同市场板块的投资者风险承受能力和期望也不同，主板上的公司通常被认为风险较低，因此要求更长的实际控制人稳定期间来提供更多的保护；而科创板和创业板通常吸引着寻求更高风险和更高回报的投资者，他们对技术创新和高增长公司感兴趣，可能更愿意承担较高的风险，因而对于实际控制人稳定方面的宽容度相对更高。

关于实际控制人是否发生变更的认定，大致可从以下几个方面进行判断：

一是是否存在直接或间接持有公司股份的变化。如果实际控制人通过投资关系持有公司股份，并且在最近三年（或二年）内发生了股权转让、增资扩股、股权让与担保等影响或者可能影响其对公司表决权支配能力的情形，则可能构成实际控制人发生变更。例如，某自然人持有公司30%的股份，并通过协议安排获得另外20%的表决权，从而成为公司的实际控制人。如果该自然人在上市前将公司股份出售，则可能认定其已不再是公司的实际控制人。

二是是否存在协议或其他安排的变化。如果实际控制人通过签署一致行动协议、表决权委托协议、关联交易协议等方式获得对公司的支配能力，并且在最近三年（或二年）内发生了协议签订、修改、终止等影响其对公司支配能力的情形，则可能构成实际控制人发生变更。例如，某自然人通过与其他几个股东签署一致行动协议，共同享有公司40%的表决权，并通过该协议安排获得对董事会和高管的任免权，从而成为公司的实际控制人。如果该自然人在上市前退出了该协议，则可以认定其已不再是公司的实际控制人。

三是是否存在对公司重大事项或日常经营管理的影响力变化。如果实际控制人通过其个人影响力、家族关系、关联方地位等方式能够对公司重大事项或日常经营管理产生支配性影响，并且在最近三年（或二年）内发生了影响力减弱等影响其对公司支配能力的情形，则可能构成实际控制人发生变更。例如，某自然人虽不持有公司股份，但其为公司的主要供应商或客户，并通过其与公司的交易关系能够对公司的经营策略、财务状况、人事安排等产生重大影响，从而成为公司的实际控制人。如果该自然人在上市前与公司解除了交易关系，或者其对公司的交易额度或比例显著下降，则可以认定其已不再是公司的实际控制人。

相关配套适用规则对于实际控制人是否发生变更的认定给出了若干判断标准，实务中应注意把握。例如，发行人及中介机构通常不应以股东间存在代持关系、表决权让与协议、一致行动协议等为由，认定公司控制权未发生变动。实际控制人为单名自然人或者有亲属关系的多名自然人，实际控制人去世导致股权变动，股份受让人为继承人的，通常不视为公司控制权发生变更。其他多名自然人为实际控制人，实际控制人之一去世的，保荐机构及发行人律师应当结合股权结构、去世自然人在股东会或者董事会决策中的作用、对发行人持续经营的影响等因素综合判断公司控制权是否发生变更。又如，法定或者约定形成的一致行动关系并不必然导致多人共同拥有公司控制权，发行人及中介机构不应为扩大履行实际控制人义务的主体范围或者满足发行条件而作出违背事实的认定。主张通过一致行动协议共同拥有公司控制权但无第一大股东为纯财务投资人等合理理由的，一般不能排除第一大股东为共同控制人。再如，如果发行人最近三十六个月（主板）或者二十四个月（科创板、创业板）内持有、实际支配公司股份表决权比例最高的主体发生变化，且变化前后的主体不属于同一实际控制人，视为公司控制权发生变更。发行人最近三十六个月（主板）或者二十四个月（科创板、创业板）内持有、实际支配公司股份表决权比例最高的主体存在重大不确定性的，比照前述规定执行。[①]上述规则的阐释参见本书第六章。

（3）纠纷及其他经营风险

发行条件要求发行人在首次公开发行股票并上市时核心资产、经营活动不存在影响发行人持续经营能力的法律纠纷及其他风险因素。

①核心资产、经营活动重大纠纷

关于发行条件中的"持续经营能力"，规则要求发行人不存在涉及主要资产、核心技术、商标等的重大权属纠纷，重大偿债风险，重大担保、诉讼、仲裁等或有事项。

（a）主要资产、核心技术、商标等的重大权属纠纷

规则要求发行人不得存在涉及主要资产或核心技术、商标等的重大权属纠纷，是为了保证发行人在上市后能够稳定地拥有和使用其主要资产和核心技术、商标等，避免因为权属纠纷使企业失去对关键资产的控制，导致经营中断或业绩下滑，影响其经营和财务稳定性，损害投资者信心和利益。这也符合发行条件中资产完整（独立）的要求。

主要资产，指发行人经营活动中不可或缺的、对发行人业绩和价值有

① 《〈首次公开发行股票注册管理办法〉第十二条、第十三条、第三十一条、第四十四条、第四十五条和〈公开发行证券的公司信息披露内容与格式准则第57号——招股说明书〉第七条有关规定的适用意见——证券期货法律适用意见第17号》第二条。

重大影响的资产，包括但不限于土地、房屋、设备、存货、应收账款等。主要资产的判断应根据发行人所属行业和经营模式的特点，以及资产的数量、价值、占比等因素进行综合分析。《监管规则适用指引——法律类第2号》第三十六条规定："律师应当查验发行人拥有或者使用的土地使用权、房屋建筑物、在建工程、机器设备、商标、专利、著作权、特许经营权等主要财产情况"，其中"主要财产"是广义概念，包含商标、专利、著作权、特许经营权等无形资产。

核心技术、商标，指发行人拥有或使用的对其产品或服务具有核心竞争力的技术、商标、专利等知识产权，包括但不限于专利权、商标权、著作权、其他非专利技术等。核心技术、商标等的判断应根据发行人所属行业和市场环境的特点，以及知识产权的种类、数量、价值、有效期等因素进行综合分析。相关配套适用规则列举的"核心技术、商标等"可能包括核心商标、发明专利、特许经营权、非专利技术、著作权等。[①]

重大权属纠纷，指发行人与他方因主要资产或核心技术、商标等的归属或使用权而发生的争议，可能导致发行人丧失主要资产或核心技术、商标等，或者承担巨额赔偿责任，从而严重影响发行人的持续经营能力。

关于重大权属纠纷的判断，可以从以下几个方面进行考量：

一是权属纠纷的对象。是否涉及发行人的主要资产或核心技术、商标等，这些资产或知识产权对发行人的经营活动和价值有多大的影响，是否存在替代品或补偿措施。

二是权属纠纷的原因。是否由于发行人的过错或违法行为导致，是否存在合法的权属证明或使用许可，是否存在合理的解释。

三是权属纠纷的规模。是否涉及多个资产或知识产权，是否涉及多个

① 《监管规则适用指引——法律类第2号》第三十六条、《监管规则适用指引——发行类第4号》第9条、《深圳证券交易所股票发行上市审核业务指南第3号——首次公开发行审核关注要点》第18条。

当事人，是否涉及高额的赔偿责任。

四是权属纠纷的进展。是否已经提起诉讼或仲裁，是否已经有了初步的裁判或裁决，是否有可能通过和解或调解达成和解，是否有可能通过上诉或再审改变判决结果。

五是权属纠纷的结果。是否会导致发行人失去主要资产或核心技术、商标等的所有权或使用权，是否会导致发行人承担巨额的赔偿责任或罚款，是否会导致发行人的声誉受损或受到监管处罚。

综合以上各方面的因素，从权属纠纷的对象、原因、规模、进展和结果是否对发行人不利，进而判断纠纷是否可能对发行人的持续经营能力造成严重影响，并由此认定是否构成“重大权属纠纷”。

根据相关配套适用规则，涉及主要产品、核心商标、专利、技术等方面的诉讼或仲裁可能对发行人生产经营造成重大影响，或者诉讼、仲裁有可能导致发行人实际控制人变更，或者其他可能导致发行人不符合发行条件的情形，保荐机构和发行人律师应在提出明确依据的基础上，充分论证该等诉讼、仲裁事项是否构成本次发行的法律障碍并审慎发表意见。[①]相关规则的阐释参见本书第四章“14.诉讼或仲裁”专题。

相关配套适用规则还规定，发行人应披露对主要业务有重大影响的主要固定资产、无形资产等资源要素的构成，分析各要素与所提供产品或服务的内在联系（如分析各要素的充分性、适当性、相关产能及利用程度），对生产经营的重要程度，是否存在瑕疵及瑕疵资产占比，是否存在纠纷或潜在纠纷，是否对发行人持续经营存在重大不利影响。发行人与他人共享资源要素（如特许经营权）的，应披露共享的方式、条件、期限、费用等。[②]

---

① 《监管规则适用指引——发行类第4号》第9条。

② 《公开发行证券的公司信息披露内容与格式准则第57号——招股说明书》第四十七条、《深圳证券交易所股票发行上市审核业务指南第3号——首次公开发行审核关注要点》第18条。

（b）重大偿债风险，重大担保，诉讼、仲裁等或有事项

重大偿债风险，是指发行人在未来一定时期内无法按时偿还到期债务或履行合同义务，可能导致发行人资不抵债、破产清算或被追索财产的风险。重大偿债风险的判断应根据发行人的财务状况、债务结构、偿债能力、现金流量等因素进行综合分析。

重大担保，此处是指发行人为他方提供的可能导致发行人承担的巨额代偿责任，包括但不限于抵押、质押、保证等。重大担保的判断应根据担保的种类、金额、期限、对象、条件等因素进行综合分析。

或有事项，是指发行人在特定日期存在的可能导致发行人损失或增加负债的不确定性事项，包括但不限于诉讼、仲裁、行政处罚、环境污染等。或有事项的判断应根据事项的性质、原因、进展、可能结果等因素进行综合分析。

规则要求发行人不得存在重大偿债风险，重大担保，诉讼、仲裁等或有事项，是为了保证发行人在上市后能够稳定地偿还债务和履行义务，避免因为偿债风险以及或有事项而导致经营困难或资产损失，对发行人的未来经营和财务状况产生不确定影响，损害投资者信心和利益。

对于偿债风险，根据相关配套适用的规则，发行人应分析偿债能力、流动性与持续经营能力，一般应包括下列内容：（一）最近一期末银行借款、关联方借款、合同承诺债务、或有负债等主要债项的金额、期限、利率及利息费用等情况；逾期未偿还债项原因及解决措施；借款费用资本化情况及依据、时间和金额。发行人应分析可预见的未来需偿还的负债金额及利息金额，重点说明未来十二个月内的情况，并结合公司相关偿债能力指标、现金流、融资能力与渠道、表内负债、表外融资及或有负债等情况，分析公司偿债能力。（二）报告期股利分配的具体实施情况。（三）报告期经营活动产生的现金流量、投资活动产生的现金流量、筹资活动产生的现金流量的基本情况、主要构成和变动原因。报告期经营活动产生的现

金流量净额为负数或者与当期净利润存在较大差异的，应分析披露原因及主要影响因素。（四）截至报告期末的重大资本性支出决议以及未来其他可预见的重大资本性支出计划和资金需求量；涉及跨行业投资的，应说明与公司未来发展战略的关系；存在较大资金缺口的，应说明解决措施及影响。（五）结合长短期债务配置期限、影响现金流量的重要事件或承诺事项以及风险管理政策，分析披露发行人的流动性已经或可能产生的重大变化或风险趋势，以及发行人应对流动性风险的具体措施。（六）结合公司的业务或产品定位、报告期经营策略以及未来经营计划，分析披露发行人持续经营能力是否存在重大不利变化的风险因素，以及管理层自我评判的依据。[①]

对于对外担保，根据相关配套适用的规则，发行人应披露对外担保情况，主要包括：（一）被担保人的名称、注册资本、实收资本、住所、生产经营情况、与发行人有无关联关系、最近一年及一期末总资产和净资产、最近一年及一期营业收入和净利润；（二）主债务的种类、金额和履行期限；（三）担保方式；采用抵押、质押方式的，应披露担保物的种类、数量、价值等相关情况；（四）担保范围；（五）担保期间；（六）解决争议方法；（七）其他对担保人有重大影响的条款；（八）担保履行情况；（九）存在反担保的，应简要披露相关情况；（十）该等担保对发行人业务经营和财务状况的影响。[②]保荐人应取得发行人对外担保的相关资料，计算担保金额占发行人净资产、总资产的比重，调查担保决策过程是否符合有关法律法规和公司章程等的规定，分析一旦发生损失，对发行人正常生产经营和盈利状况的影响程度，调查被担保方是否具备履行义务的能力、是否提供了必要的反担保。通过上下游和关联方走访等，核查发行人是否

① 《公开发行证券的公司信息披露内容与格式准则第57号——招股说明书》第六十条。

② 《公开发行证券的公司信息披露内容与格式准则第57号——招股说明书》第八十三条。

存在其他未披露的担保。[①]

对于诉讼和仲裁，根据相关配套适用的规则，发行人应当在招股说明书中披露对股权结构、生产经营、财务状况、未来发展等可能产生较大影响的诉讼或仲裁事项，包括案件受理情况和基本案情，诉讼或仲裁请求，判决、裁决结果及执行情况，诉讼或仲裁事项对发行人的影响等。如诉讼或仲裁事项可能对发行人产生重大影响，应当充分披露发行人涉及诉讼或仲裁的有关风险。保荐机构、发行人律师应当全面核查报告期内发生或虽在报告期外发生但仍对发行人产生较大影响的诉讼或仲裁的相关情况，包括案件受理情况和基本案情，诉讼或仲裁请求，判决、裁决结果及执行情况，诉讼或仲裁事项对发行人的影响等。发行人提交首发申请至上市期间，保荐机构、发行人律师应当持续关注发行人诉讼或仲裁的进展情况、发行人是否新发生诉讼或仲裁事项。发行人诉讼或仲裁的重大进展情况以及新发生的对股权结构、生产经营、财务状况、未来发展等可能产生较大影响的诉讼或仲裁事项，应当及时补充披露。发行人控股股东、实际控制人、控股子公司、董事、监事、高级管理人员和核心技术人员涉及的重大诉讼或仲裁事项比照上述标准执行。[②]具体阐释参见本书第四章的“14.诉讼或仲裁”专题。

②其他风险因素

关于发行条件中的“持续经营能力”，规则还要求发行人不存在经营环境已经或者将要发生重大变化等对持续经营有重大不利影响的事项。

根据配套适用规则，上述事项可能包括：

（a）发行人因宏观环境因素影响存在重大不利变化风险，如法律法规、汇率税收、国际贸易条件、不可抗力事件等。

（b）发行人因行业因素影响存在重大不利变化风险，如：发行人所处行业被列为行业监管政策中的限制类、淘汰类范围，或行业监管政策发

① 《保荐人尽职调查工作准则》第四十八条。

② 《监管规则适用指引——发行类第4号》第9条。

生重大变化，导致发行人不满足监管要求；发行人所处行业出现周期性衰退、产能过剩、市场容量骤减、增长停滞等情况；发行人所处行业准入门槛低、竞争激烈，导致市场占有率下滑；发行人所处行业上下游供求关系发生重大变化，导致原材料采购价格或产品售价出现重大不利变化。

（c）发行人因自身因素影响存在重大不利变化风险，如：发行人重要客户或供应商发生重大不利变化，进而对发行人业务稳定性和持续性产生重大不利影响；发行人由于工艺过时、产品落后、技术更迭、研发失败等原因导致市场占有率持续下降，主要资产价值大幅下跌、主要业务大幅萎缩；发行人多项业务数据和财务指标呈现恶化趋势，由盈利转为重大亏损，且短期内没有好转迹象；发行人营运资金不能覆盖持续经营期间，或营运资金不能够满足日常经营、偿还借款等需要；对发行人业务经营或收入实现有重大影响的商标、专利、专有技术以及特许经营权等重要资产或技术存在重大纠纷或诉讼，已经或者将对发行人财务状况或经营成果产生重大不利影响。

（d）其他明显影响发行人持续经营能力的情形。

保荐机构及申报会计师应详细分析和评估上述因素的具体情形、影响程度和预期结果，综合判断上述因素是否对发行人持续经营能力构成重大不利影响，审慎发表明确意见，并督促发行人充分披露可能影响持续经营的风险因素。[①]

4. 合规经营

【规则规定】发行人生产经营符合法律、行政法规的规定，符合国家产业政策。

① 《监管规则适用指引——发行类第5号》第7条。

最近三年内，发行人及其控股股东、实际控制人不存在贪污、贿赂、侵占财产、挪用财产或者破坏社会主义市场经济秩序的刑事犯罪，不存在欺诈发行、重大信息披露违法或者其他涉及国家安全、公共安全、生态安全、生产安全、公众健康安全等领域的重大违法行为。董事、监事和高级管理人员不存在最近三年内受到中国证监会行政处罚，或者因涉嫌犯罪正在被司法机关立案侦查或者涉嫌违法违规正在被中国证监会立案调查且尚未有明确结论意见等情形。①

【规则概要】申请首次公开发行股票应当满足的四个基本条件之四是发行人经营合规。

【规则详解】**（1）经营合法、符合产业政策**

发行条件要求发行人生产经营符合法律、行政法规的规定，符合国家产业政策，其目的是保证发行人生产经营的合法性和合规性，避免发行人涉及违法违规或者禁止、限制的产业领域，影响发行人的持续经营能力，损害投资者利益和市场秩序。

①生产经营符合法律、行政法规的规定

法律是由全国人民代表大会和全国人民代表大会常务委员会根据宪法规定行使国家立法权制定的规范性文件；行政法规则是由国务院根据宪法和法律的授权制定的规范性文件。

生产经营符合法律、行政法规的规定，是指发行人在从事生产经营活动时，应当遵守国家有关的法律、行政法规的规定，不得违反或者逾越这些规定，否则将承担相应的法律责任。企业生产经营方面的法律、行政法规的规定，涵盖内容十分广泛，例如：（a）主体登记、取得相应的许可或者批准，如工商登记、税务登记、环境评估等；（b）缴纳税款和社会保险费用，如增值税、所得税、养老保险等；（c）遵守相应的环境保护和安全

① 《首次公开发行股票注册管理办法》第十三条。

生产的要求，如污染物排放标准、安全设施设备等；（d）遵守相应的市场竞争和消费者权益的规则，如反垄断法、反不正当竞争法、消费者权益保护法等；（e）遵守相应的知识产权和商业秘密的保护，如专利法、商标法、著作权法等。

发行人如果在生产经营中违反了法律、行政法规的规定，可能会面临行政处罚、民事赔偿或者刑事追究，丧失相应经营资格等法律风险，这些风险会直接或者间接地影响发行人的经营业绩和财务状况。因此，规则要求发行人在申请IPO时，必须是合法经营的实体。

规则以法律、行政法规作为判断是否合规的标准，一是为了尊重法律、行政法规的权威性，强调发行人必须遵守国家最高立法机关和最高行政机关制定的法律规则；二是为了保持发行条件的统一性和可操作性，避免因为不同地区、部门或者行业的法律规则差异而导致发行人的合规标准不一致或难以判断，影响发行审核的效率和公平性。

②符合国家产业政策

国家产业政策，是指国家制定的，引导国家产业发展方向、引导推动产业结构升级、协调国家产业结构、使国民经济健康可持续发展的政策。国家产业政策的内容和形式可能随着国家的发展阶段、国际环境、市场变化等因素而不断调整和更新。国家产业政策可能包括以下内容：一是战略规划和方向，例如鼓励发展高科技产业、推动绿色经济等；二是支持政策和激励措施，如国家重点支持的产业、国家鼓励发展的产业目录，税收优惠、财政支持、研发资金等，以鼓励企业在符合政策方向的领域投资和发展；三是特定产业或领域的市场准入条件、监管要求，以确保企业在符合政策目标的同时遵守相应的法规和标准，比如，对国家限制发展的产业、国家淘汰落后产能的产业监管措施；四是可能通过国际贸易政策来支持国内产业，例如采取关税政策等手段。

规则要求申请IPO的发行人生产经营符合国家产业政策，主要有以下几个目的：一是促进国家战略目标的实现。国家产业政策是国家根据经济社会发展的总体规划和长远目标，对重点领域、关键环节和重大项目进行指导和支持的政策。发行人如果在生产经营中符合国家产业政策，就能够与国家战略目标保持一致，为国家经济社会发展做出贡献。二是防止处于国家限制发展产业或者淘汰产业的发行人进入证券市场，保障资本市场的健康运行。国家限制发展产业或者淘汰产业，通常是指那些消耗大量资源、污染环境、影响公共安全、违背社会价值、不符合国家战略方向的产业，如高耗能、高排放、高污染、低附加值、过剩产能、落后技术等产业。这些产业不仅对国家的经济发展和社会进步没有贡献，甚至会造成严重的负面影响和损害。产业政策方面的要求，旨在保证发行人的质量，避免低效、落后、过剩、有害的产业进入资本市场，防止资本市场出现泡沫、失衡、失灵等问题，提高资本市场的信誉和吸引力，促进资本市场的健康发展和完善。

根据相关配套适用规则，发行人应结合主要产品和业务，披露符合产业政策和国家经济发展战略的情况。①律师应查验发行人的生产经营是否真实，是否符合法律法规的规定，是否符合国家产业政策。②

（2）经济犯罪、重大违法（发行人及其控股股东、实际控制人）

发行条件要求最近三年内，发行人及其控股股东、实际控制人不存在贪污、贿赂、侵占财产、挪用财产或者破坏社会主义市场经济秩序的刑事犯罪，不存在欺诈发行、重大信息披露违法或者其他涉及国家安全、公共安全、生态安全、生产安全、公众健康安全等领域的重大违法行为。

---

①《公开发行证券的公司信息披露内容与格式准则第57号——招股说明书》第四十三条第七项。

②《监管规则适用指引——法律类第2号：律师事务所从事首次公开发行股票并上市法律业务执业细则》第二十五条。

①经济犯罪

根据《证券法》第十二条第四项的规定，公司首次公开发行新股，应当符合的条件包括发行人及其控股股东、实际控制人最近三年不存在贪污、贿赂、侵占财产、挪用财产或者破坏社会主义市场经济秩序的刑事犯罪。规则本项规定源于《证券法》前述规定。

贪污犯罪是指国家工作人员利用职务上的便利，侵吞、窃取、骗取或者以其他手段非法占有公共财物的行为。该罪的行为主体必须是国家机关、国有公司、企业、事业单位、人民团体的人员，或者受上述机关、单位委派从事公务的人员，以及其他依照法律从事公务的人员。

贿赂犯罪，主要包括行贿罪、商业行贿罪。行贿罪是指为谋取不正当利益，实施给予国家工作人员或者其他从事公务的人员以财物，或者给予国家机关、国有公司、企业、事业单位、人民团体以财物的行为。商业行贿罪是指为谋取不正当利益，给予公司、企业或者其他单位的工作人员以财物，数额较大的行为。广义的贿赂犯罪，还可能包括受贿罪，受贿罪是指国家工作人员利用职务上的便利，索取他人财物，或者非法收受他人财物，为他人谋取利益的行为；国家工作人员利用本人职权或地位形成的便利条件，通过其他国家工作人员职务上的行为，为请托人谋取不正当利益，索取或者收受请托人财物，也构成受贿罪。

侵占财产犯罪，可能是指两种犯罪：一是侵占罪，是指以非法占有为目的，将代为保管的他人财物或者他人的遗忘物、埋藏物非法据为己有，数额较大且拒不退还或者拒不交出的行为；二是职务侵占罪是指公司、企业或者其他单位的人员，利用职务上的便利，将本单位财物非法占为己有，数额较大的行为。我们理解，此处应指后者。

挪用财产犯罪，包括以下几种犯罪：一是挪用公款罪，是指国家工作人员利用职务上的便利，实施挪用公款归个人使用，进行非法活动，或者挪用公款数额较大、进行营利活动，或者挪用公款数额较大、超过三个月未还，从而构成的犯罪。二是挪用资金罪，是指公司、企业或者其他单位的工作人员，利用职务上的便利，挪用本单位资金归个人使用或者借贷给他人使用，数额较大、超过三个月未还的，或者虽未超过三个月，但数额较大、进行营利活动的，或者进行非法活动的行为。三是挪用特定款物罪，是指挪用用于救灾、抢险、防汛、优抚、扶贫、移民、救济款物，情节严重，致使国家和人民群众利益遭受重大损害的行为。

破坏社会主义市场经济秩序的刑事犯罪，是指违反国家经济管理法规，干扰国家对市场经济的管理活动，破坏正常的交易秩序，使市场参与者的利益以及市场秩序遭受严重损害的行为。根据《中华人民共和国刑法》第三章，这类犯罪可以分为六类，包括走私罪中的走私假币罪，妨害对公司、企业的管理秩序罪，破坏金融管理秩序罪，金融诈骗罪，危害税收征管，扰乱市场秩序罪，以上六类犯罪涉及七十多个罪名。

IPO规则要求最近三年内，发行人及其控股股东、实际控制人不存在上述经济犯罪，我们理解，主要出于以下考虑：

一是贪污对公司财务的损害。贪污行为通常涉及职务上的不当行为，导致公共财产被非法占用。如果发行人或其相关方存在贪污记录，可能会引发投资者对公司的担忧，因为他们会担心公司的财务状况是否受到不正当操作的影响。这可能导致不透明的财务报告，从而使投资者无法准确评估公司的价值和风险。

二是贿赂对公司经营的不当干扰。贿赂行为可能会导致公司在市场竞争中获得不正当的竞争优势。如果发行人或其相关方曾经行贿或受贿，意味着公司在市场上的竞争不是公平的，其经营业绩和财务成果可能是在竞争对手受到不正当的排斥情况下取得的，这会使投资者对公司的市场声誉、实际经营能力及后续持续竞争力产生质疑。

三是侵占和挪用财产对公司资产的不当损失。侵占和挪用财产犯罪行为涉及非法占有他人财产或公共财产。如果发行人或其相关方曾经有这类犯罪记录，投资者可能担心他们会将公司的资金或资产用于不当目的，难以确定公司的财务报表的可靠性，从而损害了公司的财务稳定性和投资者的权益。

四是保障国家金融安全和社会经济的稳定。监管证券发行、交易的主要目的是维护社会经济秩序和社会公共利益，促进社会主义市场经济的发展。[①]贪污、贿赂、侵占财产、挪用财产等犯罪以及妨害对公司、企业的管理秩序、扰乱市场秩序等行为，可能对国家的金融安全和社会经济稳定性造成严重威胁，影响经济的可持续增长。因此，规则要求发行人及其相关方没有此类犯罪记录，以维护国家的经济安全。

规则除了要求发行人外，还要求发行人的控股股东、实际控制人也不得存在贪污、贿赂、侵占财产、挪用财产或者破坏社会主义市场经济秩序的刑事犯罪，主要原因是，控股股东或实际控制人是对发行人具有重大影响或者能够实际支配发行人经营决策的股东或者其他主体，其在公司内部具有很大的影响力，他们的经营决策可能对公司的财务状况、战略方向和长期发展产生深远影响。如果控股股东或实际控制人存在上述刑事犯罪记录，会导致以下后果：一是如果这些主要利益相关方曾经有贪污、贿赂、侵占财产、挪用财产或者破坏市场经济秩序的犯罪记录，其可能会将不正当的经营方式引入公司，迫使发行人作出不符合其自身利益和法律规定的经营决策，例如转移资产、虚增收入、隐瞒债务、违规担保等。这些不正当的经营决策可能会导致发行人的财务状况和经营业绩受到损害，甚至面临诉讼、罚款、吊销执照等法律后果。此外，如果控股股东或实际控制人利用发行人作为其犯罪工具，例如通过发行人进行洗钱、逃税、欺诈等活动，更会给发行人带来严重的法律风险。二是如果公司的控股股东或实际控制人曾经有犯罪记录，这将影响投资者对发行人及其相关方的信任和信

① 《证券法》第一条。

心，可能担心他们会在公司内部实施不正当操作，损害公司的股东权益，导致市场不稳定，投资者增加投资风险和成本。

规则选择“最近三年内”的追溯期是一种平衡，考虑了多方面的因素和利益。一是监管效率。较长的追溯期间可能会增加监管的工作量和复杂性，因为需要更多的时间和资源来查明更多的历史犯罪记录；较短的追溯期间则可能降低监管的不确定性，减少风险。选择“最近三年内”可以在两者之间取得平衡。二是记录时效性。较长的追溯期间可能包括过去的犯罪记录，这些记录可能已经不再客观反映个体或公司的当前行为和风险；较短的追溯期间有助于确保监管信息的时效性，更好地反映当前的情况，相对短的追溯期间可以鼓励公司和个体在过去的犯罪记录之后采取积极的合规措施进行改进。

本项规则适用中的问题一是“最近三年”期间的起算时点，可能存在不同理解：发行人或者相关方实施相关犯罪行为时、犯罪行为实施终了时、刑事裁判文书生效之日、刑法执行完毕之日。《（首发）证券期货法律适用意见第17号》第三条规定“最近三年从刑罚执行完毕或者行政处罚执行完毕之日起计算三十六个月”，但该规定是针对《首次公开发行股票注册管理办法》第十三条“国家安全、公共安全、生态安全、生产安全、公众健康安全等领域的重大违法行为”提出的适用意见，是否适用于贪污、贿赂、侵占财产、挪用财产或者破坏社会主义市场经济秩序的刑事犯罪，尚需进一步明确。

二是“控股股东、实际控制人”是指申报时的发行人控股股东、实际控制人，还是指最近三年历任控股股东、实际控制人，规则尚未明确。依照规则要求，“首次公开发行股票并在主板上市的，最近三年实际控制人没有发生变更；首次公开发行股票并在科创板、创业板上市的，最近二年实际控制人没有发生变更”，未绝对要求非实控人的控股股东不发生变更；对于科创板、创业板上市的公司实际控制人也仅要求最近二年不发生变更，意味着最近三年可能存在控股股东、实际控制人发生变更的可能。审核监管对于发行条件的把握，究竟仅审查申报时的发行人控股股东、实际控制人是否存在相关犯罪和重大违法，还是要审查发行人最近三年历史上存在的发行人控股股东、实际控制人上述违法犯罪情况，也需进一步明确。

根据相关配套适用规则，保荐人应通过查询网站、访谈相关人员、相关主体出具书面声明、必要时走访司法机关和政府部门等方法，调查发行人控股股东、实际控制人最近三年内是否存在违法行为。如存在，查阅行政处罚、刑事诉讼程序文件等，分析违法行为的行为性质及情节严重程度，核查是否构成贪污、贿赂、侵占财产、挪用财产或者破坏社会主义市场经济秩序的刑事犯罪或重大违法行为。①

②重大违法

（a）欺诈发行、重大信息披露违法及五大领域重大违法

欺诈发行，是指发行人在招股说明书等证券发行文件中隐瞒重要事实或者编造重大虚假内容的行为。②该违法行为的构成不要求已通过交易所审核或者获得证监会注册。

重大信息披露违法，是指信息披露义务人报送的报告或者披露的信息有虚假记载、误导性陈述或者重大遗漏，或者未按照规定及时、准确地履行信息披露义务的行为。重大信息披露违法会影响投资者对公司的价值判断和投资决策，破坏证券市场的公开、公平、公正原则，因此《证券法》在这方面进行严格监管。

涉及国家安全、公共安全、生态安全、生产安全、公众健康安全等领域的重大违法行为，其中，涉及国家安全的重大违法行为，是指危害国家

---

① 《保荐人尽职调查工作准则》第八十条。

② 《证券法》第二十四条第二款、《欺诈发行上市股票责令回购实施办法（试行）》第二条。

主权、统一、领土完整、政治安全、军事安全、外交安全等方面的违法行为，如从事颠覆国家政权、分裂国家、煽动民族仇恨、从事间谍活动、泄露国家机密、参与恐怖活动等；涉及公共安全的重大违法行为，是指危害公共秩序、社会稳定、人民生命财产安全的违法行为，如制造爆炸、纵火、投毒、劫持飞机等；涉及生态安全的重大违法行为，是指危害自然资源、生态环境、生物多样性的违法行为，如非法采伐林木、非法占用耕地、非法捕猎珍稀野生动物、非法排放有毒有害物质、非法倾倒固体废物等；涉及生产安全的重大违法行为，是指违反安全生产管理规定，在生产经营活动中发生重大伤亡事故或造成其他严重后果的违法行为，如造成重大责任事故、工程重大安全事故、危险物品肇事等；涉及公众健康安全的重大违法行为，是指危害公众身体健康和生命安全的违法行为，如制造、销售有毒有害食品或药品等。

规则要求发行人及相关方在最近三年内不存在欺诈发行、重大信息披露违法或者其他涉及国家安全、公共安全、生态安全、生产安全、公众健康安全等领域的重大违法行为，一是为了保护投资者的合法权益，防止不诚信的发行人利用虚假信息或者隐瞒重要事实，使投资者难以正确评估公司的价值和风险，误导投资者做出错误的投资决策，造成投资者的损失。二是为了维护证券市场的公开、公平、公正，防止不规范的发行人通过欺诈发行或者重大信息披露违法，扰乱市场秩序，影响市场价格的形成，损害市场信誉。三是为了维护国家和社会的安全和利益，防止不合格的发行人通过涉及国家安全、公共安全、生态安全、生产安全、公众健康安全等领域的重大违法行为，危害国家主权和社会稳定，威胁人民生命财产安全和社会正义。

（b）重大违法的认定

欺诈发行的认定，主要依据以下三个方面：

一是证券发行文件中是否存在隐瞒重要事实或者编造重大虚假内容。

证券发行文件中的隐瞒或者编造，包括积极编造和消极隐瞒两种形式。积极编造是指在证券发行文件中虚构不存在的事实，如虚增资产、收入、利润等；消极隐瞒是指在证券发行文件中故意不披露应当披露的事实，如隐瞒债务、亏损、诉讼等。

二是隐瞒或者编造的内容是否具有重大性。隐瞒或者编造的内容是否具有重大性，应当根据其对投资者决策是否有实质性影响来判断。具体而言，应当综合考虑以下因素：其一，隐瞒或者编造的内容与证券发行文件中其他信息之间是否存在明显不一致或者矛盾；其二，隐瞒或者编造的内容与其他可获得信息之间是否存在明显不一致或者矛盾；其三，隐瞒或者编造的内容与投资者对发行人经营业绩、财务状况、未来前景等方面的评价和预期之间是否存在明显关联或者影响；其四，其他可能影响投资者决策的因素。

三是发行人是否具有故意或者重大过失。根据其在证券发行文件中隐瞒或者编造重要事实时所持有的主观心态来判断，具体而言，应当综合考虑以下因素：发行人在证券发行文件中隐瞒或者编造重要事实时所掌握的信息和知识；发行人在证券发行文件中隐瞒或者编造重要事实时所采取的措施和手段；发行人在证券发行文件中隐瞒或者编造重要事实时所获得的利益和动机；其他可能反映发行人主观心态的因素。

重大信息披露违法的认定，根据发行人及相关方违法行为的客观方面和主观方面等综合审查认定其责任，一般考虑以下因素：

一是违法披露信息的内容、数额、比重、影响等，如是否虚增或者虚减资产、收入、利润等，是否因此发生盈亏变化，是否因此满足或者失去证券发行、上市、重组等条件，是否因此导致公司资不抵债，是否因此造成投资者损失等；二是未按照规定披露的重大事件或者重要事项的性质、数额、比重、时间等，如是否涉及重大担保、诉讼、仲裁、关联交易等，未按照规定及时披露信息的时间长短等；三是信息披露违法所涉及事项对投资者投资判断的影响大小，如是否导致投资者对发行人、公司的经营业绩、财务状况、未来前景等方面的评价和预期发生错误或者变化；四是信息披露违法后果，如是否导致欺诈发行、欺诈上市、暂停上市、终止上市等，给发行人、股东、债权人或者其他人造成直接损失数额大小，以及未按照规定披露信息造成该公司证券交易的异动程度等；五是信息披露违法的次数，如是否多次提供虚假或者隐瞒重要事实的财务会计报告，或者多次对依法应当披露的其他重要信息不按照规定披露；六是社会影响的恶劣程度，如是否损害了证券市场的信誉和秩序，是否引起了社会舆论和公众关注等；七是发行人的主观状态，如是否是故意的欺诈行为，是否是不够谨慎、疏忽大意的过失行为；八是发行人在信息披露违法后的态度，如是否继续掩饰或者拒不改正，是否采取适当措施进行补救；九是与证券监管机构的配合程度，如是否向证监会报告，是否在调查中积极配合，是否对调查机关欺诈、隐瞒，是否有干扰、阻碍调查情况；十是其他需要考虑的情形。①

涉及国家安全、公共安全、生态安全、生产安全、公众健康安全等领域重大违法行为的认定，一般来说，应当综合考虑以下因素：

一是违法行为的性质和程度，如是否构成犯罪或者受到行政处罚。根据相关配套适用规则，涉及国家安全、公共安全、生态安全、生产安全、公众健康安全等领域的重大违法行为是指发行人及其控股股东、实际控制人违反相关领域法律、行政法规或者规章，受到刑事处罚或者情节严重行政处罚的行为。有以下情形之一且中介机构出具明确核查结论的，可以不认定为重大违法行为：违法行为轻微、罚款数额较小；相关处罚依据未认定该行为属于情节严重的情形；有权机关证明该行为不属于重大违法。违法行为导致严重环境污染、重大人员伤亡或者社会影响恶劣等并

① 《信息披露违法行为行政责任认定规则》第三章。

被处罚的，不适用上述规定。[①]相关阐释参见第七章的“1.重大违法行为”专题。

二是违法行为的后果和影响，如是否导致严重的环境污染、人员伤亡、社会动荡等。

三是违法行为与发行人经营业务的关联性，如是否涉及发行人的主营业务或者核心技术。根据相关配套适用规则，发行人合并报表范围内的各级子公司，如对发行人主营业务收入或者净利润不具有重要影响（占比不超过百分之五），其违法行为可不视为发行人本身存在重大违法行为，但相关违法行为导致严重环境污染、重大人员伤亡或者社会影响恶劣等的除外。如被处罚主体为发行人收购而来，且相关处罚于发行人收购完成之前已执行完毕，原则上不视为发行人存在重大违法行为。但发行人主营业务收入和净利润主要来源于被处罚主体或者相关违法行为导致严重环境污染、重大人员伤亡或者社会影响恶劣等的除外。[②]

四是违法行为与投资者利益的关系，如是否影响发行人的财务状况、业绩预期或者信誉等。

关于重大违法行为追溯期的起算，根据相关配套适用规则，最近三年从刑罚执行完毕或者行政处罚执行完毕之日起计算三十六个月。[③]

发行人及其控股股东、实际控制人涉嫌贪污、贿赂、侵占财产、挪用财产或者破坏社会主义市场经济秩序的犯罪，或者涉嫌欺诈发行、重大信息披露违法或其他涉及国家安全、公共安全、生态安全、生产安全、公众健康安全等领域的重大违法行为，被立案调查或者被司法机关立案侦查，尚未结案的，发行人、保荐人和证券服务机构应当及时告知交易所或中国证监会，交易所或中国证监会将中止相应发行上市审核程序或者发行注册

①②③ 《〈首次公开发行股票注册管理办法〉第十二条、第十三条、第三十一条、第四十四条、第四十五条和〈公开发行证券的公司信息披露内容与格式准则第57号——招股说明书〉第七条有关规定的适用意见——证券期货法律适用意见第17号》第三条。

程序。[①]发行人发行上市审核程序中止超过交易所规定的时限或者发行注册程序中止超过三个月仍未恢复、发行人撤回注册申请或者保荐人撤销保荐、交易所认为发行人不符合发行条件或者信息披露要求的，交易所或者中国证监会终止相应发行上市审核程序或者发行注册程序。[②]

（3）对董监高的合规性要求

发行条件要求发行人的董事、监事和高级管理人员不存在最近三年内受到中国证监会行政处罚，或者因涉嫌犯罪正在被司法机关立案侦查或者涉嫌违法违规正在被中国证监会立案调查且尚未有明确结论意见等情形。

中国证监会行政处罚，是指中国证监会及其派出机构依据《行政处罚法》《证券法》《证券投资基金法》《期货交易管理条例》等法律、法规，对违反证券期货法律、法规和规章的自然人、法人或者其他组织实施的行政处罚。中国证监会行政处罚的类型包括警告、通报批评、罚款、没收违法所得、没收非法财物、暂扣许可证、降低资质等级、吊销许可证件、限制生产经营活动、责令停产停业、责令关闭、限制从业、责令依法处理非法持有的股票等。[③]

涉嫌犯罪正在被司法机关立案侦查，是指当司法机关（如公安机关、检察院等）接到报案、控告、举报或自首的材料后，经过审查，决定启动的刑事侦查程序。立案侦查并不表示涉嫌犯罪的人或组织已被定罪，仅仅是表明案件正受到法律程序的审查和调查。

涉嫌违法违规正在被中国证监会立案调查且尚未有明确结论意见，是指某个个体、公司或组织涉嫌违反证券法律法规或证券市场规则，并且证监会已经启动了对该涉嫌违法违规行为的正式调查程序。在这个阶段，尚

---

① 《上海证券交易所股票发行上市审核规则》第六十条。

② 《首次公开发行股票注册管理办法》第三十条第一项，第三十一条第一项、第九项、第十项。

③ 《证券法》第二百零五条。

未就涉嫌违法违规行为是否属实、是否应该采取行政处罚或其他措施作出明确的结论或决定。

根据配套适用规则，发行人应披露董事、监事、高级管理人员及其他核心人员的简要情况，包括最近三年涉及行政处罚、监督管理措施、纪律处分或自律监管措施、被司法机关立案侦查、被中国证监会立案调查情况。[①]

IPO发行条件对董监高的要求，与对发行人及其控股股东、实际控制人的要求有所不同。董监高受到的行政处罚无论性质轻重、立案侦查无论是否最终被追究刑事责任，证监会的立案调查无论结果如何，均可能触及发行条件问题；而发行人及其控股股东、实际控制人只有在被追究刑事责任（特定犯罪）或者被行政处罚确认特定领域重大违法情况下才触及发行条件问题，仅仅立案调查、侦查不足以构成发行人发行上市的实质性障碍。[②]我们理解，IPO发行条件对于发行人董事、监事和高级管理人员的要求相对严格，其合理性主要有以下几点：

一是关键决策经营层的重要性。董事、监事和高级管理人员构成公司的关键决策经营层，他们对公司的经营和治理起着至关重要的作用，其决策和行为可能对公司的长期发展和投资者的权益产生深远影响。甚至可以

① 《公开发行证券的公司信息披露内容与格式准则第57号——招股说明书》第三十七条。

② 《首次公开发行股票注册管理办法》第三十条第一项规定："存在下列情形之一的，发行人、保荐人应当及时书面报告交易所或者中国证监会，交易所或者中国证监会应当中止相应发行上市审核程序或者发行注册程序：（一）相关主体涉嫌违反本办法第十三条第二款规定，被立案调查或者被司法机关侦查，尚未结案。"《上海证券交易所股票发行上市审核规则》第六十条规定："出现下列情形之一的，发行人、保荐人和证券服务机构应当及时告知本所，本所将中止发行上市审核，通知发行人及其保荐人：（一）发行人及其控股股东、实际控制人涉嫌贪污、贿赂、侵占财产、挪用财产或者破坏社会主义市场经济秩序的犯罪，或者涉嫌欺诈发行、重大信息披露违法或其他涉及国家安全、公共安全、生态安全、生产安全、公众健康安全等领域的重大违法行为，被立案调查或者被司法机关立案侦查，尚未结案。"

说，发行人的行为实质是董监高决策经营行为的结果；发行人控股股东、实际控制人的意志或者行为亦需通过董监高的行为进行落实或者达成目的。因此，确保这些高级管理人员具备合规和道德标准，以降低潜在的风险，合理合法地运营公司，维护市场秩序和投资者权益，是合理的。二是投资者保护。IPO是公司向公众投资者募集资金的过程，因此投资者的权益和利益需要得到特别的保护。董事、监事和高级管理人员的行为和过去记录对投资者信任的建立和公司的声誉至关重要。如果这些管理人员曾经受到行政处罚或涉嫌违法违规，可能引发投资者的担忧，降低他们对公司的信心，影响IPO的成功。三是预防不当行为。严格的要求有助于预防不当行为和违规行为的发生。如果高级管理人员知道他们的行为将受到监管机构的特别关注，并可能影响公司的IPO，他们可能更加谨慎和合规地运营公司。这种预防性的措施可以有助于减少市场操纵、内幕交易等违法行为的风险，提高市场的稳定性。

本项规则适用中可能存在的问题如下。

第一，此处“董监高”有两种不同理解：一是申报时的董事、监事和高级管理人员。这些人员是指在公司提交IPO申请时，实际担任董事、监事和高级管理人员职务的个体。对这些人员的要求是要确保公司的现任核心管理层在关键职位上没有受到行政处罚、涉嫌犯罪或涉嫌违法违规等情况。二是应包括三年内历任董监高的人员。这是为了防止公司在IPO前将问题管理人员调离关键职位，然后重新聘用新人来达到规定的条件。因此，如果有历任的董事、监事和高级管理人员在过去三年内受到行政处罚、涉嫌犯罪或涉嫌违法违规等情况，也可能触及发行条件问题。

第二，此处董监高“因涉嫌犯罪正在被司法机关立案侦查”可触及发行条件限制，未涉及三年内董监高被判处刑罚的情形。依照《公司法》的规定，因贪污、贿赂、侵占财产、挪用财产或者破坏社会主义市场经济秩序，被判处刑罚，或者因犯罪被剥夺政治权利，执行期满未逾五年，被宣告缓刑的，自缓刑考验期满之日起未逾二年，不得担任董监高。[1]可见，最近三年内董监高犯罪并不绝对地被剥夺担任相应职务的资格。若董监高最近三年被判处刑罚，但不涉及《公司法》规定的可剥夺其董监高任职资格的犯罪，此种情形是否触及发行条件限制？我们理解，只要董监高被立案侦查（即使是三年前立案），不必待判处刑罚即触及发行条件红线，依照“举轻以明重”的法律解释原则，三年内被判处刑罚自然构成发行障碍。

① 《公司法》第一百七十八条第二项。

第三章

上市条件

1. 主板上市条件

【规则规定】境内发行人申请首次公开发行股票并在沪深交易所上市，应当符合下列条件：

（一）符合《证券法》、中国证监会规定的发行条件；

（二）发行后的股本总额不低于5000万元；

（三）公开发行的股份达到公司股份总数的25%以上；公司股本总额超过4亿元的，公开发行股份的比例为10%以上；

（四）市值及财务指标符合本规则规定的标准；

（五）交易所要求的其他条件。

交易所可以根据市场情况，经中国证监会批准，对上市条件和具体标准进行调整。①

【规则概要】境内发行人申请首次公开发行股票并在沪深交易所主板上市的条件。

【规则详解】《证券法》第四十七条规定："申请证券上市交易，应当符合证券交易所上市规则规定的上市条件。证券交易所上市规则规定的上

① 《上海证券交易所股票上市规则》3.1.1款、《深圳证券交易所股票上市规则》3.1.1款。

市条件，应当对发行人的经营年限、财务状况、最低公开发行比例和公司治理、诚信记录等提出要求。”

证券上市交易，是指证券在证券交易所公开挂牌交易的过程。证券上市交易的目的是实现证券的流通，提高资本的效率，保护投资者的合法权益，促进资本市场的健康发展。依照《证券法》第三十七条的规定，公开发行的证券，应当在依法设立的证券交易所上市交易或者在国务院批准的其他全国性证券交易场所交易。因此，向不特定对象发行证券、向特定对象发行证券累计超过二百人等公开发行的情形，证券必须在证券交易所上市交易或者在国务院批准的其他全国性证券交易场所交易。

证券交易所上市规则，是指证券交易所制定的关于证券上市、信息披露、停复牌、退市等事项的规则，主要目的是规范上市公司的行为，保护投资者的合法权益，促进资本市场的健康发展。不同的证券交易所可能针对不同上市板块有不同的上市规则，并根据市场情况和监管要求进行持续修订。

证券交易所上市规则规定的上市条件，是指申请证券上市交易的发行人必须满足的一些基本要求，依照《证券法》第四十七条，上市条件主要包括以下几方面：一是发行人的主体资格条件，例如持续经营年限、主营业务和管理团队稳定、控制权稳定等；二是发行人的财务状况，例如净利润、营业收入、现金流量、股本总额等；三是发行人的最低公开发行比例，即发行后公开发行的股份占公司股份总数的比例；四是发行人的公司治理，例如治理结构、内部控制制度、信息披露制度、关联交易情况、表决权差异安排等；五是发行人的诚信记录，例如是否存在重大违法违规行为、刑事犯罪记录、诉讼仲裁等。不同的证券交易所可能有不同的上市条件和具体标准，主板、科创板和创业板等不同板块的上市条件和具体标准亦有不同。

（1）符合发行条件

《证券法》第三十五条规定，“证券交易当事人依法买卖的证券，必须是依法发行并交付的证券”。因此，发行人的股票上市交易应以股票依法公开发行为前提。主板实施注册制之前，沪、深证券交易所相关上市规则规定的首要上市条件是“股票已公开发行”[①]。全面实行股票发行注册制后，发行审核与上市审核一并进行，修改为“符合《证券法》、中国证监会规定的发行条件”。对于首次公开发行股票而言，此处发行条件主要是指《证券法》第十二条、《首次公开发行股票注册管理办法》第二章规定的发行条件。

（2）发行后的股本总额不低于5000万元

此为针对申请首次公开发行股票并在沪深主板上市的条件，若在科创板、创业板上市仅要求发行后股本总额不低于3000万元。[②]

发行后的股本总额，是指公司在首次公开发行股票并在沪、深证券交易所主板上市后，其股票面值总额或股份金额总和，包括新股发行部分和原有股东持有部分股票。发行后的股本总额是反映上市公司规模和市场价值的重要指标，也是计算每股收益、每股净资产、市盈率等财务比率的基础数据。

规则要求发行后的股本总额不低于5000万元，主要是为了确保上市公司具有一定的规模和质量。这个门槛可以帮助筛选出具有一定经济实力和运营规模的公司，防止实力过小的公司进入主板市场，给投资者带来风险。[③]一般来说，发行后的股本总额越大，表明上市公司越成熟和稳健，其股票也越容易受到主板投资者的关注和信任。当然，发行后的股本总额

---

① 《上海证券交易所股票上市规则》（2022年1月修订）3.1.1款、《深圳证券交易所股票上市规则》（2022年修订）3.1.1款。

② 《深圳证券交易所创业板股票上市规则》2.1.1款、《上海证券交易所科创板股票上市规则》2.1.1款。

③ 全面注册制实施前，规则要求发行前股本总额不少于人民币3000万元，参见《首次公开发行股票并上市管理办法》（已废止）第二十六条第三项。

不是衡量上市公司优劣的唯一标准，还需要结合其他财务指标和经营状况进行综合分析。

在实际操作中，会计师事务所会根据公司净资产的审计结果来确定公司的总股本。如果公司在发行前的股本总额已经达到或超过5000万元，其在公开发行股票后，其股本总额自然就会达到这个门槛。从这个意义上来说，对于股本总额的理解，上市条件还需结合规则另外的要求，即公开发行的股份需达到公司股份总数的25%以上；如果公司股本总额超过4亿元，公开发行股份的比例需达到10%以上。

（3）最低公开发行比例

规则要求，公开发行的股份达到公司股份总数的25%以上；公司股本总额超过4亿元的，公开发行股份的比例为10%以上。

最低公开发行比例，是指首次公开发行股票并在沪、深证券交易所主板上市的发行人，必须向社会公众发行的股份数量占公司股份总数的最低比例。规定这一比例的目的是保证上市公司的流动性和公平性，维护投资者的合法权益和市场秩序。具体来说，有以下几个方面的考虑：

一是保证上市公司的流动性。流动性是指证券在市场上的买卖容易程度，是影响证券价格和市场稳定性的重要因素。如果公开发行的股份比例过低，会导致市场上可供交易的股份数量不足，影响市场的有效性和活跃度。

二是保证上市公司的公平性。公平性是指上市公司的股东在享受权利和承担义务方面的平等，是保护投资者利益和促进市场发展的基础。如果公开发行的股份比例过低，会导致上市公司的控制权过于集中，从而增加大股东对小股东的不公平对待的可能性，损害小股东的利益，影响市场的信任度和吸引力。

三是保证上市公司的透明度。透明度是指上市公司的信息披露的真实性、准确性和完整性，是提高市场效率和规范市场行为的重要手段。一般来说，公开发行的股份比例越高，投资者的参与权和监督权越强；反之，公开发行的股份比例越低，投资者的参与权和监督权越弱。如果公开发行的股份比例过低，会导致上市公司的信息披露受到大股东的影响，从而降低上市公司的透明度，增加市场的不确定性和不稳定性，影响市场的公信力和监管力度。

本项规则中出现的两个计算基数“股份总数”和“股本总额”，两者的区别主要在于两个方面：一是衡量标准不同，“股份总数”是指股份公司实际发行的股票数量，用万股或亿股表示；“股本总额”是指股份公司发行的股票面值总额或股份金额总和，用万元或亿元表示。二是价值不同，“股份总数”只反映了公司的规模大小，而“股本总额”还受到每股价格的影响，因此两者不能直接等同。例如，一家公司的股份总数是4亿股，每股面值1元，那么其股本总额就是4亿元；另一家公司的股份总数也是4亿股，但每股面值2元，那么其股本总额就是8亿元。从这个例子可以看出，两家公司的规模相同，但价值不同。

规则要求“公开发行的股份达到公司股份总数的25%以上；公司股本总额超过4亿元的，公开发行股份的比例为10%以上”的原因，是为了平衡不同规模和成熟度的公司之间的差异。设置最低公开发行比例的目的是保证公众股东数量和流通市值的合理性和充分性。对于股本总额不足4亿元的公司，因其规模或股本基数较小，公开发行比例过低会影响其流动性，股票可能不太容易买卖，要求较高的公开发行比例可以增加股票的流通性，吸引更多的投资者；且此种规模公司通常更需要通过公开发行股票来筹集资金，以支持其业务发展和扩张。对于股本总额超过4亿元的大型公司，公开发行的股份比例要求相对较低，只需达到10%以上即可，这主要是因为较大规模的公司通常拥有更多的资源和资本，可以通过其他方式（例如银行贷款、私募股权融资等）满足其资本需求；同时，由于股本基数较大，较低的公开发行比例（例如10%以上）即可以满足市场流动性需求，相应地也可减轻其上市时的股份供应压力，避免对市场造成过度的冲击。

（4）市值及财务指标

规则要求，市值及财务指标符合规则规定的标准。

市值和财务指标是与公司在首次公开发行股票并在沪、深证券交易所主板上市时的财务状况和市场价值相关的两个重要概念。

市值是指股票的市场价值，也就是以股票的市场价格计算的总价值，即公司已发行的股份总数乘以每股市价。这个数字反映了市场对公司的整体估值。市值是反映企业规模和实力的一个重要指标，也是影响企业上市条件和交易方式的一个重要因素。较高的市值通常表示公司更大、更有吸引力，并且可能更容易吸引投资者和合作伙伴。发行人首次公开发行股票涉及的市值指标主要是“预计市值”。

财务指标是指用来衡量和评价企业财务状况和经营成果的一些比率或数值，可以包括企业的收入、利润、经营现金流量、研发投入等。财务指标可以从不同的角度反映企业的偿债能力、营运能力、盈利能力、发展能力等方面的情况。财务指标通常是通过对企业财务报表中的数据进行分析和计算得出的。

规则要求发行人市值及财务指标符合规则规定的标准，是为了保证发行人具有一定的规模、实力、稳定性和成长性，以及良好的财务状况和经营效果，从而保护投资者的利益，维护证券市场的秩序，促进证券市场的健康发展。

（5）交易所要求的其他条件

除上述条件外，规则还要求发行人申请首次公开发行股票并在沪深主板上市，必须满足交易所要求的其他条件。

交易所要求的其他条件，是指除了规则规定的前述基本条件外，沪、深证券交易所根据市场情况和自身需要，对申请上市的发行人提出的其他具体条件。例如，已在境外上市的红筹企业，又在境内申请发行股票或者存托凭证并在主板上市应达到的市值及财务指标中“市值200亿元以上，且拥有自主研发、国际领先技术，科技创新能力较强，在同行业竞争中处于相对优势地位”，严格来讲，其中的科研实力要求不属于市值和财务指标，可归于其他条件。

此项作为一种兜底条款，给予交易所一定的自主权和灵活性，使其能够根据企业不同类型、不同行业、不同发展阶段的市场特点和需求，对申请上市的发行人提出更加细化和差异化的审核和评估标准。这些条件主要是为了保证上市公司的质量和水平，维护投资者利益和市场秩序，促进证券市场的健康发展。

适用中的问题是，依照《证券法》第四十七条的规定，上市条件应通过证券交易所上市规则作出明确，若“交易所要求的其他条件”的实质性内容不确定、不明确，赋予交易所此种灵活性可能产生合理性和公平性的问题。因此，需要一些配套措施：一是确保透明度。交易所应该明确和公开（例如通过定期更新上市规则）提出的其他条件，以便发行人和投资者了解这些条件。二是确保一致性。其他条件应该在不歧视、公平和一致的基础上制定，以确保所有发行人适用一致的审查标准。三是合规性。其他条件应与证券法和其他法律法规、规则的相关精神和原则保持一致，以确保适用中不产生法律上的抵触。

（6）上市条件和标准的调整

根据规则规定，交易所可以根据市场情况，经中国证监会批准，对上市条件和具体标准进行调整。

规则允许证券交易所灵活地根据市场的动态变化，以及不同时间段和情境下的需要，对上市条件进行调整。这意味着上市条件不是一成不变的，而是可以根据市场的实际需求做出相应的调整和优化，以保持其适应性和灵活性。但是，交易所不能随意或者单方面地修改上市条件和具体标准，而必须经过中国证监会的批准。这一规定一方面是为了给予交易所一定的自主权和灵活性，另一方面也考虑到证监会对交易所监管的需要，确保上市条件和具体标准的合法性、合理性和公正性。

2. 主板上市条件中的市值及财务指标

【规则规定】境内发行人申请在本所上市，市值及财务指标应当至少符合下列标准中的一项：

（一）最近三年净利润均为正，且最近三年净利润累计不低于1.5亿元，最近一年净利润不低于6000万元，最近三年经营活动产生的现金流量净额累计不低于1亿元或营业收入累计不低于10亿元；

（二）预计市值不低于50亿元，且最近一年净利润为正，最近一年营业收入不低于6亿元，最近三年经营活动产生的现金流量净额累计不低于1.5亿元；

（三）预计市值不低于80亿元，且最近一年净利润为正，最近一年营业收入不低于8亿元。

净利润以扣除非经常性损益前后的孰低者为准，净利润、营业收入、经营活动产生的现金流量净额均指经审计的数值。预计市值，是指股票公开发行后按照总股本乘以发行价格计算出来的发行人股票名义总价值。①

【规则概要】境内发行人申请首次公开发行股票并在沪、深证券交易所主板上市条件中的市值和财务指标。

【规则详解】《证券法》第四十七条和证券交易所上市规则规定的上市条件包含市值及财务指标。对于申请在主板上市的，市值和财务指标有三

① 《上海证券交易所股票上市规则》3.1.1款、《深圳证券交易所股票上市规则》3.1.1款。

套，发行人可根据自身情况选择适用。

（1）第一套指标：净利润＋现金流量/净利润＋营业收入

第一套指标包含两个可选项。

①第一套指标之一：净利润+现金流量

申请在主板上市可选的第一套市值及财务指标之一：最近三年净利润均为正，且最近三年净利润累计不低于1.5亿元，最近一年净利润不低于6000万元，最近三年经营活动产生的现金流量净额累计不低于1亿元。前述净利润以扣除非经常性损益前后的孰低者为准，净利润、经营活动产生的现金流量净额均指经审计的数值。

净利润，是指企业在一定时期内的利润总额减去所得税后的金额，即企业的税后利润。利润总额是指企业的营业收入减去营业成本、税金及附加、销售费用、管理费用、财务费用、资产减值损失等各项费用后的余额。净利润反映了企业在一定时期内的盈利能力和经营效果。

非经常性损益，是指与公司正常经营业务无直接关系，以及虽与正常经营业务相关，但由于其性质特殊和偶发性，影响报表使用人对公司经营业绩和盈利能力作出正常判断的各项交易和事项产生的损益。例如，政府补助、资产处置收益、重大自然灾害造成的损失等。非经常性损益会导致公司净利润的波动和扭曲，影响公司真实的盈利水平和财务状况。

扣除非经常性损益前后的孰低者，是指在计算净利润时，先将非经常性损益从利润总额中扣除，得到扣除非经常性损益后的净利润，然后将这个数值与未扣除非经常性损益前的净利润进行比较，取其中较低的一个作为最终的净利润。这样做的目的是保守地评估公司的盈利能力，避免因为非经常性损益而高估或低估公司的净利润。

现金流量，是指某一段时间内企业现金和现金等价物的流入和流出数量。现金等价物是指持有期限不超过三个月、可随时变现、价值变动风险很小的投资。现金流量反映了企业在一定时期内的现金收支情况和现金流动能力。

现金流量净额，是指某一段时间内企业现金和现金等价物的流入量和流出量的差额。根据不同的活动类型，现金流量净额可以分为三类：经营活动产生的现金流量净额、投资活动产生的现金流量净额和筹资活动产生的现金流量净额。(a）经营活动产生的现金流量净额，是反映企业通过正常经营活动所产生的现金收入和支出，是衡量企业经营业绩和盈利能力的重要指标。经营活动产生的现金流量净额越大，说明企业的经营效率越高，盈利能力越强，现金流动能力越好。如果企业的经营活动产生的现金流量净额为负，说明企业在正常经营过程中消耗了更多的现金，可能存在经营困难或亏损的风险。(b）投资活动产生的现金流量净额，是反映企业通过购买或出售长期资产或投资所产生的现金收入和支出，是衡量企业投资决策和投资效果的重要指标。投资活动产生的现金流量净额为负，通常说明企业在扩大或更新固定资产或增加投资，这是为了实现长期发展和增值。如果企业的投资活动产生的现金流量净额为正，说明企业在出售或减少长期资产或投资，可能是为了应对短期的现金需求或调整投资结构。(c）筹资活动产生的现金流量净额，是反映企业通过吸收或偿还债务或股本所产生的现金收入和支出，是衡量企业融资决策和融资效果的重要指标。筹资活动产生的现金流量净额可以为正也可以为负，取决于企业融资和偿还的比例。如果企业的筹资活动产生的现金流量净额为正，说明企业在增加债务或股本，这是为了扩大规模或改善财务结构。如果企业的筹资活动产生的现金流量净额为负，说明企业在偿还债务或分配股利，这是为了降低财务风险或回报股东。

对于净利润，规则要求三年均为正、三年累计最低额、最近一年最低额同时满足。之所以如此要求，主要是为了保证申请在主板上市的公司具有一定的盈利能力和稳定性，避免公司上市后出现亏损或盈利波动过大的情况。净利润三年均为正，说明公司在最近三年内没有出现亏损，公司具有持续经营并盈利的能力；净利润三年累计最低额达标，说明公司在最近三年内的总体盈利水平达到一定的标准，公司具有一定的规模和实力；净利润最近一年最低额达标，说明公司在最近一年内的盈利水平达到一定的标准，公司在上市时具有一定的增长性和竞争力。

在考核净利润的同时，规则还考核最近三年经营活动产生的现金流量净额，是为了保证申请在主板上市的公司具有良好的现金流动能力和经营质量，避免上市公司出现现金流紧张或虚假盈利的情况。净利润是按照权责发生制计算的，可能存在收入确认和费用确认与实际现金收支不一致的情况，导致净利润高于或低于真实的盈利水平；而现金流量净额是按照收付实现制计算的，更能反映企业实际产生和使用的现金数量。因此，通过同时考核净利润和现金流量净额，可以更全面和客观地评价企业的经营业绩和财务状况。此外，经营活动、投资活动和筹资活动都会影响企业的现金流量情况，但是它们反映了不同方面的信息。在考核申请在主板上市的公司时，关注经营活动产生的现金流量净额，是因为它更能直接体现公司通过正常经营所创造的价值和盈利能力，而不受其他非经营性因素的干扰。投资活动和筹资活动虽然也很重要，但是它们更多地与公司的长期发展和财务结构有关，并不一定能客观反映公司当前的盈利水平和质量。

②第一套指标之二：净利润+营业收入

申请在主板上市可选的第一套市值及财务指标之二：最近三年净利润均为正，且最近三年净利润累计不低于1.5亿元，最近一年净利润不低于6000万元，最近三年营业收入累计不低于10亿元。前述净利润以扣除非经常性损益前后的孰低者为准，净利润、营业收入均指经审计的数值。

营业收入，是指企业在从事销售商品，提供劳务和让渡资产使用权等日常经营业务过程中所形成的经济利益的总流入。分为主营业务收入和其他业务收入。

经审计的营业收入，是指经会计师事务所的审计人员对企业营业收入的真实性、合法性和正确性进行审查，并出具审计报告确认的营业收入。审计报告后面的附表中有一张利润表或损益表，表中第一项为“主营业务收入”，即营业收入。

规则除了在净利润方面要求满足最近三年均为正、最近三年累计最低额、最近一年最低额外，还要求发行人最近三年营业收入累计不低于10亿元，主要是为了确保公司不仅有盈利能力，而且在市场上具有一定的规模和市场份额。因为公司的规模通常与其营业收入相关，营业收入反映了企业的销售规模和市场占有率，也是企业利润的来源。如果企业的营业收入过低，可能意味着其产品或服务缺乏市场需求，或者其定价策略不合理，或者其销售渠道不畅通，或者其面临激烈的竞争压力等。这些都会影响企业的盈利水平和成长潜力，也会增加投资者的风险。因此，规则通过设定最低的营业收入标准，筛选出具有较强市场地位和盈利能力的企业，保护投资者的利益。

第一套指标中前述两个可选项关注的共通点在于它们都关注公司的盈利状况。无论选择哪一项指标，公司都必须具备一定的盈利能力，以确保其具备持续盈利的潜力。两者不同侧重点是：前者在考核净利润的同时，还要考核最近3年经营活动产生的现金流量净额（累计不低于1亿元），侧重于企业的经营效率和财务流动性；后者在考核净利润的同时，还要考核最近3年营业收入（累计不低于10亿元），侧重于企业的销售规模和市场地位。

由此可见，第一套指标中前一可选指标通常更适合那些经营活动产生的现金流量较高，但营业收入可能较低的发行人。例如，一些提供高附加值服务或技术的企业，如咨询、设计、软件、研发等，它们的营业收入可能不高，但是它们的经营活动产生的现金流量很高，因为它们的成本和费用较低，而且收款周期较短。这些企业虽然没有很大的市场规模，但是有很强的盈利能力和现金流动能力。后一可选指标更适合那些营业收入较高，但经营活动产生的现金流量可能较低的发行人。例如，一些提供大规模商品或服务的企业，如制造、贸易、零售、餐饮等，它们的营业收入可能很高，但是它们的经营活动产生的现金流量很低，因为它们的成本和费用较高，而且付款周期较长。这些企业虽然有很大的市场规模，但是没有很强的现金流动能力。

（2）第二套指标：预计市值+净利润+营业收入+现金流量

申请在主板上市的第二套市值及财务指标是：预计市值不低于50亿元，且最近一年净利润为正，最近一年营业收入不低于6亿元，最近三年经营活动产生的现金流量净额累计不低于1.5亿元。前述净利润以扣除非经常性损益前后的孰低者为准，净利润、营业收入、经营活动产生的现金流量净额均指经审计的数值；预计市值，是指股票公开发行后按照总股本乘以发行价格计算出来的发行人股票名义总价值。

总股本，是指公司发行的全部股票对应的股份总数，包括已上市流通的股本和未上市流通的股本。总股本反映了公司的规模和资本结构，也是计算每股收益、每股净资产等财务指标的基础。

发行价格，是指公司在首次公开发行股票时确定的每股出售价格，也称为发行价或招股价。发行价格一般由公司根据其经营状况、财务状况、市场需求、同类公司市盈率等因素综合评估而定。

名义总价值，是指股票公开发行后按照总股本乘以发行价格计算出来的发行人股票的总市值，也称为预计市值或估值。名义总价值反映了公司在首次公开发行时的市场定位和预期收益，也是证监会审核和批准首次公开发行申请的重要依据之一。

名义总价值与实际总价值相对而言，实际总价值是指股票在二级市场上按照实时交易价格计算出来的发行人股票的总市值，也称为市场总价值或市值。实际总价值反映了公司在二级市场上的市场表现和受欢迎程度，也是投资者进行投资决策的重要参考之一。

股票公开发行后按照总股本乘以发行价格计算，是用于估算公司在首次公开发行时名义总价值的方法。这种方法假设公司在首次公开发行时所有的股票都按照同一价格出售，而不考虑不同类型或等级的股票可能存在的差异或优惠。这种方法也不考虑首次公开发行后二级市场上供求关系、市场情绪、宏观经济等因素对股票价格的影响。因此，这种方法只能作为一个初步的估算，不能完全代表公司在首次公开发行时的真实价值。

相比第一套指标对于净利润要求“最近三年净利润均为正，且最近三年净利润累计不低于1.5亿元，最近一年净利润不低于6000万元”，第二套指标对于净利润仅要求“最近一年为正”，但是必须满足预计市值、营业收入、经营活动产生的现金流量净额等方面要求。可见，第二套指标更加注重公司的规模、收入和现金流能力，而不仅仅是盈利能力，可能适用于一些高增长、高现金流、但短期内盈利能力较弱的企业。例如，一些从事新兴行业或领域的企业，如互联网、人工智能、生物技术、新能源等，它们的营业收入可能很高，因为它们的产品或服务具有创新性和前瞻性，能够吸引大量的用户和客户；它们的经营活动产生的现金流量也可能很高，因为它们的收款周期较短，而且能够获得大量的投资和补贴。但是，它们的净利润可能不高，因为它们需要投入大量的资金和资源进行研发、市场推广、人才培养等，以保持其竞争优势和增长潜力。这些企业虽然没有很强的盈利能力，但是有很大的市场规模和发展前景，因此可能符合第二套指标的要求。

（3）第三套指标：预计市值+净利润+营业收入

申请在主板上市的第三套市值及财务指标是：预计市值不低于80亿元，且最近一年净利润为正，最近一年营业收入不低于8亿元。前述净利润以扣除非经常性损益前后的孰低者为准，净利润、营业收入；预计市值，是指股票公开发行后按照总股本乘以发行价格计算出来的发行人股票名义总价值。

第三套指标与第二套指标相比，有以下相同点：一是都要求发行人预计市值不低于一定的标准，即发行人具有一定的规模和实力。二是都要求发行人最近一年净利润为正，即发行人具有一定的盈利能力和经营效益。三是都要求发行人最近一年营业收入不低于一定的标准，即发行人具有一定的销售规模和市场占有率，也是企业利润的来源。

不同点在于：一是第三套指标要求发行人预计市值不低于80亿元，而第二套指标要求发行人预计市值不低于50亿元，表明第三套指标对于公司规模的要求更高，也更能体现公司的价值和潜力。二是第三套指标要求发行人最近一年营业收入不低于8亿元，而第二套指标要求发行人最近一年营业收入不低于6亿元，表明第三套指标对于公司收入的要求更高，也更能体现公司的销售水平和市场需求。三是第三套指标没有要求发行人最近三年经营活动产生的现金流量净额累计不低于一定的标准，而第二套指标要求发行人最近三年经营活动产生的现金流量净额累计不低于1.5亿元，表明第三套指标对于公司现金流能力和质量的要求较低，可能适用于一些现金流较弱的企业。

综上所述，第三套指标与第二套指标相比，都是为了保证申请在主板上市的公司具有一定的盈利能力和稳定性，但是它们分别从不同角度衡量企业的规模、收入和现金流等方面。第三套指标主要适用于那些规模较大、收入较高、但现金流较弱或波动较大的企业。

一些从事传统制造或服务业的企业，如汽车、家电、酒店、餐饮等，它们的营业收入可能很高，因为它们提供了大众化或高端化的产品或服务，能够吸引大量的用户和客户；它们的预计市值也可能很高，因为它们具有较强的品牌影响力和市场地位。但是，它们的经营活动产生的现金流量可能不高，甚至为负，因为它们需要投入大量的资金和资源进行生产、采购、存储、运输、销售等，而且付款周期较长。比较典型的例子是W公司在某交易所上市。其在上市前一年（2018年）的营业收入为87.6亿元人民币，远超过第三套指标要求的8亿元；其净利润为2.5亿元人民币，也满足了第三套指标要求的为正；但是其经营活动产生的现金流量净额却为-1.9亿元人民币，说明其现金流能力较弱。W公司在上市时的预计市值为120亿元人民币，也满足了第三套指标要求的80亿元。因此，W公司可以看作是一个符合第三套指标的企业。

表3.2-1是三套市值和财务指标的比较和分析。

表3.2-1　　　　市值和财务指标比较

指标	净利润	预计市值	现金流量	营业收入	适合企业类型
第一套之一	最近三年净利润均为正，且最近三年净利润累计不低于1.5亿元，最近一年净利润不低于6000万元	无	最近三年经营活动产生的现金流量净额累计不低于1亿元	无	盈利能力较强、现金流量较稳健，但市值、营业收入不突出的企业，如咨询、设计、软件、研发等
第一套之二		无	无	最近三年营业收入累计不低于10亿元	盈利能力较强、营收规模较大，但市值、经营活动产生的现金流量不突出的企业，如制造、贸易、零售、餐饮等
第二套	最近一年净利润为正	预计市值不低于50亿元	最近三年经营活动产生的现金流量净额累计不低于1.5亿元	最近一年营业收入不低于6亿元	有盈利潜力、市值规模较高、现金流量和营收水平较高的企业，但短期内盈利能力不强的企业，如互联网、人工智能、生物技术、新能源等
第三套		预计市值不低于80亿元	无	最近一年营业收入不低于8亿元	有盈利潜力、市值规模较高、营收水平较高，但短期内盈利能力不强，且现金流较弱或波动较大的企业。如传统制造或服务业的企业，如汽车、家电、酒店、餐饮等

不同的市值和财务指标主要是为了适应不同类型和不同阶段的企业。第一套指标更关注盈利和销售规模，适用于那些已经稳定盈利并有一定市场规模的企业；第二套和第三套指标更注重未来潜力和市值，适用于那些

高增长但短期内盈利较弱或者现金流较弱的企业。不同的企业可能选择不同的指标来满足上市条件，这取决于它们的业务模式、市场地位和财务状况。

全面实行股票发行注册制之前，对于申请在主板上市的企业在财务指标方面的要求与全面注册制后的三套财务指标存在明显差异。之前的财务指标要求是：最近3个会计年度净利润均为正数且累计超过人民币3000万元；最近3个会计年度经营活动产生的现金流量净额累计超过人民币5000万元，或者最近3个会计年度营业收入累计超过人民币3亿元。[①]全面注册制后，财务指标有以下几个方面的修改：

一是指标更多元。全面注册制后，申请在主板上市的企业可以根据自身情况选择适用三套指标中的任意一套，而全面实行股票发行注册制之前，只有净利润、现金流量净额/净利润、营业收入两套指标。这一修改的目的是增加申请上市企业的选择空间和灵活性，避免因为某一项指标不达标而影响优质企业的上市进程，同时也为投资者提供更多样化和多元化的投资选择。

二是增加了高市值企业上市的机会。全面注册制后，企业预计市值达到50亿元或80亿元的，有机会适用第二套、第三套指标申请在主板上市。这一修改增加了具有一定规模和实力的企业主板上市的可能，提高上市公司的质量和价值，减少小盘股和壳资源的出现，促进资本市场的健康发展。

三是降低了净利润的要求。全面实行股票发行注册制之前，申请IPO的企业必须满足最近三年净利润均为正且累计超过3000万元的要求。全面注册制后，适用第二套、第三套指标申请在主板上市的企业最近一年净利润为正即可。而这一修改的目的是适应不同行业和领域的发展特点，给予那些高增长、高潜力、但短期内盈利能力较弱或波动较大的企业更多的机会和空间，鼓励创新创业，促进经济社会转型升级。

四是调整了营业收入和现金流量净额的要求。全面实行股票发行注册

① 《首次公开发行股票并上市管理办法》（证监会令第173号）（已废止）第二十六条。

制之前，申请IPO的企业须满足最近三年经营活动产生的现金流量净额累计超过5000万元和最近三年营业收入累计超过3亿元的统一要求。全面注册制后，申请在主板上市的企业可以根据自身情况选择适用不同的营业收入、现金流量净额的要求，而这一修改的目的是更加灵活和多元地衡量企业的经营效率和质量，考虑到不同企业在收入、成本、费用、付款、收款等方面可能存在差异和特殊性，允许企业根据自身特点选择合适的指标。

3. 具有表决权差异安排的主板上市企业市值及财务指标

【规则规定】发行人具有表决权差异安排的，市值及财务指标应当至少符合下列标准中的一项：

（一）预计市值不低于200亿元，且最近一年净利润为正；

（二）预计市值不低于100亿元，且最近一年净利润为正，最近一年营业收入不低于10亿元。①

【规则概要】申请在沪、深证券交易所主板上市，且存在表决权差异安排的企业应达到的市值和财务指标。

【规则详解】《公司法》第一百四十四条规定："公司可以按照公司章程的规定发行下列与普通股权利不同的类别股：（一）优先或者劣后分配利润或者剩余财产的股份；（二）每一股的表决权数多于或者少于普通股的股份；（三）转让须经公司同意等转让受限的股份；（四）国务院规定的其他类别股。""公开发行股份的公司不得发行前款第二项、第三项规定的类别股；公开发行前已发行的除外。""公司发行本条第一款第二项规定的类别股的，对于监事或者审计委员会成员的选举和更换，类别股与普通股每一股的表决权数相同。"根据前述规定，表决权差异安排，是指公司在

① 《上海证券交易所股票上市规则》3.1.6款、《深圳证券交易所股票上市规则》3.1.6款。

普通股份之外，发行拥有特别表决权的股份，每一特别表决权股份拥有的表决权数量大于或者小于每一普通股份拥有的表决权数量，其他股东权利与普通股份相同。这种安排也被称为“双重股权结构”或“同股不同权”。

表决权差异安排有多种形式，主要有以下几种：一是按照表决权数量的差异，可以分为“高投票权”（超级投票权）和“低投票权”。前者是指特别表决权股份的表决权数量大于普通股份的表决权数量，后者是指特别表决权股份的表决权数量小于普通股份的表决权数量。二是按照表决权的适用范围，可以分为全面表决权和有限表决权。前者是指特别表决权股份在所有股东会议案上都享有特别的表决权；后者是指特别表决权股份只在部分股东会议案上享有特别的表决权，如选举董事、修改章程等。

根据《公司法》第一百四十四条和上市规则的规定，发行人在首次公开发行上市前不具有表决权差异安排的，不得在首次公开发行上市后以任何方式设置此类安排。

表决权差异安排是一种特殊的公司治理安排，其主要目的是保护创始人或者核心管理层的控制权和决策权。这种安排在一定程度上可以激励创始人或者核心管理层持续投入创新和发展，保持公司的长期战略和愿景，避免被短视的投资者或者敌意收购者干扰或者控制。但是，这种安排也存在一些潜在的风险和弊端，比如可能导致公司治理效率降低，损害普通股东的利益和权利，增加信息不对称和利益冲突等问题。

规则之所以要求存在表决权差异安排的发行人必须是预计市值高的公司，主要原因：一是防止投资者在表决权差异安排下遭受风险。预计市值高的公司，通常意味着其经营规模大、业绩稳定、市场认可度高、成长潜力大，因此更能吸引和留住中小投资者，也更能承受表决权差异安排带来的潜在风险。而预计市值低的公司，通常意味着其经营规模小、业绩波动、市场认可度低、成长潜力小，因此更容易遭到中小投资者的抛弃，也更难以抵御表决权差异安排带来的潜在风险。因此，规则要求存在表决权差异安排的发行人必须是预计市值高的公司，是为了筛选出那些有能力在表决权差异安排下保障中小投资者利益的公司。二是为了保证表决权差异安排的合理性和必要性，防止其被滥用和滥设。预计市值高的公司，通常意味着其具有较强的创新能力和核心竞争力，因此更需要表决权差异安排来保护创始人的创新动力和战略决策，也更能体现表决权差异安排的正面效应。而预计市值低的公司，通常意味着其缺乏创新能力和核心竞争力，因此更难以证明表决权差异安排的必要性和合理性，也更容易暴露表决权差异安排的负面影响。因此，规则要求存在表决权差异安排的发行人必须是预计市值高的公司，是为了确保表决权差异安排的设置有充分的理由和依据，同时也是为了限制表决权差异安排的范围和数量。

（1）两套市值及财务指标

①第一套指标：预计市值+净利润

具有表决权差异安排的企业第一套市值和财务指标：预计市值不低于200亿元，且最近一年净利润为正。

第一套指标适用于大型企业，即市值较高、规模较大，具有一定盈利能力，但营业收入不一定突出的企业。例如，一些从事高端制造、高新技术、重大工程等领域的企业，它们的产品或服务具有高附加值和高技术含量，能够获得一定的利润率和净利润，但是它们的营业收入受到市场需求、项目周期、政策支持等因素的影响而较低或波动较大。因此可能符合第一套指标的要求。

②第二套指标：预计市值+净利润+营业收入

具有表决权差异安排的企业第二套市值和财务指标：预计市值不低于100亿元，且最近一年净利润为正，最近一年营业收入不低于10亿元。

这一套指标适用于中型企业，它们可能在市值上没有达到行业巨头的水平，但具有稳定盈利和较高营业收入的企业。例如，传统行业的老牌企业，它们在市场上有稳定的盈利表现和较高的销售规模。

（2）主板市场要求的净利润指标

具有表决权差异安排的企业（申请在沪、深证券交易所主板上市）两套市值及财务指标，与申请在主板上市的一般企业适用的三套市值及财务指标一样，对于净利润方面要求，底线是最近一年净利润为正。

最近一年，是指发行人申请上市前的最后一个会计年度。最近一年的净利润情况可以反映出发行人当前的经营状况和发展趋势，也是投资者预测企业未来盈利能力和增长潜力的重要依据。最近一年净利润为正，表明发行人在申请上市前有较好的经营业绩和发展势头；最近一年净利润为负，说明发行人在申请上市前的经营业绩和发展前景较差。

主板市场之所以对净利润提出要求，首先，业务模式成熟和经营业绩稳定是主板市场的核心特征之一，它意味着企业能够在市场竞争中占据优势地位，具有较强的盈利能力和抗风险能力，能够持续创造价值和回报。要求最近一年净利润为正，即最近一年不能亏损，主要是为了保证上市公司符合主板市场的核心特征。其次，主板是指我国证券市场中规模最大、规范最高、影响最广的交易板块，上市门槛和标准也相对较高，上市企业通常具有较高的知名度和公信力。对净利润提出要求，可以防止低质量或高风险的企业进入主板市场，保持主板市场的高质量和高标准，与其他板块如科创板、创业板、北交所等形成差异化。

4. 红筹企业主板上市条件

【规则规定】符合《国务院办公厅转发证监会关于开展创新企业境内发行股票或存托凭证试点若干意见的通知》（国办发［2018］21号）等有

关规定的红筹企业，可以申请发行股票或者存托凭证并在交易所上市。

红筹企业申请首次公开发行股票或者存托凭证并在交易所上市，应当符合下列条件：

（一）符合《证券法》、中国证监会规定的发行条件。

（二）发行股票的，发行后股份总数不低于5000万股；发行存托凭证的，发行后存托凭证总份数不低于5000万份。

（三）发行股票的，公开发行（含已公开发行）的股份达到公司股份总数的25%以上；公司股份总数超过4亿股的，公开发行（含已公开发行）股份的比例为10%以上。发行存托凭证的，公开发行（含已公开发行）的存托凭证对应基础股份达到公司股份总数的25%以上；发行后存托凭证总份数超过4亿份的，公开发行（含已公开发行）的存托凭证对应基础股份达到公司股份总数的10%以上。

（四）市值及财务指标符合本规则规定的标准。

（五）本所要求的其他条件。

交易所可以根据市场情况，经中国证监会批准，对上市条件和具体标准进行调整。①

【规则概要】符合规定的红筹企业申请首次公开发行股票或者存托凭证并在交易所上市应达到的条件。

【规则详解】根据《国务院办公厅转发证监会关于开展创新企业境内发行股票或存托凭证试点若干意见的通知》第三条的定义，红筹企业是指注册地在境外、主要经营活动在境内的企业。

红筹企业通常由中资企业或个人控制或持有较大股权。红筹企业在中国香港上市的股份被称为红筹股，它们具有中资背景，但受香港法规和监管的约束。红筹企业的目的是规避内地的限制性政策，如外汇管制、上市

① 《上海证券交易所股票上市规则》3.1.3款、《深圳证券交易所股票上市规则》3.1.3款。

门槛、股权结构等，以便更容易地融资和扩张。红筹企业的典型例子有腾讯、阿里巴巴、百度等。

根据《国务院办公厅转发证监会关于开展创新企业境内发行股票或存托凭证试点若干意见的通知》的规定，被允许在境内发行股票、存托凭证并上市的试点企业必须是符合国家战略、掌握核心技术、市场认可度高，属于互联网、大数据、云计算、人工智能、软件和集成电路、高端装备制造、生物医药等高新技术产业和战略性新兴产业，且达到相当规模的创新企业。本条规则中所谓符合规定的红筹企业是指前述范围内的红筹企业。[①]

根据是否已在境外上市，红筹企业可以分为以下两类：

一类是已在境外上市的红筹企业。这类企业通常是指在中国境内运营，但通过在境外注册公司，并以该境外公司名义在境外交易所（如香港联交所、纽约证券交易所等）申请上市的公司。这些公司主要分为“大红筹”和“小红筹”。其中，“大红筹”是以中国境内法人在境外投资的形式搭建，中国境内法人为境外注册公司的控股股东。而“小红筹”则是通过个人境外投资的形式在境外注册公司，自然人系境外注册公司的控股股东。

另一类是未在境外上市的红筹企业。这类企业尚未在境外上市，但仍然满足红筹企业的定义，即注册地在境外，主要经营活动在中国境内。这些企业申请在中国沪、深证券交易所上市时，需要满足一定的标准，例如预计市值不低于200亿元且最近一年营业收入不低于30亿元；或者营业收

① 《试点创新企业境内发行股票或存托凭证并上市监管工作实施办法》第六条规定：“试点企业应当是符合国家战略、科技创新能力突出并掌握核心技术、市场认可度高，属于互联网、大数据、云计算、人工智能、软件和集成电路、高端装备制造、生物医药等高新技术产业和战略性新兴产业，达到相当规模，社会形象良好，具有稳定的商业模式和盈利模式，对经济社会发展有突出贡献，能够引领实体经济转型升级的创新企业。”“试点企业可以是已境外上市的红筹企业，或尚未境外上市的企业（包括红筹企业和境内注册企业）。”“除第一款规定范围内的红筹企业外，属于新一代信息技术、新能源、新材料、新能源汽车、绿色环保、航空航天、海洋装备等高新技术产业和战略性新兴产业，或者具有国家重大战略意义的红筹企业，纳入试点范围。”

入快速增长，拥有自主研发、国际领先技术，在同行业竞争中处于相对优势地位，且预计市值不低于100亿元或50亿元。

红筹企业在境内上市，监管主要关注以下几个方面的风险：

一是法律风险。红筹企业注册地在境外，且法律结构较为复杂，涉及注册地法律、上市地法律、中国法律等多个法域的法律适用，如公司法、证券法、外汇管理法、反垄断法等存在冲突、差异。比如，股权结构、公司治理、运营规范等事项适用境外法律法规，可能与境内法律法规存在差异，导致投资者权益保护水平不一致或不足。[①]又如，红筹企业往往通过协议控制架构（VIE）实现控制或存在类似特殊安排，如投票权差异、对赌协议等，这种安排在不同国家的法律效力和合法性存在争议和不确定性，可能导致股东权益受损或被剥夺、公司控制权变化、市值波动、股东利益冲突等问题。[②]

---

① 《试点创新企业境内发行股票或存托凭证并上市监管工作实施办法》第十二条规定："试点红筹企业的股权结构、公司治理、运营规范等事项适用境外注册地公司法等法律法规规定的，其投资者权益保护水平，包括资产收益、参与重大决策、剩余财产分配等权益，总体上应不低于境内法律、行政法规以及中国证监会规定的要求，并保障境内存托凭证持有人实际享有的权益与境外基础证券持有人的权益相当。"《存托凭证发行与交易管理办法（试行）》第三条规定："境外基础证券发行人的股权结构、公司治理、运行规范等事项适用境外注册地公司法等法律法规规定的，应当保障对中国境内投资者权益的保护总体上不低于中国法律、行政法规以及中国证监会规定的要求，并保障存托凭证持有人实际享有的权益与境外基础证券持有人的权益相当，不得存在跨境歧视。"

② 《试点创新企业境内发行股票或存托凭证并上市监管工作实施办法》第九条规定："申请发行股票的试点红筹企业存在协议控制架构的，中国证监会征求红筹企业境内实体实际从事业务的国务院行业主管部门和国家发展改革委、商务部意见，依法依规处理。"第十一条规定："试点红筹企业发行存托凭证存在股东投票权差异、企业协议控制架构或类似特殊安排的，应当按照相关信息披露规定在招股说明书等公开发行文件显要位置充分、详细披露相关情况，特别是风险、公司治理等信息，以及依法落实保护投资者合法权益规定的各项措施。存在投票权差异的，相关安排应当符合拟上市证券交易所的相关规定，并应明确维持特殊投票权的前提条件，特殊投票权不得随相关股份的转让而转让，以及除境内公开发行前公司章程已有合理规定外，境内公开发行后不得通过任何方式提高特殊投票权股份的数量及其代表投票权的比例。"

二是信息披露风险。红筹企业的信息披露需要遵守不同市场的不同标准和要求，可能存在信息不对称、不透明或不及时的情况，影响投资者的判断和决策。此外，红筹企业的财务报告需要采用国际会计准则或美国会计准则，与中国会计准则存在差异，可能导致投资者对企业的财务状况和业绩有误解或误读。①

三是市场风险。红筹企业在境内上市可能对境内资本市场产生一定的冲击和影响，如影响市场供求平衡、市场估值水平、市场监管难度等。此外，已在境外上市的红筹企业如果同时在境内上市，还可能存在两地市场

① 《国务院办公厅转发证监会关于开展创新企业境内发行股票或存托凭证试点若干意见的通知》第七条规定："试点企业及其控股股东、实际控制人等相关信息披露义务人应真实、准确、完整、及时、公平地披露信息，不得有虚假记载、误导性陈述或重大遗漏。试点红筹企业原则上依照现行上市公司信息披露制度履行信息披露义务。试点红筹企业及其控股股东、实际控制人等相关信息披露义务人在境外披露的信息应以中文在境内同步披露，披露内容应与其在境外市场披露内容一致。试点红筹企业在境内发行证券，应按照证券法等法律法规规定披露财务信息，并在上市安排中明确会计年度期间等相关问题。试点红筹企业在境内发行证券披露的财务报告信息，可按照中国企业会计准则或经财政部认可与中国企业会计准则等效的会计准则编制，也可在按照国际财务报告准则或美国会计准则编制的同时，提供按照中国企业会计准则调整的差异调节信息。"《存托凭证发行与交易管理办法（试行）》第十七条规定："境外基础证券发行人应当按照中国证监会、证券交易所的规定编制并披露招股说明书、上市公告书，披露存托协议、托管协议等文件。境外基础证券发行人应当在招股说明书中，充分披露境外注册地公司法律制度及其公司章程或者章程性文件的主要规定与《中华人民共和国公司法》等法律制度的主要差异，以及该差异对存托凭证在中国境内发行、上市和对投资者保护的影响。境外基础证券发行人具有股东投票权差异、企业协议控制架构或者类似特殊安排的，应当在招股说明书等公开发行文件显要位置充分、详细披露相关情况特别是风险、公司治理等信息，并以专章说明依法落实保护投资者合法权益规定的各项措施。"第二十一条规定："发生以下情形之一的，境外基础证券发行人应当及时进行披露：（一）存托人、托管人发生变化；（二）存托的基础财产被质押、挪用、司法冻结或者发生其他权属变化；（三）对存托协议作出重大修改；（四）对托管协议作出重大修改；（五）对股东投票权差异、企业协议控制架构或者类似特殊安排作出重大调整；（六）中国证监会规定的其他情形。"第二十二条规定："境外基础证券发行人及其控股股东、实际控制人等信息披露义务人应当保证其在境外市场披露的信息同时在境内市场披露。"

价格不一致、套利风险等问题。[①]未在境外上市的红筹企业如果在境内上市，还可能存在未经过国际资本市场检验、质量参差不齐等问题。

四是税务风险。红筹企业在境内上市涉及多个税收层面，包括红筹架构的搭建、拆除、存托凭证的发行、交易、分红等环节，可能触发多个税收主体的税收义务，如转让所得税、增值税、印花税、企业所得税等。由于红筹企业涉及跨境税收问题，需要考虑中外双方的税收协定和规则，以及各国的反避税措施。

（1）存托凭证及发行概述

存托凭证是《证券法》第二条规定的证券种类之一。存托凭证，根据相关规则的定义，是指由存托人签发、以境外证券为基础在中国境内发行、代表境外基础证券权益的证券。[②]

存托凭证的发行过程涉及以下几个主要参与方：

一是境外基础证券发行人，指在境外上市或未上市的红筹企业，其股票作为存托凭证的基础证券。[③]境外基础证券发行人负责参与存托凭证的

---

① 《试点创新企业境内发行股票或存托凭证并上市监管工作实施办法》第二十条、第二十一条规定："试点红筹企业发行股票或存托凭证的，境外存量股票在境内减持退出的要求如下：（一）试点红筹企业不得在境内公开发行的同时出售存量股份，或同时出售以发行在外存量基础股票对应的存托凭证；（二）试点红筹企业境内上市后，境内发行的存托凭证与境外发行的存量基础股票原则上暂不安排相互转换。""试点企业发行股票的，其股东应遵守境内法律、行政法规、中国证监会规定和拟上市证券交易所业务规则中关于股份减持的规定。尚未境外上市红筹企业在境内上市的，应当在申报前就存量股份减持等涉及用汇的事项形成方案，报中国证监会，由中国证监会征求相关主管部门意见。尚未盈利的试点企业发行股票的，控股股东、实际控制人、董事、高级管理人员在试点企业实现盈利前不得减持在境内证券交易所上市的公司股票。"

② 《国务院办公厅转发证监会关于开展创新企业境内发行股票或存托凭证试点若干意见的通知》第四条、《存托凭证发行与交易管理办法（试行）》第三条。

③ 《存托凭证发行与交易管理办法（试行）》第六条规定："公开发行以股票为基础证券的存托凭证的，境外基础证券发行人应当按照中国证监会规定的格式和内容，向证券交易所报送发行申请文件。"第十条规定："境外基础证券发行人申请存托凭证上市的，应当符合证券交易所业务规则规定的上市条件，并按照证券交易所的规定提出上市申请，证券交易所审核同意后，双方签订上市协议。"

发行，与存托人签订存托协议，向证券交易所提交发行申请文件。

二是存托人，指在境内发行存托凭证的金融机构，通常是银行或证券公司。[①]存托人需要通过自持或购买的方式获得一定数量的基础证券，并将其交由托管人保管。存托人根据存托协议和中国证监会的规定，协助完成存托凭证的发行上市；按照存托协议约定，向存托凭证持有人派发红利、股息等权益，根据存托凭证持有人意愿行使表决权等权利。[②]存托人还可能需要根据市场供需情况，通过转换基础证券和存托凭证来调节存托凭证的流通量，维持存托凭证与基础证券之间的价格一致性。

三是托管人，指在境外保管和管理基础证券的机构，通常是存托人在境外的分支机构或合作银行。托管人负责托管基础财产，按照托管协议约定协助办理分红派息、投票等相关事项。[③]

四是投资者（存托凭证持有人），即在境内购买存托凭证的个人或机构，需满足法律法规或监管机构规定的存托凭证投资者适当性管理要求。[④]相关规则中的投资者被称为存托凭证持有人，可以通过持有存托凭证，享

① 《存托凭证发行与交易管理办法（试行）》第二十六条规定："下列机构可以依法担任存托人：（一）中国证券登记结算有限责任公司及其子公司；（二）经国务院银行业监督管理机构批准的商业银行；（三）证券公司。"第五十八条第三项规定："存托人，是指按照存托协议的约定持有境外基础证券，并相应签发代表境外基础证券权益的存托凭证的中国境内法人。"

② 《存托凭证发行与交易管理办法（试行）》第三十一条规定："存托人、托管人应当忠实、勤勉地履行各项职责和义务，不得损害存托凭证持有人的合法权益。存托人行使境外基础证券相应权利，应当按照存托协议约定的方式事先征求存托凭证持有人的意愿并按其意愿办理，不得擅自行使相应权利或者处分相应存托凭证基础财产。"

③ 《存托凭证发行与交易管理办法（试行）》第二十九条规定："存托人可以委托境外金融机构担任托管人。存托人委托托管人的，应当在存托协议中明确基础财产由托管人托管。托管人应当承担下列职责：（一）托管基础财产；（二）按照托管协议约定，协助办理分红派息、投票等相关事项；（三）向存托人提供基础证券的市场信息；（四）中国证监会规定和托管协议约定的其他职责。"第五十八条第四项规定："托管人，是指受存托人委托，按照托管协议托管存托凭证所代表的基础证券的金融机构。"

④ 《存托凭证发行与交易管理办法（试行）》第三十四条。

有基础证券的分红、投票等基本权利，但他们不直接持有境外基础证券，只能通过存托人代为行使其股东的权利。

根据不同的发行或交易地点，存托凭证有不同的名称，如美国存托凭证（American Depository Receipt，ADR）、欧洲存托凭证（European Depository Receipt，EDR）、全球存托凭证（Global Depository Receipts，GDR）、中国存托凭证（Chinese Depository Receipt，CDR）等。其中，中国存托凭证是指由符合条件的境外公司在中国境内发行并在中国境内上市交易的代表其股票权益的存托凭证。

例如，A国某公司（发行人）是一家从事电子商务的创新企业，其股票已在A国某交易所上市，但想要进入B国市场，扩大其融资渠道和市场影响力，提高其品牌知名度，增强其与B国市场的联系和互动。A国某公司（发行人）决定在B国申请发行存托凭证，并在B国某交易所进行上市交易。存托凭证产生的过程是：①A国某公司（发行人）与B国某银行（存托人）签订存托协议，确定双方的权利和义务，以及存托凭证的发行条件、比例、费用等。根据协议，每10股A国某公司的股票可以兑换为1份存托凭证。②B国某银行（存托人）依照存托协议持有基础股份，并将其交由A国某托管机构（通常是存托人在A国的分支机构或合作银行）保管。③A国某公司（发行人）向B国证监会提交发行申请文件，并按照B国证监会的要求进行信息披露、风险提示、价格确定等工作。④B国某银行（存托人）根据存托协议和B国证监会的规定，在B国境内公开发行存托凭证，并在B国某交易所进行上市交易。⑤B国投资者通过B国某交易所买卖存托凭证，享有A国某公司股票的分红、投票等基本权利。B国投资者需要通过B国某银行（存托人）代为行使其股东的权利。

存托凭证总份数，是指发行后的存托凭证的总数量。例如，如果一家公司发行了5000万份存托凭证，那么这5000万份就是这家公司的“存托凭证总份数”。这个数量是由发行公司和存托银行根据市场需求和公司策略来确定的，但还要符合相应上市板块的要求。红筹企业在主板发行存托凭证，沪、深证券交易所的规定是发行后的存托凭证总份数不低于5000万份；红筹企业在科创板上市，则发行后的存托凭证总份数必须达到或超过3000万份。这是为了保证存托凭证的流动性和市场活跃度，增强其在资本市场的竞争力和吸引力；同时，增加公司的股东数量和股权分散程度，优化股权结构和公司治理。主板和科创板对存托凭证总份数的要求不同，可能是因为两个板块的定位和特点不同。主板是面向成熟、稳健、高质量的企业，要求较高的市值和规模；科创板则是面向创新、创业、高成长的企业，更注重技术和潜力。因此，主板对存托凭证总份数的要求更高，以保持市场规模和影响力；科创板则对存托凭证总份数的要求相对较低，以鼓励更多的创新企业回归国内市场。

存托凭证对应的基础股份，是指发行存托凭证的公司在境外发行的股票，是存托凭证发行的基础。[①]例如，一家公司在美国发行了股票，然后这些股票被购买并用于生成存托凭证，这些在美国发行的股票就是存托凭证的基础股份。每一份存托凭证都对应一定数量的基础股份。这种对应关系是由发行公司和存托银行根据市场需求和公司策略来确定的。存托凭证对应的基础股份对于存托凭证的意义在于：一是它是存托凭证的价值来源，因为存托凭证的价格和收益都是由基础股份的价格和收益决定的。存托凭证的投资者可以通过基础股份的市场行情来判断存托凭证的投资价值和风险。二是它是存托凭证的权益保障，因为存托凭证的投资者可以通过存托人来行使基础股份的权利，如分红、投票等。存托凭证的投资者可以通过基础股份的权益来保护自己的利益和参与公司治理。

---

① 《存托凭证发行与交易管理办法（试行）》第五十八条第一项规定："基础证券，是指存托凭证代表的由境外基础证券发行人在境外发行的证券。"《国务院办公厅转发证监会关于开展创新企业境内发行股票或存托凭证试点若干意见的通知》第六条第三项规定："存托凭证基础财产包括境外基础证券及其衍生权益。"

根据有关规则，已在境外上市或者未上市的红筹企业均可以申请在境内发行存托凭证。两种红筹企业在境外发行的基础股份不同之处在于：已在境外上市的红筹企业在境外发行的基础证券则已经在某个境外证券市场进行了交易（当然也不排除此类公司发行的某种证券未上市交易），而未在境外上市的红筹企业在境外发行的基础证券并未在任何一个境外证券市场进行交易。因此，未在境外上市的红筹企业在境外发行的基础证券相对于已在境外上市的红筹企业在境外发行的基础证券来说，具有更低的流动性和透明度，也更难以评估其价值。

存托凭证对应的基础股份占公司股份总数的比例，是指发行存托凭证的红筹企业在中国境内公开发行的存托凭证所代表的境外基础股份在该企业总股份中所占的比例。根据不同的上市板块，这个比例有不同的要求，主要是为了确保公开市场上有足够数量的存托凭证供投资者交易。例如，在主板公开发行（含已公开发行）的存托凭证对应基础股份达到公司股份总数的25%以上；发行后存托凭证总份数超过4亿份的，公开发行（含已公开发行）的存托凭证对应基础股份达到公司股份总数的10%以上。在科创板公开发行的存托凭证对应基础股份达到公司股份总数的25%以上；发行后的存托凭证总份数超过4亿份的，公开发行存托凭证对应基础股份达到公司股份总数的10%以上。在此基础上，这个比例是由发行公司和存托银行根据市场需求和公司策略来确定的。一般来说，这个比例还反映了中国境内投资者对该企业的持股情况，比例越高，说明中国境内投资者对该企业的参与度越高，也越有利于提高该企业在中国市场的影响力和知名度。

（2）红筹企业与境内一般企业在主板上市条件的差异

首先，境内一般企业可申请发行股票，而红筹企业既可以申请发行股票，也可以申请发行存托凭证。《国务院办公厅转发证监会关于开展创新企业境内发行股票或存托凭证试点若干意见的通知》（国办发〔2018〕21

号）第四条规定，允许试点红筹企业按程序在境内资本市场发行存托凭证上市；具备股票发行上市条件的试点红筹企业可申请在境内发行股票上市。

其次，与境内发行人申请首次公开发行股票并在沪、深证券交易所主板上市应当满足的条件相比，红筹企业申请首次公开发行股票或者存托凭证并在交易所上市应达到的条件除第二、第三项根据具体情况有所调整外，其他条件基本一致。

境内发行人申请首次公开发行股票并在沪、深证券交易所主板上市应当满足的条件第二项、第三项为“发行后的股本总额不低于5000万元”“公开发行的股份达到公司股份总数的25%以上；公司股本总额超过4亿元的，公开发行股份的比例为10%以上”，红筹企业上市条件调整为：“发行股票的，发行后股份总数不低于5000万股；发行存托凭证的，发行后存托凭证总份数不低于5000万份”“发行股票的，公开发行（含已公开发行）的股份达到公司股份总数的25%以上；公司股份总数超过4亿股的，公开发行（含已公开发行）股份的比例为10%以上。发行存托凭证的，公开发行（含已公开发行）的存托凭证对应基础股份达到公司股份总数的25%以上；发行后存托凭证总份数超过4亿份的，公开发行（含已公开发行）的存托凭证对应基础股份达到公司股份总数的10%以上”。我们理解，其调整原因：

一是为了适应红筹企业的特殊性。红筹企业是指在境外注册、在境内从事经营活动的企业，其公司形式、股票面值及股本要求与境内市场存在较大差异，因此需要对其上市条件进行相应的调整，以兼顾公平性和包容性。例如，红筹企业发行股票的，未要求发行后的股本总额达到5000万元，而是要求发行后股份总数达到5000万股，是考虑到部分已经在境外上市的红筹企业的股票可能面值较低或者较高，如果按照5000万元的标准，可能导致发行后的股份总数过多或者过少，不利于市场流动性和定价效率。同时，为了满足不同形式的红筹企业回归国内资本市场的需求，增加了发行存托凭证的上市条件，即发行后存托凭证总份数不低于5000万份，这也是与发行股票的条件保持一致的原则。

二是对于公开发行股份或存托凭证达到公司股份总数的比例要求，由于红筹企业可能已经在境外上市或者有其他形式的公开发行记录，因此需要将已公开发行的部分也计入其中，以免造成重复计算或者低于实际水平。[①]同时，为了与发行股票的条件保持一致，也增加了发行存托凭证对应基础股份达到公司股份总数比例的要求。

5. 已在境外上市的红筹企业主板上市条件中的市值及财务指标

【规则规定】已在境外上市的红筹企业，申请发行股票或者存托凭证并在交易所上市的，应当至少符合下列标准中的一项：

（一）市值不低于2000亿元；

（二）市值200亿元以上，且拥有自主研发、国际领先技术，科技创新能力较强，在同行业竞争中处于相对优势地位。[②]

【规则概要】已在境外上市的红筹企业，又在境内申请发行股票或者存托凭证并在主板上市应达到的市值及财务指标。

【规则详解】对于已在境外上市的红筹企业申请在境内发行股票或者存托凭证，规则仅在市值和研发创新能力方面提出要求，而未在营业收入、净利润、现金流量等方面提出要求，可能的原因：一是政策考量。政

① 《试点创新企业境内发行股票或存托凭证并上市监管工作实施办法》第十九条规定："试点企业发行股票的，公开发行的股份比例按照现行股票上市有关规定执行；已在境外上市的，境内外公开发行的股份可合并计算。"

② 《国务院办公厅转发证监会关于开展创新企业境内发行股票或存托凭证试点若干意见的通知》（国办发〔2018〕21号）第三条、《试点创新企业境内发行股票或存托凭证并上市监管工作实施办法》第七条、《上海证券交易所股票上市规则》3.1.4款、《深圳证券交易所股票上市规则》3.1.4款。

府可能更关注引进高科技和高创新能力企业，因为这些企业通常在技术研发、知识产权等方面对国家具有重要战略价值。因此，规则可能更侧重于企业的研发创新能力，而不是短期的财务指标。二是市场发展目标。政府可能希望吸引更多的高科技和高成长性企业在境内发行证券，以推动国内资本市场的发展，并在国际竞争中保持竞争力。因此，仅将市值和研发创新能力作为主要要求，有助于吸引这些企业回到境内市场。三是已在境外上市的红筹企业已经接受境外资本市场的监管和约束，说明这些企业具备较高的财务透明度、信息披露水平、公司治理规范等方面的能力和素质，受到境外投资者的认可和支持，具备了较强的市场竞争力、品牌影响力、创新驱动力等方面的优势和潜力。

（1）第一套指标：市值

市值，是指一个企业的股票在市场上的总价值，也就是每股股票的价格乘以发行的股票总数。市值反映了一个企业的规模和价值。一般来说，市值越高，说明该企业越受到投资者的认可和青睐。

依照有关规则的规定，本项规则中的市值，按照企业提交申请日前一百二十个交易日平均市值计算，汇率按照人民银行公布的申请日前一日中间价计算。上市不足一百二十个交易日的，按全部交易日平均市值计算。[①]因此，在判断一个已在境外上市的红筹企业是否符合发行股票或者存托凭证并在沪、深证券交易所上市的条件时，不能简单地以申请日当天的市值为准，而要考虑该企业在一段时间内的市值波动情况。因此，规则规定了一个参考期限，即申请日前一百二十个交易日（约半年），并以该期间内每个交易日的市值平均数作为该企业的参考市值。这是为了平滑市值的波动，以便更准确地评估企业的市值情况。如果该企业在境外上市时间不足一百二十个交易日，则以其全部交易日的平均市值作为参考。此

① 《试点创新企业境内发行股票或存托凭证并上市监管工作实施办法》第七条。

外，由于该企业是在境外上市，其股票价格和市值都是以外币计算的，因此还需要将其换算成人民币。规则规定了一个换算标准，即以人民银行公布的申请日前一日中间价作为汇率。这样做既可以避免汇率波动对市值判断造成影响，又可以保持与国内证券市场的一致性和公平性。

红筹企业申请发行股票或者存托凭证并在交易所上市，其依据是《国务院办公厅转发证监会关于开展创新企业境内发行股票或存托凭证试点若干意见的通知》等有关规定，目前处于试点阶段。规则要求已在境外上市的红筹企业申请在境内发行股票或者存托凭证并在交易所主板上市，必须达到2000亿元以上的市值指标，市值门槛较高，其合理性和必要性在于：

首先，从试点阶段的风险考虑，这一要求是可以保证试点企业的稳定性和持续性，避免出现过度泡沫和投机行为，维护市场秩序和投资者利益。2000亿元的市值门槛也意味着这些企业已经过了较长时间的市场检验和验证，有着较为成熟和稳定的经营模式和盈利能力，也有着较为合理和可持续的估值水平。这些企业不太容易受到短期的市场波动和风险因素的影响，也不太会引发过度炒作和投机热情，能够为中国资本市场带来更多的稳定性和可预期性。

其次，从提升试点企业的整体质量考虑，这一要求有助于筛选出真正具有国际竞争力和影响力的创新企业，提升中国资本市场的吸引力和地位。2000亿元的市值门槛相当于约300亿美元，这是一个相对较高的标准，只有少数优秀的红筹企业能够达到。这些企业通常在其所属的行业和领域有着较强的核心竞争力和创新能力，也有着较高的知名度和声誉，能够为中国资本市场带来更多的活力和活跃度。

（2）第二套标准：市值+创新实力

第二套指标要求发行人市值200亿元以上，且拥有自主研发、国际领先技术，科技创新能力较强，在同行业竞争中处于相对优势地位。表明市值达到一定水平，即使未达到2000亿元，但如果企业在科技创新方面有明显的优势，也可能有机会在境内上市。

拥有自主研发、国际领先技术，是指发行人具备自主的研发团队和能力，能够开发出具有自主知识产权或专有技术的产品或服务，且该产品或服务在国际上具有领先的技术水平和市场认可度。这一条件可以通过以下方面进行评估：发行人的研发投入占营业收入的比例、研发人员占员工总数的比例以及研发人员的学历和资质等；发行人拥有的与主营业务相关的发明专利、软件著作权、商标等知识产权的数量、质量和有效期等；发行人的产品或服务是否通过了国家或国际权威机构的认证或评估，是否获得了相关行业或领域的奖项或荣誉，是否具有较高的市场占有率或用户评价等；发行人是否参与了国家或国际重大科技项目或计划，是否与国内外知名科研机构或企业进行了合作或交流，是否在相关领域发表了论文或专著等。

科技创新能力较强，是指发行人能够不断进行技术创新和改进，以适应市场需求和变化，提高产品或服务的质量和效率，增强核心竞争力。这一条件可以通过以下方面进行评估：发行人的技术创新战略、目标和计划，以及与之相适应的组织结构、管理制度和激励机制等；发行人在技术创新方面的投入产出比，即研发投入与营业收入、净利润、现金流量等财务指标之间的关系；发行人在技术创新方面的成果转化率，即研发成果与产品或服务更新换代、市场拓展、客户满意度等经营指标之间的关系；发行人在技术创新方面的持续性和稳定性，即研发投入、成果和效益在不同时间段内的变化趋势和波动程度等。

在同行业竞争中处于相对优势地位，是指发行人能够利用自身的技术优势、品牌优势、渠道优势等资源，在同类产品或服务的市场竞争中占据较高的份额和地位，具备较强的抗风险能力和盈利能力。这一条件可以通过以下方面进行评估：发行人所处的行业领域是否符合国家产业政策和社会需求，是否具有较大的市场规模和增长潜力；发行人在所处行业领域内的市场份额、排名、声誉等相对于同行业竞争对手的情况；发行人在所处行业领域内面临的竞争压力、风险挑战、法律法规等外部环境因素对其经营业绩的影响程度；发行人在所处行业领域内的盈利水平、成本控制、现金流量等相对于同行业竞争对手的情况。

《国务院办公厅转发证监会关于开展创新企业境内发行股票或存托凭证试点若干意见的通知》仅规定了第一套指标。相关规则在第一套指标之外增加了第二套指标（见表3.5-1），原因有以下几点：

第一，为了更好地支持科技创新和战略性新兴产业的发展，吸引更多具有高成长性、高技术含量、高市场认可度的红筹企业回归境内资本市场，提升上市公司的整体质量和竞争力，促进资本市场与实体经济的良性互动。

第二，为了更好地适应国际市场的变化和挑战，尤其是在美国等对中概股监管趋严的背景下，为已在境外上市的红筹企业提供更多选择和灵活性，降低其回归的门槛和成本，保护其合法权益，维护国家安全和金融稳定。

第三，为了更好地满足投资者的需求和期待，让投资者能够分享更多优秀红筹企业的成长红利，增加投资者的信心和参与度，激发市场活力和创新力，推动资本市场高质量发展。

表3.5-1　　指标比较

指标	市值	创新实力	行业竞争	适合的已在境外上市红筹企业类型
第一套	≥2000亿元	不限	不限	已经在境外上市多年，具有较高的市值和市场认可度，且不一定属于科技创新或战略性新兴产业的红筹企业。这些企业通常有着较为成熟和稳定的经营模式和盈利能力，也有着较为合理和可持续的估值水平，能够为中国资本市场带来更多的稳定性和可预期性

续表

指标	市值	创新实力	行业竞争	适合的已在境外上市红筹企业类型
第二套	≥200亿元	自主研发、国际领先技术，科技创新能力较强	在同行业竞争中处于相对优势地位	虽然市值不足2000亿元人民币，但是拥有自主研发、国际领先技术，科技创新能力较强，在同行业竞争中处于相对优势地位的已在境外上市红筹企业。这些企业通常属于科技创新或战略性新兴产业，具有高成长性、高技术含量、高市场认可度，能够为中国资本市场带来更多的活力和活跃度

6. 未在境外上市的红筹企业主板上市条件中的市值及财务指标

【规则规定】未在境外上市的红筹企业，申请发行股票或者存托凭证并在交易所上市的，应当至少符合下列标准中的一项：

（一）预计市值不低于200亿元，且最近一年营业收入不低于30亿元；

（二）营业收入快速增长，拥有自主研发、国际领先技术，在同行业竞争中处于相对优势地位，且预计市值不低于100亿元；

（三）营业收入快速增长，拥有自主研发、国际领先技术，在同行业竞争中处于相对优势地位，且预计市值不低于50亿元，最近一年营业收入不低于5亿元。

前款规定的营业收入快速增长，应当符合下列标准之一：

（一）最近一年营业收入不低于5亿元的，最近三年营业收入复合增长率10%以上；

（二）最近一年营业收入低于5亿元的，最近三年营业收入复合增长率20%以上；

（三）受行业周期性波动等因素影响，行业整体处于下行周期的，发

行人最近三年营业收入复合增长率高于同行业可比公司同期平均增长水平。

处于研发阶段的红筹企业和对国家创新驱动发展战略有重要意义的红筹企业，不适用“营业收入快速增长”的上述要求。[①]

【规则概要】未在境外上市的红筹企业申请在境内发行股票或者存托凭证并在主板上市应达到的市值及财务指标。

【规则详解】根据规则要求，已在境外上市的红筹企业的市值标准应不低于2000亿元人民币或者市值200亿元人民币以上且拥有自主研发、国际领先技术等条件；未在境外上市的红筹企业应达到最近一年营业收入不低于30亿元人民币且企业估值不低于200亿元人民币，或者拥有自主研发、国际领先技术等条件。可见，对于已在境外上市的红筹企业市值标准要求更高，其原因可能是，境外已上市企业已经具有一定的规模和成熟度，在境内二次发行证券并上市是为了进一步扩大融资渠道和提高品牌影响力；而未上市企业申请首次公开发行并上市是为了实现从初创到成长的转型，需要更多的政策支持和鼓励。同时，已在境外上市的红筹企业涉及多个税收主体、法律体系、监管机构等，可能存在法律冲突、信息不对称、套利风险等问题，存在一定的复杂性和风险性，因此，为了防范跨境监管风险，保护投资者利益，维护市场秩序，在市值上的要求需要相对较高，以提高其在境内上市后的稳健运行和抗风险能力。

具体到未在境外上市的红筹企业申请在境内上市的市值和财务指标，一方面，考虑到未在境外上市的红筹企业没有经过国际资本市场的检验，可能存在更多的法律风险、税务风险、市场风险等不确定因素，因此，需

① 《国务院办公厅转发证监会关于开展创新企业境内发行股票或存托凭证试点若干意见的通知》（国办发〔2018〕21号）第三条、《试点创新企业境内发行股票或存托凭证并上市监管工作实施办法》第八条、《上海证券交易所股票上市规则》3.1.5款、《深圳证券交易所股票上市规则》3.1.5款。

要在市值和营收上设定一定的门槛，以体现其成长性和盈利能力，保证红筹企业在境内上市的质量和稳健性，避免出现低质低价的“壳”公司或者“概念”公司，损害投资者利益和市场信誉。另一方面，为了支持创新型红筹企业回归境内资本市场，对于拥有自主研发、国际领先技术，在同行业竞争中处于相对优势地位的未在境外上市的红筹企业，可以适用更低的市值要求，这也符合国家产业政策和资本市场定位，支持科技创新型企业发展的宗旨。

（1）第一套指标：预计市值+营业收入

根据有关规则，预计市值不低于200亿元，且最近一年营业收入不低于30亿元，是指最近一年经审计的主营业务收入不低于30亿元人民币，且企业估值不低于200亿元人民币，其中，企业估值应参考最近三轮融资估值及相应投资人、投资金额、投资股份占总股本的比例，并结合收益法、成本法、市场乘数法等估值方法综合判定。融资不足三轮的，参考全部融资估值判定。[①]

①多轮融资的非上市公司估值

最近三轮融资估值，指的是企业在过去的三次融资中，投资者对企业的估值。每次融资都会有一些投资者愿意出资购买公司的股份，他们会根据公司的前景、资产、市场表现等因素来估算公司的价值。这些估值加起来就是最近三轮融资估值。

相应投资人，指的是参与最近三轮融资的投资者，也就是那些愿意投资企业的人或机构。他们可能是风险投资公司、个人投资者或其他机构。

投资金额，是每个投资者在每轮融资中投入的资金数量。不同的投资者可能会投入不同的金额，反映了他们对企业的信心和兴趣程度。

① 《试点创新企业境内发行股票或存托凭证并上市监管工作实施办法》第八条。

投资股份占总股本的比例，表示每个投资者在每轮融资中获得的公司股份占总公司股本的比例，该比例可以帮助衡量每个投资者在公司中的权益大小。

“参考最近三轮融资估值及相应投资人、投资金额、投资股份占总股本的比例”是一种用于估算非上市公司的市值的方法，主要适用于已经完成多轮融资的公司。这种方法的基本思路是：根据非上市公司的最近三轮融资的信息，如投资人、投资金额、投资股份占总股本的比例等，计算出每轮融资时的投后估值。投后估值是指完成一轮融资后，公司的市值。

例如，假设有一家非上市公司A，它在2019年、2020年和2021年分别进行了三轮融资，每轮融资的信息如下：

2019年，A公司从投资人B获得了1000万元人民币的投资，出让了10%的股份。即2019年时，A公司的投后估值是1000万元/10%=1亿元人民币。

2020年，A公司从投资人C获得了3000万元人民币的投资，出让了15%的股份。即2020年时，A公司的投后估值是3000万元/15%=2亿元人民币。

2021年，A公司从投资人D获得了6000万元人民币的投资，出让了20%的股份。即2021年时，A公司的投后估值是6000万元/20%=3亿元人民币。

根据A公司的三轮融资信息，我们可以计算出A公司的平均年增长率。平均年增长率是指A公司的市值每年增长的百分比。根据平均年增长率，我们可以预测A公司未来一段时间（如一年或两年）的市值。预测市值是指A公司在未来一段时间内，按照平均年增长率增长后，达到的市值。

估值方法，是指用于评估企业或股权价值的不同方法或技术。根据不同的依据和原理，可以分为以下几种常见的估值方法：

收益法，是指根据企业未来能够产生的收益或现金流量，对企业进行贴现或倍数分析，从而推断企业价值的方法，即预测未来几年的收入、成本和利润，并将它们折现到现在的价值。收益法有以下几种具体形式：（a）现金流折现法（DCF）：根据企业未来自由现金流量和适当的贴现率，计算企业未来现金流量的现值，从而得到企业价值。（b）盈余倍数法（Earnings Multiple）：根据企业未来可持续盈余和行业平均盈余倍数（如市盈率、市净率等），计算企业价值。（c）营收倍数法（Revenue Multiple）：根据企业未来营收和行业平均营收倍数（如价格/销售额比例等），计算企业价值。

成本法，是指根据企业所拥有或使用的各种资源或资产，按照其成本或价值进行评估，从而得到企业价值的方法。成本法有以下几种具体形式：（a）资产基础法（Asset-based Approach）：根据企业财务报表中反映的各项资产和负债，按照其账面价值或公允价值进行调整，从而得到企业净资产价值。（b）成本重置法（Replacement Cost）：根据企业所需的各种资源或资产，按照其重新获取或替代的成本进行评估，从而得到企业价值。（c）清算价值法（Liquidation Value）：根据企业在清算或破产的情况下，能够变现的各项资产和负债，按照其清算价值进行评估，从而得到企业价值。

市场乘数法，是指根据市场上与被评估企业相似或可比的企业或交易，按照其市场价格和相关的财务数据，计算出一些市场价格乘数，然后用这些乘数来推断被评估企业的价值的方法。市场乘数法有以下几种具体形式：（a）可比公司法（Comparable Company Analysis）：根据市场上与被评估企业同行业或类似的上市公司，以其股价和财务数据为依据，计算出一些市场价格乘数（如市盈率、市净率、市销率等），然后用这些乘数来推断被评估企业的价值。（b）可比交易法（Comparable Transaction Analysis）：根据市场上与被评估企业同行业或类似的融资或并购交易，以其交易价格和财务数据为依据，计算出一些市场价格乘数（如价格/收入比、价格/利润比、价格/现金流比等），然后用这些乘数来推断被评估企业的价值。

②融资轮次较少的非上市公司估值

全部融资估值，是指非上市公司在预估市值时不限于特定轮次融资的投后估值，而应参考其全部融资轮次的投后估值来判断其当前的市值。这种方法适用于融资轮次较少的非上市公司，可以简化计算过程，避免对未来增长率和贴现率的预测。

（2）第二套指标：营业收入增长率＋创新能力＋预计市值

营业收入快速增长，拥有自主研发、国际领先技术、同行业竞争中处于相对优势地位；且预计市值不低于人民币一百亿元，或预计市值不低于人民币五十亿元、最近一年营业收入不低于人民币五亿元。

根据有关规则，营业收入快速增长是指，最近一年营业收入不低于人民币五亿元的，最近三年营业收入复合增长率百分之十以上；最近一年营业收入低于人民币五亿元的，最近三年营业收入复合增长率百分之二十以上；受行业周期性波动等因素影响，行业整体处于下行周期的，发行人最近三年营业收入复合增长率高于同行业可比公司同期平均增长水平。处于研发阶段的红筹企业和对国家创新驱动发展战略有重要意义的红筹企业除外。[①]

①营业收入增长率

营业收入快速增长，意味着发行人的主营业务收入在最近三年内保持较高的增长速度，反映了发行人的经营能力和盈利水平。具体而言，规则中营业收入快速增长是指以下两种情况：（a）最近一年营业收入不低于5亿元的，最近三年营业收入复合增长率10%以上；（b）最近一年营业收入低于5亿元的，最近三年营业收入复合增长率20%以上。

---

① 《试点创新企业境内发行股票或存托凭证并上市监管工作实施办法》第八条。

复合增长率是一种衡量投资或者业绩在一段时间内的平均增长率的指标。它假设每年的增长率是相同的，而且每年的收益都会再投资。复合增长率可以反映指标在整个时间段内的复合增长效果，而不是简单地将每年的增长率相加。

依照规则规定，受行业周期性波动等因素影响，行业整体处于下行周期的，发行人最近三年营业收入复合增长率高于同行业可比公司同期平均增长水平。行业周期性波动，是指某些行业的生产和销售受到经济周期、季节变化、政策调控等因素的影响，呈现出一定的周期性规律。例如，房地产、汽车、钢铁等行业就是典型的周期性行业。行业整体处于下行周期，是指该行业的需求、价格、利润等指标出现下降或者低迷的状态。例如，2018年至2019年，由于宏观经济放缓、环保政策收紧、贸易摩擦加剧等因素，钢铁行业进入了下行周期。发行人最近三年营业收入复合增长率高于同行业可比公司同期平均增长水平，是指发行人在所处的市场或细分市场中，具有较高的市场占有率或者较强的竞争力，能够在行业低迷时仍然保持较高的收入增长水平。例如，2018年至2019年，虽然钢铁行业整体下滑，但是宝钢股份和马钢股份等优质企业仍然实现了营业收入的稳定增长。此处未规定统一适用的具体增长率，我们理解，是因为不同行业和不同市场环境下，营业收入的增长水平会有很大差异，如果规定一个固定的增长率，可能会忽略行业和市场的特点和变化，导致一些优质企业无法申请上市。通过与同行业可比公司进行相对比较，可以更好地评估发行人的竞争力和成长性，也可以避免对发行人设置过高或过低的门槛。

依照规则规定，处于研发阶段的红筹企业和对国家创新驱动发展战略有重要意义的红筹企业，可不适用前述“营业收入快速增长”的要求。我们理解，可能是因为这类企业通常需要投入大量的资金和时间进行研发和创新，在短期内无法实现营业收入的快速增长，但这并不代表它们没有市场前景和价值。这类企业往往拥有自主研发、国际领先技术，对于国家战略和社会进步有重大意义，应该得到鼓励和支持。通过放宽对它们的营业收入要求，可以吸引更多的科技创新型红筹企业回归境内资本市场，促进科技创新和资本市场发展。

②创新能力

创新能力，是指发行人拥有自主研发、国际领先技术，在同行业竞争中处于相对优势地位，具有较强的科技创新能力和市场前景。具体而言，创新能力有以下几个方面：（a）拥有自主研发、国际领先技术，是指发行人在其主要产品或服务领域，具有自主知识产权或专有技术，并且该技术达到国际领先水平或者在国内重要领域发挥引领作用。发行人可以通过专利、论文、奖项、认证等方式证明其技术水平。（b）在同行业竞争中处于相对优势地位，是指发行人在其所处的市场或细分市场中，具有较高的市场占有率或者较强的竞争力。发行人可以通过行业报告、第三方数据、客户评价等方式证明其市场地位。（c）具有较强的科技创新能力和市场前景，是指发行人在其主要产品或服务领域，具有持续创新和改进的能力，并且能够适应市场变化和客户需求。发行人可以通过研发投入、研发成果、新产品开发、新客户开拓等方式证明其创新能力和前景。

（3）第三套指标：突出的创新能力

拥有自主研发、国际领先、能够引领国内重要领域发展的知识产权或专有技术，具备明显的技术优势的高新技术企业，研发人员占比超过百分之三十，已取得与主营业务相关的发明专利一百项以上，或者取得至少一项与主营业务相关的一类新药药品批件，或者拥有经有权主管部门认定具有国际领先和引领作用的核心技术；依靠科技创新与知识产权参与市场竞争，具有相对优势的竞争地位，主要产品市场占有率排名前三，最近三年营业收入复合增长率百分之三十以上，最近一年经审计的主营业务收入不低于十亿元人民币，且最近三年研发投入合计占主营业务收入合计的比例百分之十以上。

对国家创新驱动发展战略有重要意义，且拥有较强发展潜力和市场前景的企业除外。[①]

①知识产权或专有技术要求

企业需拥有自主研发、国际领先、具备明显技术优势的知识产权或专有技术。这些知识产权或专有技术应该能够引领国内重要领域的发展。

具体要求是：

（a）研发人员占比超过百分之三十：至少有三成的员工从事研发工作，表明企业有强大的研发团队。

（b）拥有发明专利或一类新药药品批件：企业需要拥有一百项以上与其主营业务相关的发明专利，或者至少一项与主营业务相关的一类新药药品批件。这表明企业在技术创新和知识产权方面有重要成就。

（c）具备核心技术：企业需要经有权主管部门认定具有国际领先和引领作用的核心技术。这意味着企业在特定领域有明显的技术优势。

②市场竞争和营业收入增长要求

（a）市场占有率排名前三：企业的主要产品市场占有率需要排名前三，表明企业在其市场领域内具备相对优势的竞争地位。

（b）最近三年营业收入复合增长率百分之三十以上：企业的营业收入在最近三年内需要以每年平均增长百分之三十以上的速度增长。这显示了企业的强劲增长趋势。

（c）最近一年主营业务收入不低于十亿元人民币：最近一年经审计的主营业务收入需要达到十亿元人民币，这表明企业规模已经相当大。

③研发投入比例要求

最近三年研发投入合计占主营业务收入合计的比例百分之十以上：企

① 《试点创新企业境内发行股票或存托凭证并上市监管工作实施办法》第八条。

业需要在最近三年内将研发投入占主营业务收入的比例维持在百分之十以上。这表明企业注重技术创新和研发投入。

④例外情况

规则明确规定，对于对国家创新驱动发展战略有重要意义且拥有较强发展潜力和市场前景的企业，上述要求不适用。换言之，对于一些处于研发阶段或者尚未实现盈利的红筹企业，如果它们对国家战略和社会进步有重大意义，并且具有较强的创新能力和市场前景，那么它们可能会被允许上市，即使未能满足上述要求。

总之，第三套指标要求未在境外上市的红筹企业在上市前具备相当强的技术创新能力、市场地位和经营实力。这些要求旨在确保上市的企业能够为国内市场做出重要贡献，同时也为那些有重大战略意义的企业提供了灵活性。这些企业在国家创新驱动发展方面具有特殊地位。

对于未在境外上市的红筹企业，申请在境内发行股票或者存托凭证并在主板上市，应满足的市值及财务指标有多套，分别适用于不同类型的红筹企业（见表3.6–1）。

表3.6–1　　指标适应情形

指标	适合的未在境外上市红筹企业类型
预计市值不低于200亿元，且最近一年营业收入不低于30亿元	这套指标适用于规模较大、收入较稳定的红筹企业，通常是一些成熟的互联网、电子商务、金融科技等领域的企业
营业收入快速增长，拥有自主研发、国际领先技术，在同行业竞争中处于相对优势地位，且预计市值不低于100亿元	这套指标适用于规模较小，但具有较强创新能力和市场潜力的红筹企业，通常是一些涉及人工智能、生物技术、新能源等领域的企业
营业收入快速增长，拥有自主研发、国际领先技术，在同行业竞争中处于相对优势地位，且预计市值不低于50亿元，最近一年营业收入不低于5亿元	这套指标适用于规模更小，但仍具有较强创新能力和市场地位、潜力的红筹企业，通常是一些涉及云计算、区块链、在线教育等领域的企业

续表

指标	适合的未在境外上市红筹企业类型
拥有自主研发、国际领先、能够引领国内重要领域发展的知识产权或专有技术，具备明显的技术优势的高新技术企业，研发人员占比超过百分之三十，已取得与主营业务相关的发明专利一百项以上，或者取得至少一项与主营业务相关的一类新药药品批件，或者拥有经有权主管部门认定具有国际领先和引领作用的核心技术；依靠科技创新与知识产权参与市场竞争，具有相对优势的竞争地位，主要产品市场占有率排名前三，最近三年营业收入复合增长率百分之三十以上，最近一年经审计的主营业务收入不低于十亿元人民币，且最近三年研发投入合计占主营业务收入合计的比例百分之十以上	这套指标适用于规模不限、但具有突出的科技创新能力和知识产权优势的高新技术企业，通常是一些涉及芯片、药物、航空等领域的企业

（4）未在境外上市的红筹企业科创板、创业板上市条件中的市值及财务指标

根据《国务院办公厅转发证监会关于开展创新企业境内发行股票或存托凭证试点若干意见的通知》及有关规则的规定，未在境外上市的红筹企业申请在境内发行股票或者存托凭证并在科创板、创业板上市应达到的市值及财务指标，与此类企业申请在主板上市的要求一致。[①]

7. 科创板、创业板上市条件

【规则规定】发行人申请首次公开发行股票并在上海证券交易所科创板、深圳证券交易所创业板上市，应当符合下列条件：

（一）符合中国证监会规定的发行条件；

① 《上海证券交易所科创板股票上市规则》2.1.3款、《深圳证券交易所创业板股票上市规则》2.1.3款。

（二）发行后股本总额不低于3000万元；

（三）公开发行的股份达到公司股份总数的25%以上；公司股本总额超过4亿元的，公开发行股份的比例为10%以上；

（四）市值及财务指标符合本规则规定的标准；

（五）交易所要求的其他上市条件。

红筹企业发行股票的，前款第二项调整为发行后的股份总数不低于3000万股，前款第三项调整为公开发行的股份达到公司股份总数的25%以上；公司股份总数超过4亿股的，公开发行股份的比例为10%以上。

红筹企业发行存托凭证的，前款第二项调整为发行后的存托凭证总份数不低于3000万份，前款第三项调整为公开发行的存托凭证对应基础股份达到公司股份总数的25%以上；发行后的存托凭证总份数超过4亿份的，公开发行存托凭证对应基础股份达到公司股份总数的10%以上。

本所可以根据市场情况，经中国证监会批准，对上市条件和具体标准进行调整。①

【规则概要】发行人申请首次公开发行股票以及红筹企业申请发行股票、存托凭证，并在沪、深证券交易所科创板、创业板上市应达到的条件。

【规则详解】与主板上市条件相比，科创板、创业板上市条件主要不同在于股本总额方面要求。申请在主板上市时，发行后的股本总额不低于5000万元；而申请在科创板和创业板上市则要求更低，分别为3000万元。其原因主要在于：

主板是我国资本市场最成熟、最规范、最具影响力的板块，主要服务于大型、优质、稳健的企业，因此对上市公司的规模、盈利能力、市值等指标有相对高的要求。主板发行后股本总额不低于5000万元，是为了保证上市公司有一定的规模和市场认可度，避免过小的公司影响主板市场的稳

① 《上海证券交易所科创板股票上市规则》2.1.1款、《深圳证券交易所创业板股票上市规则》2.1.1款。

定和流动性。

科创板是我国资本市场新设板块，主要服务于符合国家战略、突破关键核心技术、市场认可度高的科技创新企业，特别是一些尚未盈利的企业，因此对发行人的规模、盈利能力等指标有较低或者灵活的要求，以体现科创板市场的包容性和创新性。科创板发行后股本总额不低于3000万元，是为了鼓励和支持更多有潜力的科技创新企业进入资本市场，提高科技创新水平和竞争力。

创业板主要服务于成长型创新创业企业，支持传统产业与新技术、新产业、新业态、新模式深度融合，因此对发行人的规模、盈利能力等指标有适当放宽或者差异化的要求，以体现创业板市场的多元化和活跃性。创业板发行后股本总额不低于3000万元，是为了降低中小企业上市门槛，提供更多融资渠道和成长空间。

因此，从发行后股本总额的要求来看，科创板和创业板更容易吸引规模较小的企业上市。

适用中还存在的问题是，红筹企业主板上市条件规定，“发行股票的，公开发行（含已公开发行）的股份达到公司股份总数的25%以上”，“发行存托凭证的，公开发行（含已公开发行）的存托凭证对应基础股份达到公司股份总数的25%以上”，即明确“公开发行”包括已公开发行。而在科创板、创业板上市条件中，仅规定“红筹企业发行股票的，公开发行的股份达到公司股份总数的25%以上”，“红筹企业发行存托凭证的，公开发行的存托凭证对应基础股份达到公司股份总数的25%以上”，未明确“公开发行”包括已公开发行。此处“已公开发行”，是指红筹企业此前在境内外已经公开发行过的股票或存托凭证，即允许红筹企业将这部分股份或存托凭证计入公开发行比例。这样规定的目的是鼓励和支持已在境外上市的红筹企业回归境内资本市场。从理解上来看，主板、科创板、创业板上市条件中关于红筹企业公开发行比例的规定并没有本质上的不同，只是主板上市条件更加明确地表述了公开发行的含义，科创板和创业板上市条件应作相同解释。

8. 创业板上市条件中的市值及财务指标

【规则规定】发行人为境内企业且不存在表决权差异安排的，市值及财务指标应当至少符合下列标准中的一项：

（一）最近两年净利润均为正，且累计净利润不低于5000万元；

（二）预计市值不低于10亿元，最近一年净利润为正且营业收入不低于1亿元；

（三）预计市值不低于50亿元，且最近一年营业收入不低于3亿元。

净利润以扣除非经常性损益前后的孰低者为准，所称净利润、营业收入均指经审计的数值。预计市值，是指股票公开发行后按照总股本乘以发行价格计算出来的发行人股票名义总价值。[①]

【规则概要】境内发行人申请首次公开发行股票并在深圳证券交易所创业板上市应符合的市值和财务指标。

【规则详解】**（1）创业板上市条件中的三套市值及财务指标（见表3.8-1）**

表3.8-1　　创业板上市条件中的市值和财务指标

指标	净利润	预计市值	营业收入	适合类型
第一套	最近两年净利润均为正，且累计净利润不低于5000万元	无	无	盈利能力较强、规模不大的成熟型企业
第二套	最近一年净利润为正	预计市值不低于10亿元	最近一年营业收入不低于1亿元	盈利潜力较大、规模较大的成长型企业
第三套	无	预计市值不低于50亿元	最近一年营业收入不低于3亿元	规模优势明显、市场地位突出的领先型企业

① 《深圳证券交易所创业板股票上市规则》2.1.2款、2.1.5款。

净利润要求：从第一套到第三套，净利润要求逐渐降低，反映了不同类型企业的持续盈利能力。第一套要求盈利相对稳定、累积盈利规模较大；第二套仅要求具备一定盈利能力；第三套指标“预计市值不低于50亿元，且最近一年营业收入不低于3亿元”不要求企业盈利，根据有关规则，该套指标仅适用于属于先进制造、互联网、大数据、云计算、人工智能、生物医药等高新技术产业和战略性新兴产业的创新创业企业。[①]

预计市值要求：从第一套到第三套，预计市值要求逐渐增加，反映了不同类型企业的价值认可度和影响力。

营业收入要求：从第一套到第三套，营业收入要求逐渐增加，反映了不同类型企业的规模实力和市场份额。

创业板上市条件中未对现金流量（经营活动产生的现金流量净额）提出要求，我们理解，其原因是现金流量指标反映了企业的经营效率和资金管理能力，但对于创业板企业来说，可能不是一个合适的衡量标准。创业板企业往往需要大量投入研发、市场开拓等方面，导致现金流出较多，而收入回收可能相对滞后，因此现金流量可能不够充裕。因此，创业板没有设置现金流量指标要求，而是根据不同类型的企业，设置了净利润、预计市值、营业收入等多套指标要求，以更加全面、灵活地评价企业的上市条件。

（2）创业板与主板上市条件中的市值及财务指标对比（见表3.8–2）

表3.8–2　创业板与主板上市条件中的市值和财务指标

指标	主板	创业板	差别
净利润	第一套要求最近3年净利润均为正，且最近3年净利润累计不低于1.5亿元，最近一年净利润不低于6000万元；第二套和第三套要求最近一年净利润为正	第一套要求最近两年净利润均为正，且累计净利润不低于5000万元；第二套要求最近一年净利润为正	主板的净利润要求高于创业板，反映了主板对企业盈利能力和盈利持续性的更高要求

① 深圳证券交易所《关于未盈利企业在创业板上市相关事宜的通知》（深证上〔2023〕105号）。

续表

指标	主板	创业板	差别
预计市值	第二套要求预计市值不低于50亿元；第三套要求预计市值不低于80亿元	第二套要求预计市值不低于10亿元；第三套要求预计市值不低于50亿元	主板的预计市值要求高于创业板，反映了主板对企业价值认可度和影响力的更高要求
现金流量	第一套要求最近3年经营活动产生的现金流量净额累计不低于1亿元；第二套要求最近3年经营活动产生的现金流量净额累计不低于1.5亿元	无	创业板没有现金流量要求，而主板有现金流量要求，反映了主板对企业经营效率和资金管理能力的更高要求
营业收入	第一套要求最近3年营业收入累计不低于10亿元；第二套要求最近一年营业收入不低于6亿元；第三套要求最近一年营业收入不低于8亿元	第二套要求最近一年营业收入不低于1亿元；第三套要求最近一年营业收入不低于3亿元	主板的营业收入要求高于创业板，反映了主板对企业规模实力和市场份额的更高要求

9. 科创板上市条件中的市值及财务指标

【规则规定】发行人申请在本所科创板上市，市值及财务指标应当至少符合下列标准中的一项：

（一）预计市值不低于人民币10亿元，最近两年净利润均为正且累计净利润不低于人民币5000万元，或者预计市值不低于人民币10亿元，最近一年净利润为正且营业收入不低于人民币1亿元；

（二）预计市值不低于人民币15亿元，最近一年营业收入不低于人民币2亿元，且最近三年累计研发投入占最近三年累计营业收入的比例不低于15%；

（三）预计市值不低于人民币20亿元，最近一年营业收入不低于人民币3亿元，且最近三年经营活动产生的现金流量净额累计不低于人民币

1亿元；

（四）预计市值不低于人民币30亿元，且最近一年营业收入不低于人民币3亿元；

（五）预计市值不低于人民币40亿元，主要业务或产品需经国家有关部门批准，市场空间大，目前已取得阶段性成果。医药行业企业需至少有一项核心产品获准开展二期临床试验，其他符合科创板定位的企业需具备明显的技术优势并满足相应条件。

本条所称净利润以扣除非经常性损益前后的孰低者为准，所称净利润、营业收入、经营活动产生的现金流量净额均指经审计的数值。[①]

【规则概要】境内发行人申请首次公开发行股票并在上海证券交易所科创板上市应符合的市值和财务指标。

【规则详解】（1）**关于第五套指标的理解**

第五套指标是为了支持和鼓励那些尚未盈利或存在累计未弥补亏损，但具有重大科技创新成果和科创潜力的企业在科创板上市。指标的核心是预计市值和研究成果。

①预计市值不低于人民币40亿元，表明这类企业已经受到了市场的认可和期待，具有较高的价值和影响力。

②研究成果则体现了这类企业的科技创新能力和水平，以及对国家战略和社会发展的贡献。

（a）这类企业通常属于医药、生物、新能源等领域，其主要业务或产品需经国家有关部门批准，市场空间大，目前已取得阶段性成果。

主要业务或产品需经国家有关部门批准，是指这些企业的业务或产品涉及国家重大战略、公共利益、社会安全等领域，需要通过严格的审批和监管程序，具有较高的准入门槛和技术壁垒。

---

① 《上海证券交易所科创板股票上市规则》2.1.2款。

市场空间大，是指这些企业的业务或产品具有较强的市场需求和竞争优势，能够满足、解决社会发展的新需求、新问题、新挑战，有望实现较高的增长率和盈利能力。

目前已取得阶段性成果，是指这些企业的业务或产品已经从理论研究阶段转化为实际应用阶段，具有一定的可行性和有效性，能够产生一定的社会效益和经济效益。

（b）在判断是否具有重大科技创新成果和潜力方面，对不同行业的企业有不同的要求。

对于医药行业企业，要求其至少有一项核心产品获准开展二期临床试验。医药行业企业，是指从事药物的研发、生产、销售等活动的企业，其核心产品是指具有自主知识产权、创新性、高附加值、市场前景好的药物。二期临床试验是对治疗作用的初步评价阶段，其目的是初步评价药物对目标适应症患者治疗作用和安全性，了解患病人群的药代动力学情况，也包括为三期临床试验研究设计和给药剂量方案的确定提供依据。获准开展二期临床试验说明医药行业企业的核心产品已经通过了国家药品监督管理局（NMPA）的审批，具备了一定的临床数据和安全性，距离上市和商业化更近一步。

其他符合科创板定位的企业需具备明显的技术优势并满足相应条件，例如拥有国际领先、引领作用或者对于国家战略具有重大意义的核心技术，或者获得国家级科技奖项，或者承担国家重大科技专项项目，或者实现了关键设备、关键产品、关键零部件、关键材料等的进口替代，或者拥有50项以上的发明专利等。①

（2）科创板上市条件中的五套市值及财务指标

科创板上市条件中的市值及财务指标包括五套指标：

① 《上海证券交易所科创板企业发行上市申报及推荐暂行规定》第六条。

①第一套指标：预计市值+净利润，预计市值+净利润+营业收入

预计市值不低于人民币10亿元，最近两年净利润均为正且累计净利润不低于人民币5000万元，或者预计市值不低于人民币10亿元，最近一年净利润为正且营业收入不低于人民币1亿元。

②第二套指标：预计市值+营业收入+研发投入比例

预计市值不低于人民币15亿元，最近一年营业收入不低于人民币2亿元，且最近三年累计研发投入占最近三年累计营业收入的比例不低于15%。

③第三套指标：预计市值+营业收入+现金流量

预计市值不低于人民币20亿元，最近一年营业收入不低于人民币3亿元，且最近三年经营活动产生的现金流量净额累计不低于人民币1亿元。

④第四套指标：预计市值+营业收入

预计市值不低于人民币30亿元，且最近一年营业收入不低于人民币3亿元。

⑤第五套指标：预计市值+研究成果

预计市值不低于人民币40亿元，主要业务或产品需经国家有关部门批准，市场空间大，目前已取得阶段性成果。医药行业企业需至少有一项核心产品获准开展二期临床试验，其他符合科创板定位的企业需具备明显的技术优势并满足相应条件。

上述五套指标列示见表3.9–1：

表3.9–1　科创板上市五套指标

<table>
<tr><th>指标</th><th>预计市值</th><th>净利润</th><th>营业收入</th><th>现金流量</th><th>研发投入</th><th>研究成果</th></tr>
<tr><td rowspan="2">第一套指标</td><td rowspan="2">不低于10亿元</td><td>最近两年均为正，累计不低于5000万元</td><td>无要求</td><td rowspan="2">无要求</td><td rowspan="2">无要求</td><td rowspan="2">无要求</td></tr>
<tr><td>最近一年为正</td><td>不低于1亿元</td></tr>
</table>

续表

指标	预计市值	净利润	营业收入	现金流量	研发投入	研究成果
第二套指标	不低于15亿元	无要求	不低于2亿元	无要求	最近三年累计不低于15%	无要求
第三套指标	不低于20亿元	无要求	不低于3亿元	最近三年累计不低于1亿元	无要求	无要求
第四套指标	不低于30亿元	无要求	不低于3亿元	无要求	无要求	无要求
第五套指标	不低于40亿元	无要求	无要求	无要求	无要求	需经国家有关部门批准，市场空间大，已取得阶段性成果

预计市值是科创板上市条件中的核心指标，是五套指标的共同要求，它反映了发行人的市场价值和竞争力。预计市值的要求随着指标的序号递增而递增，从10亿元到40亿元，呈现出一个分层的结构，体现了科创板的定位和特色，即服务于具有较高的市场价值和潜力的科技创新企业。

营业收入是第一套至第四套指标的主要要求，且随着指标的序号增加而递增，从1亿元到3亿元，反映了科创板对发行人的营收能力和规模的考量，即要求发行人具有一定的市场份额和竞争力。

净利润只在第一套指标中有要求，且有两种选择，体现了科创板对于科创企业盈利能力的包容性。

研发投入比例、现金流量、研究成果是特殊指标。

科创板上市条件中的五套市值及财务指标从预计市值、净利润、营业收入、现金流量、研发投入比例等维度，为不同类型和阶段的科技创新企业提供多元化和差异化的选择，同时保证科创板的定位和特色，促进科技创新和资本市场改革。

五套指标适合的科技创新企业类型见表3.9–2。

表3.9–2　　科技创新企业类型

指标	市值及财务指标	指标特征	适合的企业类型
第一套指标	预计市值+净利润/营业收入	这套指标要求发行人具有一定的盈利能力和市场规模，适合已经实现稳定盈利和收入增长的成熟企业	成熟型企业
第二套指标	预计市值+营业收入+研发投入比例	这套指标要求发行人具有一定的市场规模和研发投入强度，适合重视研发创新，但尚未实现盈利或盈利较低的成长型企业	成长型企业
第三套指标	预计市值+营业收入+现金流量	这套指标要求发行人具有一定的市场规模和现金流量水平，适合重视经营效率和资金管理，但尚未实现盈利或盈利较低的效率型企业	效率型企业
第四套指标	预计市值+营业收入	这套指标要求发行人具有较高的市场规模，但不限制盈利、研发投入和现金流量等其他财务指标，适合规模较大，但处于亏损或低盈利阶段的规模型企业	规模型企业
第五套指标	预计市值+研究成果	这套指标要求发行人具有较高的市场价值和科技创新成果，但不限制盈利、收入、研发投入和现金流量等其他财务指标，适合拥有国家重大战略意义或国际领先技术，但处于亏损或低收入阶段的创新型企业	创新型企业

（3）科创板与创业板上市条件中的市值及财务指标对比

创业板和科创板的市值及财务指标的差别主要体现在以下方面：

一是创业板的指标数量较少，只有三套；而科创板有五套，覆盖了更多类型的企业。

二是科创板关注预计市值指标，其五套指标均对预计市值提出要求，反映了科创板对企业市场价值的更普遍要求，主要是为了保证科创板上市企业达到一定的质量和水平。同时，对于未盈利或存在累计未弥补亏损的企业，科创板要求的预计市值最低仅需达到15亿元；而创业板对于亏损的情形，则要求预计市值必须达到50亿元。可见，对于未盈利或存在累计未弥补亏损的创新企业，科创板相对宽容，其主要是为了给予这类优质科技创新企业更多的包容和支持，鼓励他们通过上市融资来加快研发进度和转化成果；而创业板对企业规模和成长性的要求更高，50亿元预计市值底线旨在防止低质量或者炒作概念的企业进入创业板。

三是创业板的指标更注重企业的盈利能力，两套指标要求净利润为正，而科创板的指标更注重企业的收入规模、研发投入、现金流量等因素，只有一套指标要求净利润为正，允许未盈利或存在累计未弥补亏损的企业在科创板上市。

四是创业板的指标没有涉及研究成果和研发投入比例等科技创新相关的因素；而科创板有一套指标专门针对具有研究成果的企业，另一套指标要求研发投入占营业收入比例不低于15%，体现了科创板对企业科技创新能力的更高要求。

创业板和科创板的市值及财务指标的差别主要是由于两个板块的定位和目标不同所导致的：创业板主要服务于成长型创新创业企业，支持传统产业与新技术、新产业、新业态、新模式深度融合。因此，创业板更关注企业是否具备持续盈利能力和成长潜力，以及是否符合国家产业政策。科创板面向世界科技前沿、面向经济主战场、面向国家重大需求。因此，科创板更关注企业是否拥有关键核心技术、科技创新能力突出、市场认可度高等特点。同时，科创板也为未盈利或存在累计未弥补亏损的优质科技创新企业提供了更多上市机会。

（4）科创板与主板上市条件中的市值及财务指标对比（见表3.9-3）

表3.9-3 科创板与主板上市条件比较

指标	主板	科创板	差别
净利润	三套指标要求净利润为正（第一套3年，第二、第三套1年），其中第一套指标要求最近三年净利润累计不低于1.5亿元，最近一年净利润不低于6000万元	第一套指标要求最近两年净利润均为正且累计净利润不低于人民币5000万元（预计市值不低于人民币10亿元），或者最近一年净利润为正且营业收入不低于人民币1亿元（预计市值不低于人民币10亿元）	主板对净利润的要求更高，更注重企业的盈利能力
营业收入	第一、第二、第三套指标要求营业收入，其中第一套指标要求最近三年营业收入累计不低于10亿元，第二、第三套指标要求最近一年营业收入不低于6亿元、8亿元	四套指标要求营业收入，其中第三、第四套指标要求最近一年营业收入不低于3亿元，另第一、第二套指标要求最近一年营业收入不低于1亿元和2亿元	主板对营业收入的要求更高，更注重企业的市场规模
市值	第二套指标要求预计市值不低于50亿元，第三套指标要求预计市值不低于80亿元	五套指标均要求预计市值，分别不低于10亿元、15亿元、20亿元、30亿元，40亿元	主板对预计市值的要求更高，更注重企业的市场价值
现金流量	第一、第二套指标要求最近三年经营活动产生的现金流量净额累计不低于1亿元、1.5亿元	第三套指标要求最近三年经营活动产生的现金流量净额累计不低于1亿元	主板对现金流量的要求更高，更注重企业的经营效率和资金管理
研发投入	无要求	第二套指标要求最近三年累计研发投入占最近三年累计营业收入的比例不低于15%	科创板有此指标，主板无此指标，体现了科创板对企业研发投入强度的更高要求
科研成果	无要求	第五套指标要求主要业务或产品需经国家有关部门批准，市场空间大，目前已取得阶段性成果。医药行业企业需至少有一项核心产品获准开展二期临床试验，其他符合科创板定位的企业需具备明显的技术优势并满足相应条件	科创板有此指标，主板无此指标，体现了科创板对企业科技创新成果的更高要求

10. 具有表决权差异安排的科创板、创业板上市企业市值及财务指标

【规则规定】发行人具有表决权差异安排的，市值及财务指标应当至少符合下列标准中的一项：

（一）预计市值不低于100亿元；

（二）预计市值不低于50亿元，且最近一年营业收入不低于5亿元。[①]

【规则概要】申请在科创板、创业板上市，且具有表决权差异安排的企业应达到的市值和财务指标。

【规则详解】具有表决权差异安排的企业，是指发行人在其股份中设置了不同类型的股份，这些股份在投票权上有所区别，目的通常是让创始人或核心团队维持对企业的控制权。这种安排在一些创新型企业中比较普遍，但也可能带来一些潜在的风险和问题，例如股东利益冲突、治理结构缺陷、信息披露不透明等。为了减少和避免此类风险，通常情况下，对具有表决权差异安排的企业在预计市值等指标上会比没有表决权差异安排的企业有更高的要求。

具有表决权差异安排的主板上市企业市值及财务指标有两套：（一）预计市值不低于200亿元，且最近一年净利润为正；（二）预计市值不低于100亿元，且最近一年净利润为正，最近一年营业收入不低于10亿元。

具有表决权差异安排的企业在主板上市与在科创板、创业板上市的市值及财务指标存在不同（见表3.10–1）。

① 《上海证券交易所科创板股票上市规则》2.1.4款、《深圳证券交易所创业板股票上市规则》2.1.4款。

表 3.10-1 不同比较

交易板块	第一套指标			第二套指标		
	预计市值	净利润	营业收入	预计市值	净利润	营业收入
主板	不低于200亿元	最近一年为正数	—	不低于100亿元	最近一年为正数	最近一年不低于10亿元
科创板/创业板	不低于100亿元	—	—	不低于50亿元	—	最近一年不低于5亿元

从表中可以看出，市值及财务指标有以下差异：

一是预计市值。主板对发行人的预计市值要求更高，第一套指标最低为200亿元，第二套指标最低为100亿元；科创板/创业板第一套指标最低为100亿元，第二套指标最低为50亿元；

二是净利润。主板对发行人的净利润要求更严格，最近一年必须为正数，而科创板和创业板无此要求。

三是营业收入。主板对发行人的营业收入要求更高，第二套指标最低为10亿元，而科创板、创业板第二套指标最低为5亿元。

对于存在表决权差异安排的企业，主板在预计市值、净利润、营业收入等方面要求都比创业板、科创板高，主要是为了确保这类企业具有较高的市场认可度、盈利能力和成长性，以及较强的风险抵御能力和内部控制水平。这也符合主板以“大盘蓝筹”企业为服务对象的定位。另外，创业板和科创板作为服务于创新创业企业的交易板块，更加注重企业的科技创新能力和发展潜力，对于存在表决权差异安排的企业，在预计市值、净利润、营业收入等方面要求相对较低，以给予这类企业更多的包容性和支持。

第四章

发行审核重点关注问题——发行人基本情况

1. 历史上自然人股东人数较多

【规则规定】对于历史沿革涉及较多自然人股东的发行人，保荐机构、发行人律师应当核查历史上自然人股东入股、退股（含工会、职工持股会清理等事项）是否按照当时有效的法律法规履行了相应程序，入股或股权转让协议、款项收付凭证、工商登记资料等法律文件是否齐备，并抽取一定比例的股东进行访谈，就相关自然人股东股权变动的真实性、所履行程序的合法性，是否存在委托持股或信托持股情形，是否存在争议或潜在纠纷发表明确意见。对于存在争议或潜在纠纷的，保荐机构、发行人律师应对相关纠纷对发行人股权清晰稳定的影响发表明确意见。发行人以定向募集方式设立股份公司的，中介机构应以有权部门就发行人历史沿革的合规性、是否存在争议或潜在纠纷等事项的意见作为其发表意见的依据。[1]

【规则概要】本条主要规定历史沿革涉及较多自然人股东的发行人股份权属清晰稳定情况的核查规则。

【规则详解】历史上自然人股东人数较多，指发行人在申请IPO之前，

① 《监管规则适用指引——发行类第4号》第1条。

曾经有过较多的自然人作为其股东。这种情况可能存在于发行人的历史沿革中，例如发行人曾经是集体企业或其他非股份制企业，或者发行人曾经进行过改制、股权转让、增资扩股、股权激励等事项，导致自然人股东的数量增加。

IPO审核关注历史上自然人股东人数较多的情况，主要是因为它可能给市场带来以下风险：一是股权真实性风险。历史上自然人股东的股权变动可能涉及委托持股、信托持股、虚假交易等不真实的情形，导致发行人的股权结构不清晰，或者存在隐性控股人或实际控制人，或者涉及利益输送、内幕交易，影响发行人的治理结构和信息披露的真实性。二是股权合法性风险。历史上自然人股东的入股或退股可能没有按照当时有效的法律法规履行相应的程序，例如，改制程序不合规，没有取得相应审批或备案，或者没有签订有效的入股或股权转让协议，或者没有支付或收取出资款或者股权转让价款，或者没有履行其他必要的义务，可能导致自然人股东的股权存在法律缺陷，或者引发股权纠纷。三是股权稳定性风险。历史上自然人股东的股权变动可能存在争议或潜在纠纷，例如自然人股东或者利益相关方对入股或退股的条件、价格、时间等有异议，或者自然人股东与他人存在借款、担保等其他关系，此类利益冲突、纠纷或诉讼可能导致股权被冻结、查封、强制处分等，影响发行人股权结构、控制权的清晰稳定。[①]

① 《监管规则适用指引——关于申请首发上市企业股东信息披露》第一条、第二条、第十条规定："发行人应当真实、准确、完整地披露股东信息，发行人历史沿革中存在股份代持等情形的，应当在提交申请前依法解除，并在招股说明书中披露形成原因、演变情况、解除过程、是否存在纠纷或潜在纠纷等。""发行人在提交申报材料时应当出具专项承诺，说明发行人股东是否存在以下情形，并将该承诺对外披露：（一）法律法规规定禁止持股的主体直接或间接持有发行人股份；（二）本次发行的中介机构或其负责人、高级管理人员、经办人员直接或间接持有发行人股份；（三）以发行人股权进行不当利益输送。""发行人股东存在涉嫌违规入股、入股交易价格明显异常等情形的，证监会和证券交易所可以要求相关股东报告其基本情况、入股背景等，并就反洗钱管理、反腐败要求等方面征求有关部门意见，共同加强监管。"

因此，对于历史上自然人股东人数较多的发行人，规则要求中介机构进行严格、细致的核查，并就相关事项发表明确意见。

（1）核查内容及方式

①核查相关程序

核查历史上自然人股东入股、退股（含工会、职工持股会清理等事项）是否按照当时有效的法律法规履行了相应程序，是指保荐机构和发行人律师应当对发行人的历史沿革进行详细调查，确认自然人股东的入股或退股是否合法有效，是否符合当时的法律法规要求。相应程序可能涉及入股或退股是否经过发行人和决策机构的合法决策程序，如股东会决议等；入股或退股是否履行了相关的审批、备案、登记等法定手续；股东向股东以外的人转让股权是否符合章程规定的条件、其他股东优先购买权是否得到保障；[①] 入股或退股是否涉及国有资产、集体资产、外商投资等特殊性质的资产，是否符合相关的管理规定，如资产评估、规定场所挂牌交易等，是否存在国有资产流失、外汇管理违规等问题；历史上在国有或集体企业改制、重组中入股或退股，相关程序是否符合当时适用的法律法规的规定（具体解析参见本章“10.国有企业或者集体企业改制”专题）。[②]

工会、职工持股会所持股权的清理，是指发行人在申请上市前，对其

① 《公司法》第八十四条规定：“有限责任公司的股东之间可以相互转让其全部或者部分股权。股东向股东以外的人转让股权的，应当将股权转让的数量、价格、支付方式和期限等事项书面通知其他股东，其他股东在同等条件下有优先购买权。股东自接到书面通知之日起三十日内未答复的，视为放弃优先购买权。两个以上股东行使优先购买权的，协商确定各自的购买比例；协商不成的，按照转让时各自的出资比例行使优先购买权。公司章程对股权转让另有规定的，从其规定。”

② 《监管规则适用指引——发行类第4号》第5条第2项规定：“对于发行人是国有或集体企业改制而来，或发行人主要资产来自于国有或集体企业，或历史上存在挂靠集体组织经营的企业，若改制或取得资产过程中法律依据不明确、相关程序存在瑕疵或与有关法律法规存在明显冲突，原则上发行人应在招股说明书中披露有权部门关于改制或取得资产程序的合法性、是否造成国有或集体资产流失的意见。”

股东中存在的工会或职工持股会所持有的股权进行规范化处理，以消除股权结构的不清晰和不稳定因素。[①]工会或职工持股会所持股权的清理方式主要有以下几种：一是股权转让。将工会或职工持股会所持有的股权转让给其他股东或股东以外的人。二是股权还原。将工会或职工持股会所持有的股权还原给实际出资的职工个人，转为实际出资的职工直接持股。三是另设公司或者合伙企业，作为承接工会或职工持股会所持股权的平台，内部成员和份额比例平移到新的平台。四是其他方式，如减资、解散等。工会所持股权相较于一般股权的处置而言，需考虑工会组织的特殊性。实务中清理多采用股权转让或者还原的方式，程序上通常需召开持股职工大会进行清理方式的表决，根据表决方案进行股权转让或者将股权还原给职工。关于工会、职工持股会所持股权的清理问题，参见本章“6.历史上存在的工会或者职工持股会持股”专题的阐释。

②核查法律文件

核查入股或股权转让协议、款项收付凭证、工商登记资料等法律文件是否齐备，是指保荐机构和发行人律师应当收集和审核发行人的相关法律文件，包括但不限于入股或股权转让协议、款项收付凭证、工商登记资料、审批备案文件、评估报告等，以核对、验证自然人股东的入股或退股行为的真实性和合法性。（a）入股或股权转让协议：证明历史上自然人股东入股或退股的主要依据，应当包含双方当事人、入股或转让价格、入股

---

① 《〈首次公开发行股票注册管理办法〉第十二条、第十三条、第三十一条、第四十四条、第四十五条和〈公开发行证券的公司信息披露内容与格式准则第57号——招股说明书〉第七条有关规定的适用意见——证券期货法律适用意见第17号》第五条第二项规定，“考虑到发行条件对发行人股权清晰、控制权稳定的要求，发行人控股股东或者实际控制人存在职工持股会或者工会持股情形的，应当予以清理。对于间接股东存在职工持股会或者工会持股情形的，如不涉及发行人实际控制人控制的各级主体，发行人不需要清理，但应当予以充分披露。对于职工持股会或者工会持有发行人子公司股份，经保荐机构、发行人律师核查后认为不构成发行人重大违法行为的，发行人不需要清理，但应当予以充分披露。”

或转让比例、入股或转让时间、入股或转让方式、入股或转让条件等内容，并且应当符合法律法规和公司章程的规定，经过双方当事人签字盖章确认。（b）款项收付凭证：证明历史上自然人股东入股或退股的款项支付情况的重要证据，应当能够体现出款方、收款方、款项金额、款项用途、款项时间等信息，从中可发现自然人股东是否实缴出资、出资方式是否符合合同约定或者法律规定、出资人是否与入股（受让）股东一致、是否因未按期缴纳出资而丧失股权等。（c）工商登记资料：证明历史上自然人股东入股或退股后发行人的工商变更情况的必要文件，可以反映发行人的注册资本、股东姓名（名称）、出资方式、出资比例、出资时间等信息。通过上述材料可以验证历史上自然人股东入股或退股、股东身份是否真实有效，是否存在虚假出资、抽逃出资、委托持股、信托持股等情形，是否存在争议或潜在纠纷。

③股东访谈

抽取一定比例的股东进行访谈，是指保荐机构和发行人律师在核查发行人历史沿革中涉及的自然人股东时，需要从待核查的股东中随机选取一定数量的股东，与他们进行接触、谈话，了解他们与发行人的关系，入股或退股的动机、过程和结果，确认他们是否为真实独立的投资者，是否存在委托持股或信托持股情形，是否存在争议或潜在纠纷，以及对发行人经营管理和未来发展的看法和建议。访谈的目的是验证自然人股东股权变动的真实性和合法性，排除可能存在的权属不清晰、利益输送、控制权变更等风险因素，保证发行人股权结构清晰稳定。

（2）发表意见

就相关自然人股东股权变动的真实性、所履行程序的合法性，是否存在委托持股或信托持股情形，是否存在争议或潜在纠纷发表明确意见，是指保荐机构和发行人律师应当根据核查和访谈的结果，对发行人历史沿革涉及较多自然人股东的情况进行综合分析和评价，并在保荐书和法律意见书中明确表述其意见。

①自然人股东股权变动的真实性

保荐机构和发行人律师应当在核实自然人股东入股或转让股权的时间、价格、方式、原因等情况，以及是否真实足额支付了转让款或出资款；查验入股或转让股权的协议、合同、发票、银行回单、工商登记变更等法律文件，以及与其他股东、董事、监事、高级管理人员或中介机构人员是否存在关联关系等情况基础上，判断自然人股东股权变动是否真实并发表意见。

②自然人股东股权变动所履行程序的合法性

保荐机构和发行人律师应当在核查自然人股东入股或转让股权是否符合相关法律法规和公司章程的规定，是否履行了董事会或股东会决议等内部决策程序、所需的外部审批或者备案程序；核查自然人股东入股或转让股权是否依法缴纳了印花税、个人所得税等税费，以及是否按照有关规定进行了工商登记变更等程序基础上，就自然人股东股权变动所履行程序的合法性作出判断并发表意见。

③自然人股东是否存在委托持股或信托持股情形

保荐机构和发行人律师应当核查自然人股东是否以自己的名义代为他人持有发行人的股份，或者是否将自己持有的发行人的股份作为信托财产交付给信托公司等受托人，并对自然人股东与委托人或受托人之间的关系、协议、意图等进行穿透式调查，结合出资、股权转让价款的实际支付情况的调查，在此基础上判断是否存在委托持股或信托持股情形并发表意见。依照有关规则，发行人历史沿革中存在股份代持等情形的，应当在提交申请前依法解除，并在招股说明书中披露形成原因、演变情况、解除过程、是否存在纠纷或潜在纠纷等。[①]

---

① 《监管规则适用指引——关于申请首发上市企业股东信息披露》第一条。

④自然人股东是否存在争议或潜在纠纷

保荐机构和发行人律师应当核查自然人股东入股或转让股权是否涉及违规入股、利益输送、价格异常、资金来源不明等情形，或者自然人股东是否因未按期缴纳出资而被公司通知丧失股权，或者自然人股东是否存在因继承、赠与、离婚等涉及的股权变动，或者自然人股东是否涉及对外担保、对外负债等引发或可能引发其股权被强制处分的情形，在此基础上判断自然人股东是否存在争议或者潜在纠纷并发表意见。

对于存在争议或潜在纠纷的，保荐机构、发行人律师应对相关纠纷对发行人股权清晰稳定的影响发表明确意见，我们理解，意见可能涉及以下几个方面：争议或纠纷的事实情况和法律依据，包括争议或纠纷的当事人、主张、证据、诉讼进程等；发行人或相关股东采取的解决措施，包括和解协议、仲裁裁决、法院判决等；解决措施的可行性和有效性，包括是否符合法律法规要求，是否得到有关部门和利益相关方的认可，是否存在执行难度或风险等。在此基础上，对争议或纠纷对发行人股权清晰、稳定的影响，包括是否会导致股权归属变化、控制权转移、股东权利丧失或者受到限制等进行评估并发表意见。

（3）定向募集的历史沿革合规性判断依据

规则规定，发行人以定向募集方式设立股份公司的，中介机构应以有权部门就发行人历史沿革的合规性、是否存在争议或潜在纠纷等事项的意见作为其发表意见的依据。

发行人历史沿革的合规性，是指发行人在成立和发展过程中，是否符合国家相关法律法规和政策要求，是否履行了必要的审批、备案或报告程序，是否存在违规入股、利益输送、价格异常、资金来源不明等不合规情形。

《公司法》规定的股份有限公司设立方式有发起设立和募集设立两

种。发起方式是发起人认购所发行的全部股份；募集设立是发起人认购部分，其余采用公开募集（公募）或者定向募集（私募）。定向募集，是指股份有限公司发行的股份除由发起人认购一部分外，其他部分由其他特定法人或本公司职工认购。具体而言，以下三种方式均属于定向募集方式：只向法人定向募集股份、只向内部职工定向募集股份、既向法人也向内部职工募集股份。定向募集方式设立股份有限公司通常适用于历史上的国有企业、集体企业改制，或发行人主要资产来自于国有企业、集体企业的情形。①

1992年《股份有限公司规范意见》规定了定向募集方式，1993年颁布的《公司法》删除了定向募集的规定，2005年修订的《公司法》又恢复了定向募集方式（私募）。公募与私募的区别在于是向不特定的社会公众公开募集，还是向特定的对象募集。

定向募集的历史沿革合规性，主要是指发行人依照《股份有限公司规范意见》定向募集设立股份有限公司是否依照相关规定进行审批。（1）根据1992年5月15日国家体改委等五部委发布的《股份制企业试点办法》及国家体改委发布的《股份有限公司规范意见》的规定，股份公司（包括定向募集公司）的组建，由国家体改委或省、自治区、直辖市体改部门牵头，会同有关部门审批。（2）根据1993年7月1日国家体改委发布的《定向募集股份有限公司内部职工持股管理规定》的规定，公司实行内部职工持股的，中央企业、地方企业分别向国家体改委或省、自治区、直辖市以及计划单列市政府的体改部门报送有关文件，经批准后方可实施。（3）定向募集公司应根据1995年7月3日国发〔1995〕17号《国务院关于原有有

① 《关于规范国有企业职工持股、投资的意见》（国资发改革〔2008〕139号）第二条第五项规定："国有企业改制，可依据《中华人民共和国公司法》等有关法律法规的规定，通过向特定对象募集资金的方式设立股份公司引入职工持股，也可探索职工持股的其他规范形式。"

限责任公司和股份有限公司依照〈中华人民共和国公司法〉进行规范的通知》等文件的规定，在1996年12月31日前完成规范工作。股份公司在依照《公司法》进行规范后，应经省、自治区、直辖市人民政府确认，并依法进行重新登记。①

对于发行人以定向募集方式设立股份公司的情形，IPO审核重点关注的风险主要包括：一是定向募集通常涉及国有资产或集体资产的转让、企业改制、重组等复杂的历史沿革，这些历史沿革可能存在法律依据不明确、相关程序存在瑕疵或与有关法律法规存在明显冲突等问题，导致发行人的股权结构不清晰、不稳定，或者造成国有资产或集体资产的流失，引发股东之间或股东与发行人之间的纠纷或潜在纠纷，进而影响发行人的持续经营能力或其他严重影响投资者权益的情形。二是定向募集方式设立的股份公司，其历史沿革可能涉及较多特定的自然人或者特定的企业持股，且这些股东（特别是自然人股东）可能存在委托持股、信托持股或其他利益安排，或者存在争议或潜在纠纷，这些情况都可能影响发行人的股权结构的清晰稳定，给发行人带来法律风险和市场风险。

"发行人以定向募集方式设立股份公司的，中介机构应以有权部门就发行人历史沿革的合规性、是否存在争议或潜在纠纷等事项的意见作为其发表意见的依据。"其含义是，如果发行人是通过向特定对象（如法人、内部职工等）募集资金而设立的股份公司，那么中介机构（如保荐机构、发行人律师等）在核查发行人历史沿革时，不仅要依照规则核查发行人提供的法律文件、与股东访谈，还应当取得有权部门（如国务院国资委、地方国资委、工商局等）针对发行人历史沿革的合规性、是否存在争议或潜在纠纷等事项出具的意见，并以此作为其出具核查意见的依据。这样规定的原因，是有权部门对发行人定向募集设立股份公司的过程承担着监督和

① 中国证监会发行监管部2002年4月17日《股票发行审核标准备忘录（2002）第11号：关于定向募集公司申请公开发行股票有关问题的审核要求》。

管理职能，对于定向募集设立过程是否经过审批，涉及国有资产或集体资产的转让、改制、重组等事项的法律依据是否充分、相关程序是否存在瑕疵或与有关法律法规存在明显冲突，是否造成国有或集体资产流失，是否引发异议、争议或者可能的纠纷等情况一般比较清楚，其意见具有较高的权威性和可信度，依据其意见发表核查意见，可以提高核查的质量和可靠性。①

2. 申报前引入的新股东

【规则规定】对IPO申报前12个月通过增资或股权转让产生的新股东，保荐机构、发行人律师应按照《监管规则适用指引——关于申请首发上市企业股东信息披露》《监管规则适用指引——发行类第2号》的相关要求进行核查。发行人在招股说明书信息披露时，除满足招股说明书信息披露准则的要求外，如新股东为法人，应披露其股权结构及实际控制人；如为自然人，应披露其基本信息；如为合伙企业，应披露合伙企业的普通合伙人及其实际控制人、有限合伙人的基本信息。最近一年末资产负债表日后增资扩股引入新股东的，申报前须增加一期审计。

红筹企业（是指注册地在境外、主要经营活动在境内的企业）拆除红筹架构以境内企业为主体申请上市，如该境内企业直接股东原持有红筹企业股权、持有境内企业股权比例为根据红筹企业持股比例转换而来，且该股东自持有红筹企业股权之日至IPO申报时点满12个月，原则上不视为新股东。

发行人直接股东如以持有发行人重要子公司（置换时资产、营业收入

① 《监管规则适用指引——发行类第4号》第5条第2项。

或利润占比超过50%）股权置换为发行人股权的，如该股东自持有子公司股权之日至IPO申报时点满12个月，原则上不视为新股东。①

【规则概要】本条针对申报前引入的新股东明确核查、披露规则：（1）申报前引入的新股东的界定、不视为新股东的特殊情形；（2）对新股东的核查、披露要求。

【规则详解】IPO审核关注申报前引入新股东（突击入股）的情况，主要是因为它可能导致发行人的实际控制人、控制权结构、经营策略等发生重大变化，或者涉及对赌协议、同业竞争、内幕交易、操纵市场等问题，增加发行人的法律风险和经营风险，影响发行人的持续经营能力和上市后的稳定性。

（1）申报前引入的新股东的界定

本条规则中的新股东，是指IPO申报前12个月内通过增资或股权转让产生的发行人的直接股东。②

通过增资产生的新股东，是指在IPO申报前12个月内，发行人向原有股东或外部投资者发行新股，从而使其成为发行人的直接股东的情况。例如，发行人A公司原有10个股东，每人持有10%的股份，共计100%。在

---

①《监管规则适用指引——发行类第4号》第2条。

②《监管规则适用指引——法律类2号》第十三条规定，"发行人在申报首发申请文件前十二个月内通过增资或者股权转让引入新股东的，律师应当查验新股东的基本情况、引入新股东的原因、股权转让或者增资的价格及定价依据，有关股权变动是否是双方真实意思表示，是否存在争议或者潜在纠纷，以及新股东与发行人其他股东、董事、监事、高级管理人员、本次发行中介机构及其负责人、高级管理人员、经办人员是否存在亲属关系、关联关系、委托持股、信托持股或者其他利益输送安排。"《监管规则适用指引——关于申请首发上市企业股东信息披露》第三条规定，"发行人提交申请前12个月内新增股东的，应当在招股说明书中充分披露新增股东的基本情况、入股原因、入股价格及定价依据，新股东与发行人其他股东、董事、监事、高级管理人员是否存在关联关系，新股东与本次发行的中介机构及其负责人、高级管理人员、经办人员是否存在关联关系，新增股东是否存在股份代持情形。"

IPO申报前12个月内，A公司向原有股东B和外部投资者C发行了新股，使得B和C分别持有15%和5%的股份，而其他8个股东的持股比例均降低了。此时，C就是通过增资产生的新股东，B就新增股份亦应适用针对新股东的规则。

通过股权转让产生的新股东，是指在IPO申报前12个月内，发行人的原有股东将其持有的发行人股权转让给其他人或机构，使受让人成为发行人的直接股东的情况。例如，发行人A公司原有10个股东，每人持有10%的股份，共计100%。在IPO申报前12个月内，原有股东D将其持有的10%的股份转让给了外部投资者E。此时，E就是通过股权转让产生的新股东。

（2）对新股东的核查、披露要求

本条规则对申报前引入新股东情况的核查和披露作了特别规定：对IPO申报前12个月通过增资或股权转让产生的新股东，保荐机构、发行人律师应按照《监管规则适用指引——关于申请首发上市企业股东信息披露》《监管规则适用指引——发行类第2号》的相关要求进行核查。发行人在招股说明书信息披露时，除满足招股说明书信息披露准则的要求外，如新股东为法人，应披露其股权结构及实际控制人；如为自然人，应披露其基本信息；如为合伙企业，应披露合伙企业的普通合伙人及其实际控制人、有限合伙人的基本信息。最近一年末资产负债表日后增资扩股引入新股东的，申报前须增加一期审计。

①核查要求

按照《监管规则适用指引——关于申请首发上市企业股东信息披露》第三条、《监管规则适用指引——发行类第2号》第十二条和第十三条的规定，发行人在申报首发申请文件前十二个月内通过增资或者股权转让引入新股东的，律师应当查验新股东的基本情况、是否依法存续及是否具有担任发起人或者进行出资的资格、引入新股东的原因、股权转让或者增资的价格及定价依据，有关股权变动是否是双方真实意思表示，是否存在争议或者潜在纠纷，以及新股东与发行人其他股东、董事、监事、高级管理人员、本次发行中介机构及其负责人、高级管理人员、经办人员是否存在亲属关系、关联关系、委托持股、信托持股或者其他利益输送安排。

新股东的基本情况，是指新股东的基本信息，包括其名称、注册地、注册资本、法定代表人、主要经营范围、股权结构、实际控制人等。如果新股东是自然人，核查内容包括自然人股东的姓名、性别、年龄、国籍、是否取得其他国家或者地区的居留权、住址、身份证件类型及号码、在发行人处担任的职务、联系方式、教育背景、婚姻状况等信息。如果新股东是合伙企业，则应核查其合伙协议、合伙人名单、普通合伙人及其实际控制人、有限合伙人、出资额、出资方式、合伙份额、合伙关系的变更或者终止等信息。是否依法存续及是否具有担任发起人或者进行出资的资格，指新股东是否是依法成立并有效存在的法人或其他组织，是否处于被吊销营业执照、清算、破产等状态，是否有资格和能力担任发行人的发起人或者进行出资。①比如，新股东是否为违反《公务员法》的规定向企业投资入股的公务员，是否为违反《商业银行法》的规定向企业投资的商业银行。②核查目的是了解新股东的身份和背景、资格，判断其是否符合法律法规和发行上市规则的要求，是否是合格投资者，是否是法律法规规定禁

① 《监管规则适用指引——法律类2号》第十二条规定，“律师应当查验发行人的发起人或者股东是否依法存续，是否具有担任发起人或者进行出资的资格，具体查验内容包括：（一）发起人或者股东为自然人的，律师应当查验其身份证明文件，确认其是否具有出资资格，是否存在限制或者禁止投资的情形；（二）发起人或者股东为法人或者非法人组织的，律师应当查验其登记文件，确认其是否有效存续，是否具有出资资格，是否存在职工持股会、工会等作为发起人或者股东的情形；（三）发行人在全国中小企业股份转让系统挂牌期间形成契约性基金、信托计划、资产管理计划等持有发行人股份的，律师应当查验上述股东是否纳入金融监管部门的有效监管，是否已经按照规定履行审批、备案或者报告程序，其管理人是否已经依法注册登记，是否符合法律法规的规定。”

② 《公务员法》第五十九条第十六项、《商业银行法》第四十三条。

止持股的主体，是否有可能对发行人的持续经营能力或者投资者权益造成不利影响。核查方法是通过查阅发行人提供的相关证件、证明、协议等文件，以及向有关部门或者机构查询或者核实相关信息。

引入新股东的原因，是指发行人在申报首发申请文件前十二个月内通过增资或者股权转让方式引入新股东的动机和目的。例如，可能是为了补充资金、优化股权结构、引入战略合作伙伴、提高上市效率和效果，也可能是红筹企业为了回归境内上市而进行股权转换等。核查目的是判断发行人是否有合理和正当的商业理由引入新股东，是否存在利益输送、短期套利或者投机等违法违规行为。核查方法是通过询问发行人和新股东，以及审阅发行人和新股东之间关于增资或者股权转让的协议、决议等文件。

股权转让或者增资的价格及定价依据，是指发行人与新股东之间达成的关于股权转让或者增资的交易价格以及该价格是如何确定的。例如，可能是根据发行人的净资产值、盈利能力、市场前景等因素进行评估和协商而确定的。核查目的是判断交易价格是否公允合理，是否存在低价转让或者高价收购等不符合市场价值规律的情形，是否存在利益输送或者损害其他相关方权益等违法违规行为。核查方法是通过审阅发行人和新股东之间关于交易价格和定价依据的协议或者决议等文件，以及参考第三方专业机构提供的评估报告或者市场比较分析等数据。

有关股权变动是否是双方真实意思表示，是指发行人与新股东之间关于股权转让或者增资的交易是否是基于双方自愿、平等、诚实信用的原则，而不是受到任何强制、欺诈、误导或者其他不正当手段的影响。例如，可能需要查验双方是否有签署有效的书面协议，是否有履行相关的审批、备案等法律程序，是否有按照约定支付交易对价等。核查目的是判断交易是否合法有效，是否存在违反法律法规和发行上市规则的情形，是否会影响发行人或者其他相关方的权利义务。核查方法是通过审阅发行人和新股东之间关于股权转让或者增资的协议或者决议等文件，以及向有关部门或者机构查询或者核实相关信息。

是否存在争议或者潜在纠纷，是指发行人与新股东之间关于股权转让或者增资的交易是否有可能引起其他相关方的异议或者投诉，或者是否有可能导致其他相关方对发行人或者新股东提起诉讼或者仲裁等法律救济。例如，可能需要查验交易是否符合章程规定的条件和程序，股权转让是否保障其他原有股东的优先购买权，其他债权人是否有对交易提出异议，其他第三方是否有对交易涉及的股权提出主张，相关股权是否被质押、被查封或者有其他权利限制等。核查目的是判断交易是否存在潜在风险，股份权属是否清晰，是否会影响发行人的持续经营能力或者投资者权益。核查是否存在争议或者潜在纠纷的方法是通过询问发行人和新股东，以及审阅相关方提供的章程、股权转让通知、协议、投诉、裁判文书等文件。

新股东与发行人其他股东、董事、监事、高级管理人员是否存在关联关系，是指新股东与上述相关方之间是否有直接或者间接控制或者被控制的关系，或者是否有其他可能影响交易公平性和独立性的关系。例如，可能需要查验新股东是否与上述相关方有直系血亲或者配偶关系，是否与上述相关方有共同的投资、合作、交易等关系，是否与上述相关方有其他利益交换或者利益输送的安排等。核查目的是判断新股东是否是发行人的关联方（参见第五章“2.关联交易”专题），是否需要进行关联交易的披露和审批，是否存在利用关联关系损害发行人或者其他股东权益等违法违规行为。核查方法是通过查阅新股东和上述相关方提供的相关证件、证明、协议等文件，以及向有关部门或者机构查询或者核实相关信息。

新股东与本次发行的中介机构及其负责人、高级管理人员、经办人员是否存在关联关系，是指新股东与上述相关方之间是否有直接或者间接控制或者被控制的关系，或者是否有其他可能影响中介机构履行职责和尽职调查义务的关系。例如，可能需要查验新股东是否与上述相关方有直系血亲或者配偶关系，是否与上述相关方有共同的投资、合作、交易等关系，是否与上述相关方有其他利益交换或者利益输送的安排等。核查目的是判断新股东是否是中介机构的关联方，是否会影响中介机构对发行人和股东进行充分核查和客观评价，是否会导致中介机构存在利益冲突或者失职渎职等违法违规行为。核查方法是通过查阅新股东和上述相关方提供的相关证件、证明、协议等文件，以及向有关部门或者机构查询或者核实相关信息。

新增股东是否存在股份代持情形，是指新股东所持有的发行人的股份是其自己真正拥有和支配的，还是受到其他主体的委托或者指示而持有和支配的。例如，可能需要查验新股东所持有的发行人的股份是否是通过信托、委托代持等方式为其他主体持有和支配的，或者是否受到其他主体对其持股数量、价格、期限等方面的限制或者约束。核查目的是判断新股东所持有的发行人的股份是否真实有效，是否会影响发行人的股权结构和治理结构，是否会导致发行人存在潜在控制权变更或者利益输送等违法违规风险，是否需要清理。核查方法是通过询问新股东、查阅登记信息，并审阅新股东提供的相关证件、证明、协议等文件。

②披露要求

（a）招股说明书信息披露准则的要求

《招股说明书信息披露准则》第三十六条第五项规定，发行人应披露其申报前十二个月新增股东的基本情况、入股原因、入股价格及定价依据，新增股东与发行人其他股东、董事、监事、高级管理人员是否存在关联关系，新增股东与本次发行的中介机构及其负责人、高级管理人员、经办人员是否存在关联关系，新增股东是否存在股份代持情形等。属于战略投资者的，应予注明并说明具体战略关系。

战略投资者，是指在申报首发申请文件前十二个月内通过增资或者股权转让方式入股发行人，并与发行人建立长期稳定的合作关系，对发行人的经营管理、技术创新、市场开拓等方面有重要影响或者贡献的投资者。

例如，可能是发行人的主要客户、供应商、竞争对手、同行业企业等。

具体战略关系，是指战略投资者与发行人之间的具体合作内容、方式、范围、期限等，以及该合作对发行人的经营业绩、市场地位、竞争优势等方面的影响或者效果。例如，可能是战略投资者为发行人提供优质的原材料、产品、服务等，或者与发行人共享技术、资源、渠道等，或者与发行人进行联合研发、市场拓展等。

新股东属于战略投资者的，应予注明并说明具体战略关系，是指在招股说明书中披露新股东的基本情况时，应明确标明其是否为战略投资者，并详细描述其与发行人之间的具体战略关系，以使投资者更好地了解新股东与发行人之间的关系性质和合作意义，以及该关系对发行人未来发展的潜在影响和价值。

上述披露要求的目的是保障投资者知情权和公平交易原则，提高信息披露的真实性、准确性和完整性，防范和揭示可能存在的利益输送、利益冲突或者其他违法违规风险，增强投资者对发行人和新股东之间关系和交易的理解和信任。

（b）其他披露要求

除满足招股说明书信息披露准则的要求外，如新股东为法人，应披露其股权结构及实际控制人；如为自然人，应披露其基本信息；如为合伙企业，应披露合伙企业的普通合伙人及其实际控制人、有限合伙人的基本信息。

新股东为法人，应披露其股权结构及实际控制人。因为法人股东可能存在多层股权结构，其背后可能有其他主体或者个人对其进行控制或者影响。如果不披露法人股东的股权结构及实际控制人，可能会导致投资者对发行人的真实控制权和利益关系存在误解，也可能会隐藏发行人存在的潜在风险或者违规情形。披露可能包括法人股东的直接或者间接持有发行人股份的比例、方式、已持股期限等，以及法人股东的最终受益所有者或者决策者等。

新股东如为自然人，应披露其基本信息。因为自然人股东可能与发行人或者其他相关方存在亲属关系、关联关系、利益安排等，如果不披露自然人股东的基本信息，可能会导致投资者对发行人的真实控制权和利益关系产生误解，也可能会隐藏发行人存在的潜在风险或者违规情形。披露可能包括自然人股东的姓名、身份证号、国籍、职业等。

新股东如为合伙企业，应披露合伙企业的普通合伙人及其实际控制人、有限合伙人的基本信息。普通合伙人是指在（有限）合伙企业中对合伙企业债务承担无限连带责任，执行合伙事务的合伙人；普通合伙人的实际控制人是指能够实际支配普通合伙人行为的自然人、法人或者其他组织；有限合伙人是指在合伙企业中以其认缴的出资额为限对合伙企业债务承担责任的合伙人。因为合伙企业的背后可能有其他主体或者个人对其进行控制或者影响，如果不披露合伙企业的普通合伙人及其实际控制人、有限合伙人的基本信息，可能会导致投资者对发行人的真实控制权和利益关系产生误解，也可能会隐藏发行人存在的潜在风险或者违规情形。这一披露可能包括合伙企业的合伙协议、合伙人名单、出资额、出资方式、合伙份额等。

③增加一期审计

根据规则，最近一年末资产负债表日后增资扩股引入新股东的，申报前须增加一期审计。

最近一年末资产负债表日，是指申报企业最近一年度经审计的资产负债表的截止日期。例如，如果发行人在2023年5月1日申报首发申请文件，那么最近一年末资产负债表日就是2022年12月31日。

最近一年末资产负债表日后增资扩股引入新股东，是指申报企业在最近一年末资产负债表日之后，通过增资的方式，使原有股东发生变化的情形。例如，如果申报企业的最近一年末资产负债表日为2022年12月31日，则在2023年1月1日至申报前的期间内，如果申报企业增资引入新股东，导致申报企业的股权结构发生变化，则属于最近一年末资产负债表日后增资扩股引入新股东的情形。

增加一期审计，是指申报企业在最近一年末资产负债表日后增资扩股引入新股东的情况下，除了提交最近三个会计年度和最近一个会计期间（如有）的审计报告外，还需要提交增资扩股完成后至申报前的一个会计期间（如有）的审计报告。增加一期审计是针对增资扩股完成之日至申报前的一个会计期间（如有）的审计。例如，如果申报企业的最近一年末资产负债表日为2022年12月31日，且在2023年4月1日完成了增资扩股，并于2023年5月1日向证监会提交了首次公开发行申请，则除了提交2019—2022年度和2023年第一季度的审计报告外，还需要提交2023年第二季度的审计报告。

因为增资扩股引入新股东，会直接影响发行人的资本结构和财务状况：一是增资扩股会稀释现有股东的权益，导致公司的股本结构发生变化，可能影响控制权的稳定；二是增加发行人的股本和资本金，还可能增加现金流，改善流动性状况。规则要求最近一年末资产负债表日后增资扩股引入新股东的，申报前须增加一期审计，目的是保证信息披露的及时性和完整性，让投资者了解发行人在增资扩股后的财务状况和经营业绩，以及引入新股东对发行人的其他影响，避免因为信息滞后或者不全而导致投资者判断失误或者受到误导。

本项规则仅针对增资扩股的情形，而对于以股权转让方式引入新股东的，未要求增加一期审计，其原因是增资扩股会直接影响发行人的资本结构和财务状况，而股权转让则不会。增资扩股会导致发行人的注册资本、总股本、净资产等指标发生变化，而股权转让则只是改变了相关股东之间的持股比例。因此，增资扩股需要更及时和完整地披露其对发行人的影响和价值，而股权转让则可以通过已有的审计报告进行反映。

（3）不视为新股东的两种特殊情形

如前所述，本条规则针对新股东的核查、披露作了特别要求。规则还规定，两种特殊情形下，新引入的股东不视为新股东，可不适用相关核查、披露的规定。

①红筹企业拆除红筹架构平移股权

根据规则，红筹企业拆除红筹架构以境内企业为主体申请上市，如该境内企业直接股东原持有红筹企业股权、持有境内企业股权比例为根据红筹企业持股比例转换而来，且该股东自持有红筹企业股权之日至IPO申报时点满12个月，原则上不视为新股东。

红筹企业，是指注册地在境外、主要经营活动在境内的企业。这类企业通常是为了规避国内的行政审批、外汇管制、行业限制、上市条件等障碍，或者利用境外市场的估值优势和融资便利，而在海外设立的公司。红筹企业的典型代表有阿里巴巴、腾讯、百度等。例如A集团控股有限公司是一家在开曼群岛注册的公司，其通过协议控制了在中国境内运营的A网络技术有限公司等多个公司，而后者才是实际提供电子商务、云计算、数字媒体等服务的主体。

红筹架构，是指红筹企业为了实现海外上市而采用的交易结构。根据境外实体对境内资产、业务等的不同控制方式，可分为股权控制模式和协议控制模式（即VIE架构模式）。简单来说，就是在海外注册的公司（HOLDCO）与在中国境内的实际运营公司（OPCO）之间，通过一系列的协议或者直接持股等方式，实现对OPCO的控制或者收益权的转移。在此情况下，HOLDCO就可以以OPCO的资产和业绩为基础，在海外发行股票或者存托凭证（CDR）进行上市。例如，在上面提到的A公司案例中，A集团控股有限公司（HOLDCO）与A网络技术有限公司（OPCO）之间签订了一系列协议，包括专属技术服务协议、专属购买权协议、贷款协议等，使得HOLDCO可以享有OPCO的全部经营收入，并可以对OPCO进行有效控制，这就构成了一种典型的红筹架构。

拆除红筹架构，是指红筹企业为了实现回归国内上市，将原来的红筹架构逆向拆解，解除OPCO和HOLDCO之间的协议，恢复OPCO的独立性。在此情况下，OPCO就可以以自身为主体，在国内发行股票进行上市。例如，X公司原本采用了红筹架构，在境外某证券交易所上市发行了股票。后来，X公司决定回归国内上市，在拆除红筹架构前，X公司先将其在境外上市的股票全部回购并注销，并解除与境内OPCO之间的控制协议。

拆除红筹架构以境内企业为主体申请上市，是指原来属于红筹架构的OPCO，在拆除红筹架构后，以境内企业的身份，在国内申请上市。这种情况下，原来属于HOLDCO的股东，根据其在HOLDCO中的持股比例，转换为在OPCO中的持股比例。例如，红筹企业X公司与原股东A、B、C签署股权回购协议，约定按照该持股股东回落境内的入股价格回购其持有X公司的股份，X公司支付的回购款将全部用于该股东对境内OPCO增资入股。回落境内持股的X公司原股东A、B、C按照调整后的权益比例持有境内OPCO股权，实现权益回落。[①]

该境内企业直接股东原持有红筹企业股权、持有境内企业股权比例为根据红筹企业持股比例转换而来，是指在拆除红筹架构的过程中，原来持有红筹企业股权的股东，按照其在红筹企业的持股比例，换取相应的境内企业股权，成为境内企业的直接股东。例如，在前例中，A、B和C原持有红筹企业X公司20%、10%和10%股权，其持有境内企业公司股权比例系

① 参见《慧智微：广州慧智微电子股份有限公司科创板首次公开发行股票招股说明书（注册稿）（更新稿）》，载荣大二郎神网站，https：//doc.rongdasoft.com/xp_y/disclosureDetail？ id=1bbfae86528300d39b87184c58ae05fa_k&keyword_c=%E7%BA%A2%E7%AD%B9%E6%9E%B6%E6%9E%84%20%E6%8B%86%E9%99%A4&orkeyword_c=&isSect=0&isSent=1，最后访问日期2024年1月15日。

根据其在红筹企业持股比例转换而来。

该股东自持有红筹企业股权之日至IPO申报时点满12个月，是指拆除了红筹架构的企业中，原来持有红筹企业股权的股东，从其开始持有红筹企业股权的日期起，到境内企业向交易所申报首次公开发行股票的日期止，已经满足了12个月的时间要求。在上面的例子中，是指从A、B和C最初持有X公司相应部分股权之日开始计算，到境内OPCO向交易所提交首次公开发行申请文件时止，已经过去了至少12个月的时间。

红筹企业拆除红筹架构平移股权的情形下，发行人引入红筹企业原股东作为自己的股东，原则上不视为新股东的前提条件，一是红筹企业原股东转换为发行人的直接股东，并且其持有发行人股权的比例是根据红筹企业持股比例转换而来；二是自持有红筹企业股权之日至IPO申报时点满12个月。两个条件需同时满足。也就是说，在上面的例子中，如果A、B和C都满足这两个条件，则他们不视为新股东，不需要遵守针对新股东的核查和披露要求。

设置条件一，主要是为确保在红筹企业回归的情况下，原有股东持有境内企业股权仅是对企业架构作合理调整，而非出于新的投资动机，并且不因拆除红筹架构而导致持股主体发生变化，或者其在新的上市主体中的权益发生变化，引发利益输送、操纵市场的风险。之所以强调“境内企业直接股东”，主要是为了提高对发行人及其直接股东间关系的透明度，防止一些股东通过设置多层次的架构来规避新股东的相关规定，从而影响发行人股权结构的清晰透明和信息披露的完整真实。

设置条件二即12个月的期间，一方面是与本条规则中突击入股追溯期“IPO申报前12个月”保持同步；另一方面也是为防止股东滥用红筹架构行为，避免其通过拆除红筹架构的方式进行短期投机或逃避监管，即股东在拆除红筹架构前短期内大量增持红筹企业股权，以从境内资本市场投机获利，对境内企业的股权结构和上市质量造成不利影响。

上述规则实质上是将股东在红筹企业的持股期间与其在境内企业的持股期间合并计算（即原有股东在境内企业的持股期间不重新计算），使其在一定条件下避免被认定为突击入股。该规则主要目的是鼓励拆除红筹架构的企业回归境内资本市场，给予原有股东的优惠政策，利好红筹企业回归。

②发行人重要子公司股权置换

根据规则，发行人直接股东如以持有发行人重要子公司（置换时资产、营业收入或利润占比超过50%）股权置换为发行人股权的，如该股东自持有子公司股权之日至IPO申报时点满12个月，原则上不视为新股东。

发行人直接股东，是相对间接持股而言，指直接持有发行人股份的自然人、法人或者其他组织，而不是通过其他中间主体间接持有发行人股份的股东。例如，假设A公司是一家申请上市的企业，其股东有B、C、D三个自然人，分别持有A公司的40%、30%和30%的股份。此时，B、C和D就是A公司的直接股东。

发行人重要子公司，是指发行人所控制的子公司中，在资产、营业收入或利润等方面占比超过50%的子公司，也就是对发行人经营业绩和财务状况有重大影响的子公司。例如，假设A公司还控制了E、F、G三个子公司，其中E公司的利润占A公司合并报表中利润的60%。此时，E公司就是A公司的重要子公司。

以持有发行人重要子公司股权置换为发行人股权，是指发行人直接股东将其持有的发行人重要子公司的股权转让给发行人或者发行人其他股东，从而获得发行人的股权的行为。例如，上例中，假设B、C和D除了持有A公司的40%、30%和30%的股份外，还分别持有E公司的10%、20%和30%的股份。在A公司申请上市前，B、C和D将其在E公司中所持有的股权全部转让给A公司，并以此换取A公司增发的新股。交易后，B、C和D就是以持有发行人重要子公司股权置换为发行人股权的情形。

该股东自持有子公司股权之日至IPO申报时点满12个月，是指发行人直接股东从开始持有发行人重要子公司的股权到发行人向交易所申报首发上市的时间间隔不少于12个月。在上面的例子中，是指B、C和D从最初持有重要子公司股权开始计算，到发行人向交易所提交首次公开发行申请文件时止，已经过去了至少12个月的时间。

发行人重要子公司股权置换情形下，发行人引入子公司原股东作为自己的股东，原则上不视为新股东的前提条件，一是持有子公司股权的主体通过股权置换成为发行人直接股东，并且股权置换限于以发行人重要子公司股权置换为发行人股权；二是持股期间，自持有子公司股权之日至IPO申报时点满12个月。前述两个条件必须同时满足，才能使发行人直接股东不被视为新股东，否则仍需按照新股东的相关要求进行核查、披露。

上述两个条件的设置与红筹企业拆除红筹架构平移股权的情形中条件设置的目的相似。此种情形中的股东在发行人整体股权架构中的权益未发生实质变化，只是将其在发行人重要子公司中的持股比例转换为在发行人中的持股比例。同时，股东已经持有发行人重要子公司和发行人股权的期间合计超过12个月，说明其对发行人有较长期的投资意愿和信心，并非为了短期套利或者投机。这在一定程度上拓宽了控股型企业资产重组的自由空间，也未过度损害股权关系的连续性和稳定性。

规则之所以强调本项特殊情形中的股权置换限于以发行人重要子公司股权置换为发行人股权，我们理解，它可能出于以下考虑：

一是为了保证发行人的资产质量和盈利能力。发行人重要子公司是指置换时资产、营业收入或利润占发行人比例超过50%的子公司，这类子公司对发行人的经营业绩和市场价值有重大影响。如果发行人通过股权置换的方式，收购其非重要子公司或其他无关联的公司的股权，可能会导致发行人的资产结构和业务布局发生较大变化，影响发行人的核心竞争力和持续经营能力，增加发行人的风险敞口和不确定性，不利于保护投资者的利益。

二是为了维护发行人的股权结构的合理性和稳定性。发行人重要子公司股权置换的目的是实现对子公司的全面控制和整合，提高发行人的管理效率和协同效益，同时也为发行人的上市融资提供便利。如果发行人通过股权置换的方式，引入其非重要子公司或其他无关联的公司的原股东作为自己的股东，可能会导致发行人的股权结构发生较大变化，影响发行人的控制权和决策权，增加发行人的股东关系的复杂性和不稳定性。

三是为了避免发行人的股权置换行为被滥用或者规避监管要求。发行人重要子公司股权置换情形下，发行人引入子公司原股东作为自己的股东，原则上不视为新股东，是为了鼓励控股型企业进行内部资源的优化配置，简化重组的流程和要求，促进发行人的健康发展。但是，如果发行人通过股权置换的方式，引入与自己无关或者关联较弱的公司的原股东作为自己的股东，可能会存在以下风险或问题：可能会被用作为变相的股权转让或者股权激励的手段，导致发行人的股权价值被稀释或者被低估，损害原有股东的利益；可能会被用作为规避新股东的核查和披露的手段，导致发行人的股权来源不清晰或者不合法，影响发行人的股权清晰稳定的要求；可能会被用作为规避重组上市的条件和程序的手段，导致发行人的资产重组不符合法律法规和监管规则的要求，影响发行人的合规性和公平性。

原则上不视为新股东，是一般适用原则。但是，有原则必有例外，若前述发行人直接股东的股权变动涉及利益输送、短期套利或者投机等违法违规行为，也可能不适用该原则，而应按新股东对待。

适用中还有一个疑问是，本条规则针对新股东的核查、披露作出特别要求的同时，明确了两种除外情形，该两种情形自当不适用有关核查、披露的规定，但是，对于其他配套规则中规定的新股东股份锁定的要求，前述两种特殊情形中的新股东是否免于适用，规则未予明确。比如，《监管规则适用指引——关于申请首发上市企业股东信息披露》第三条第二款规定："上述新增股东应当承诺所持新增股份自取得之日起36个月内不得转让。"《(首发)证券期货法律适用意见第17号》第二条第五项规定，"发行人申报前六个月内进行增资扩股的，新增股份的持有人应当承诺新增股份自发行人完成增资扩股工商变更登记手续之日起锁定三十六个月。在申报前六个月内从控股股东或者实际控制人处受让的股份，应当比照控股股东或者实际控制人所持股份进行锁定"，"发行人控股股东和实际控制人所持股份自发行人股票上市之日起三十六个月内不得转让"。在以发行人重要子公司股权置换发行人股份的情形下，若股权置换的时间发生于申报前六个月内，且发行人直接股东获得的是发行人增发的新股，或者是从发行人控股股东或者实际控制人处受让的股份，上述股份是否需按配套规则进行锁定，似需规则作进一步明确。

3. 申报后产生的新股东

【规则规定】发行人申报后，通过增资或者股权转让产生新股东的，原则上应当终止发行上市审核程序或者发行注册程序，但股权变动未造成实际控制人变更，未对发行人股权结构的稳定性和持续经营能力造成不利影响，且符合下列情形的除外：新股东产生系因继承、离婚、执行法院判决、执行仲裁裁决、执行国家法规政策要求或者由省级及以上人民政府主导，且新股东承诺其所持股份上市后三十六个月之内不转让、不上市交易（继承、离婚原因除外）。

在核查和信息披露方面，发行人申报后产生新股东且符合上述要求无需重新申报的，应当比照申报前十二个月新增股东的核查和信息披露要求执行。除此之外，保荐机构和发行人律师还应当对股权转让事项是否造成发行人实际控制人变更，是否对发行人股权结构的稳定性和持续经营能力

造成不利影响进行核查并发表意见。[①]

【规则概要】本条规则关于申报后产生的新股东：（1）申报后产生新股东的情况下原则上终止审核或者注册程序；（2）无须重新申报的特殊情形；（3）无须重新申报的特殊情形的核查、披露要求。

【规则详解】**（1）申报后产生新股东的情况下原则上终止审核或者注册程序**

《首次公开发行股票注册管理办法》第三十一条规定，存在相关情形之一的，交易所或者中国证监会应当终止相应发行上市审核程序或者发行注册程序。除了列举的十种情形外，还有“中国证监会规定的其他情形”。发行人申报后，通过增资或者股权转让产生新股东的，原则上应当终止发行上市审核程序或者发行注册程序，即是证监会规定的情形之一。

发行人申报后，是指发行人根据《首次公开发行股票注册管理办法》第十六条的规定，已经向交易所提交注册申请文件。[②]

通过增资或者股权转让产生新股东，指公司通过进行增资或者股东进行股权转让交易，导致新的股东进入公司股东结构，即公司的股权发生变动。

终止发行上市审核程序或者发行注册程序，是指在发行人提交发行上市申请后，如果出现了一些特定的情况，证券交易所或者中国证监会会停止对发行人的上市审核或者注册程序。这些特定的情况包括但不限于：发行人撤回注册申请，保荐人撤销保荐，注册申请文件存在虚假记载、误导性陈述或者重大遗漏等。一旦终止审核或注册程序，发行人就不能继续进

① 《〈首次公开发行股票注册管理办法〉第十二条、第十三条、第三十一条、第四十四条、第四十五条和〈公开发行证券的公司信息披露内容与格式准则第57号——招股说明书〉第七条有关规定的适用意见——证券期货法律适用意见第17号》第四条。

② 《首次公开发行股票注册管理办法》第十六条规定：“发行人申请首次公开发行股票并上市，应当按照中国证监会有关规定制作注册申请文件，依法由保荐人保荐并向交易所申报。交易所收到注册申请文件，五个工作日内作出是否受理的决定。”

行公开发行股票并上市的流程。

规则之所以规定发行人申报后产生新股东的，发行上市审核、注册程序原则上应当终止，主要原因是：

其一，影响控制权稳定和持续经营能力。发行人在提交IPO申请后，如果通过增资或股权转让产生新股东，公司的股权结构将发生变动。这种股权结构的变动可能对公司的治理结构、控制权以及经营战略产生重大影响，也会直接影响现有投资者的权益。在新股东的加入改变公司的治理结构，尤其是在成为实际控制人的情况下，如果新股东对公司治理结构进行重大调整，可能导致决策机制混乱，公司内部产生矛盾和不稳定因素，加之公司经营方向转变、融资投资计划的调整、公司高管和核心员工的变动等因素，均可能影响公司的持续经营能力。终止发行上市审核、注册程序有助于防止突击入股给市场带来的上述风险因素，保护投资者的利益，避免投资者在信息不足的情况下做出不明智的投资决策。

其二，防范潜在的欺诈行为。申报后突击入股，有可能出现利用股权结构调整来进行潜在的欺诈行为的情况，例如虚构股东或转移资产、利益输送，掩盖真实财务状况。终止发行上市审核、注册程序有助于防范此类欺诈行为，确保IPO过程的合法性和诚信性，保护市场的健康发展。

全面注册制之前，相关规则对于申报后产生新股东的处理，原则上要求发行人应当撤回发行上市申请，重新申报。[①]与现行规则“原则上终止发行上市审核或者注册程序”相比，现行规则不再以发行人主动撤回申请作为终止发行上市审核或者注册程序的依据，交易所或者证监会可直接依职权作出这一处理，可以提高审核效率；并且，现行规则不再干涉发行人是否重新申报，更尊重市场主体的选择。

关于重新申报的间隔期限，根据《首次公开发行股票注册管理办法》

---

① 《上海证券交易所科创板股票发行上市审核问答（二）》（2019）第2条、《深圳证券交易所创业板股票首次公开发行上市审核问答》（2020）（均已废止）第12条。

第二十八条的规定，交易所认为发行人不符合发行条件或者信息披露要求，作出终止发行上市审核决定，或者中国证监会作出不予注册决定的，发行人再次申报IPO必须自前述决定作出之日起六个月后才可提出申请。该间隔期限是否适用于发行人因申报后产生新股东而被终止审核或者注册程序的情形，似需规则进一步明确。

（2）无需重新申报的特殊情形

规则关于申报后产生的新股东的处理，也考虑了一些特殊情形下的合理性和必要性，对于同时符合以下条件的股权变动，允许发行人不需重新申报：

一是股权变动未造成实际控制人变更，即发行人的控制权仍然稳定在原有的实际控制人手中，没有出现新的实际控制人或者实际控制人之间的协议安排等情形。规定这一条件的目的是保证发行人的治理结构和战略方向不会因为股权变动而发生重大变化。

二是未对发行人股权结构的稳定性和持续经营能力造成不利影响，即发行人的股权分布和持有者没有因为股权变动而出现不合理或者不平衡的情况，发行人的经营管理、业务模式、核心技术、主要客户、供应商等也没有因为股权变动而发生重大变化或者受到负面影响。规定这一条件的目的是保证发行人的内部和外部经营环境没有因为股权变动而发生重大风险。

三是股权变动符合下列情形之一：新股东产生系因继承、离婚、执行法院判决或仲裁裁决、执行国家法规政策要求或者由省级及以上人民政府主导，这些情形下的股权变动通常是出于法律或者公共利益的需要，并非发行人或原有股东主动进行的商业安排，一般不会对发行人产生重大影响，也不会对市场造成不良信号。规定这一条件的目的是尊重法律效力和社会公序良俗，也为了体现对在审企业过渡期间遇到的客观情况的照顾。

四是新股东承诺其所持股份上市后三十六个月之内不转让、不上市交易（继承、离婚原因除外），规定这一条件的目的是保证新股东与原有股东的利益一致性，增强发行人的治理结构和战略方向的稳定性，也可以防止出现短期投机或者套利、利益输送、内幕交易等违法违规行为。①关于前述三十六个月股份锁定期。与此相比，规则对于申报前突击入股的股东所持股份锁定期的规定是：申报前十二个月内新增股东（包括增资扩股和股权转让引入）应当承诺所持新增股份自取得之日起三十六个月内不得转让，但是申报前六个月内从控股股东或者实际控制人处受让的股份，应当比照控股股东或者实际控制人所持股份进行锁定，即股份上市后三十六个月之内不能转让。[①]而申报后通过增资扩股或者受让股份成为新股东的，均应承诺股份上市后三十六个月的锁定期。②规则规定新股东因继承、离婚原因取得的股份无需承诺锁定期，主要是考虑到继承、离婚等情况往往是由社会关系（家庭状况）的变化或法律规定引发的非主动性事件。在这些情况下，新股东可能无法主动控制股份的获取和持有，并非出于商业目的或者投机心理。这些情形下的新股东可能会因为自身的经济状况或者其他原因而需要在上市后转让或者上市交易其所持股份。如果强制要求这些新股东锁定其所持股份，可能会对他们造成不必要的困难或者损失，因此将其与其他情况区分对待是合理的。

总之，规则规定申报后产生新股东的，原则上终止审核或者注册程序，主要是考虑到突击入股可能产生监管套利、资本无序扩张、股权代持等问题以及对股份权属清晰性、控制权稳定和持续经营能力造成不利影响，终止发行上市审核、注册程序有助于防范上述风险因素。如果申报后突击入股已经满足“未造成实际控制人变更，未对发行人股权结构的稳定

① 《监管规则适用指引——关于申请首发上市企业股东信息披露》第三条第二款、《〈首次公开发行股票注册管理办法〉第十二条、第十三条、第三十一条、第四十四条、第四十五条和〈公开发行证券的公司信息披露内容与格式准则第57号——招股说明书〉第七条有关规定的适用意见——证券期货法律适用意见第17号》第二条第五项。

性和持续经营能力造成不利影响”并且由新股东对锁定期作出承诺，通常表明消除了相关风险因素，在此基础上，规则将例外情形限于一些特定且较为明确的情况，可以减少操纵审核程序的空间。例外情形中的“继承、离婚、执行法院判决、执行仲裁裁决”等都需依照法律规定以及合法的程序产生新股东，并可以通过相应的法律文书和记录进行证明，具有较高的可追溯性和可查验性，可以有效降低潜在欺诈行为的可能性。当新股东是因“执行国家法规政策要求或者由省级及以上人民政府主导”产生时，一般来说具有政府背景和公信力，政府主导的股权变动通常会有一定的公开披露和政策指导，对于公众和市场来说较为透明。这种情形下，存在欺诈行为的可能性也较低。因此，规则规定满足前述四个条件的特殊情形，发行上市审核、注册程序不终止，发行人无需重新提交全新的注册申请文件，可以按照原申请继续推进审核和注册程序。

（3）无需重新申报的特殊情形的核查、披露要求

规则要求，无需重新申报，继续原审核和注册程序的，应对发行人申报后产生的新股东进行核查与披露。

①核查和信息披露比照申报前十二个月新增股东的情形

一般核查与披露要求，比照申报前十二个月新增股东的核查和信息披露规则。要求比照相关规则执行详细的核查与信息披露，是为了保证交易所和证监会能够全面了解新股东的基本情况、产生新股东的原因、是否存在争议或潜在纠纷、是否存在委托持股或信托持股等情形，并对其进行审慎把关。同时，也为了保证投资者能够充分知晓新股东相关信息。

关于申报前十二个月新增股东的核查和信息披露，见本章“2. 申报前引入的新股东”专题解析。

②特别核查事项

规则要求，保荐机构和发行人律师要对股权转让事项是否导致实际控制人变更，是否对发行人股权结构的稳定性和持续经营能力造成不利影响进行核查，并发表意见。

对股权转让事项是否造成发行人实际控制人变更，是否对发行人股权结构的稳定性和持续经营能力造成不利影响进行核查并发表意见，是指保荐机构和发行人律师应当综合考虑股权比例、协议安排、表决权行使等因素，对股权转让事项是否造成发行人实际控制人变更，是否对发行人股权结构的稳定性和持续经营能力造成不利影响进行论证，并发表意见。

该要求仍是针对无需重新申报的特殊情形。对于属于特殊情形的新增股东，虽然规则规定了审核不终止、其无需重新申报，但为了防止滥用特殊情形进行潜在的操纵、欺诈行为，除了要求按申报前十二个月新增股东的核查和信息披露要求执行外，监管机构还需要借助中介机构的核查和意见来确保其合规性和真实性。因此，规则要求中介机构对已满足“未造成实际控制人变更，未对发行人股权结构的稳定性和持续经营能力造成不利影响”条件的特殊情形进行核查并发表意见，是为了确保对新增股东及其对公司的影响进行全面审查，维护市场的公平、透明和投资者的权益，防范潜在的风险。

4. 首发申报前制定、上市后实施的期权激励计划

【规则规定】首发申报前制定、上市后实施的期权激励计划

1.发行人首发申报前制定、上市后实施的期权激励计划应当符合的要求

发行人存在首发申报前制定、上市后实施的期权激励计划的，应当体现增强公司凝聚力、维护公司长期稳定发展的导向。

期权激励计划原则上应当符合下列要求：

（1）激励对象应当符合相关上市板块的规定；

（2）激励计划的必备内容与基本要求，激励工具的定义与权利限制，行权安排，回购或者终止行权，实施程序等内容，应当参考《上市公司股权激励管理办法》的相关规定执行；

（3）期权的行权价格由股东自行商定确定，但原则上不应低于最近一年经审计的净资产或者评估值；

（4）发行人全部在有效期内的期权激励计划所对应股票数量占上市前总股本的比例原则上不得超过百分之十五，且不得设置预留权益；

（5）在审期间，发行人不应新增期权激励计划，相关激励对象不得行权；最近一期末资产负债表日后行权的，申报前须增加一期审计；

（6）在制定期权激励计划时应当充分考虑实际控制人稳定，避免上市后期权行权导致实际控制人发生变化；

（7）激励对象在发行人上市后行权认购的股票，应当承诺自行权日起三十六个月内不减持，同时承诺上述期限届满后比照董事、监事及高级管理人员的相关减持规定执行。

2.发行人信息披露要求

发行人应当在招股说明书中充分披露期权激励计划的有关信息：

（1）期权激励计划的基本内容、制定计划履行的决策程序、目前的执行情况；

（2）期权行权价格的确定原则，以及和最近一年经审计的净资产或者评估值的差异与原因；

（3）期权激励计划对公司经营状况、财务状况、控制权变化等方面的影响；

（4）涉及股份支付费用的会计处理等。

3.中介机构核查要求

保荐机构及申报会计师应当对下述事项进行核查并发表核查意见：

（1）期权激励计划的制定和执行情况是否符合以上要求；

（2）发行人是否在招股说明书中充分披露期权激励计划的有关信息；

（3）股份支付相关权益工具公允价值的计量方法及结果是否合理；

（4）发行人报告期内股份支付相关会计处理是否符合《企业会计准则》相关规定。[①]

【规则概要】本条规定发行人制定和实施期权激励计划的合规性条件、信息披露与核查要求。

【规则详解】《首次公开发行股票注册管理办法》第四十四条规定："发行人存在申报前制定、上市后实施的期权激励计划的，应当符合中国证监会和交易所的规定，并充分披露有关信息"。本条规则即是证监会的具体要求。

关于股权激励的实施时机，发行人可以选择在IPO申报前制定并实施股权激励计划，也可以在上市后制定并实施股权激励计划，还可以在申报前制定、在上市后实施股权激励计划。三种策略各有利弊：

策略一，IPO申报前制定并实施股权激励计划。其优点是，这种方式可以在较早的阶段激励和留住核心员工，提高公司的凝聚力和竞争力，为公司的长期发展奠定基础；同时，这种方式也可以较大程度地避免后期行权导致实际控制人发生变化的风险。

缺点是，这种方式需要在IPO申报前完成股权激励的设计、决策、实施等各个环节，可能会面临时间、成本、税收等方面的压力。此外，这种方式也需要遵守较为严格的发行上市审核要求，比如股东人数的限制、持股平台的选择、决策程序的合规性等，若不规范可能会影响发行上市审核

① 《〈首次公开发行股票注册管理办法〉第十二条、第十三条、第三十一条、第四十四条、第四十五条和〈公开发行证券的公司信息披露内容与格式准则第57号——招股说明书〉第七条有关规定的适用意见——证券期货法律适用意见第17号》第五条第一项。

的顺利进行。具体可参阅本章“1.历史上自然人股东人数较多”“2.申报前引入的新股东”等专题。

策略二，上市后制定并实施股权激励计划。这种策略的优点是可以根据上市后的市场情况和公司业绩，灵活设置激励计划的内容和条件，更好地激发员工的积极性和创造性；同时，也可以减少上市前的审核压力和披露负担，降低上市的难度和成本。

其缺点是可能会错失上市前的激励时机，导致核心员工的流失或士气下降，影响公司的稳定性和发展性。此外，上市后的期权激励计划也需要遵守《上市公司股权激励管理办法》等相关法规的规定，包括激励对象的范围、激励数量的限制、行权价格的确定、锁定期的规定等。

策略三，申报前制定、上市后实施股权激励计划。这种策略的优点是在申报前制定激励计划，明确激励对象和条件，增强员工的信心和忠诚度。同时，这种策略也可以避免上市前的股权变动的风险，降低上市的难度和成本。

这种策略的缺点是需要符合规则对于期权激励计划的相关要求，包括激励对象的合规性、激励计划的内容、行权价格的合理性、激励幅度的限制、控制权稳定、锁定期承诺等，还需要充分披露有关信息，承担较高的信息披露成本和风险；此外，在公司上市后实施的股权激励，可能会受到市场情况和公司战略的影响，导致股权激励的效果打折扣。

（1）期权激励计划简述

①股权激励

期权激励是股权激励的方式之一。《上市公司股权激励管理办法》第二条规定，“股权激励是指上市公司以本公司股票为标的，对其董事、高级管理人员及其他员工进行的长期性激励。上市公司以限制性股票、股票期权实行股权激励的，适用本办法；以法律、行政法规允许的其他方式实行股权激励的，参照本办法有关规定执行。”从定义中可以看出，股权激励的主要特点包括以下几点：

一是对象范围。股权激励的受益对象包括公司的董事、高级管理人员以及其他员工。即股权激励不仅适用于高层管理人员，也涵盖特定员工，以增强激励对象对公司业绩和长期发展的关注和参与。

二是激励方式。股权激励的方式主要包括限制性股票和股票期权。除此之外，公司还可以根据法律和行政法规的规定，采用其他形式的股权激励措施，其他方式的激励应当参照《上市公司股权激励管理办法》的相关规定执行。

三是股权激励目的。股权激励是一种长期性的激励措施，强调与公司长期利益的关联性。通过设定权利限制期限或行权期限，促使受益人关注公司的持续稳健发展，而非仅仅着眼于公司短期的业绩。

②期权激励与限制性股票

根据《上市公司股权激励管理办法》第二十二条、第二十八条的规定，限制性股票是指激励对象按照股权激励计划规定的条件，获得的转让等部分权利受到限制的本公司股票。股票期权是指公司授予激励对象在未来一定期限内以预先确定的条件购买本公司一定数量股份的权利。

期权激励和限制性股票是公司实施股权激励的两种常见方式。以上市公司实施的股权激励为例，两者异同如下：

相同之处在于：期权激励和限制性股票都是股权激励的方式，旨在提高激励对象的工作积极性和忠诚度；两者都需要公司支付一定成本，如股权价款、期权费、股票回购费等；两者都需要激励对象满足一定的条件，如工作年限、业绩目标、行权期限等，才能获得或行使权益。

差别在于：一是行权时间点不同。期权激励是在未来某个时间点以约定价格购买公司股票的权利，而限制性股票是在未来某个时间点解除限售后获得公司股票的完整所有权。二是权利性质不同。期权激励是一种购买权利，激励对象可以在未来一定期限内购买公司股票；而限制性股票激励是一种部分所有权，激励对象在符合特定条件后获得公司股票的完全所有权。三是行权价格不同。上市公司期权激励的行权价格不能低于股票的票面金额，且一般不低于公司股票的市场价格；而限制性股票激励的授予价格不能低于股票的票面金额，且一般不低于激励计划草案公布时公司股票的市场价格的50%。[①]对于上市公司激励对象来讲，后者成本相对低。

规则中的“首发申报前制定、上市后实施的激励计划”之所以仅指期权激励，而未涉及限制性股票，我们理解，其原因是，首先，限制性股票激励的授予价格可能低至激励计划草案公布时公司股票市场价格的50%，规则未作规定，是为了避免给发行人提供过度激励或者利益输送的制度空间，从而给市场带来风险。其次，期权激励的特点是“先考核，后获股票”，即激励对象只有在满足一定的业绩或工作年限等条件后，才能按照约定的价格购买公司股票。在公司上市前，激励对象尚未行权，其未成为股东，激励计划不会影响股权的清晰和稳定。而限制性股票的特点是“先获股票，后考核”，即激励对象先获得公司股票，但转让等部分权利受到限制，只有在通过考核后才能解除限制。此种限制可能导致股权的不确定

---

① 《上市公司股权激励管理办法》第二十三条、第二十九条规定：“上市公司在授予激励对象限制性股票时，应当确定授予价格或授予价格的确定方法。授予价格不得低于股票票面金额，且原则上不得低于下列价格较高者：（一）股权激励计划草案公布前1个交易日的公司股票交易均价的50%；（二）股权激励计划草案公布前20个交易日、60个交易日或者120个交易日的公司股票交易均价之一的50%。上市公司采用其他方法确定限制性股票授予价格的，应当在股权激励计划中对定价依据及定价方式作出说明。”“上市公司在授予激励对象股票期权时，应当确定行权价格或者行权价格的确定方法。行权价格不得低于股票票面金额，且原则上不得低于下列价格较高者：（一）股权激励计划草案公布前1个交易日的公司股票交易均价；（二）股权激励计划草案公布前20个交易日、60个交易日或者120个交易日的公司股票交易均价之一。上市公司采用其他方法确定行权价格的，应当在股权激励计划中对定价依据及定价方式作出说明。”

性和复杂性，比如，公司业绩不达标，激励对象的股票可能会被回收。[①]

③首发申报前制定、上市后实施的期权激励计划

首发申报前制定、上市后实施的期权激励计划，是指拟上市企业在首次公开发行股票申报前，以本公司股票为标的，对其董事、高级管理人员及其他员工进行的长期性激励，但该计划在申报期间不执行，而是在公司成功上市后按照预先制定的方案实施的一种股权激励方式，即激励对象在规定的条件下，有权在未来的一段时间内以特定的价格购买公司的股票。这种方式可以避免在申报前对股权结构造成影响，也可以减轻员工的资金压力，同时体现了对员工的长期绩效考核和奖励。

然而，这种方式也可能给发行人带来一些不利影响和潜在风险，即IPO审核较为关注的问题，主要有以下几个方面：

一是期权行权价格过低可能导致公司被低估或者存在利益输送嫌疑。如果期权行权价格远低于公司上市后的市场价值，那么激励对象就可以以较低成本获得公司股份，从而获得超额收益；行权价格过低也可能是公司对激励对象的利益输送造成。过分低价授予权益、利益输送，都会损害其他股东利益。因此，拟上市企业在制定期权行权价格时应当充分考虑公司的内在价值、行业水平、未来发展等因素，避免设置过低的行权价格。

二是期权行权后可能导致公司控制权发生变化或者稳定性受到影响。如果期权行权后导致原有实际控制人或者控股股东的持股比例下降，甚至使激励对象成为新的大股东或者实际控制人，可能导致公司内部出现利益

① 《上市公司股权激励管理办法》第二十五条规定："在限制性股票有效期内，上市公司应当规定分期解除限售，每期时限不得少于12个月，各期解除限售的比例不得超过激励对象获授限制性股票总额的50%。当期解除限售的条件未成就的，限制性股票不得解除限售或递延至下期解除限售，应当按照本办法第二十六条规定处理。"第二十六条规定："出现本办法第十八条、第二十五条规定情形，或者其他终止实施股权激励计划的情形或激励对象未达到解除限售条件的，上市公司应当回购尚未解除限售的限制性股票，并按照《公司法》的规定进行处理。"

分歧或者冲突。因此，拟上市企业在制定期权激励计划时应当充分考虑期权行权后对公司控制权结构和稳定性的影响，避免设置过高的期权占比或者过多的激励对象。

三是期权行权后可能导致公司股本扩张或者稀释，影响每股收益和净资产收益率等指标。[①]如果期权行权后导致公司新增发行股份，公司的总股本就会相应增加，导致每股收益和净资产收益率等财务指标下降，从而影响公司的财务表现和市场评价。因此，拟上市企业在制定期权激励计划时应当充分考虑期权行权后对公司财务状况和指标的影响，避免设置过多的期权数量或者过低的行权价格。

四是期权行权后可能导致公司面临较大的减持压力或者流动性风险。如果期权行权后导致激励对象持有大量的公司股份，他们就可能会在一定时机出售这些股份以实现收益，导致公司股价波动，从而影响公司的市场信誉和价值。如果期权行权后导致公司需要支付较高的现金或者股票给激励对象，公司就可能面临流动性紧张的风险，从而影响公司的经营活动和投资计划。因此，拟上市企业在制定期权激励计划时应当充分考虑期权行权后对公司股价和现金流的影响，避免设置过短的限售期或者过高的行权比例。

五是期权行权后可能导致公司承担较高的税收成本或者会计处理复杂度。如果期权行权后导致激励对象获得收入或者利润，他们就可能需要缴纳个人所得税或者其他相关税费。这可能会增加激励对象的负担，从而降低激励效果。如果期权行权后导致公司需要确认股份支付费用或者其他相关费用，公司就可能需要承担相应激励成本并进行复杂的会计处理。因此，拟上市企业在制定期权激励计划时应当充分考虑期权行权后对公司和

① 《上市公司股权激励管理办法》第十二条规定："拟实行股权激励的上市公司，可以下列方式作为标的股票来源：（一）向激励对象发行股份；（二）回购本公司股份；（三）法律、行政法规允许的其他方式。"

激励对象的成本和会计处理的影响，慎重确定行权价格、公允价值。

（2）发行人首发申报前制定、上市后实施的期权激励计划应当符合的要求

①激励对象应当符合相关上市板块的规定

（a）不同上市板块关于激励对象的规定

发行人实施股权激励时，根据所属的上市板块，对激励对象的范围和条件有不同的规定。具体如下：

（ⅰ）主板。根据《上市公司股权激励管理办法》第八条，激励对象可以包括公司的董事、高级管理人员、核心技术人员或者核心业务人员，以及公司认为应当激励的对公司经营业绩和未来发展有直接影响的其他员工，但不应当包括独立董事和监事。外籍员工任职公司董事、高级管理人员、核心技术人员或者核心业务人员的，可以成为激励对象。

单独或合计持有公司5%以上股份的股东或实际控制人及其配偶、父母、子女，不得成为激励对象。

（ⅱ）科创板。根据《上海证券交易所科创板股票上市规则》10.4款规定，激励对象可以包括公司的董事、高级管理人员、核心技术人员或者核心业务人员，以及公司认为应当激励的对公司经营业绩和未来发展有直接影响的其他员工，独立董事和监事除外。

单独或合计持有公司5%以上股份的股东、公司实际控制人及其配偶、父母、子女以及公司外籍员工，在公司担任董事、高级管理人员、核心技术人员或者核心业务人员的，可以成为激励对象。科创公司应当充分说明前述人员成为激励对象的必要性、合理性。

（ⅲ）创业板。根据《深圳证券交易所创业板股票上市规则》8.4.2款规定，激励对象可以包括公司的董事、高级管理人员、核心技术人员或者核心业务人员，以及公司认为应当激励的对公司经营业绩和未来发展有直

接影响的其他员工，独立董事和监事除外。

单独或合计持有公司5%以上股份的股东或实际控制人及其配偶、父母、子女以及公司外籍员工，在公司担任董事、高级管理人员、核心技术人员或者核心业务人员的，可以成为激励对象。公司应当充分说明前述人员成为激励对象的必要性、合理性。

（ⅳ）北交所。根据《北京证券交易所股票上市规则（试行）》8.4.2款规定，激励对象可以包括公司的董事、高级管理人员、核心技术人员或者核心业务人员（经法定程序认定的核心员工），以及公司认为应当激励的对公司经营业绩和未来发展有直接影响的其他员工，独立董事和监事除外。

单独或合计持有公司5%以上股份的股东或实际控制人及其配偶、父母、子女以及上市公司外籍员工，在公司担任董事、高级管理人员、核心技术人员或者核心业务人员的，可以成为激励对象。公司应当充分说明前述人员成为激励对象的必要性、合理性。

总体而言，主板、科创板、创业板以及北交所在股权激励对象的范围上差别不大，主要涵盖董事、高级管理人员、核心技术人员或核心业务人员，同时允许公司认为对其发展有直接影响的其他员工可以成为激励对象，但独立董事和监事不能成为激励对象。不同的是科创板、创业板、北交所特别规定了持股5%以上的股东、实际控制人及其配偶、父母、子女以及公司外籍员工在公司担任特定职位的情况下也可以成为激励对象；而主板则规定单独或合计持有公司5%以上股份的股东或实际控制人及其配偶、父母、子女不得成为激励对象，在公司担任特定职位的外籍员工可以成为激励对象。不同的交易所可能出于各自的市场定位和特点，对股权激励的规定有所差异。

（b）所有板块均不允许独立董事和监事成为激励对象

独立董事和监事作为公司的监督者和独立评估者，其职责是维护公司治理的公正性和透明度，保障中小股东的利益。如果独立董事和监事成为激励对象，可能会导致他们与公司管理层或大股东产生利益关联，内部控制会面临利益冲突的困境，使他们在决策和监督中失去独立性、客观性，损害公司的治理结构，从而损害中小股东的利益。作为独立监督机构，他们应该与公司管理层保持一定的距离，以便更好地履行其监督职责。

（c）主板不允许单独或合计持有公司5%以上股份的股东或实际控制人及其配偶、父母、子女成为激励对象

不同板块的股权激励规定反映了不同板块的市场定位和政策导向。科创板、创业板和北交所作为新兴板块，更加注重创新和成长，更加灵活和包容地对待股权激励对象。而主板则更加稳健保守，对股权激励对象的限制相对较多。

主板是传统上市板块，面向规模较大、经营较为稳定的公司，通常具有较为稳定的股东结构，大股东或实际控制人在公司治理中占据重要地位。为防止大股东和管理层的利益输送和操纵，避免激励计划过度偏向公司内部主要股东的利益，确保股权激励更加公平合理地覆盖公司内部的核心团队，主板规定持股5%以上股份的股东及实际控制人及其配偶、父母、子女不得成为激励对象。

科创板、创业板和北交所面向科技创新型企业、成长性较高的创业型企业，这些板块公司的业绩相对波动，股权激励的目标更多是鼓励和支持公司的创新和成长。如果不允许持股5%以上股份的股东及实际控制人及其配偶、父母、子女成为激励对象，可能会导致他们缺乏对公司的长期投入和承诺，影响公司的持续发展和创新能力，因此，这些板块对持股5%以上股份的股东及实际控制人及其配偶、父母、子女的限制相对较少。

（d）外籍员工成为激励对象

所有板块都允许外籍员工成为激励对象（限于在公司担任董事、高级管理人员、核心技术人员或者核心业务人员的外籍员工）。股权激励计划旨在激励那些对公司经营业绩和未来发展有直接影响的核心人员。许多

上市企业追求多元化和包容性的管理理念，在高级管理层和核心职位上使用来自不同文化背景和国籍的员工，使之为企业经营带来不同的视角和创意，促进公司的创新和发展。允许外籍员工成为股权激励对象，可以为企业带来更广阔的发展空间和更多的机遇。外籍员工在公司担任特定职位，如董事、高级管理人员、核心技术人员或核心业务人员，说明他们对公司的经营业绩和未来发展有直接影响，与公司的利益一致，应当受到股权激励的激励和约束。

②发行人首发申报前制定、上市后实施的激励计划的内容要求

规则规定，期权激励计划的必备内容与基本要求，激励工具的定义与权利限制，行权安排，回购或者终止行权，实施程序等内容，应当参考《上市公司股权激励管理办法》的相关规定执行。

参考《上市公司股权激励管理办法》的相关规定，是指当激励计划相关事项无其他法律依据时，可以该办法作为参考指南；若法律法规、规则对于发行人首发申报前制定、上市后实施的期权激励计划有明确规定的，应执行相关规定。

（a）激励计划的必备内容

《上市公司股权激励管理办法》规定，激励计划必备内容主要包括：

（ⅰ）股权激励的目的，是指公司实施股权激励的最终目标和预期效果。一般包括以下几个方面：提高公司的核心竞争力和市场价值，促进公司的长期稳定发展和价值创造；增强公司的凝聚力和创新力，激发公司的发展活力和潜力；吸引和留住公司的核心人才，提高公司的人才结构和绩效水平；实现公司与激励对象的利益一致，增强激励对象的积极性和忠诚度；保护公司和股东的合法权益，维护公司的良好治理结构和内部控制。

（ⅱ）激励对象的确定依据和范围，是指公司实施股权激励对象的选择标准和范围。

激励对象的确定依据是指公司选择股权激励对象的主要条件和考量因

素，一般包括以下几个方面：激励对象对公司的经营业绩和未来发展有直接影响，是公司的核心人才或关键岗位；激励对象与公司的利益一致，有长期服务和发展的意愿和能力；激励对象符合相关的法律法规要求，没有违法违规或不良信用的记录；激励对象的数量和比例适当，能够体现股权激励的公平性和合理性。

激励对象的范围是指公司实施股权激励的对象的具体范围和分类，一般包括以下方面：

一是激励对象的范围应当符合上市板块的规定及其他相关的法律法规要求，比如，激励对象可以包括公司的董事、高级管理人员、核心技术人员或者核心业务人员，以及公司认为应当激励的对公司经营业绩和未来发展有直接影响的其他员工，但不应当包括独立董事和监事。外籍员工任职公司董事、高级管理人员、核心技术人员或者核心业务人员的，可以成为激励对象。下列人员不得成为激励对象：（一）最近12个月内被证券交易所认定为不适当人选；（二）最近12个月内被中国证监会及其派出机构认定为不适当人选；（三）最近12个月内因重大违法违规行为被中国证监会及其派出机构行政处罚或者采取市场禁入措施；（四）具有《公司法》规定的不得担任公司董事、高级管理人员情形的；（五）法律法规规定不得参与公司股权激励的；（六）中国证监会认定的其他情形。拟在主板上市的公司中，单独或合计持有公司5%以上股份的股东或实际控制人及其配偶、父母、子女，不得成为激励对象。

二是激励对象的范围应当根据公司的实际情况和目标，合理确定和划分，比如按照职务、职能、业绩、贡献等因素进行分类，以体现股权激励的差异化和激励性。

（ⅲ）拟授出的权益数量，拟授出权益涉及的标的股票种类、来源、数量及占公司股本总额的百分比；分次授出的，每次拟授出的权益数量、涉及的标的股票数量及占股权激励计划涉及的标的股票总额的百分比、占公司股本总额的百分比。

激励对象为董事、高级管理人员的，其各自可获授的权益数量、占股权激励计划拟授出权益总量的百分比；其他激励对象（各自或者按适当分类）的姓名、职务、可获授的权益数量及占股权激励计划拟授出权益总量的百分比。

可以下列方式作为标的股票来源：（1）向激励对象发行股份；（2）回购本公司股份；（3）法律、行政法规允许的其他方式。

（ⅳ）股权激励计划的有效期，股票期权的授权日、可行权日、行权有效期和行权安排。

股权激励计划的有效期，是指期权激励计划的生效和终止的时间段，通常从期权激励计划草案经股东会审议通过后的一定时间点开始，到期权激励计划的目标完成或者计划终止为止。根据《上市公司股权激励管理办法》第十三条的规定，激励计划规定的有效期最长不得超过首次授予权益日起10年。

股票期权的授权日，是指公司向激励对象授予股票期权的日期。公司应当在股权激励计划经股东会审议通过后（有获授权益条件的，自条件成就日起算）60个自然日内授出权益并完成公告、登记等相关程序。

股票期权的可行权日，是指激励对象可以开始行使股票期权的日期，也就是激励对象可以按照约定的价格和条件购买本公司股票的日期。可行权日必须为交易日。可行权日一般在授权日之后，需要满足股权激励计划规定的等待期和考核条件。等待期是指授权日后的一段时间，激励对象不能行使股票期权，以考察激励对象的忠诚度和稳定性。考核条件是指激励对象和公司需要达到的业绩或其他指标，以考核激励对象的绩效和贡献。股票期权授权日与获授股票期权首次可行权日之间的间隔不得少于12个月。相关法律、行政法规、部门规章对公司董事、高级管理人员买卖本公司股票的期间有限制的，公司不得在相关限制期间内向激励对象授出限制性股票，激励对象也不得行使权益。

股票期权的行权有效期，是指激励对象可以行使股票期权的时间范围，也就是激励对象可以在这段时间内选择合适的时机购买本公司股票的时间范围。股票期权的行权有效期通常从期权授予后的一定等待期开始，到期权到期日结束。期权持有者只能在行权有效期内行权，否则期权将失效。股票期权的行权有效期不能超过期权激励计划的有效期。两者的差别主要在于，行权有效期是针对每一份期权的，而有效期是针对整个期权激励计划的。行权有效期是期权激励计划的一部分，但不等于期权激励计划的有效期。期权激励计划的有效期可能会根据企业的阶段性目标和实际情况进行调整，而行权有效期则是在期权授予时就确定的，不可变更。根据《上市公司股权激励管理办法》第十三条、第三十条、第三十一条的规定，激励计划规定的有效期最长不得超过首次授予权益日起10年；在股票期权有效期内，公司应当规定激励对象分期行权，每期时限不得少于12个月，后一行权期的起算日不得早于前一行权期的届满日。

股票期权的行权安排，是指激励对象行使股票期权的具体方式和程序，也就是激励对象如何向公司申请和支付购买本公司股票的方式和程序。行权方式是指激励对象行使股票期权时采用的支付方式，一般有现金支付、股票支付、现金加股票支付等。行权程序是指激励对象行使股票期权时需要遵循的申请、审核、登记、结算等步骤。

激励对象分期行权时，每期可行权的股票期权比例不得超过激励对象获授股票期权总额的50%。

当期行权条件未成就的，股票期权不得行权或递延至下期行权，并应当终止行权，公司应当及时注销。

（V）股票期权的行权价格或者行权价格的确定方法。行权价格是公司向激励对象授予股票期权时所确定的、激励对象购买公司股份的价格。股票期权的行权价格的确定方法是指公司在授予激励对象股票期权时，确定行权价格的依据和计算方式。

（ⅵ）激励对象行使权益的条件，行使权益的程序。公司应当设立激励对象获授权益、行使权益的条件。拟分次授出权益的，应当就每次激励对象获授权益分别设立条件；分期行权的，应当就每次激励对象行使权益分别设立条件。激励对象为董事、高级管理人员的，公司应当设立绩效考核指标作为激励对象行使权益的条件。

（ⅶ）调整权益数量、标的股票数量、授予价格或者行权价格的方法和程序。

（ⅷ）股权激励会计处理方法、股票期权公允价值的确定方法、涉及估值模型重要参数取值合理性、实施股权激励应当计提费用及对公司经营业绩的影响。

（ⅸ）股权激励计划的变更、终止。发生规定的不得实行股权激励的情形之一的，应当终止实施股权激励计划，不得向激励对象继续授予新的权益，激励对象根据股权激励计划已获授但尚未行使的权益应当终止行使。在股权激励计划实施过程中，出现规定的不得成为激励对象情形的，公司不得继续授予其权益，其已获授但尚未行使的权益应当终止行使。

股票期权各行权期结束后，激励对象未行权的当期股票期权应当终止行权，公司应当及时注销。

出现规定的不得进行股权激励、不得成为股权激励对象的情形，或者其他终止实施股权激励计划的情形或激励对象不符合行权条件的，公司应当注销对应的股票期权。

（ⅹ）公司发生控制权变更、合并、分立以及激励对象发生职务变更、离职、死亡等事项时股权激励计划的执行；公司与激励对象之间相关纠纷或争端解决机制；公司与激励对象的其他权利义务。

激励对象在对获授的股票期权行使权益前后买卖股票的行为，应当遵守《证券法》《公司法》等相关规定。

（b）激励计划的基本要求

根据《上市公司股权激励管理办法》的相关规定，激励计划的基本要求如下：

（ⅰ）不得实行股权激励的情形

公司具有下列情形之一的，不得实行股权激励：（一）最近一个会计年度财务会计报告被注册会计师出具否定意见或者无法表示意见的审计报告；（二）最近一个会计年度财务报告内部控制被注册会计师出具否定意见或无法表示意见的审计报告；（三）最近36个月内出现过未按法律法规、公司章程、公开承诺进行利润分配的情形；（四）法律法规规定不得实行股权激励的；（五）中国证监会认定的其他情形。

（ⅱ）禁止财务资助

激励对象参与股权激励计划的资金来源应当合法合规，不得违反法律、行政法规及中国证监会的相关规定。公司不得为激励对象依股权激励计划获取有关权益提供贷款以及其他任何形式的财务资助，包括为其贷款提供担保。

关于财务资助，修订后的《公司法》第一百六十三条规定："公司不得为他人取得本公司或者其母公司的股份提供赠与、借款、担保以及其他财务资助，公司实施员工持股计划的除外。""为公司利益，经股东会决议，或者董事会按照公司章程或者股东会的授权作出决议，公司可以为他人取得本公司或者其母公司的股份提供财务资助，但财务资助的累计总额不得超过已发行股本总额的百分之十。董事会作出决议应当经全体董事的三分之二以上通过。"从上述规定来看，为公司利益，经规定的审批程序，公司可为激励对象依股权激励计划获取有关权益提供财务资助，即不仅可以提供借款、担保，还可以赠与的方式进行资助。新《公司法》实施后，对于首发申报前制定、上市后实施的股权激励计划涉及的财务资助问题，监管规则是否会作出调整，有待观察。

（c）激励工具的定义、权利限制

激励工具是指公司在执行股权激励计划时用于激励员工、高级管理人员或其他激励对象的具体权益或奖励形式。规则本条指期权激励（计划）。

权利限制，主要是指《上市公司股权激励管理办法》第二十八条第二款的规定："激励对象获授的股票期权不得转让、用于担保或偿还债务。"对激励对象获授的股票期权作出权利限制的原因，一是考虑长期激励目标，期权激励计划旨在激励员工为公司的长期增长和业绩提供贡献，使员工与公司的利益密切相关。如果允许激励对象转让期权，可能导致短期行为，削弱期权激励计划的长期激励效果。二是保持激励对象稳定，期权激励计划的目的之一是吸引和留住优秀的员工，以稳定人才队伍。如果允许期权转让、担保，员工可能将期权变现获利，导致员工流失，影响公司稳定性。三是从用于转让、担保、偿债的标的的适格性来看，股票期权作为一种购买权、期待权，并不具备作为转让标的、担保物、偿债物的条件，因为它并不代表股票的实际所有权和财产权，也不具有确定的价值和流动性，而且受到股权激励计划的限制和约束，不能随意处置。因此，证券规则规定激励对象获授的股票期权不得转让、用于担保或偿还债务，符合股票期权的本质和特征。

（d）行权安排

在股权激励计划中，行权安排是指激励对象在特定时间内行使其获得的股票期权的规定和方式。《上市公司股权激励管理办法》关于股票期权行权安排的规定如下：

授权日与可行权日间隔不少于12个月：这一规定要求股票期权的授权日（即授予期权的日期）与获授股票期权首次可行权日（即首次允许行权的日期）之间的时间间隔不得少于12个月。这是为了确保期权计划具有长期激励效果，防止短期行为。

分期行权：在股票期权有效期内，公司应当规定激励对象分期行权，每期行权的时间间隔不得少于12个月，后一行权期的起算日不得早于前一行权期的届满日。这也意味着激励对象需要按照规定的时间间隔分批行使获得的期权。

行权比例限制：每期可行权的股票期权比例不得超过激励对象获授股票期权总额的50%。这是为了避免激励对象过度集中行权，使得激励对象可以在较长的时间内享受激励，保持长期激励效果。

行权条件未成就的处理：当期行权条件未成就时，股票期权不得行权或递延至下期行权，并应按规定处理。这意味着如果激励对象未能满足行权条件，其期权将失效，不能继续行使或推迟到下一行权期。如此规定的目的是保障激励机制的有效性，防止股权激励手段被滥用等不当行为。

行权期结束后注销：股票期权各行权期结束后，激励对象未行权的当期股票期权应终止行权，并应及时注销。这是为了确保不再存在已过期的期权，以维护期权激励计划的规范和透明。如果允许当期行权条件未成就的股票期权行权或递延，可能会导致股权激励的信息披露和监管难度增加，增加股权激励的复杂性和不确定性。如果允许未行权的期权无限期存在，其他市场参与者会对公司的激励计划产生疑虑或者误解，从而影响市场对公司股权结构稳定性等事项的判断。

限制条件触发的注销：如果存在不得实行股权激励计划，或其他应终止实施股权激励计划的情形，或者激励对象不符合行权条件，相应的股票期权应当被注销。注销前述股票期权是为了确保公司在内部和对外部利益相关方的透明度，降低潜在的误导和混淆，同时防范潜在的滥用和不当行为。

（e）回购

根据规则规定，股票期权的回购参考《上市公司股权激励管理办法》的规定。《上市公司股权激励管理办法》第二十六条、第二十七条规定，当限制性股票出现终止实施股权激励计划等情况时，公司应当回购该部分股份。公司及时召开董事会审议回购股份方案，并依法将回购股份方案提交股东会批准。回购股份方案包括但不限于以下内容：（一）回购股份的原因；（二）回购股份的价格及定价依据；（三）拟回购股份的种类、数量及占股权激励计划所涉及的标的股票的比例、占总股本的比例；（四）拟用于回购的资金总额及资金来源；（五）回购后公司股本结构的变动情况及对公司业绩的影响。律师事务所应当就回购股份方案是否符合法律、行政法规、本办法的规定和股权激励计划的安排出具专业意见。有疑问的是，该办法仅针对限制性股票的回购作出规定，该规定是否适用于股票期权？限制性股票与股票期权的差别在于，前者通常是在授予激励对象限制性股票时，激励对象即获得股票，只是股票转让等权利受到限制；后者则在授予激励对象股票期权时，激励对象仅获得股份购买权，而未实际获得股份。因此，当出现终止实施股权激励计划等情况时，期权激励对象不能行使权益购买公司股份，即未取得股份，似不存在回购的问题。《上市公司股权激励管理办法》第三十一条、第三十二条规定，当期行权条件未成就的，股票期权不得行权或递延至下期行权，公司应当及时注销；股票期权各行权期结束后，激励对象未行权的当期股票期权应当终止行权，公司应当及时注销；出现不得行权情形，或者其他终止实施股权激励计划的情形或激励对象不符合行权条件的，公司应当注销对应的股票期权。可见，该办法仅规定股票期权的注销，而未规定回购。

（f）实施程序

本条规则规定，实施程序参考《上市公司股权激励管理办法》的相关规定。

《上市公司股权激励管理办法》第三十三条至第五十二条规定了股权激励的实施程序：

一是董事会对股权激励方案作出决议。

薪酬与考核委员会负责拟订股权激励计划草案。

董事会依法对股权激励计划草案作出决议，拟作为激励对象的董事或与其存在关联关系的董事应当回避表决。董事会应当在公示、公告程序后，将股权激励计划提交股东会审议。

修订后的《公司法》第一百六十三条第二款规定："为公司利益，经股东会决议，或者董事会按照公司章程或者股东会的授权作出决议，公司可以为他人取得本公司或者其母公司的股份提供财务资助，但财务资助的累计总额不得超过已发行股本总额的百分之十。董事会作出决议应当经全体董事的三分之二以上通过。"据此，若股权激励计划涉及财务资助时，董事会决议应遵循公司法上述规定。

独立意见：独立董事及监事会应当就股权激励计划是否有利于公司的持续发展、是否损害公司及全体股东利益发表意见。有必要时，可以建议聘请独立财务顾问出具专业意见。股权激励计划的可行性、合规性、是否损害公司利益以及对股东利益的影响等都需要进行评估。

法律意见：公司应当聘请律师事务所出具法律意见书，对股权激励计划的各方面进行专业意见。包括公司是否符合实行股权激励的条件，计划内容是否符合规定，计划拟订、审议、公示程序是否符合规定，是否为激励对象提供财务资助等。

二是股东会表决。

股东会应对股权激励计划内容进行表决，需得到出席会议股东所持表决权的2/3以上通过。对于拟为激励对象的股东或与激励对象存在关联关系的股东，应当回避表决。

三是实施与调整。

董事会负责实施限制性股票的授予、解除限售和回购，以及股票期权的授权、行权和注销。

因标的股票除权、除息或者其他原因需要调整权益价格或者数量的，公司董事会应当按照股权激励计划规定的原则、方式和程序进行调整。

四是股权授予与登记。

公司在向激励对象授出权益、激励对象在行使权益前，董事会应当就股权激励计划设定的激励对象获授权益的条件、激励对象行使权益的条件是否成就进行审议，独立董事及监事会应当同时发表明确意见。律师事务所应当对有关条件是否成就出具法律意见。

公司应在股权激励计划经股东会审议通过后60日内授予权益并完成公告、登记。未能在60日内完成上述工作的，应当及时披露未完成的原因，并宣告终止实施股权激励。

五是变更与终止。

计划变更：公司在股东会审议通过股权激励计划之前可以对计划进行变更，变更需经董事会审议通过。如果已经通过股东会审议的股权激励计划需要变更，应当及时公告并提交股东会审议。但变更不得包括导致加速行权或提前解除限售的情形，也不得降低行权价格或授予价格。

独立董事、监事会应当就变更方案是否有利于公司的持续发展，是否损害公司及全体股东利益发表独立意见。律师事务所应当就变更方案是否符合相关法律法规的规定，是否存在明显损害公司及全体股东利益的情形发表专业意见。

计划终止：公司在股东会审议通过股权激励计划之前拟终止实施股权激励计划，需经董事会审议通过。公司在股东会审议通过股权激励计划之后拟终止实施股权激励计划，应当由股东会审议决定。律师事务所应当就公司终止实施激励是否符合相关法律法规的规定，是否存在明显损害公司及全体股东利益的情形发表专业意见。

再审议限制：股权激励计划被终止实施决议通过后，自公告之日起3个月内，不得再次审议股权激励计划。

③期权的行权价格

规则规定，首发申报前制定、上市后实施的期权激励的行权价格，原则上由股东自行协商确定，但不应低于最近一年经审计的净资产或者评估值。

行权价格，是指公司向激励对象授予的在一定期限内以约定价格购买本公司股票的权利的价格。也就是说，激励对象在行使期权时，需要支付的每股股票的金额。行权价格的高低直接影响了激励对象的收益和成本，也可能影响公司的激励成本，因此也影响了激励计划的效果和公平性。

最近一年经审计的净资产或者评估值，我们理解，应是指拟上市企业在申报前最近一个会计年度经审计的净资产或者评估值。也就是说，拟上市企业需要委托具有相应资质的会计师事务所或者评估机构，对其财务状况或者资产价值进行审计或者评估，并出具相应的报告。报告应反映拟上市企业的内在价值和市场价值，是制定期权行权价格策略的重要依据。此处的"最近一年"从何时起算，取决于拟上市企业申报时所选择的会计年度。一般来说，拟上市企业可以选择以自然年度（1月1日至12月31日）或者以其他日期为起止点的会计年度（比如4月1日至次年3月31日）。不同的会计年度可能导致不同的审计或者评估结果，因此拟上市企业根据自身的实际情况和特点，选择合适的会计年度。

原则上由股东自行协商，是指期权行权价格由拟上市企业的股东根据公司的内在价值、行业水平、未来发展等因素，通过协商一致或者投票表决等方式确定。这体现了股东对公司经营管理和激励政策的主导权和自主权，也符合市场化原则。但是，股东自行协商确定期权行权价格并不意味着可以随意制定或者修改，而是应当遵守相关法规要求，尤其是不能低于最近一年经审计的净资产或者评估值。

价格不得低于净资产或评估值。这一规定的意义在于，一是旨在保障期权激励计划的合理性和公平性。行权价格不低于净资产或评估值，确保了激励对象获得的权益需支付一定的成本，并且与公司的实际价值相符，以使员工和管理层的激励与公司的发展和股东利益相一致。二是防止潜在的内幕交易和市场操纵。如果行权价格设置过低，公司股票被低估，可能导致不公平交易和市场扰动，影响市场秩序和投资者信心。三是期权激励计划涉及股份支付费用或者其他相关费用，也会导致公司股本扩张或者稀释，对公司的财务状况和指标有一定影响。通过设置底价，避免激励计划对公司的财务造成损害，保障其他股东或投资者的合法权益。

这一定价原则与《上市公司股权激励管理办法》第二十九条“（股票期权）行权价格不得低于股票票面金额，且原则上不得低于下列价格较高者：（一）股权激励计划草案公布前1个交易日的公司股票交易均价；（二）股权激励计划草案公布前20个交易日、60个交易日或者120个交易日的公司股票交易均价之一”的定价原则有所不同。《上市公司股权激励管理办法》第二十九条针对上市公司的股权激励计划定价，主要以公司股票交易均价作为依据。而首发申报前制定、上市后实施的期权激励的定价方法则关注公司最近一年经审计的净资产或评估值，以确保行权价格不低于公司实际净资产水平或评估值。总的来讲，前者的行权价格由市场价格决定，后者的行权价格由股东协商确定；前者的定价原则相对严格，后者的定价原则相对灵活。

本条规则的定价原则，在适用中可能有以下问题：

一是此处“最近一年”是指按申报日、激励计划制定日、激励计划经股东会决议日、股东协商日、行权日中哪个期日的最近一年不明，适用时仍然可能存在歧义，需进一步作出明确。基准日不同，价格可能存在较大差别。

二是“最近一年经审计的净资产或者评估值”是指公司最近一年度财务报表中，经过独立审计师审核确认后的净资产数据，或者是通过独立专业机构进行的公司估值评估所得出的公司估值。其中，“最近一年经审计的净资产”是指某一企业在最近一个会计年度结束时，经过注册会计师审计后，其资产负债表上显示的所有者权益合计金额。最近一年经审计的净资产反映了企业在会计期末的账面价值，通常是基于历史成本或者摊销成本等方法进行计量的。“评估值”是指对某一资产或者企业进行评估后得出的价值，通常是基于市场价值、收益价值或者成本价值等方法进行计算的。评估值反映了资产或者企业在特定时点的公允价值，可能高于或者低于其账面价值。两者的主要差别在于：评估值是对资产或者企业未来收益能力的预测，而最近一年经审计的净资产是对资产或者企业过去发生事项的记录；评估值是基于市场参与者的主观判断和预期，而最近一年经审计的净资产是基于会计准则和规则的客观事实和证据；评估值可能随着市场环境、评估方法、评估假设等因素的变化而变化，而最近一年经审计的净资产一旦出具审计报告后就不会再改变。因此，协商定价“不应低于最近一年经审计的净资产或者评估值”的规定，仅要求不低于其中一个数值即可，在两个数值悬殊的情况下，可能出现歧义。相比之下，《上市公司股权激励管理办法》第二十九条“原则上不得低于下列价格较高者”的定价标准似更为明确。

三是协商主体。“由股东自行协商确定”意味着行权价格在股东内部商定，此种商定的程序如何，需多少比例股东同意方才有效，存疑。

④激励计划涉及股票比例限制及禁止预留权益

（a）激励计划涉及股票比例限制

规则规定，发行人全部在有效期内的期权激励计划所对应股票数量占上市前总股本的比例原则上不得超过百分之十五。

该原则是指对于发行人在上市前设立的全部期权激励计划，其所对应的期权行权所得股票数量在上市前的总股本中所占的比例，原则上不应超过百分之十五。例如，拟上市公司A在首发申报前制定了一个期权激励计划，该计划拟授予激励对象100万份期权，每份期权可以行使1股标的股票。假设A公司在上市前已发行的股本总数为5000万股，则该计划所对应股票数量占上市前总股本的比例：100/5000×100%=2%，未超过规则规定的15%的比例限额。

确立这个原则目的是使在上市前公司设立期权激励计划所涉及的股权数量受到一定限制，不得过高，以防止激励计划过度稀释现有股东权益，保护现有股东的利益，同时也为维护控制权稳定。

相比公司上市后的股权激励比例，《上市公司股权激励管理办法》第十四条规定，上市公司全部在有效期内的股权激励计划所涉及的标的股票总数累计不得超过公司股本总额的10%。该比例计算基数则是按上市后的股本总额计算。上市前的总股本是指公司在上市之前已经发行的全部股票数量，包括创始股东、投资者等所持有的股份；而上市后的股本总额是指公司在上市前后所有已经发行的股票数量，包括上市后新发行给公众投资者的股份。差别在于上市后会有新的股票发行，而上市前的总股本不包括这些新发行的股票。

股权激励计划的有效期，是指激励计划的生效和终止的时间段，通常从期权激励计划草案经股东会审议通过后的一定时间点开始，到期权激励计划的目标完成或者计划终止为止。超过激励计划确定的有效期，激励对象就不再享有期权的权利。有效期的长度可以根据公司的实际情况和激励计划的目标进行设置，通常为数年。在制定股权激励计划时，公司可综合考虑激励对象的期望、公司的战略目标以及市场竞争等因素，确定合适的有效期。在有效期内，公司可以根据股权激励计划的具体规定，分次向激励对象授予新的权益，也可以设定不同的行权条件和行权安排。一般来说，每次授予的权益都有一个等待期和一个行权期。等待期是指从授予权益日起到可以行使权益日之间的时间段，通常为1~3年。行权期是指从可以行使权益日起到行权有效期截止日之间的时间段，通常为2~5年。等待期和行权期的设置是为了增加对激励对象的约束力和长期激励效果。《上市公司股权激励管理办法》第十三条规定，“股权激励计划的有效期从首次授予权益日起不得超过10年。”授权日是指公司向激励对象授予股票期权的日期。规定10年的最长有效期，主要有以下几个原因：一是保持与国际惯例的一致性。10年的有效期是国际上普遍采用的股票期权有效期限制，也符合我国上市公司与国际接轨的趋势。二是体现长期性和稳定性。股票期权是一种长期性的激励方式，旨在促进公司与其董事、高级管理人员及其他员工的利益一致，提高公司的绩效和价值。10年的有效期可以增加对激励对象的约束力和长期激励效果，也可以给予激励对象充分的时间和机会来实现其权益。三是避免对公司和证券市场造成过大的影响。股票期权是一种涉及股份支付费用或者其他相关费用的激励方式，对公司的财务状况和指标有一定影响。一般来讲，有效期越长，经过等待期后，行权期就越长，期权的估值相应越大，也意味着公司的财务成本越高。同时，股票期权也涉及公司股票的发行、交易、信息披露等方面，可能影响公司和证券市场的稳定运行。

（b）禁止预留权益

规则规定，首发申报前制定、上市后实施的期权激励计划不得设置预留权益。

这一规定与上市后推出的股权激励计划完全不同。《上市公司股权激励管理办法》第十五条规定，上市公司在推出股权激励计划时，可以设置预留权益，预留比例不得超过本次股权激励计划拟授予权益数量的20%。上市公司应当在股权激励计划经股东会审议通过后12个月内明确预留权益的授予对象；超过12个月未明确激励对象的，预留权益失效。

预留权益，是指在公司推出股权激励计划时，预先设置一定比例的股权或期权奖励，但尚未明确具体的受益对象。这些股权或期权在计划推出后，先被预留出来，留待后续确定激励对象后再授予给符合条件的受益人。预留权益的设立是为了满足未来对特定员工、高级管理人员或其他激励对象的奖励需求。

根据《上市公司股权激励管理办法》的规定，上市公司在推出股权激励计划时设置预留权益，需遵循以下规定：

一是预留比例：上市公司在推出股权激励计划时，可以设置预留权益，但预留比例不得超过本次股权激励计划拟授予权益数量的20%。也就是说，设定的预留权益数量最多是本次计划拟授予股权或期权数量的20%。

二是确定授予对象的时限：上市公司应当在股权激励计划经股东会审议通过后的12个月内明确预留权益的授予对象。

三是预留权益失效：如果超过12个月未明确激励对象，预留权益将失效。也就是说，如果公司在一年内未能确定享有预留权益的具体受益人，这部分预留的股权或期权将不再有效，不能继续用于激励。

预留权益的设立可以为公司激励提供更多灵活性，因为在制定股权激励计划时，可能还不确定具体的激励对象，但希望在未来一段时间内向合适的员工或管理层提供奖励。通过预留一部分股权或期权，公司可以在确定激励对象后进行及时的奖励，以激励员工为公司创造价值，并吸引和留住优秀人才。同时，预留权益设定上限也有助于控制激励计划的规模，避免过度稀释现有股东的权益。

规则之所以禁止首发申报前制定、上市后实施的期权激励计划设置预留权益，我们理解，一是出于申报时发行人股份权属清晰的考虑。首发申报前制定的期权激励计划，如果设置预留权益，就意味着在公司股份结构中会存在一部分股权或期权奖励尚未明确受益人。这种情况会导致股份权属不够清晰，可能引发潜在的争议或纠纷。二是通常来讲，发行人对于上市前应予激励的对象范围应已清楚、明了并能确定，即使不能确定，还可通过上市后的股权激励计划达到激励目的。

⑤在审期间新增激励计划、行权限制

规则规定，在审期间，发行人不应新增期权激励计划，相关激励对象不得行权；最近一期末资产负债表日后行权的，申报前须增加一期审计。

在审期间，是指发行人向交易所、中国证监会提交首次公开发行股票申请文件后，至中国证监会作出是否注册的决定前的时间段。在这一时间段内，发行人需要接受中国证监会和证券交易所的审核，并按照要求进行信息披露和回复问询。

新增股权激励计划，是指在审期间，发行人制定并向股东会提交的新的股权激励计划，或者对已有的股权激励计划进行重大修改或补充的行为。

不得行权，是指在审期间，发行人已经授予的期权激励对象不得按照约定的条件和方式，以约定的价格购买发行人的股票的行为。

禁止在审期间新增期权激励计划或者激励对象行权，主要考虑以下问题：一是相关行为导致发行人的股权结构、控制权、财务状况发生变化，影响审核机构对发行人股权清晰、控制稳定和持续盈利能力等方面的判断；二是发行人的信息披露存在滞后或者不准确，影响审核机构对发行人信息披露制度和规范运作情况的核查；三是发行人存在利益输送或者内幕交易等违法违规风险，影响审核机构对发行人合法合规经营情况的核查。

另外，规则还规定，如果最近一期末资产负债表日后有行权计划，即已经设立的期权激励计划的行权时间在最近一期末资产负债表日后，公司在提交IPO申请前需要增加一期审计。

最近一期末资产负债表日，是指发行人提交首次公开发行股票申请文件时所附最近一期经审计或者经审阅的资产负债表日。这一日期反映了发行人提交申请文件时最新的财务数据截止日。例如，如果发行人在2023年5月30日提交了IPO申请文件，而其最近一期经审计或者经审阅的资产负债表日是2022年12月31日，那么2022年12月31日就是“最近一期末资产负债表日”。

最近一期末资产负债表日后行权，是指在发行人提交首次公开发行股票申请文件时所附最近一期经审计或者经审阅的资产负债表日之后，发行人已经授予的期权激励对象按照约定的条件和方式，以约定的价格购买发行人的股票的行为。行权可能会导致发行人的股本变动、财务数据变化、信息披露不准确等问题。

增加一期审计，是指如果在最近一期末资产负债表日后有激励对象行使期权，导致发行人的股本变动或者财务数据变化，在提交首次公开发行（IPO）申请之前，须对最近一期末资产负债表日之后的财务数据进行额外一期审计，并出具相应的审计报告。例如，如果在2023年3月31日有激励对象行使了期权，导致发行人的股本增加了1000万股，在申报前须对2023年1月1日至3月31日这一期间的财务状况进行增加一期审计，并出具相应的审计报告。

如果在最近一期末资产负债表日后行权，可能会导致招股说明书中引用的财务报表失效或者不准确，从而影响审核机构对发行人股本情况、财务数据和持续盈利能力的评估。因此，在申报前增加一期审计是为了更新和补充招股说明书中引用的财务报表，确保行权相关的财务数据是经过独立审计的，能够反映公司真实的财务状况，避免欺诈和操纵行为。

⑥激励计划应考虑控制权稳定性

对于首发申报前制定、上市后实施的期权激励计划，本条规则规定，在制定期权激励计划时应当充分考虑实际控制人稳定，避免上市后期权行权导致实际控制人发生变化。

实际控制人稳定，是指公司的实际控制人在一定期间内不发生变化，能够保持对公司的有效控制和支配。实际控制人是指通过投资关系、协议或者其他安排，能够实际支配公司行为的人，包括控股股东、非控股但享有实际控制权的股东以及股东之外的其他主体。

期权激励计划在以下情况下可能影响实际控制人稳定：一是期权激励计划的规模过大，导致期权持有者的股份比例超过实际控制人的股份比例，或者威胁到实际控制人的控制地位。这种情况下，期权持有者可能会利用其股东权利，干预或者影响公司的经营管理决策，甚至发起对实际控制人的挑战或者更换。二是期权激励计划的对象不合理，导致与实际控制人存在利益冲突或者竞争关系的人员获得期权。这种情况下，期权持有者可能会利用其知悉的公司内部信息，从事不利于公司和实际控制人的活动，或者与公司和实际控制人产生竞争。三是期权激励计划的设计不合理，导致期权的行权价格过低，或者期权的行权条件过于宽松，或者期权的行权期限过长，或者期权的锁定期限过短。这种情况下，期权持有者可能会在不符合公司和实际控制人利益的情况下，过早或者过多地行使期权，从而稀释实际控制人的股份比例。

规则要求在制定期权激励计划时应当充分考虑实际控制人稳定，避免上市后期权行权导致实际控制人发生变化，主要是出于以下原因：一是实际控制人稳定有利于保持上市公司的经营策略和发展方向的连续性和一致性，提高上市公司的治理效率和质量；二是实际控制人稳定有利于维护上市公司和全体股东的利益，防止出现内幕交易、操纵市场等违法违规行为；三是实际控制人稳定有利于增强投资者对上市公司的信心和预期，促进上市公司股票价格的稳定和增长。

⑦上市后行权所得股票的减持

（a）行权后36个月的锁定期

本条规则规定，激励对象在发行人上市后行权认购的股票，应当承诺自行权日起三十六个月内不减持。上述锁定期要求主要出于以下考虑：一是长期激励目的。期权激励计划通常是为了长期激励员工和高管，鼓励他们与公司共同成长。如果激励对象在短期内就减持股票，可能会降低其对公司的长期发展的关注和积极性。二是提升投资者信心。激励对象承诺不减持股票，可以提升投资者对公司未来发展的信心。投资者通常希望管理层与公司的利益保持一致，如果管理层不减持股票，就表明他们对公司的前景有信心，这有助于增强投资者的信心和股东价值。因此，此项规定旨在确保期权激励计划的长期有效性和稳定性，提升投资者信心，维护公司治理的稳定和可持续发展。

（b）遵循董监高减持规定

根据规则规定，遵循36个月锁定期的同时，激励对象还需比照董事、监事及高级管理人员的相关减持规定执行。关于董监高减持的规定，证监会《上市公司股东、董监高减持股份的若干规定》《上海证券交易所上市公司股东及董事、监事、高级管理人员减持股份实施细则》《深圳证券交易所上市公司股东及董事、监事、高级管理人员减持股份实施细则》等规则作了明确。以《北京证券交易所上市公司持续监管指引第8号——股份减持和持股管理》为例，对于董监高减持主要有以下要求：

一是公开承诺。董监高对持股比例、持股数量、持股期限、减持方式、减持比例、减持价格等做出公开承诺，应当严格履行所做出的承诺。

二是减持计划披露。上市公司控股股东、实际控制人、董监高计划通过集中竞价交易减持股份，应在首次卖出的15个交易日前预先披露减持计划，每次披露的减持时间区间不得超过6个月；减持股份的数量超过公司股份总数1%的，还应在首次卖出的30个交易日前预先披露减持计划。减持计划内容包括减持安排、是否与公开承诺一致、是否存在不得减持情形等。

三是减持进展和结果披露。董监高在减持计划披露的减持数量过半或减持时间过半时，应及时通知公司，披露减持进展；减持计划实施完毕或披露的减持时间区间届满后，应及时披露减持结果。

四是特殊情形限制减持。公司上市时未盈利的，控股股东、实际控制人、董监高自公司股票上市之日起2个完整会计年度内不得减持公开发行并上市前股份；具有重大违法强制退市情形的，控股股东、实际控制人以及董监高在相关期间内不得减持公司股份。

五是限制转让比例。董监高在任职期间每年转让的股份不得超过其所持本公司股份总数的25%，但持股不超过1000股的可以一次全部转让，不受转让比例限制。

六是报备信息和持续披露义务。上市公司大股东、实际控制人、董监高应当按规定时间和方式报备个人信息和持有本公司股份的情况，并保证信息的及时、真实、准确、完整。董监高所持本公司股份发生变动的，应当及时向公司报告并在信息披露平台上披露。

激励对象主要是公司的董事、高级管理人员、核心技术人员或者核心业务人员，以及公司认为应当激励的对公司经营业绩和未来发展有直接影响的其他员工。董事、高级管理人员理当继续执行董监高减持的相关规定。至于董事、高级管理人员之外的其他核心技术或者业务人员也要求执行董监高减持的规定，我们理解，主要考虑是：

首先是维护市场稳定。减持股份可能会对公司股价产生较大影响，特别是对于小盘股和新股来说更为明显。如果核心技术或业务人员在锁定期满后大规模减持，可能引发市场的不确定性和波动，给投资者带来较大风险。通过限制特殊情形下的减持和每年的减持比例等措施，能够平稳地释放员工的持股压力，避免市场恐慌，维护市场稳定，使市场运行更加平稳有序。

其次是提升公司治理透明度、防范内幕交易。公司治理的透明度是吸引投资者、维护市场信心的重要因素之一。要求核心技术或业务人员像董监高一样披露减持计划、进度和结果，能够增加对公司内部管理和股东利益关系的了解。投资者可以清楚地了解到这些员工的减持行为，以及是否与公司的业绩和前期的承诺一致。透明度提高有助于投资者做出更准确的投资决策，增加对公司的信任，促进市场资金的流动和有效配置。此外，核心技术或业务人员通常比一般投资者更了解公司内部信息，可能在知情优势的情况下进行减持，实施内幕交易。要求他们像董监高一样披露减持计划、进度和结果，能够增加监管部门和投资者对员工减持行为的监督，防范内幕交易的发生，维护市场的公平和投资者的合法权益。

（3）发行人信息披露要求

①期权激励计划的基本内容、制定计划履行的决策程序、目前的执行情况

根据规则的规定，发行人应当在招股说明书中充分披露期权激励计划的基本内容、制定计划履行的决策程序、目前的执行情况。这是对激励计划从制定到决策再到执行的全过程整体情况披露。

（a）期权激励计划的基本内容

如前所述，首发申报前制定、上市后实施的期权激励计划的必备内容与基本要求应当参考《上市公司股权激励管理办法》的相关规定执行。激励计划基本内容主要包括授予对象、期权数量和种类、期权行权价格、行权条件、行权期限等。股权激励计划通常涉及大量的股权分配或者其他股权奖励，可能会对公司的财务状况和未来业绩甚至股东决策权产生重大影响。披露激励计划的基本内容，如授予股票期权的对象、数量、价格等，有助于投资者了解这些信息来评估激励计划对公司业绩、财务状况以及股东权益、控制权稳定性的影响，使投资者能够更好地评估激励计划对公司的影响和潜在风险。

（b）制定计划履行的决策程序

制定计划履行的决策程序指的是公司内部关于制定股权激励计划的决策过程，以及实施中变更、终止激励计划所需的决策程序，包括决策主体、决策流程、决策依据。首发申报前制定、上市后实施的期权激励计划的实施程序应当参考《上市公司股权激励管理办法》的相关规定执行。披露决策程序的目的是增加公司治理的透明度，使投资者能够评估激励计划决策过程和结果的合法性和合理性，并了解公司内部控制机制是否健全有效，有助于建立投资者对公司决策和管理层的信任，减少内幕交易和不当

行为的风险。

（c）目前的执行情况

对于首发申报前制定、上市后实施的期权激励计划，“目前的执行情况”一般指的是激励计划经股东会表决通过后发行人实施计划的工作情况，包括激励计划通过后是否按期授予权益并完成公告、登记，律师事务所、独立董事及监事会对激励对象获授权益的条件是否成就进行审议并发表明确意见的情况，已授予期权的对象、数量，与已授予期权或未来行使期权相关的税务情况，董事会、股东会是否对激励计划进行变更（调整）、终止，实施激励计划的进度表等。

投资者是公司的股东，他们对公司的治理和激励计划非常关注，因为这些计划可能对公司的未来业绩和股东权益产生重要影响。披露激励计划的执行情况可以让投资者了解公司是否按期授予股票期权或其他股权激励权益，是否完成公告和登记手续，计划是否有变等情况，帮助投资者了解公司能否按照计划履行承诺、公司激励计划执行过程和结果的合规性，以及管理层的决策和执行能力，使其对公司未来的业绩和发展前景有更准确的判断。

②期权行权价格的确定原则，以及和最近一年经审计的净资产或者评估值的差异与原因

如前所述，首发申报前制定、上市后实施的期权激励的行权价格原则上由股东自行协商确定，但不应低于最近一年经审计的净资产或者评估值。对于行权价格的披露，规则要求发行人在招股说明书中充分披露股东自行商定的期权行权价格确定原则，以及确定的行权价格与最近一年经审计的净资产或者评估值是否存在的差异、产生差异的原因。

期权行权价格的确定原则，是指在制定期权激励计划时，公司股东自行商定确定期权的行权价格的原则和方法。该原则可能包括具体的定价方式、考虑的因素，以及与公司的业绩和价值挂钩的方式。期权行权价格的

确定原则为公司制定激励计划提供了灵活性，可以根据激励对象的贡献和公司的业绩表现等因素，灵活地制定适合公司实际情况的激励政策。根据规则要求，股东自行协商确定的行权价格不应低于最近一年经审计的净资产或者评估值。在此情况下，只要商定价格与净资产或者评估值不相等，就会产生差异，要么是与净资产的差异，要么是与评估值的差异，或者与两者均有差异。

披露期权行权价格的确定原则可以让公司股东和投资者了解公司制定期权激励计划的依据和考虑因素，包括行权价格的确定方式和与公司业绩、价值相关的因素，从而判断公司对激励对象的期权授予定价是否符合相关法律法规的规定，激励计划是否存在法律风险，是否公平合理，是否损害公司和股东的利益，以及激励是否存在有效性问题。

披露期权行权价格与最近一年经审计的净资产或者评估值的差异，以及差异产生的原因，可以让投资者了解公司为何在制定期权行权价格时偏离了净资产或者评估值。差异产生的原因可能涉及公司业绩表现、行业前景、市场估值等因素，披露可以提供公司特定情况的解释和说明。投资者可根据披露的信息判断激励计划和期权行权价格是否合理，是否符合公司的业绩水平和潜在价值，是否存在人为操纵和利益输送的可能，更准确地评估公司的投资价值，从而有助于投资者更全面地理解公司的激励策略和考虑公司的发展前景。

③期权激励计划对公司经营状况、财务状况、控制权变化等方面的影响

期权激励计划对公司经营状况、财务状况和控制权变化等方面都会产生影响。

关于对公司经营状况的影响。一是期权激励计划可以激励员工积极工作，追求公司的长期目标。员工有望通过期权激励获得公司未来成长的红利，因此更有动力努力提高公司业绩。二是期权激励计划可以吸引和留住

优秀的员工，减少员工的流动性，稳定人才队伍，提升公司的稳定性和可持续发展能力。三是期权激励计划通常设定有一定的持有期，员工需要在一定时间内持有期权才能行使。这鼓励员工长期留在公司，促进团队合作和长期规划，有利于公司的稳定经营。

关于对公司财务状况的影响。一是期权激励计划行使后，员工将获得股票或权益，这将增加公司的薪酬成本。虽然期权在授予时并不产生现金支出，但在员工行使期权时，公司需要根据市场价值支付现金或发行新股，增加公司财务负担。二是期权激励计划会对公司的财务报表产生影响。例如，在公允价值计算方面，公司需要根据相关会计准则估计期权的公允价值，并在财务报表上披露。此外，期权激励计划还可能对公司的利润、股本结构和每股收益等财务指标产生影响。

关于对控制权变化的影响。期权激励计划的实施会导致新增股份或者股份解锁，从而增加公司的股本总量，形成稀释效应。这可能导致原有股东的持股比例相应减少，从而影响原有股东的控制权。期权激励计划使得激励对象获得股份或者股权期权，这将增加激励对象在公司的权益比例。如果激励对象是公司管理层或关键员工，他们在公司的权益增加可能会增强他们对公司的控制权。

由此可见，期权激励计划对公司经营有着双重影响。一方面，它能够增强员工动力、吸引和留住优秀人才，鼓励长期发展，有利于公司稳定经营和长期发展。但另一方面，它也会增加薪酬成本，对财务报表产生影响，以及形成稀释效应，可能带来财务和治理方面的挑战。规则要求发行人在招股说明书中充分披露期权激励计划对公司经营状况、财务状况、控制权变化等方面的影响，可让投资者了解到激励计划正反两方面的影响，从而评估公司的长期发展潜力和竞争力，为投资决策提供参考依据。此外，期权激励计划涉及公司的经营状况、股权结构、财务状况等重要方面，与发行上市审核中重点关注的发行人持续经营能力相关，规则要求披露期权激励计划的影响，便于监管机构和投资者进行发行条件的评估。

④涉及股份支付费用的会计处理

规则要求发行人在招股说明书中充分披露期权激励计划涉及股份支付费用的会计处理。

股份支付费用是指企业为获取职工和其他方提供服务而授予权益工具或承担以权益工具为基础确定的负债的交易所产生的成本或费用。根据《企业会计准则第11号——股份支付》，股份支付分为以权益结算的股份支付和以现金结算的股份支付，其会计处理方法不同。披露事项包括股份支付相关权益工具公允价值的计量方法及结果，以及报告期内股份支付相关会计处理是否符合《企业会计准则》相关规定，包括确认时点、确认金额、确认项目、调整事项等。

（4）中介机构核查要求

保荐机构及申报会计师应当对发行人披露的信息进行审核和验证，并在核查报告中给出明确的结论和意见。具体来说，保荐机构及申报会计师应当核查以下事项：

一是期权激励计划的制定和执行情况，包括激励计划基本内容、决策程序、行权价格的确定以及实施过程是否符合法律法规、规则、公司章程等相关要求，是否存在违规或不公平的情形；

二是发行人是否依照规则要求在招股说明书中充分披露期权激励计划的有关信息，是否真实、完整、准确、有效，是否存在遗漏或误导的情形；

三是股份支付相关权益工具公允价值的计量方法及结果是否合理，是否采用了适当的估值模型、参数和假设，是否考虑了市场条件和非市场条件等因素；

四是发行人报告期内股份支付相关会计处理是否符合《企业会计准

则》相关规定，是否正确地确认了股份支付费用和相应的资本公积或负债，是否按时进行了调整和披露。

5. 首发申报前实施员工持股计划

【规则规定】首发申报前实施员工持股计划

1. 发行人首发申报前实施员工持股计划应当符合的要求

发行人首发申报前实施员工持股计划的，原则上应当全部由公司员工构成，体现增强公司凝聚力、维护公司长期稳定发展的导向，建立健全激励约束长效机制，有利于兼顾员工与公司长远利益，为公司持续发展夯实基础。

员工持股计划应当符合下列要求：

（1）发行人应当严格按照法律、行政法规、规章及规范性文件要求履行决策程序，并遵循公司自主决定、员工自愿参加的原则，不得以摊派、强行分配等方式强制实施员工持股计划。

（2）参与持股计划的员工，与其他投资者权益平等，盈亏自负，风险自担，不得利用知悉公司相关信息的优势，侵害其他投资者合法权益。

员工入股应当主要以货币出资，并按约定及时足额缴纳。按照国家有关法律法规，员工以科技成果出资入股的，应当提供所有权属证明并依法评估作价，及时办理财产权转移手续。

（3）发行人实施员工持股计划，可以通过公司制企业、合伙制企业、资产管理计划等持股平台间接持股，并建立健全持股在平台内部的流转、退出机制，以及所持发行人股权的管理机制。

参与持股计划的员工因离职、退休、死亡等原因离开公司的，其所持股份权益应当按照员工持股计划章程或者协议约定的方式处置。

2. 员工持股计划计算股东人数的原则

（1）依法以公司制企业、合伙制企业、资产管理计划等持股平台实施的员工持股计划，在计算公司股东人数时，员工人数不计算在内；

（2）参与员工持股计划时为公司员工，离职后按照员工持股计划章程或者协议约定等仍持有员工持股计划权益的人员，可不视为外部人员；

（3）新《证券法》施行之前（即2020年3月1日之前）设立的员工持股计划，参与人包括少量外部人员的，可不做清理。在计算公司股东人数时，公司员工人数不计算在内，外部人员按实际人数穿透计算。

3. 发行人信息披露要求

发行人应当在招股说明书中充分披露员工持股计划的人员构成、人员离职后的股份处理、股份锁定期等内容。

4. 中介机构核查要求

保荐机构及发行人律师应当对员工持股计划的设立背景、具体人员构成、价格公允性、员工持股计划章程或者协议约定情况、员工减持承诺情况、规范运行情况及备案情况进行充分核查，并就员工持股计划是否合法合规实施，是否存在损害发行人利益的情形发表明确意见。①

【规则概要】本条规定发行人在申报前实施员工持股计划的合规性条件、信息披露与核查要求。

【规则详解】员工持股计划是一种股权激励方式，指公司根据员工意愿，通过合法方式使员工获得本公司股票并长期持有，股份权益按约定分配给员工的制度安排。员工持股计划的目的是增强员工的凝聚力和竞争力，促进员工与公司的利益一致，激励员工为公司的长期发展做出贡献。

① 《〈首次公开发行股票注册管理办法〉第十二条、第十三条、第三十一条、第四十四条、第四十五条和〈公开发行证券的公司信息披露内容与格式准则第57号——招股说明书〉第七条有关规定的适用意见——证券期货法律适用意见第17号》第五条第二项。

员工持股计划、限制性股票和股票期权都属于激励方式，实施目的都是激励员工参与公司的发展和共享公司增长带来的收益。它们的区别主要在于：首先，激励对象范围上，员工持股计划针对员工，限制性股票和股票期权的激励对象除核心员工外，还可以包括董事、高级管理人员，以及单独或合计持有上市公司5%以上股份的股东、公司实际控制人及其配偶、父母、子女（不含主板）中不具有员工身份的人员。其次，权利性质上，员工持股计划让员工通过持股平台间接成为公司股东，间接持有公司股份；限制性股票是让激励对象直接持有公司的股票，但转让等权利受限，如果未达到激励条件，公司有权回购股票；股票期权是授予激励对象对公司股票的购买权，如果未达到激励条件，期权就失效，如果达到激励条件，期权就有价值。

员工持股计划通常通过持股平台间接持股，而不是直接持股。持股平台持股可以避免员工直接持股带来的一些问题，如股东人数限制、股权结构变更、决策效率影响等。持股平台可以是公司制企业、合伙制企业、资产管理计划等形式。员工持股计划的参与者与发行人直接股东的区别主要有：一是员工持股计划的参与者必须是发行人员工，入股、内部流转、退出有一定要求，而且需要签署相应的协议，遵守相关的规则。发行人直接股东则没有这些限制，只要符合法律规定，就可以持有发行人股权（股份）。二是员工持股计划的参与者不能直接行使股东权利，而是通过持股平台的管理机构或代表来代为行使。例如，如果持股平台是有限合伙企业，员工作为有限合伙人时，通常由普通合伙人（执行合伙事务的合伙人）来代表合伙企业行使投资企业的股东权利。发行人直接股东则可以根据自己的意愿，参与发行人的重大决策、选举董事会成员、监督经营情况等。

对于发行人在申报IPO前实施员工持股计划，发行上市审核比较关注的风险主要有，一是信息不对称。员工持股计划可能导致内部人员获得公司重要信息，而一般投资者无法获得，引发不公平的信息不对称，使内部人员更容易从市场波动中获益，包括内幕交易、操纵市场，外部投资者因此会承受更大的风险。[①]二是股东关系问题。员工持股计划因入股、流转、退股以及参与者离职、退休后股权（股份）的处理存在一些内部规则，如持股平台持股不清晰、不稳定，可能导致公司的控制权稳定性、股权结构变得更加复杂，从而增加治理难度。三是财务状况。员工持股计划可能需要公司提供股票或其他激励成本，会对公司的财务状况产生负面影响。

（1）发行人首发申报前实施员工持股计划的基本原则

①原则上应当全部由公司员工构成。员工持股计划的受益对象限定在公司员工之内，旨在激励和奖励公司内部的员工（已签订劳动合同的员工，包括管理层人员），让他们共享公司的成长和发展成果。“原则上应当全部由公司员工构成”表明，有原则就有例外。我们理解，这种例外主要是指参与持股计划的员工因离职、退休、死亡等原因离开公司后，不再具有员工身份，相应股份权益按照员工持股计划章程或者协议约定的方式并不要求退出的情形，比如，离职、退休后本人继续持有，死亡后由非公司员工的继承人持有。

②增强凝聚力和稳定发展导向。员工持股计划的目的之一是增强公司内部的凝聚力，让员工共同分享公司的成长和发展成果，形成员工与公司利益紧密相连的关系。此外，通过让员工持有公司股份，员工将更有动力为公司的长期稳定发展做出贡献，促进公司稳定经营。

③建立激励约束长效机制。员工持股计划不仅是一种激励手段，更是一种约束机制。员工持有公司股份后，其个人利益应与公司长期利益紧密相关，更加关注公司的长远发展和绩效表现。此外，员工持股计划通常需要设定一定的持有期限，员工必须在一定时间内持有股份，以确保激励目

① 《关于上市公司实施员工持股计划试点的指导意见》第一条第一项。

标的实现。[①]

④兼顾员工与公司长远利益。员工持股计划的设计应当平衡员工个人利益和公司的长远利益，设定合理的激励指标和条件，使员工持有股份与公司的业绩和发展目标相挂钩，确保员工的努力和贡献能够产生积极的影响，为公司的持续发展做出贡献。

⑤夯实公司持续发展基础。员工持股计划应有助于夯实公司的持续发展基础。通过让员工成为公司股东，使员工更加紧密地与公司利益相连，共同分享公司的成长和价值。通过员工持股计划吸引和留住优秀人才，增强公司的人才竞争力，从而为公司的长期发展奠定坚实的基础。

（2）员工持股计划的具体合规性要求

①发行人应当严格按照法律、行政法规、规章及规范性文件要求履行决策程序，并遵循公司自主决定、员工自愿参加的原则，不得以摊派、强行分配等方式强制实施员工持股计划。

关于遵循法定程序。发行人在决定和实施员工持股计划时，必须遵循法定的程序。对于公司上市前实施的员工持股计划所应履行的决策程序，法律法规和证券规则未有统一规定，应遵循公司章程的决策程序安排，并参考法律法规、规则对上市公司、非上市公众公司实施员工持股计划的规定。[②]一般来讲，公司决定和实施员工持股计划的决策程序包括：公司实施员工持股计划前，应当通过职工代表大会等组织充分征求员工意见。董事会提出员工持股计划草案并提交股东会表决。公司变更、终止员工持股

① 《关于上市公司实施员工持股计划试点的指导意见》第二条第六项规定："每期员工持股计划的持股期限不得低于12个月，以非公开发行方式实施员工持股计划的，持股期限不得低于36个月，自上市公司公告标的股票过户至本期持股计划名下时起算。"

② 证监会《关于上市公司实施员工持股计划试点的指导意见》《北京证券交易所上市公司持续监管指引第3号——股权激励和员工持股计划》《非上市公众公司监管指引第6号——股权激励和员工持股计划的监管要求（试行）》。

计划，应当按照员工持股计划的规定经董事会或者股东会审议通过。员工持股计划拟选任的资产管理机构为公司股东或者股东关联方的，相关主体应当在股东会表决时回避；员工持股计划涉及相关股东的，相关股东应当回避表决。

关于公司自主决定原则。该原则是指发行人在员工持股计划中有权根据公司的实际情况和经营需要，自主决定计划的设立、实施和管理等相关事项，而无需受到外部干预或强制。这一原则强调公司作为独立法人实体，在合法合规的前提下，有权自主制定员工持股计划的细节、条件和规则。不同公司在规模、业务性质、经营阶段等方面存在差异，因此需要灵活地根据公司独特的情况制定适合的员工持股计划。公司自主决定原则允许公司根据实际情况制定、调整计划及实施方式，更精准地考虑不同职位、绩效、贡献等因素，自主决定股权分配比例和条件，从而更好地实现激励目标。同时，基于公司自身情况的考量，决定计划的风险管理措施，更好地控制员工持股计划的风险，确保计划的稳健运行。

关于自愿参与原则。员工持股计划旨在激励员工积极参与公司的发展，分享公司的成果，并在公司经营中扮演更积极的角色。为保障员工的权益，确保员工自愿参与，规则要求发行人必须以自愿的原则进行员工持股计划的实施。这也意味着，公司不能通过强制或摊派的方式迫使员工购买股份，以免损害员工的合法权益。

②参与持股计划的员工，与其他投资者权益平等，盈亏自负，风险自担，不得利用知悉公司相关信息的优势，侵害其他投资者合法权益。

本项规则主要是针对员工持股存在的一些特有现象和风险而提出的要求，其目的在于维护证券市场的公平性、公正性和透明性，确保所有投资者在市场交易中享有相同的权利和机会，从而促进市场的健康、稳定和可持续发展。

关于与其他投资者权益平等。在证券市场中，确保所有投资者平等地参与和竞争，不受特殊人群或内部人员的优势干扰，有助于创造一个公平的交易环境。如果某些人群，比如员工，因为其特殊地位而获得了不正当的交易优势，会导致市场的不平等和不公平，可能削弱投资者对市场的信心。

关于盈亏自负、风险自担。投资本身带有风险，持股计划作为一种投资方式也不例外。规则强调员工盈亏自负、风险自担，意味着员工需要对其投资决策承担相应的风险责任。这一要求有助于员工理性对待投资风险，同时也防止员工在投资亏损时试图通过不正当手段弥补损失，从而损害其他投资者权益。

关于内幕交易和市场操纵防范。员工通常比外部投资者更容易获得公司的内部信息，如业务前景、财务状况等。如果员工利用这些内部信息进行交易，就可能构成内幕交易，这是一种违法行为。内幕交易不仅损害其他投资者的利益，还可能扰乱市场秩序。规则强调员工不得利用知悉的公司相关信息侵害其他投资者权益，有助于防范内幕交易和市场操纵行为。

③员工入股应当主要以货币出资，并按约定及时足额缴纳。按照国家有关法律法规，员工以科技成果出资入股的，应当提供所有权属证明并依法评估作价，及时办理财产权转移手续。

根据规则的规定，员工持股计划通常是员工通过公司制企业、合伙制企业、资产管理计划等持股平台间接持股实现的。资产管理计划涉及两类特殊股东问题，是发行上市审核中的敏感事项，所以员工持股计划鲜有采用此种形式。实践中多采用有限合伙的形式。

规则要求员工入股应当主要以货币出资。货币出资可以使持股计划的股份计价和估值更加清晰明确。以货币作为出资方式可以减少估值过程中可能出现的歧义和争议，从而降低计价和估值风险。如果员工选择以科技成果的出资方式参与持股计划，需要遵循一些具体的要求：一是员工需要提供相关的所有权属证明，证明他们对这些科技成果拥有合法的所有权。

这是为了确认这些科技成果确实属于员工，确保在持股计划中使用的是合法的资产。二是对于以科技成果出资入股的情况，需要依法进行评估并确定其价值。这有助于确保科技成果的价值得到合理认定，从而在持股计划中进行适当的估值。三是员工以科技成果出资入股的，需要按照法律程序办理财产权转移手续。这是验证科技成果可合法转让并确保员工出资实际到位的重要步骤。

④发行人实施员工持股计划，可以通过公司制企业、合伙制企业、资产管理计划等持股平台间接持股，并建立健全持股在平台内部的流转、退出机制，以及所持发行人股权的管理机制。

关于通过持股平台间接持股，其好处在于，第一，保持公司股权的稳定性。通过持股平台间接持股，可以避免员工直接持股带来的股权分散、股东变更频繁、股东权力失控等问题，维护公司的控制权和管理权稳定。第二，扩大员工持股的范围。通过持股平台间接持股，可以突破《公司法》对于有限责任公司股东人数和股份有限公司发起人数量的限制，使更多的员工有机会参与持股计划，增加员工的归属感和参与感。第三，方便员工持股的管理。员工直接持有公司股份可能会限制其持股的流通性和变现渠道。通过持股平台间接持股，可以简化持股的流程和手续，由持股平台的管理机构（如持股人会议、管理委员会、执行事务合伙人等）代表全体持股员工行使股东权利，处理持股过程中的日常事务，如股权转让、股权分配、股权退出等，有助于减少公司内部管理的复杂性，提高公司的运营效率。第四，降低公司和员工的税负。通过持股平台间接持股，可以利用不同的持股平台形式（如有限合伙企业、资产管理计划等）的税收优惠政策，减少公司和员工在分红、转让等环节的所得税，提高持股的收益。

关于平台内部流转和退出机制。内部流转机制是指员工持股计划中内部股权转让的制度安排，这一机制主要规定员工何时可以将其持有的股权（股份权益）转让给其他人，以及转让的条件和方式。流转机制通常会规定一些限制性条件，如转让对象等。与外部转让主要涉及锁定期、交易时间窗口等条件有所不同。内部退出机制通常规定员工可以在何种情况下（如离职、退休等）选择变现，以及如何进行股权变现的流程。由于员工持股计划激励对象原则上限于与公司建立劳动关系的员工，当员工因离职、退休、死亡等原因失去员工身份时，所持股权需要相应的流转、退出的制度支持。另外，员工购买的股权通常需要持有一定时间才能变现，通过适当的内部流转和退出机制，可以为员工提供更灵活的变现途径，使员工在适当的时机能够实现投资回报。这有助于增加员工参与计划的积极性，并提高整体计划的吸引力。①

关于员工所持股权的管理机制。员工所持股权的管理机制涉及多个方面的内容，以确保员工在员工持股计划中所获得的股权能够得到合法、公平、透明和有效的管理。主要内容可能包括：

第一，股权登记和持有确认。确定员工持有的股权数量和比例，进行股权登记，确认员工的股权份额。

第二，股权转让和变现规定。规定员工股权的流通和变现条件，如转让对象、转让时机、转让价格等，确保员工在适当的时机能够变现股权。

第三，流转限制。设定股权流转的限制，防止股权过度集中或被滥用。可能涉及股权的内部转让和对外转让（如锁定期）的规定。

第四，退出机制。确定员工如何在适当时机退出员工持股计划，如退休、离职等情况下的股权处理方式；员工发生不适合参加持股计划情况时所持股份权益的处置办法；员工持股计划期满后员工所持有股份的处置办法。

---

① 《非上市公众公司监管指引第6号——股权激励和员工持股计划的监管要求（试行）》规定，自行管理的员工持股计划还应符合以下要求：自设立之日锁定至少36个月；股份锁定期间内，员工所持相关权益转让退出的，只能向员工持股计划内员工或其他符合条件的员工转让；股份锁定期满后，员工所持相关权益转让退出的，按照员工持股计划的约定处理。

第五，股权估值和定价。确定员工股权的估值方法和定价机制，以便在变现时能够确定合理的交易价格。

第六，股权交易程序。规定员工股权交易的程序和流程，包括交易申请、审核、批准、登记等环节。

第七，信息披露和信息保护。按规定披露员工持股计划决策、设立、存续期间的相关信息；员工持股计划、参与员工依法依规履行权益变动披露义务。确保员工股权相关的信息得到妥善管理和保护，防止信息泄露和不当使用。

第八，合规要求和法律法规遵循。确保员工持股计划的管理符合相关法律法规和合规要求，防止违规行为的发生。

第九，持股员工作为股东的权利。明确员工的权利以及权利行使程序，包括持有人会议的召集及表决程序。

第十，纠纷解决机制。设立股权交易纠纷解决的机制，处理员工股权交易引发的争议和纠纷。

总的来说，员工所持股权的管理机制涵盖了从股权登记、流通、变现、信息披露到合规遵循等多个方面的内容，旨在为员工持股计划提供一个有效、透明和合规的运作框架，同时保障员工权益和公司治理的稳定性。这些机制需要根据公司的实际情况和法律法规制定，并在执行过程中持续监督和调整。

⑤参与持股计划的员工因离职、退休、死亡等原因离开公司的，其所持股份权益应当按照员工持股计划章程或者协议约定的方式处置。

员工离职、退休、死亡等情况可能涉及家庭财务安排、继承等多个因素。根据员工持股计划章程或协议的约定，可以灵活地应对不同情况，为员工和其家庭提供更多选择，比如，继续持有其股权，并享受相关权益（如分红），或者一次性或者分期变现其股权，或者股权继续由其继承人持有，或者继承人有优先购买权等，这样的安排可以兼顾员工个人利益和公司利益，避免一刀切式的处理方式可能带来的不公平性，更好地发挥员工持股计划的激励作用。

（2）员工持股计划股东人数的计算原则

在《证券法》修订之前，对于员工持股计划中员工人数的计算，如果该计划不符合“闭环原则”，需穿透计算持股计划的权益持有人数。①2020年3月1日实施的修订后的《证券法》第九条第二款规定，“有下列情形之一的，为公开发行：（一）向不特定对象发行证券；（二）向特定对象发行证券累计超过二百人，但依法实施员工持股计划的员工人数不计算在内；（三）法律、行政法规规定的其他发行行为。”第二项中员工持股计划人数不计的规定，是指在判断是否构成公开发行证券的条件之一，即向特定对象发行证券累计超过二百人的情形时，不将依法实施员工持股计划的员工人数计算在内。这一规定的目的是鼓励和支持企业实施员工持股计划，增强员工与企业的利益一致性，促进公司与员工之间的长期合作和共同发展。

根据修订后的法律规定，本条规则明确了员工持股计划股东人数的计算规则：

①依法以公司制企业、合伙制企业、资产管理计划等持股平台实施的员工持股计划，在计算公司股东人数时，员工人数不计算在内。

修订后的《证券法》第九条第二款规定中，特别强调员工持股计划人

---

① 证监会《关于试点创新企业实施员工持股计划和期权激励的指引》（2018）、《上海证券交易所科创板股票发行上市审核问答》（2019）第11条：员工持股计划符合以下要求之一的，在计算公司股东人数时，按一名股东计算；不符合下列要求的，在计算公司股东人数时，穿透计算持股计划的权益持有人数：1.员工持股计划遵循“闭环原则”。员工持股计划不在公司首次公开发行股票时转让股份，并承诺自上市之日起至少36个月的锁定期。试点企业上市前及上市后的锁定期内，员工所持相关权益拟转让退出的，只能向员工持股计划内员工或其他符合条件的员工转让。锁定期后，员工所持相关权益拟转让退出的，按照员工持股计划章程或有关协议的约定处理。2.员工持股计划未按照“闭环原则”运行的，员工持股计划应由公司员工组成，依法设立、规范运行，且已经在基金业协会依法依规备案。

数在计算公司股东人数时不予计算，本项规则对此进一步明确了具体适用范围，即特定类型的员工持股计划，这些计划是以特定的法律实体形式来运作的，比如公司制企业、合伙制企业或资产管理计划。之所以将适用范围作适当限定，可能是因为公司制企业、合伙制企业和资产管理计划等是具有明确法律实体形式的实体，其设立和运作都受到法律的规范和监管。相比之下，其他类型的持股平台可能更加多样化，可能涉及更为复杂的法律关系和经营模式，难以在一个单一的规定中统一加以规范。公开发行证券涉及一定的风险控制和监管考虑。规则将特定类型的持股平台列入适用范围，可能希望确保这些平台在设立和运作中遵循一定的法律和监管要求，从而减少潜在的风险和不确定性。

②参与员工持股计划时为公司员工，离职后按照员工持股计划章程或者协议约定等仍持有员工持股计划权益的人员，可不视为外部人员。

如前边规则所规定，发行人首发申报前实施员工持股计划的，原则上应当全部由公司员工构成，但是参与持股计划的员工因离职、退休、死亡等原因离开公司的，其所持股份权益应当按照员工持股计划章程或者协议约定的方式处置。因此，当员工离职、退休后，依据持股计划章程或者协议约定并不要求该人员退出持股计划时，该员工可继续持有员工持股计划权益。“不视为外部人员”意味着不作为员工以外的人员看待，即这些人员仍与内部员工一样受员工持股计划既有规则的约束，并且其人数不作为外部人员穿透计算股东人数。此种处理主要考虑，一是从员工持股计划实施来看，不将离职、退休人员视为外部人员，有助于维系其与公司的共同利益关系，激励他们继续关注和支持公司的发展，符合员工持股计划的实施目的。同时，这些人员尽管离职、退休，其基于员工持股计划产生的权益仍应适用统一规则并进行统一管理，明确不将他们视为外部人员，有利于消除适用规则上的歧义，保证员工所持股权管理机制的统一运行。二是从治理和监管角度看，此种处理有利于维持员工持股计划的股东结构的稳定性，防止因员工离职或退休而导致股权结构频繁变动，从而维护公司的股东结构的连续性和稳定性。同时，可以简化计算公司股东人数的过程，减少监管方面的复杂性，降低操作和法律合规的难度。

③新修订的《证券法》施行日（2020年3月1日）之前设立的员工持股计划，参与人包括少量外部人员的，可不做清理。在计算公司股东人数时，公司员工人数不计算在内，外部人员按实际人数穿透计算。

我们可以从以下几个方面进行理解：

一是《证券法》修订前设立的员工持股计划。这是指在新修订的《证券法》施行之前（即2020年3月1日之前）已经设立的员工持股计划。持股计划中的参与人员，即拥有持股计划权益的人，可能包括少量外部人员（即不具有员工身份的人）。“少量”是一个相对概念，通常意味着数量相对较小、比例相对较低；如果外部人员的参与对计划的性质、目标或效果影响较小，可能也符合“少量”的概念。

二是清理要求的灵活性。如果员工持股计划参与人中包括了少量外部人员，公司不必进行清理。即之前的员工持股计划中，即使参与人包括一些外部人员，公司无需采取行动来剔除这些外部人员（转让、退出等）。

三是股东人数的计算。在计算公司股东人数时，新修订的《证券法》规定公司员工人数不计算在内，即不纳入计算股东人数的范围，意味着此前设立的员工持股计划可溯及地适用修订后的证券法；对于外部人员，需要按照实际人数进行穿透计算，即将这些外部人员作为独立的股东计入股东人数。

上述规定主要是考虑到实施员工持股计划过程中存在外部人员的历史情况，给予企业一定的灵活性，同时确保在计算公司股东人数时能够准确反映出外部人员的影响。这种灵活的处理方式旨在平衡法律要求、业务实际情况以及员工持股计划的运作需要。

（3）发行人信息披露要求

规则要求，对于申报前实施的员工持股计划，发行人应当在招股说明书中充分披露员工持股计划的人员构成、人员离职后的股份处理、股份锁定期等内容。

①披露员工持股计划的人员构成

员工持股计划的人员构成，是指申报前实施的员工持股计划中参与的各类人员，包括公司内部员工和可能的外部人员。

（a）公司内部员工。这是指公司的在职员工，即与公司签订劳动合同的员工，这是员工持股计划中主要参与人。披露可能包括持股计划参与人中内部员工的数量和比例、高级管理层与普通员工的人数和比例、核心技术人员人数和比例等。

（b）外部人员。规则允许新修订的《证券法》施行日（2020年3月1日）之前设立的员工持股计划中少量外部人员参与，并且可不做清理，因此，可能存在外部人员。外部人员是指不属于公司正式员工群体的人员，可能包括公司的合作伙伴、顾问、承包商等。

（c）退休员工或离职员工。这是指申报前参与员工持股计划，在申报之时离职或者退休，依照员工持股计划章程或者协议约定继续持有员工持股计划权益的人员。

披露员工持股计划的人员构成，可以使投资者了解到激励的对象（参与人）的身份、背景和与公司的关系，持股计划在公司内部的权益分配情况，参与人员与公司是否存在潜在的利益冲突，参与人是符合法律法规和监管要求，有助于投资者更好地评估计划对公司治理和经营的影响，让投资者作出准确判断。

②披露人员离职后的股份处理

规则规定，参与持股计划的员工因离职、退休、死亡等原因离开公司的，其所持股份权益应当按照员工持股计划章程或者协议约定的方式处置。因此，对于员工离职后股份的处理，法律没有作统一要求，发行人可以通过员工持股计划章程或者协议作出安排。

披露人员离职后的股份处理，既可以让投资者了解到员工持股计划的退出机制和流程，以及离职员工股份的去向，有助于投资者全面了解公司的内部股权结构潜在的变动，又可以使投资者了解到股份处置是否合法合规，是否存在不当的利益转移或损害其他投资者的情况。

③披露股份锁定期

申报前实施的员工持股计划的锁定期，需根据不同情况，满足法律法规的要求，员工持股计划就此作出特别承诺的，应当严格遵守。

披露申报前实施的员工持股计划股份的锁定期，可以让投资者了解到参与人的股份锁定情况、何时可以自由转让股份、股权转让时间表，从而更好地评估计划对公司治理和经营的影响；披露股份锁定期还可以让市场通过股份锁定、解禁的情况，预见公司股价可能发生的短期波动，从而维护市场的稳定。

（a）基本锁定期。根据《公司法》的规定，公司公开发行股份前已发行的股份，自公司股票在证券交易所上市交易之日起一年内不得转让。因此，员工持股计划的股份基本锁定期为股票在证券交易所上市交易之日起一年。

（b）特殊情况锁定期

一是申报前为新三板挂牌公司的，其在申报前实施的员工持股计划，若自行管理的，应当由公司员工通过直接持有公司制企业、合伙制企业的股份（份额）或者员工持股计划的相应权益进行间接持股，自设立之日锁定至少36个月；委托给具有资产管理资质的机构管理的，持股期限应在12个月以上，并按照有关法律法规的规定在中国证券投资基金业协会备案。[①]

---

① 《非上市公众公司监管指引第6号——股权激励和员工持股计划的监管要求（试行）》。

二是持股平台作为控股股东和实际控制人的，锁定期不少于36个月。其应当承诺，自发行人股票上市之日起36个月内，不转让或者委托他人管理其直接和间接持有的发行人首次公开发行股票前已发行股份。持股平台与实际控制人构成一致行动关系、持股平台系在申报前6个月内从控股股东或者实际控制人处受让的股份，应当比照控股股东或者实际控制人所持股份进行锁定。[①]

三是持股平台系申报前12个月内新增的股东，应当承诺所持新增股份自取得之日起36个月内不得转让。[②]

四是持股平台系发行人申报前6个月内通过增资扩股取得权益的，其作为新增股份的持有人应当承诺新增股份自发行人完成增资扩股工商变更登记手续之日起锁定36个月。

（c）股份减持应遵循证监会《上市公司股东、董监高减持股份的若干规定》及相关交易所配套规则的相关规定

根据证监会和交易所的规定，公司上市后股东减持的方式主要有集中竞价交易、大宗交易和协议转让三种。不同类型的股东（如董监高、大股东、控股股东、实际控制人等）在减持时需要遵守不同的限制条件，如减持比例、减持时间、信息披露等。例如，《上海证券交易所上市公司股东及董事、监事、高级管理人员减持股份实施细则》规定，大股东减持（控股股东、持股5%以上的股东，减持所持有的股份，但其减持通过集中竞价交易取得的股份除外）或者特定股东减持（大股东以外的股东，减持所持有的公司首次公开发行前股份），采取集中竞价交易方式的，在任意连续90日内，减持股份的总数不得超过公司股份总数的1%；持有上市公司

① 《〈首次公开发行股票注册管理办法〉第十二条、第十三条、第三十一条、第四十四条、第四十五条和〈公开发行证券的公司信息披露内容与格式准则第57号——招股说明书〉第七条有关规定的适用意见——证券期货法律适用意见第17号》第二条第五项。

② 《监管规则适用指引——关于申请首发上市企业股东信息披露》第三条。

非公开发行股份的股东，通过集中竞价交易减持该部分股份的，除遵守前款规定外，自股份解除限售之日起12个月内，减持数量不得超过其持有该次非公开发行股份数量的50%；大股东减持或者特定股东减持，采取大宗交易方式的，在任意连续90日内，减持股份的总数不得超过公司股份总数的2%；大股东减持或者特定股东减持，采取协议转让方式的，单个受让方的受让比例不得低于公司股份总数的5%，转让价格下限比照大宗交易的规定执行，法律、行政法规、部门规章、规范性文件及本所业务规则另有规定的除外。

（4）中介机构核查要求

规则要求保荐机构及发行人律师应当对员工持股计划的设立背景、具体人员构成、价格公允性、员工持股计划章程或者协议约定情况、员工减持承诺情况、规范运行情况及备案情况进行充分核查，并就员工持股计划是否合法合规实施，是否存在损害发行人利益的情形发表明确意见。

①核查员工持股计划的设立背景

员工持股计划设立背景的核查包括核查员工持股计划的目的、目标、原则以及与该计划相关的公司经营战略、财务状况、股权结构等方面的情况。

员工持股计划设立背景的核查包括以下方面：

一是计划目的和动机。了解公司设立员工持股计划的目的和动机，例如是否为了激励员工、增强员工对公司的忠诚度，或者为了优化公司股权结构等，由此可以分析该计划是否符合公司战略发展需要，是否有利于提高公司治理水平和经营效率，是否有利于增强员工与公司的利益一致性，是否存在滥用持股计划实施股份代持、利益输送等不当行为。

二是经营战略。员工持股计划旨在激励员工积极参与公司的发展，通常是长期性的激励机制，因此必须与公司的经营战略相一致。核查经营战略是否与员工持股计划相契合，能够确保激励机制能够真正激发员工的积极性，促进公司战略目标的实现。

三是经营状况、财务状况。员工持股计划的制定应该基于公司的实际经营状况和财务状况。核查这些信息可以确保计划的制定是合理的，并且能够在公司的财务承受能力范围内实施，避免因计划实施而对公司的财务稳定性产生不利影响。

四是股权结构。员工持股计划可能影响公司的股权结构，核查股权结构的状况可以评估计划对公司股权分布的影响，避免股权集中度过高或不稳定情况的出现，维护公司治理结构的平衡和稳定。

②核查员工持股计划具体人员构成

员工持股计划的具体人员构成是指参与该计划的员工或其他人员的具体身份、数量、资格条件等信息。

规则要求保荐机构及发行人律师核查员工持股计划的具体人员构成，主要原因有以下几点：

第一，防范内幕交易。员工持股计划涉及公司股权，可能与未来的重要商业决策和信息有关。核查具体人员构成可以评估是否存在内幕交易风险、利益输送的可能，防范参与持股计划的人员基于未公开信息进行股票交易。

第二，评估合规性。员工持股计划可能适用特定的资格条件和限制，核查具体人员构成可以评估计划的实施是否符合相关法律法规、员工持股计划章程或者协议约定，避免违反合规性要求。

第三，评估公平性。核查具体人员构成可以评估计划设定是否符合公平性原则，避免特定人员获得不正当的优势以及对其他股东不公平对待的情形。

第四，激励效果评估。员工持股计划实施目的是否实现，与参与人员的选择和配置密切相关。通过核查具体人员构成可以评估持股计划对公司治理和经营效果的影响，推动持股计划实现其预期的激励目标。

③核查员工持股计划的价格公允性

员工持股计划的价格公允性是指员工获得公司股权或股票的价格是否合理、公正，是否反映了市场价值和相关风险。

价格公允意味着员工获得股权或股票的价格应该基于公司的经营状况、财务状况和市场行情等因素，与实际价值相符。核查价格公允性，一方面可以评估员工持股计划是否符合公司的财务策略，是否会对公司的财务状况产生不利影响、影响是否在合理范围内，是否会出现财务杠杆变化过大的情况，是否因定价过高或过低的定价而导致员工持股计划的失灵；另一方面，可以评估不同参与人员获得公司股权或股票的价格是否平等、公正，有没有特殊人员或群体受到偏袒或歧视，防止通过操纵定价来实施内幕交易、市场操纵等违规行为。

④核查员工持股计划章程或者协议约定情况

员工持股计划章程（协议）是一种规范员工持股计划实施的法律文件，它主要包括以下内容：[①]

一是员工持股计划的目的、目标、原则、范围等，说明员工持股计划的设立背景和意义，以及员工持股计划对公司和员工的利益影响。

二是员工持股计划的参与对象、股票来源、价格等，明确员工持股计划的参与条件、股票获取方式、股票定价方法、资金筹集方式等，以及员工持股计划的规模和期限。

---

① 《关于上市公司实施员工持股计划试点的指导意见》《非上市公众公司监管指引第6号——股权激励和员工持股计划的监管要求（试行）》：员工持股计划草案至少应包含如下内容：1.员工持股计划的参加对象及确定标准、资金与股票来源；2.员工持股计划的设立形式、存续期限、管理模式、持有人会议的召集及表决程序；3.员工持股计划的变更、终止，员工发生不适合参加持股计划情况时所持股份权益的处置办法；4.员工持股计划持有人代表或机构的选任程序；5.员工持股计划管理机构的选任、管理协议的主要条款、管理费用的计提及支付方式；6.员工持股计划期满后员工所持有股份的处置办法；7.其他重要事项。

三是员工持股计划的存续期、锁定期、变更、终止等，规定员工持股计划的有效期限、解锁条件、退出方式、变更程序、终止条件等，以及员工持股计划在存续期间的管理和运行方式。

四是员工持股计划的信息披露、业绩考核、风险控制等，要求员工持股计划按照法律法规和交易所规则进行信息披露，设定业绩考核指标和奖惩机制，防范内幕交易、操纵市场等违法违规行为。

规则要求保荐机构及发行人律师核查员工持股计划章程或者协议约定情况的原因有以下几点：

一是评估合法合规性。拟上市公司的员工持股计划是涉及证券市场的重要事项，其设立和运行必须符合证券法律法规、相关规则。核查章程或协议约定情况可以评估计划的制定和实施的合规性情况，避免违反法规带来的法律风险。同时，核查可以评估章程和协议的执行情况，包括规定的参与员工的权益是否得到充分保障，有关条件、程序是否得到遵循。

二是市场透明度。员工持股计划章程或协议约定了计划的各项具体事项，包括目的、条件、期限、资金筹集、退出机制等，核查可以提升市场对计划的透明度。投资者和公众能够更清晰地了解计划的运作方式，减少信息不对称。

三是稳定市场预期。员工持股计划涉及公司股票的交易和流通，如股票定价、锁定期、变更、终止等信息可能对市场产生影响。通过核查计划章程或协议，可以增强投资者预见性，防范潜在的市场扰乱，确保计划的实施不会引发市场不稳定因素。

四是风险防控。员工持股计划可能涉及风险因素，如内幕交易、操纵市场等。核查可以评估计划在设计和执行中是否考虑这些风险，是否采取了相应的风险防控措施，以保护市场的公平和投资者的权益。

五是强化公司治理。员工持股计划章程或协议可能涉及公司的治理结构、股权结构等，核查可以评估计划与公司整体治理结构是否协调，是否会引发公司治理风险。

⑤核查员工减持承诺情况

员工减持承诺是指参与员工持股计划的人员对其所持有或者将要持有的标的股票作出的减持限制或者禁止的承诺。这是为了防止激励对象通过短期套利或者内幕交易等方式损害公司和其他投资者的利益，维护市场稳定和公平。

核查员工减持承诺情况，一是可以评估员工减持承诺是否符合证券法及相关规则的要求，验证员工持股计划实施的合规性。二是员工减持承诺可以防止员工在短期内大量抛售股票，从而引发公司股价的大幅波动，影响市场的稳定性。核查减持承诺可以评估员工持股计划的实施是否会给市场带来不良影响。三是员工减持承诺表明员工对公司未来发展的长期信心，有助于增强投资者对公司的信任。核查可以确保减持承诺的真实性，维护投资者信任。

⑥核查规范运行情况

规范运行情况是指员工持股计划的实施是否遵守了相关法律法规和交易所规则，是否按照章程或协议约定进行了信息披露、业绩考核、风险控制等事项，是否存在违反承诺或者损害公司利益的情形。

对员工持股计划的规范运行情况进行核查具有重要意义，它有助于确保员工持股计划合法合规地开展，保障公司和员工的权益，维护市场秩序，提高公司治理水平。

关于遵守法律法规和交易所规则情况方面。员工持股计划作为一种特殊的股权激励方式，涉及证券法律、公司法、劳动法等多个领域的法律法规。规范运行核查的主要目的是确保该计划在设计和执行过程中是否遵循了相关法律法规、规则，以避免潜在的法律风险。例如，核查是否满足了公司法规定的股东权益保护要求、是否符合证券法关于信息披露的规定，这有助于防止公司和员工在未来因违反法律法规而承担法律责任。

关于信息披露、业绩考核、风险控制等事项的履行情况方面。员工持股计划的规范运行需要确保公司按照法律规定、章程或协议约定，对员工持股计划进行充分的信息披露，包括计划的设计、实施进展、相关风险等内容。此外，业绩考核（如有）是衡量员工持股计划的有效性的重要指标，核查需要确认是否按照约定进行了合理的业绩考核，并对业绩达成情况进行了公正、透明的评估。[①]风险控制方面，核查有助于确认是否制定了合理的风险管理措施，以防止员工持股计划对公司经营和财务状况造成不利影响。

关于违反承诺或损害公司利益情况方面。规范运行核查还能够识别是否存在违反员工持股计划承诺或者损害公司利益的情况。这种情况可能包括，员工滥用持股计划股权、未按规定期限出售或处置股权、违反了锁定期限等。核查可以帮助发现潜在的违规行为，并及时采取措施加以纠正，保障公司和其他股东的权益。

⑦核查员工持股计划的备案情况

根据规则的规定，申报前实施的员工持股计划，可以通过公司制企业、合伙制企业、资产管理计划等持股平台间接持股。其中资产管理计划是一种特殊的资产管理产品。依照《关于规范金融机构资产管理业务的指导意见》（银发〔2018〕106号）及证监会《监管规则适用指引——发行

① 《非上市公众公司监管指引第6号——股权激励和员工持股计划的监管要求（试行）》：挂牌公司应当规范履行信息披露义务，按照《公众公司办法》及相关文件的规定披露员工持股计划决策、设立、存续期间的相关信息。员工持股计划、参与员工应依法依规履行权益变动披露义务。挂牌公司应当在年度报告中披露报告期内下列员工持股计划实施情况：1.报告期内持股员工的范围、人数；2.实施员工持股计划的资金来源；3.报告期内员工持股计划持有的股票总额及占公司股本总额的比例；4.因员工持股计划持有人处分权利引起的计划股份权益变动情况；5.资产管理机构的变更情况；6.其他应当予以披露的事项。

类第4号》的要求，资产管理产品为发行人股东的，中介机构应核查确认该股东依法设立并有效存续，已纳入国家金融监管部门有效监管，并已按照规定履行审批、备案或报告程序，其管理人也已依法注册登记。《非上市公众公司监管指引第6号——股权激励和员工持股计划的监管要求（试行）》规定，新三板挂牌公司实施的员工股权激励计划，如委托给具有资产管理资质的机构管理的，应按照有关法律法规的规定在中国证券投资基金业协会备案。

资产管理产品的备案是指发行主体在募集或者运作资产管理产品前，向相关监管部门或者行业协会报告或者登记其产品的基本信息，以接受监管或者自律管理。资产管理产品的备案目的是规范市场秩序，保护投资者利益，防范金融风险。核查资产管理产品的备案情况在员工持股计划中具有多重意义：首先，主体合规性保障。员工持股计划通过资产管理产品平台间接持股，这涉及资产管理产品的设立和运作。核查资产管理产品的备案情况可以确保发行人的股东通过合规的途径持有股权，保障持股平台（主体）的合法性和合规性，避免法律违规和潜在的法律纠纷。其次，金融风险防控。资产管理产品的备案要求包括依法设立、有效存续、按规定履行审批、备案或报告程序等要素。核查备案情况能够降低金融风险，确保资产管理产品的运作符合法律法规，避免可能的违规操作和其他不良风险。

⑧对员工持股计划是否合法合规实施发表明确意见

就员工持股计划是否合法合规实施发表明确意见，是指保荐机构及发行人律师需在核查员工持股计划规范运行情况的基础上，对该计划的合法性和合规性进行综合评价，明确表达其观点和结论。这一要求的意义在于，保荐机构及发行人律师作为专业法律从业者，具有丰富的法律和市场经验，他们的明确意见能够为发行人、投资者以及监管机构提供一个权威的评价和判断，确保员工持股计划在合法、合规的框架下运行。

⑨对员工持股计划是否存在损害发行人利益的情形发表明确意见

对员工持股计划是否存在损害发行人利益的情形发表明确意见，是指保荐机构及发行人律师在对员工持股计划进行全面核查的基础上，就持股计划可能对发行人利益产生不利影响的情况，提出明确的专业观点和意见。这涉及评估员工持股计划是否存在可能损害公司经济利益、治理结构、市场声誉等方面的潜在风险，并通过专业判断明确表达可能的负面影响。具体而言：

一是经济利益方面。保荐机构及发行人律师需要考虑员工持股计划可能对公司经济利益造成的影响，例如员工持股计划的股票定价可能对公司财务状况和业绩带来的潜在风险等。

二是治理结构方面。评估员工持股计划对公司治理结构可能带来的影响，如股权稀释可能带来的股东权益变动，导致的公司决策机构变动、影响公司决策和管理层的稳定性等。

三是市场声誉方面。保荐机构及发行人律师还需要考虑员工持股计划可能对公司市场声誉产生的潜在影响，如持股计划可能引发的媒体关注、投资者关切等。

四是风险控制方面。他们需评估持股计划是否设有足够的风险控制措施，以减少可能的不利影响，比如人为操控、利益输送等，防范员工持股计划可能对公司利益产生的潜在损害。

这一要求的意义在于，保荐机构及发行人律师作为专业从业者，他们能够根据自身专业知识和经验，对员工持股计划的各个方面进行全面评估，从而提供公司决策者和市场参与者一个全面的、专业的观点。这有助于发行人更全面地了解员工持股计划可能带来的利弊，作出明智的决策。同时，明确意见的提出也有助于投资者、监管机构等对员工持股计划进行全面了解和评价，维护市场的透明度和稳定性。

6. 历史上存在的工会或者职工持股会持股

【规则规定】考虑到发行条件对发行人股权清晰、控制权稳定的要求，发行人控股股东或者实际控制人存在职工持股会或者工会持股情形的，应当予以清理。

对于间接股东存在职工持股会或者工会持股情形的，如不涉及发行人实际控制人控制的各级主体，发行人不需要清理，但应当予以充分披露。

对于职工持股会或者工会持有发行人子公司股份，经保荐机构、发行人律师核查后认为不构成发行人重大违法行为的，发行人不需要清理，但应当予以充分披露。①

【规则概要】本条规定发行人历史上存在职工持股会或者工会持股情形的清理和披露要求。

【规则详解】职工持股会是特殊历史时期的产物。20世纪80年代末90年代初，国有企业尝试股份制改革，允许国有企业改制成为内部职工持股的有限责任公司，或者向内部职工定向募集股份设立股份有限公司。职工持股会，即由持有内部职工股的职工组成，从事内部职工股发行、登记及管理，代表持有内部职工股的职工行使股东权利的组织。对于职工持股会是否具有独立的法人资格，我国各地的规定并不相同，有的地方以公司工会社团法人（即公司工会委员会）名义承担民事责任，有的地方登记为社团法人并独立承担民事责任。民政部办公厅《关于暂停对企业内部职工持股会进行社团法人登记的函》（民办函〔2000〕第110号）规定，职工持

① 《〈首次公开发行股票注册管理办法〉第十二条、第十三条、第三十一条、第四十四条、第四十五条和〈公开发行证券的公司信息披露内容与格式准则第57号——招股说明书〉第七条有关规定的适用意见——证券期货法律适用意见第17号》第五条第二项。

股会属于单位内部团体，不再由民政部门登记管理。证监会法律部《关于职工持股会及工会能否作为上市公司股东的复函》（法律部〔2000〕24号）认为，“根据国务院《社会团体登记管理条例》和民政部办公厅2000年7月7日印发的《关于暂停对企业内部职工持股会进行社团法人登记的函》（民办函〔2000〕110号）的精神，职工持股会属于单位内部团体，不再由民政部门登记管理。对此前已登记的职工持股会在社团清理整顿中暂不换发社团法人证书。因此，职工持股会将不再具有法人资格。在此种情况改变之前，职工持股会不能成为公司的股东。另外，根据中华全国总工会的意见和《中华人民共和国工会法》的有关规定，工会作为上市公司的股东，其身份与工会的设立和活动宗旨不一致，可能会对工会正常活动产生不利影响。因此，我会也暂不受理工会作为股东或发起人的公司公开发行股票的申请。”证监会法律部《关于职工持股会及工会持股有关问题的法律意见》（法协字〔2002〕第115号）的意见认为，“在民政部门不再接受职工持股会的社团法人登记之后，职工持股会不再具备法人资格，不再具备成为上市公司股东及发起人的主体资格，而工会成为上市公司的股东与其设立和活动的宗旨不符”，“对拟上市公司而言，受理其发行申请时，应要求发行人的股东不属于职工持股会及工会持股，同时，应要求发行人的实际控制人不属于职工持股会及工会持股。对于工会或职工持股会持有拟上市公司或已上市公司的子公司股份的，可以不要求其清理。”根据以上规定，对于历史上已经存在的职工持股会、工会持股情形的处理，规则区分不同情况分别作了明确。

（1）发行人控股股东或者实际控制人存在职工持股会或者工会持股情形的，应予清理

发行人控股股东或者实际控制人存在职工持股会或者工会持股情形，是指在公司的股权结构中，职工持股会或者工会系公司的控股股东或者实际控制人。这一情形意味着公司的控制权或实际支配权掌握在职工持股会或工会手里。

清理一般采取股权转让或者股权还原的方式，即由工会或职工持股会将所持发行人的股权转让给其他股东或股东以外的人，或者将股权还原到实际出资的职工个人名下，转为职工直接持股。[①]

之所以要求清理，主要出于以下考虑：

从职工持股会来看，首先，发行人的股权归属必须明确清晰，以便

---

① 武汉市政府办公厅转发武汉市总工会等部门《关于逐步撤销职工持股会的指导意见的通知》（武政办〔2008〕12号）第三条规定："撤销职工持股会的办法有：1.自愿组合委托代表人。由持股职工自愿组合成若干个（不超过50个）持股职工团体，每个团体选一名代表人，团体内职工将本人股权委托给代表人管理，代表人经注册登记成为公司股东，代表委托人行使股东权利；2.股权转让。内部职工股持有人将所持全部股份所有权，以每股净资产值或双方协商确定的价格，转让给本公司法人代表和其他自然人股东。股权受让人受让股权的资金来源应与本公司资产无关联；3.股权信托。内部职工股持有人将所持有的股权信托给信托管理机构管理和运用，信托机构以受托人的身份持有股权，原职工股持有人按照信托协议实现信托受益权；4.公司管理层收购。由公司高层管理人员和中层管理人员出资，全额收购内部职工股。收购价格以经相关审计评估机构审计评估后的每股净资产为基础，原则上收购价格不得低于每股净资产，具体价格由双方协商确定；5.公司外部法人收购。寻找公司合作伙伴，内部职工股全部以不低于每股净资产值的价格转让给其他法人机构，实现公司重组；6.本公司收购。符合《公司法》第七十五条规定的，工会可以请求公司按照合理的价格收购其代表职工所持的全部股权。符合《公司法》第一百四十三条规定的，公司可以收购职工持股会的全部股份。撤销职工持股会可以采取以上6种办法中的任何一种，也可以根据公司实际采取几种办法相结合，或者由公司与职工持股会协商的其他办法。不论采用什么办法，最终的结果都应当是职工持股会撤销，工会组织不再管理公司内部职工股。""撤销职工持股会的基本程序为：1.职工持股会理事会（工会）与公司协商，拟定撤销职工持股会方案（草案）；2.公司聘请有资质的审计评估机构进行审计评估，确认公司每股净资产价格，该审计评估机构须经职工持股会和公司认可；3.职工持股会理事会（工会）将撤销职工持股会方案（草案）以厂务公开的各种形式予以公示，并广泛征求意见，进行修改完善；4.职工持股会理事会主持召开持股职工代表大会或持股职工大会审议通过撤销职工持股会方案，形成同意转让股权和撤销职工持股会的决议；5.公司工会将大会通过的撤销职工持股会方案及有关决议报请原审批组建职工持股会的上级工会审核，上级工会给予批复；6.实施方案，签订股权转让（委托、信托）合同（协议），完成内部职工股的转让（委托、信托）；7.办理股权转让注册登记手续和股权委托、信托协议公证手续。"

投资者和市场准确了解公司的股权结构。职工持股会属特定历史时期的产物，其持有的股权归属于持股会还是会员在法律上不够明确，导致投资者可能对公司的股权结构产生疑虑，影响市场对公司治理的认知。其次，控股股东或实际控制人在公司中扮演着重要角色，其持股情况直接关系到公司的经营决策和战略制定。由于法律层面对于职工持股会的决策主体和决策程序未有明确规定，加上持股会成员主要是员工的集合，不同成员可能有不同利益诉求，参与公司决策的动机和目标可能因个体差异而异，导致在公司战略、经营等决策中出现分歧，会使得其作为控股股东或实际控制人难以集中决策权，影响公司控制权的一致性。

从工会持股来看，工会设立宗旨主要集中在维护员工权益和参与劳资协商，而非直接涉及股权投资和公司经营管理，若其作为以追求盈利为目标的公司的控股股东、实际控制人，可能使工会陷入与公司经营决策、股东权益之间复杂的利益冲突，不仅对工会的正常活动产生不利影响，更使其在公司治理中失去应有的独立地位和影响力。

（2）对于间接股东存在职工持股会或者工会持股情形的，如不涉及发行人实际控制人控制的各级主体，发行人不需要清理，但应当予以充分披露

间接股东，是指通过其他法人或者非法人组织持有发行人股份的股东，例如，A公司持有发行人B公司的股份，则A公司就是B公司的直接股东，而A公司的股东就是B公司的间接股东。如果A公司的股东中存在职工持股会或者工会持股，那么就属于“间接股东存在职工持股会或者工会持股”的情形。

发行人实际控制人，是指通过直接或者间接持有发行人股份、协议安排、关联关系等方式，能够实际控制发行人经营决策、人事任免、财务管理等方面的自然人、法人或者其他组织。例如，C公司是B公司的实际控制人，则C公司直接或者间接控制的其他法人或者非法人组织，就属于“涉及发行人实际控制人控制的各级主体”。间接股东存在职工持股会或者工会持股情形不涉及发行人实际控制人控制的各级主体，是指这些间接股东并不是发行人实际控制人直接或者间接控制的法人或者非法人组织，也就是说，发行人实际控制人对这些间接股东没有影响力或者约束力，不能通过这些间接股东干预或者影响发行人的经营决策、人事任免、财务管理等方面。例如，D公司是B公司的间接股东，持有B公司的5%股份，而D公司的股东中有一部分是职工持股会或者工会持股，但是D公司与C公司没有任何关联关系，也没有任何协议安排，那么就属于“间接股东存在职工持股会或者工会持股情形，不涉及发行人实际控制人控制的各级主体”的情形。

规则规定“对于间接股东存在职工持股会或者工会持股情形的，如不涉及发行人实际控制人控制的各级主体，发行人不需要清理”，主要出于此种情形下的工会持股或者职工持股会持股不会影响发行人的股权清晰和控制权稳定，也不会对发行人的经营管理造成干扰。换言之，如果间接股东存在职工持股会或者工会持股，但是这些间接股东并不受发行人实际控制人的控制，也不影响发行人实际控制人对发行人的有效控制，就不需要强制清理，只需要充分披露相关信息，让投资者自己判断是否承担相应风险。

规则要求对职工持股会或工会持股进行充分披露的目的在于保障信息透明度，投资者由此可以了解到职工持股会或工会持股的比例、持股会的运作机制、参与员工的数量、股权分配方式、是否间接股东、是否属于发行人实际控制人控制的主体、是否影响公司治理等关键信息，这有助于投资者更准确地评估公司的治理状况、潜在风险，同时也为监管部门提供了监督和调查的依据。

（3）对于职工持股会或者工会持有发行人子公司股份，经保荐机构、发行人律师核查后认为不构成发行人重大违法行为的，发行人不需要清理，但应当予以充分披露

职工持股会或者工会持有发行人子公司股份，一般是指在某些情况下，为了促进员工参与企业管理和分享企业成果，发行人将其子公司部分或全部股份分配给员工，由职工持股会或者工会代表员工持有和管理这些子公司股份。

职工持股会或者工会持有发行人子公司股份构成重大违法，一般是指在分配、管理、变更子公司股份过程中，违反了相关法律法规和规范性文件的规定，造成了严重后果，例如损害了国家利益、社会公共利益、其他投资者合法权益等。

规则规定“对于职工持股会或者工会持有发行人子公司股份，经保荐机构、发行人律师核查后认为不构成发行人重大违法行为的，发行人不需要清理”，其目的是维持公司内部稳定，避免过度的监管干预，减少发行人的运营成本和监管负担。若职工持股会或者工会持有发行人子公司股份，并且这些子公司股权的分配、管理、变更没有重大违法行为，即使有轻微违法，其影响也仅局限于子公司层面，故职工持股会或工会持有发行人子公司股份，对发行人的整体控制权和决策影响较小，不会显著影响发行人的整体经营与治理，规则允许此种情况下免予对职工持股会或者工会持股进行清理。

7. 对赌协议

【规则规定】投资机构在投资发行人时约定对赌协议等类似安排的，保荐机构及发行人律师、申报会计师应当重点就以下事项核查并发表明确核查意见：一是发行人是否为对赌协议当事人；二是对赌协议是否存在可能导致公司控制权变化的约定；三是对赌协议是否与市值挂钩；四是对赌协议是否存在严重影响发行人持续经营能力或者其他严重影响投资者权益的情形。存在上述情形的，保荐机构、发行人律师、申报会计师应当审慎论证是否符合股权清晰稳定、会计处理规范等方面的要求，不符合相关要求的对赌协议原则上应在申报前清理。

发行人应当在招股说明书中披露对赌协议的具体内容、对发行人可能存在的影响等，并进行风险提示。

解除对赌协议应关注以下方面：

（1）约定“自始无效”，对回售责任“自始无效”相关协议签订日在财务报告出具日之前的，可视为发行人在报告期内对该笔对赌不存在股份回购义务，发行人收到的相关投资款在报告期内可确认为权益工具；对回售责任“自始无效”相关协议签订日在财务报告出具日之后的，需补充提供协议签订后最新一期经审计的财务报告。

（2）未约定“自始无效”的，发行人收到的相关投资款在对赌安排终止前应作为金融工具核算。①

【规则概要】本条规定对赌协议的核查和披露要求。

【规则详解】对赌协议，是一种私募股权投资中常见的估值调整机制，即投资方和融资方在达成股权性融资协议时，为解决双方对目标公司未来发展的不确定性而设计的包含了股权回购、金钱补偿等对未来目标公司的估值进行调整的协议。简单来说，就是双方约定如果目标公司未来的业绩达到或未达到某个标准，就按照一定的方式奖励或惩罚融资方或投资方。

对赌协议的具体内容和条款可能因投资方、融资方、目标公司、行

① 《监管规则适用指引——发行类第4号》第3条。

业、市场等因素而有所不同，但一般来说，对赌协议会涉及以下几个方面的条款：一是对赌对象，指定对赌协议的当事人，包括投资方、融资方、目标公司、原股东、管理层等。二是对赌条件，设定对赌协议的触发条件，包括业绩指标（如营业收入、净利润等）、估值指标、上市指标等，以及对赌的期限、频率、计算方法等。三是对赌结果，规定对赌协议的执行结果，包括股权调整、货币补偿、股权稀释、股权回购、股权激励等，以及对赌结果的实施方式、时间、价格等。四是对赌保障，设定对赌协议的保障措施，包括违约责任、争议解决、法律适用、保密义务、对赌协议生效或失效的前提条件，以及对赌协议的修改、解除、终止等情形。

IPO审核之所以关注发行人申报之前存在的对赌协议，主要是因为对赌协议可能会给市场带来以下风险：一是导致公司控制权变化，影响公司治理结构稳定性。例如，如果对赌协议规定了股权回购或控股转移等方式，就可能改变原有的股东关系和控制权状况，影响发行人的治理结构和决策机制，增加发行人的内部矛盾和风险。二是对赌协议可能会导致公司资本抽逃，损害公司债权人和其他股东的利益。例如，如果对赌协议规定了货币补偿或股权稀释等方式，就可能导致公司资产减少或负债增加，影响公司的偿债能力和持续经营能力。三是对赌协议可能会导致公司业绩虚假或失真，误导投资者和监管机构。例如，如果对赌协议规定了与市值挂钩的对赌方式，就可能给融资方或投资方提供操纵市场或业绩的动机，造成信息披露不真实或不完整。因此，IPO审核规则要求保荐机构及发行人律师、申报会计师对发行人申报之前存在的对赌协议进行重点核查，并发表明确核查意见。同时，要求发行人在招股说明书中披露对赌协议的具体内容、对发行人可能存在的影响等，并进行风险提示。

（1）中介机构核查事项、核查要求

①重点核查事项

（a）发行人是否为对赌协议当事人

对赌协议当事人，是指参与对赌协议的签订和履行的主体，一般包括投资方和融资方。发行人作为对赌协议当事人主要是融资方，即被投资的目标公司。其通常的权利义务包括：根据对赌协议的类型和内容，按照约定的业绩指标或者市值指标，向投资方提供相应的财务报告、审计报告等信息，以便核实是否达成或者违反对赌条件；如果达成对赌条件，根据对赌协议的约定，融资方享有一定的权利，如获得投资方的股权、现金奖励等；如果违反对赌条件，根据对赌协议的约定，融资方承担一定的义务，如向投资方转让股权、支付现金补偿等；在对赌协议有效期内，不得擅自变更公司章程、股权结构、经营范围等重大事项，不得损害投资方的合法权益等。

全面注册制之前的发行上市审核规则均要求发行人不作为对赌协议当事人。[①]《全国法院民商事审判工作会议纪要》（法〔2019〕254号）第5条的意见是，从订立“对赌协议”的主体来看，有投资方与目标公司的股东或者实际控制人“对赌”，投资方与目标公司“对赌”，投资方与目标公司的股东、目标公司“对赌”等形式。对于投资方与目标公司的股东或者实际控制人订立的“对赌协议”，如无其他无效事由，认定有效并支持实际履行，实践中并无争议。但投资方与目标公司订立的“对

① 《上海证券交易所科创板股票发行上市审核问答（二）》（2019）第10条、《深圳证券交易所创业板股票首次公开发行上市审核问答》（2020）第13条、《首发业务若干问题解答（2020年6月修订）》第5条：投资机构在投资发行人时约定对赌协议等类似安排的，原则上要求发行人在申报前清理，但同时满足以下要求的可以不清理：一是发行人不作为对赌协议当事人；二是对赌协议不存在可能导致公司控制权变化的约定；三是对赌协议不与市值挂钩；四是对赌协议不存在严重影响发行人持续经营能力或者其他严重影响投资者权益的情形。

赌协议”是否有效以及能否实际履行，存在争议。投资方与目标公司订立的“对赌协议”在不存在法定无效事由的情况下，目标公司仅以存在股权回购或者金钱补偿约定为由，主张“对赌协议”无效的，人民法院不予支持，但投资方主张实际履行的，人民法院应当审查是否符合公司法关于“股东不得抽逃出资”及股份回购的强制性规定，判决是否支持其诉讼请求。投资方请求目标公司回购股权的，人民法院应当依据《公司法》关于“股东不得抽逃出资”或者关于股份回购的强制性规定进行审查。

发行上市审核之所以关注发行人是否为对赌协议当事人，主要有以下原因：一是发行人作为对赌协议当事人可能导致公司控制权变化。如果对赌协议约定了股权回购等条款，一旦触发对赌条件，可能会导致发行人股东和股权结构发生变化，从而影响公司治理结构稳定性。二是发行人作为对赌协议当事人可能导致公司资本抽逃。如果对赌协议约定了金钱补偿或者股权回购等条款，可能会导致发行人向投资方支付巨额现金或者以低价回购其持有的股份，从而违反《公司法》关于“股东不得抽逃出资”和“股份回购”的强制性规定，损害了公司债权人和其他股东的合法权益。三是发行人作为对赌协议当事人可能导致公司业绩波动。发行人为了达到或者避免达到对赌条件，可能采取不符合市场规律和企业长远利益的经营决策，从而造成公司业绩波动或者虚假披露。四是发行人作为对赌协议当事人的情形下，关于协议是否有效、能否实际履行方面的法律适用尚未形成统一规则，一旦发生纠纷，不确定的纠纷处理结果可能给发行人股份权属清晰性、持续经营带来重大冲击。

（b）对赌协议是否存在可能导致公司控制权变化的约定

对赌协议是否存在可能导致公司控制权变化的约定，是指投资方和融资方在对赌协议中是否约定了一旦触发对赌条件，就会导致发行人的股东或者实际控制人发生变更的条款。例如：如果融资方未达到约定的业绩指标，投资方可能受让一定比例的发行人股权，从而使投资方成为发行人的控股股东或者实际控制人；如果融资方达到约定的业绩指标，可能从投资方回购一定比例的股权，股权结构亦会受到影响，影响其股权结构和控制权分配。

（c）对赌协议是否与市值挂钩

对赌协议与市值挂钩，是指对赌协议中的回购价款或者补偿金额与发行人上市后的股票交易市值存在直接或者间接的关联。例如：协议约定投资方在发行人上市后可以按照某个比例或者公式，以发行人股票的市场价格作为基准，要求融资方回购其持有的股权或者支付差额补偿；协议约定投资方在发行人上市后可以根据发行人股票的市场价格是否达到或者超过某个预设的目标值，来决定是否行使回购权或者补偿权。

发行上市审核之所以关注对赌协议是否与市值挂钩，主要有以下原因：一是对赌协议与市值挂钩可能导致发行人持续经营能力受到损害。比如，为了避免触发对赌条款，发行人或其实际控制人可能会采取不符合发行人长期利益的措施，如过度追求短期业绩、牺牲研发投入、放弃有利的并购机会等，从而损害发行人的核心竞争力和持续发展能力。二是对赌协议与市值挂钩可能导致操纵股价的行为。比如，对赌协议约定了回购或补偿的触发条件与目标公司的市值达到或低于某一水平有关，融资方可能会在行权期内通过发布虚假或误导性的信息，影响目标公司的市场声誉和估值，从而使市值达到或低于预定水平，逃避或获得回购或补偿。

（d）对赌协议是否存在严重影响发行人持续经营能力或者其他严重影响投资者权益的情形

对赌协议存在严重影响发行人持续经营能力的情形，是指对赌协议的履行可能导致发行人的财务状况、现金流量、盈利能力、经营策略、经营风险等发生重大变化，影响发行人正常开展业务活动或实现发展目标。例如：对赌协议约定了过高的业绩目标或过于苛刻的惩罚措施，导致发行人为了达标而采取不合理的经营决策，损害公司长期利益或违反法律法规；对赌协议约定了与市值挂钩的回购条款，导致发行人在上市后面临巨额的回购义务，影响公司资金流；对赌协议约定了发行人作为回购义务人，导致发行人在财务报表中确认金融负债，影响公司净资产或财务比率。

对赌协议存在其他严重影响投资者权益的情形，主要是指对赌协议的履行可能导致发行人的信息披露不真实、不准确、不完整，或者损害其他股东或债权人的合法权益。如果某些投资者在对赌协议中获得了不公平的优势，其他投资者可能会受到不公平待遇，因而导致市场扭曲和不稳定。例如：对赌协议存在损害其他股东利益的条款，如优先分配利润、超额分配利润等，导致投资者无法享受平等待遇或公平回报；对赌协议存在违反《公司法》《证券法》等强制性规定的条款，导致投资者无法依法行使自己的权利或救济途径。

IPO审核之所以关注对赌协议是否存在严重影响发行人持续经营能力或者其他严重影响投资者权益的情形，主要是为了保障上市公司质量和市场秩序，维护公众投资者和其他相关方的合法权益。

②核查要求

根据规则，保荐机构及发行人律师、申报会计师应当重点就上述四项进行核查并发表明确核查意见。存在上述情形的，保荐机构、发行人律师、申报会计师应当审慎论证是否符合股权清晰稳定、会计处理规范等方面的要求，不符合相关要求的对赌协议原则上应在申报前清理。

（a）核查并发表明确核查意见

规则要求重点就前述四个事项核查并发表明确核查意见，是出于以下原因：

一是合规性和透明度审查需要。重点核查能够确保对赌协议符合法律法规和发行上市规则的要求。此外，核查也有助于提高协议的透明度，确保投资者和监管机构能够清楚了解协议的内容和影响。

二是投资者权益保护需要。对赌协议中的内容可能对投资者产生直接或间接的影响，包括公司的财务状况、控制权、市值和其他关键方面。通过重点核查这些关键问题，监管机构可以确保投资者能够获得明确的信息，以便其能够作出明智的投资决策，而不会受到协议中可能产生的负面影响。

三是维护市场公平性需要。对赌协议可能会影响公司的市值和控制权，因此重点核查可以帮助确保市场的公平性。如果某些投资者或公司在对赌协议中获得了不公平的优势，那么其他投资者可能会受到不公平待遇，这可能导致市场扭曲和不稳定。

四是保障上市公司的稳定经营需要。上市公司需要保持稳定的经营，以维护其声誉和吸引投资者。对赌协议中可能包含的条件，如控制权的变更或管理层的更替，可能对公司的经营能力产生重大影响。监管机构通过核查关键问题，确保公司能够在上市后继续稳定经营，避免不必要的风险和不确定性。

（b）审慎论证

对于发行人是对赌协议当事人、协议存在可能导致公司控制权变化的约定、协议与市值挂钩、协议存在严重影响发行人持续经营能力或者其他严重影响投资者权益的情形的，应当审慎论证是否符合股权清晰稳定、会计处理规范等方面的要求。

关于是否符合股权清晰稳定的要求，主要涉及对赌协议是否存在可能导致公司控制权变化的约定，以及对赌协议是否已在申报前彻底清理或终止。根据《首次公开发行股票注册管理办法》第十二条第二项的规定，发行人应当具备稳定的主营业务、控制权和管理团队，不存在导致控制权可能变更的重大权属纠纷。因此，如果对赌协议存在可能导致公司控制权变化的约定，如涉及股份回购、回售条款等，就需要在申报前彻底清理或终止这些条款，并约定自始无效且不带恢复条款。同时，还需要披露对赌协议及其解除或终止的具体内容、原因、时间、方式等，并进行风险提示。如果对赌协议不存在可能导致公司控制权变化的约定，或者已经彻底清理或终止，并且不影响发行人实际控制人或控制关系的稳定性和信息披露真实性，则可以认为符合股权清晰稳定的要求。

关于是否符合会计处理规范等方面的要求，主要涉及对赌协议是否影响发行人财务报表的编制和披露。根据《首次公开发行股票注册管理办法》第十一条的规定，发行人应当符合会计基础工作规范，财务报表编制和披露符合会计准则和信披规则的规定，在所有重大方面公允地反映了发行人的财务状况、经营成果和现金流量。对于对赌协议的会计处理，《企业会计准则第37号——金融工具列报》（2017年修订）、《监管规则适用指引——会计类第1号》等会计规范都作了明确规定。比如，如果发行人作为回售义务方，则应将相关投资款确认为金融负债；如果发行人作为回售权利方，则应将相关投资款确认为金融资产。若某公司与投资方约定如果上市后市值低于一定标准，公司将以市场价格回购投资者持有的股份。该公司未将相关投资款确认为金融负债，而是按照股权投资进行会计处理，则会导致其财务报表失真。

前述四种情形并非必然导致不符合股权清晰稳定、会计处理规范等方面要求，需要根据具体情况进行判断。审慎论证是一种有目的的、深入的分析和评估过程，旨在确定四种情形是否存在与股权清晰稳定、会计处理规范等方面的要求相悖的情况。

（2）对赌协议的披露、风险提示

规则规定，发行人应当在招股说明书中披露对赌协议的具体内容、对发行人可能存在的影响等，并进行风险提示。

①发行人应当在招股说明书中披露的内容

对赌协议的签订时间、当事人、协议主要条款、生效条件、执行方式、相关各方的权利和义务等；如果协议规定了特定的业绩目标，招股说明书应解释这些目标的性质和期限。

对赌协议对发行人的财务状况、经营成果、现金流量、股权结构、控制权稳定性等方面可能产生的影响。

对赌协议是否已经清理或终止，如果已经清理或终止，应披露清理或终止的具体内容、原因、时间、方式等。

②发行人还应当在招股说明书中进行风险提示，包括但不限于以下方面

对赌协议是否存在可能导致公司控制权变化的约定，如果存在，应提示控制权变更风险；

对赌协议是否与市值挂钩，如果与市值挂钩，应提示操纵股价风险；

对赌协议是否存在严重影响发行人持续经营能力或者其他严重影响投资者权益的情形，如果存在，应提示经营风险或者投资风险；

对赌协议是否已经彻底清理或终止，如果未彻底清理或终止，应提示相关条款可能再次生效的风险。

（3）对赌协议的清理

①根据规则，对赌协议不符合股权清晰稳定、会计处理规范等方面要求的，原则上应在申报前清理

清理，是指发行人与对赌协议当事人签订相关协议，终止或解除对赌协议中的特殊条款，如股份回购等，并约定自始无效且不带恢复条款。清理的目的是消除对赌协议对发行人股权结构、财务状况、市场秩序等方面的不利影响，保证发行人符合发行上市条件要求。

从实践中的案例来看，常见的清理方式有以下三种：

一是原《股权转让协议》中已约定自动终止（解除）条款。这种方式

通常是指在签署对赌协议时，就约定对赌条款自发行人向交易所提交IPO申请材料之日起（或者约定的其他期日届至、条件满足时）自动终止（解除）。这种方式可以避免后续再签署补充协议，简化流程。

二是通过签署补充协议进行清理。这种方式是指对赌协议当事人在申报前签署补充协议，彻底解除或终止所有的对赌条款，并约定自始无效且不带恢复条款。这种方式可以彻底消除对赌协议的影响，符合监管要求。

三是签署附带效力恢复条款的终止（解除）协议。这种方式是指对赌协议当事人在IPO申报前签署解除或终止协议，但约定在特定情形下（如IPO失败或一定期限内未完成IPO）将恢复对赌条款的效力。这种方式可以保护投资方的利益，但需要审慎论证是否符合股权清晰稳定、会计规范等方面的要求，并进行充分披露和风险提示。

规则之所以要求在申报前清理不合规的对赌协议，是因为如果对赌协议未在申报前清理，可能导致发行人不符合《首次公开发行股票注册管理办法》第十一条、第十二条第二项规定的发行条件。

②对赌协议清理的会计处理要求

（a）约定“自始无效”的清理

规则要求，约定“自始无效”，对回售责任“自始无效”相关协议签订日在财务报告出具日之前的，可视为发行人在报告期内对该笔对赌不存在股份回购义务，发行人收到的相关投资款在报告期内可确认为权益工具；对回售责任“自始无效”相关协议签订日在财务报告出具日之后的，需补充提供协议签订后最新一期经审计的财务报告。

约定“自始无效”的清理是彻底清理，是指发行人与对赌协议当事人签订相关协议，终止或解除对赌协议中的特殊条款，如股份回购、市值补偿等，并约定自始无效且不带恢复条款。在财务报告出具日前签自始无效的解除协议的，规则承认“自始无效”的效力，明确此情况可认定报告期内不存在回购义务，即发行人不承担以现金或其他金融资产回购自身权益工具的义务。

权益工具是金融工具的一种。金融工具是可以作为交易、投资或风险管理工具的经济资产。根据金融工具的功能、性质和用途上的不同，它主要分为金融资产、金融负债或权益工具三大类。

金融资产是一种流动资产，其价值来源于合同权利或所有权要求。现金、股票、债券、共同基金和银行存款都是金融资产的例子。与土地、财产、商品或其他有形资产不同，金融资产不一定具有固有的实物价值，甚至也不一定具有实物形式。相反，它们的价值反映了它们交易市场的供求因素，以及它们所承担的风险程度。

金融负债是指企业的下列负债：（1）向其他单位交付现金或其他金融资产的合同义务。（2）在潜在不利条件下，与其他单位交换金融资产或金融负债的合同义务。（3）将来须用或可用企业自身权益工具进行结算的非衍生工具的合同义务，企业根据该合同将交付非固定数量的自身权益工具。

权益工具是指能证明拥有某个企业在扣除所有负债后的资产中的剩余权益的合同。权益工具的持有者被视为实体的股东或股东的代表。比如，企业发行的普通股，以及企业发行的、使持有者有权以固定价格购入固定数量本企业普通股的认股权证。

金融资产、金融负债、权益工具的主要区别在于：金融资产是投资方投资后可以获取利益的一种权利，而金融负债和权益工具则是投资对象有向投资方支付这种利益的义务。换言之，金融工具是一种合同，合同的一方是金融资产，另一方就是金融负债或权益工具。也就是说，金融资产对应的不一定就是金融负债，还可能是权益工具。如果投资方最终收到的价值是确定的，那就属于金融负债；如果金额不确定，那就是权益工具。

根据《企业会计准则——金融工具列报》的规定，如果一项合同使发行方承担了以现金或其他金融资产回购自身权益工具的义务，即使发行方的回购义务取决于合同对手方是否行使回售权，发行方应当在初始确认时将该义务确认为一项金融负债，其金额等于回购所需支付金额的现值（如远期回购价格的现值、期权行权价格的现值或其他回售金额的现值）。因此，如果发行人收到的投资款存在对赌协议中的股份回购义务，该投资款应当确认为金融负债，而不是权益工具。如果发行人在申报前清理了对赌协议，并约定自始无效且不带恢复条款，则该投资款仍然可以确认为权益工具。这一规定可以避免追溯调整，将相关股东投资款从权益工具分类为金融负债，进而导致发行人净资产减少使得出资不实或者不满足发行条件之股本要求，影响发行人的股本结构和财务状况。

规则要求“在财务报告出具日前签订自始无效的解除协议”，是因为这样可以认定发行人在整个报告期内都没有回购义务，无需追溯调整财务数据。如果在财务报告出具日之后签署解除协议，就需要补充提供最新一期经审计的财务报告，以反映出真实的财务状况。这些规定是为了符合企业会计准则的要求，防止投资者通过对赌协议操纵股票市值，影响其他投资者的权益和市场的公平性。

对回售责任“自始无效”相关协议签订日在财务报告出具日之后的，需补充提供协议签订后最新一期经审计的财务报告，是指发行人清理了对赌协议，并约定自始无效且不带恢复条款，但清理协议的签订日晚于财务报告的出具日，也就是说清理协议的签订日在财务数据（审计）截止日之后。在此情况下，不能视为发行人在报告期内对该笔对赌不存在股份回购义务，因此需要补充提供协议签订后最新一期经审计的财务报告，并在该财务报告中将该笔投资款确认为权益工具。

由此可见，如果发行人在申报前清理了对赌协议，并约定自始无效且不带恢复条款，无论清理协议签订日是在财务报告出具日之前还是之后，都可以将投资款重新确认为权益工具。但如果清理协议签订日在财务报告出具日之后，则需要补充提供最新一期经审计的财务报告，并在该财务报告中进行重新确认。

（b）未约定“自始无效”的清理

规则要求，未约定“自始无效”的，发行人收到的相关投资款在对赌安排终止前应作为金融工具核算。[①]

在对赌安排终止前，是指发行人与对赌协议当事人签订相关协议，终止或解除对赌协议中的特殊条款，如股份回购、市值补偿等，并约定不带恢复条款之前。这种情况下，对赌协议的效力在签订终止或解除协议的时点才终止，而不是自始无效。

发行人收到的相关投资款在对赌安排终止前应作为金融工具核算，是指根据《企业会计准则——金融工具列报》的规定，如果发行人收到的投资款存在对赌协议中的股份回购义务，则该投资款应当确认为金融负债，而不是权益工具。只有在对赌协议终止后，才可以将该投资款确认为权益工具。

8. 资产管理产品、契约型私募投资基金投资发行人

【规则规定】**银行非保本理财产品，资金信托，证券公司、证券公司子公司、基金管理公司、基金管理子公司、期货公司、期货公司子公司、保险资产管理机构、金融资产投资公司发行的资产管理产品等《关于规范金融机构资产管理业务的指导意见》（银发［2018］106号）规定的产品**

① 规则原文“作为金融工具核算”疑应为“作为金融负债核算”。

（以下统称资产管理产品），以及契约型私募投资基金，直接持有发行人股份的，中介机构和发行人应从以下方面核查披露相关信息：

（1）中介机构应核查确认公司控股股东、实际控制人、第一大股东不属于资产管理产品、契约型私募投资基金。

（2）资产管理产品、契约型私募投资基金为发行人股东的，中介机构应核查确认该股东依法设立并有效存续，已纳入国家金融监管部门有效监管，并已按照规定履行审批、备案或报告程序，其管理人也已依法注册登记。

（3）发行人应当按照首发信息披露准则的要求对资产管理产品、契约型私募投资基金股东进行信息披露。通过协议转让、特定事项协议转让和大宗交易方式形成的资产管理产品、契约型私募投资基金股东，中介机构应对控股股东、实际控制人、董事、监事、高级管理人员及其近亲属，本次发行的中介机构及其负责人、高级管理人员、经办人员是否直接或间接在该等资产管理产品、契约型私募投资基金中持有权益进行核查并发表明确意见。

（4）中介机构应核查确认资产管理产品、契约型私募投资基金已作出合理安排，可确保符合现行锁定期和减持规则要求。[①]

【规则概要】本条规定对资产管理产品、契约型私募投资基金投资发行人的核查和披露要求。

【规则详解】**（1）资产管理产品、契约型私募投资基金**

①资产管理产品

资产管理，广义就是对资产负债表左侧所列全部资产进行管理，也可以定义为投资者所收集的资产被投资于资本市场的实际过程。

资产管理业务，是指银行、信托、证券、基金、期货、保险资产管理

① 《监管规则适用指引——发行类第4号》第4条。

机构、金融资产投资公司等金融机构接受投资者委托，对受托的投资者财产进行投资和管理的金融服务。金融机构为委托人利益履行诚实信用、勤勉尽责义务并收取相应的管理费用，委托人自担投资风险并获得收益。

资管产品是一种载体，金融机构作为管理人通过这个载体对普通大众委托的资金进行投资和管理。它包括但不限于人民币或外币形式的银行非保本理财产品，资金信托，证券公司、证券公司子公司、基金管理公司、基金管理子公司、期货公司、期货公司子公司、保险资产管理机构、金融资产投资公司发行的资产管理产品等。

资管产品的品种根据发行机构的不同呈现多样性。如，银行发行的理财计划，信托公司发行的信托计划，证券公司或其资管子公司、期货公司或其资管子公司、保险资产管理机构、公募基金公司子公司发行的资产管理计划，基金公司发行的基金。

资产管理产品可以投资于各种金融资产，包括股票、债券、基金、衍生品等。当资产管理产品投资于某个公司的股票时，就相当于该产品直接持有该公司的股份。这种情况下，该产品作为该公司的股东，享有相应的股东权利和义务。

②契约型私募投资基金

投资基金，是资产管理的主要方式之一，它是一种组合投资、专业管理、利益共享、风险共担的集合投资方式。它主要通过向投资者发行收益凭证（基金份额），将投资者的资金集中起来，形成一个庞大的投资组合，交由专业的基金管理机构投资于各种资产，从而降低个别投资者的风险，并通过分散投资来追求更高的收益。

公募基金是指以公开方式向社会公众投资者募集资金并以证券为主要投资对象的投资基金。私募基金是指以非公开方式向特定投资者募集资金设立的投资基金。私募基金主要包括两类：私募证券投资基金和私募股权投资基金。

私募基金的组织形式包括公司型基金、合伙型基金、契约型基金。

公司型基金是依据公司法设立的具有独立法人地位的投资基金。公司型基金以发行股份的方式筹集资金，投资者购买基金公司的股份后，以基金持有人的身份成为基金公司的股东，凭其持有的股份依法享有投资收益、参与重大决策和选择管理者。

合伙型基金是投资者以合伙企业形式设立的投资基金。合伙型基金的投资者是合伙人，享有合伙人的权利，并承担合伙人的义务。合伙人可以通过参与基金的管理，对基金的运作和投资决策产生影响。

契约型基金，是指将投资者、管理人、托管人三者作为信托关系的当事人，通过签订基金契约的形式发行受益凭证而设立的一种基金。契约型基金是基于信托原理而组织起来的代理投资方式，没有基金章程，也没有公司股东会或者董事会、合伙人会议，而是通过基金契约来规范三方当事人的行为。基金管理人负责基金的管理操作；基金托管人作为基金资产的名义持有人，负责基金资产的保管和处置。契约型基金不具有法律实体地位，其运作和管理完全依赖于基金管理人。投资者作为受益人，凭其持有的份额享有投资收益，但不能直接干预基金的运作和投资决策。

规则之所以关注资产管理产品、契约型私募投资基金直接持有发行人股份、作为发行人股东的情形，主要原因是：第一，资产管理产品、契约型私募投资基金本身不具备法律实体地位，其与管理人的关系为信托关系，无法进行自我管理，需由管理人代其行使相关民事权利。并且，资产管理人基于产品投资目的，一般以追求投资收益为上，与通常意义上公司股东相异。因此，当资产管理产品、契约型私募投资基金作为发行人控股股东、实际控制人、第一大股东时，难以满足实质上的股权权属明晰、控制权稳定的要求。第二，资产管理产品、契约型私募投资基金设有存续期，存续期届满，资产管理产品和基金合同即终止并进行清算，资产管理产品、契约型私募投资基金作为持股股东的主体资格不再存续，会影响发行人股权结构的稳定；而且资管产品、基金的清算，可能导致其持有的发行人股份进入股权流通市场，使之无法满足现行股份锁定期、减持方面的监管要求。①第三，资管产品、契约型私募投资基金的背后可能存在出资人身份不明、利益关系复杂等问题。当发行人的控股股东、实际控制人、董事、监事、高级管理人员及其近亲属直接或间接在资产管理产品、契约型私募投资基金中持有权益，可能存在资产管理产品的资金与关联方进行不正当交易、利益输送、内幕交易和操纵市场。②例如，资产管理产品的管理人或者托管人掌握或获取发行人未公开信息，向关联方买入或卖出发行人的股票；又如，资产管理产品的管理人或者托管人与关联方串通，在发行人上市前后大量买卖发行人的股票，制造虚假繁荣或恐慌氛围，吸引其他投资者跟风炒作。

① 《私募投资基金登记备案办法》第三十六条规定："私募基金应当约定明确的存续期。私募股权基金约定的存续期除另有规定外，不得少于5年。鼓励私募基金管理人设立存续期不少于7年的私募股权基金。"第五十七条规定："私募基金合同终止的，私募基金管理人应当按照基金合同约定，及时对私募基金进行清算，自私募基金清算完成之日起10个工作日内向协会报送清算报告等信息。一定期限内无法完成清算的，还应当自清算开始之日起10个工作日内向协会报送清算承诺函、清算公告等信息。私募基金在开始清算后不得再进行募集，不得再以基金的名义和方式进行投资。"《证券期货经营机构私募资产管理业务管理办法》第五十六条、第五十七条规定："有下列情形之一的，资产管理计划终止：（一）资产管理计划存续期届满且不展期；""资产管理计划终止的，证券期货经营机构应当在发生终止情形之日起五个工作日内开始组织清算资产管理计划财产"。《证券期货经营机构私募资产管理计划运作管理规定》第二十三条规定："证券期货经营机构应当加强资产管理计划的久期管理，不得设立不设存续期限的资产管理计划。封闭式资产管理计划的期限不得低于90天。"《保险资产管理产品管理暂行办法》第二十八条、第二十九条规定："有下列情形之一的，保险资管产品终止：（一）保险资管产品期限届满；""保险资管产品终止的，保险资产管理机构应当按照银保监会要求和产品合同约定，组织开展清算工作，并及时履行报告义务。"

② 《关于规范金融机构资产管理业务的指导意见》第二十四条规定："金融机构不得以资产管理产品的资金与关联方进行不正当交易、利益输送、内幕交易和操纵市场，包括但不限于投资于关联方虚假项目、与关联方共同收购上市公司、向本机构注资等。"

（2）核查要求

①公司控股股东、实际控制人、第一大股东是否属于资产管理产品、契约型私募投资基金

规则要求，中介机构应核查确认公司控股股东、实际控制人、第一大股东不属于资产管理产品、契约型私募投资基金。

核查工作可能涉及：一是梳理公司股东结构。中介机构首先需要梳理公司的股东结构，特别关注控股股东、实际控制人、第一大股东的身份和股权情况。核查可以通过查阅公司章程、股东名册、股权转让协议、一致行动协议、股东会决议、董事会决议、股东出资证明、股东身份证明、股东诉讼纠纷文书等文件进行。二是核查资产管理产品和私募基金名单。中介机构应获取资产管理产品和契约型私募投资基金的名单，了解这些机构的投资情况。这可以通过向公司、金融监管部门或其他相关部门查询获得。注意，查询结果可能需要确保时效性，因为投资情况可能随时间变化。三是法律身份和有效存续确认。对于涉及的资产管理产品和契约型私募基金，中介机构应核查确认其法律身份，包括是否依法设立并有效存续。这涉及查阅相关法定文件，如设立文件、备案证明等。

②资产管理产品、契约型私募投资基金设立的合规性

规则要求，资产管理产品、契约型私募投资基金为发行人股东的，中介机构应核查确认该股东依法设立并有效存续，已纳入国家金融监管部门有效监管，并已按照规定履行审批、备案或报告程序，其管理人也已依法注册登记。

依法设立并有效存续，是指资产管理产品、契约型私募投资基金按照《证券投资基金法》《私募投资基金监督管理条例》《关于规范金融机构资产管理业务的指导意见》等相关法律法规的规定，通过合法的方式设立，并在设立后保持正常的运作状态，没有发生终止、解散、清算、撤销或者

被吊销登记备案等情形。

已纳入国家金融监管部门有效监管，是指资产管理产品、契约型私募投资基金已经接受国家金融监管部门的监督管理，遵守相关的法律法规、规范性文件和自律规则，接受相关的检查、问询、调查等，并按照要求履行信息披露、风险管理等义务。《关于规范金融机构资产管理业务的指导意见》第二十六条、第三十条规定："金融监督管理部门实施资产管理业务的市场准入和日常监管。""资产管理业务作为金融业务，属于特许经营行业，必须纳入金融监管。"《监管规则适用指引——关于申请首发上市企业股东信息披露》第六条规定："私募投资基金等金融产品持有发行人股份的，发行人应当披露金融产品纳入监管情况。"

已按照规定履行审批、备案或报告程序，是指资产管理产品、契约型私募投资基金在设立和运作过程中，已经按照相关法律法规的规定，向有关机关提交相关的申请材料，取得相应的批准或者备案文件，并及时报告相关信息。①

① 《关于规范金融机构资产管理业务的指导意见》第八条规定："金融机构应当履行以下管理人职责：（二）办理产品登记备案或者注册手续。"第二十五条规定："建立资产管理产品统一报告制度。中国人民银行负责统筹资产管理产品的数据编码和综合统计工作，会同金融监督管理部门拟定资产管理产品统计制度，建立资产管理产品信息系统，规范和统一产品标准、信息分类、代码、数据格式，逐只产品统计基本信息、募集信息、资产负债信息和终止信息。"《保险资产管理产品管理暂行办法》第二十一条规定："保险资产管理机构发行的保险资管产品，应当在银保监会认可的机构履行注册或者登记等规定程序。"第四十二条规定："托管人和其他专业服务机构应当按照相关合同约定，向保险资产管理机构和银保监会履行信息披露和报告义务。"《私募投资基金监督管理条例》第十一条规定："私募基金管理人应当履行下列职责：（一）依法募集资金，办理私募基金备案；"第二十二条规定："私募基金管理人应当自私募基金募集完毕之日起20个工作日内，向登记备案机构报送下列材料，办理备案：（一）基金合同；（二）托管协议或者保障私募基金财产安全的制度措施；（三）私募基金财产证明文件；（四）投资者的基本信息、认购金额、持有基金份额的数量及其受益所有人相关信息；（五）国务院证券监督管理机构规定的其他材料。"第三十三条规定："私募基金管理人、私募基金托管人、私募基金服务机构应当按照国务院证券监督管理机构的规定，向登记备案机构报送私募基金投资运作等信息。"

管理人已依法注册登记，是指资产管理产品、契约型私募投资基金的管理人已经按照相关法律法规的规定，向有权机关提交相关的登记材料，依法登记。[①]

上述核查的目的是确认资产管理产品、契约型私募投资基金作为发行人股东从设立时起持续保持合规，不会对其主体资格合法性、发行人股份权属清晰造成不利影响。

③资产管理产品、契约型私募投资基金与发行人相关方的关系

规则规定，通过协议转让、特定事项协议转让和大宗交易方式形成的资产管理产品、契约型私募投资基金股东，中介机构应对控股股东、实际控制人、董事、监事、高级管理人员及其近亲属，本次发行的中介机构及其负责人、高级管理人员、经办人员是否直接或间接在该等资产管理产品、契约型私募投资基金中持有权益进行核查并发表明确意见。

资产管理产品、契约型私募投资基金可以通过多种方式成为发行人股东，包括但不限于直接购买发行人的股票、参与发行人的增资扩股、接受股权的赠与等。这些方式都可能导致资产管理产品、契约型私募投资基金成为发行人的股东。

协议转让，此处是指股权交易双方通过洽谈、协商以协议成交的方式购买发行人股份。特定事项协议转让，是指股权交易双方通过签订特定

① 《私募投资基金监督管理条例》第十条规定："私募基金管理人应当依法向国务院证券监督管理机构委托的机构（以下称登记备案机构）报送下列材料，履行登记手续：（一）统一社会信用代码；（二）公司章程或者合伙协议；（三）股东、实际控制人、董事、监事、高级管理人员，普通合伙人、执行事务合伙人或者委派代表的基本信息，股东、实际控制人、合伙人相关受益所有人信息；（四）保证报送材料真实、准确、完整和遵守监督管理规定的信用承诺书；（五）国务院证券监督管理机构规定的其他材料。私募基金管理人的控股股东、实际控制人、普通合伙人、执行事务合伙人或者委派代表等重大事项发生变更的，应当按照规定向登记备案机构履行变更登记手续。登记备案机构应当公示已办理登记的私募基金管理人相关信息。"《私募投资基金登记备案办法》第四条规定："私募基金管理人应当按照规定，向中国证券投资基金业协会（以下简称协会）履行登记备案手续，持续报送相关信息。"

事项协议的方式购买发行人股份。特定事项协议转让是一种特殊的协议转让，通常涉及发行人的重大事项，如重组、并购等。大宗交易，又称为大宗买卖，是指达到规定的最低数量的证券单笔买卖申报，买卖双方经过协议达成一致并经交易所确定成交的证券交易。

规则要求对控股股东、实际控制人、董事、监事、高级管理人员及其近亲属，本次发行的中介机构及其负责人、高级管理人员、经办人员是否直接或间接在该等资产管理产品、契约型私募投资基金中持有权益进行核查，主要是为了防止潜在的利益冲突和不透明的关联交易。相关核查可以帮助揭示可能存在的潜在问题，比如内幕交易、利益输送等，并有助于保护投资者利益。此外，这也有助于防止通过复杂的所有权结构或者其他方式来规避法律法规限制和监管要求。

核查主要针对“通过协议转让、特定事项协议转让和大宗交易方式形成的资产管理产品、契约型私募投资基金股东”的情形，主要是因为这些交易方式可能涉及大额的资金和股权转移，存在利益输送、内幕交易等风险。此外，这些交易方式通常涉及的股东数量较少，相比于公开市场交易，具有更大的隐秘性、公开透明度相对较低，因此需要进行更为严格的核查。

④资产管理产品、契约型私募投资基金是否符合现行锁定期和减持规则

规则规定，中介机构应核查确认资产管理产品、契约型私募投资基金已作出合理安排，可确保符合现行锁定期和减持规则要求。

合理安排，是指资产管理产品、契约型私募投资基金在投资发行人股份时，应当制定出一套符合现行法律法规要求的计划和措施，以确保其在未来能够遵守股权的锁定期和减持规则。比如，公司公开发行股份前已发行的股份，自公司股票在证券交易所上市交易之日起一年内不得转让；控股股东和实际控制人的一致行动人所持股份应当比照控股股东和实际控制

人所持股份进行锁定（自发行人股票上市之日起三十六个月内不得转让）；发行人申报前六个月内进行增资扩股的，新增股份的持有人应当承诺新增股份自发行人完成增资扩股工商变更登记手续之日起锁定三十六个月；在申报前六个月内从控股股东或者实际控制人处受让的股份，应当比照控股股东或者实际控制人所持股份进行锁定。又如，公司上市时未盈利的，在实现盈利前，控股股东、实际控制人及其一致行动人自公司股票上市之日起三个完整会计年度内，不得减持首发前股份；自公司股票上市之日起第四个和第五个完整会计年度内，每年减持的首发前股份不得超过公司股份总数的2%。①

中介机构在核查这些资管产品和基金时，需确认它已经作出了这样的“合理安排”。如果没有作出这样的安排，或者所作的安排不能确保遵守锁定期和减持规则，中介机构可能认为这些产品和基金不适合投资发行人股份。这是为了防止资管产品、基金在发行人上市后过早或过多地减持股份，从而对市场造成冲击，影响市场的稳定和公平，损害其他投资者的合法权益。

（3）披露要求

规则规定，发行人应当按照首发信息披露准则的要求对资产管理产品、契约型私募投资基金股东进行信息披露。

《监管规则适用指引——关于申请首发上市企业股东信息披露》第六条、第八条规定，“私募投资基金等金融产品持有发行人股份的，发行人应当披露金融产品纳入监管情况。”“保荐机构、证券服务机构等中介机构应当勤勉尽责，依照本指引要求对发行人披露的股东信息进行核查。中介

① 《公司法》第一百六十条、《〈首次公开发行股票注册管理办法〉第十二条、第十三条、第三十一条、第四十四条、第四十五条和〈公开发行证券的公司信息披露内容与格式准则第57号——招股说明书〉第七条有关规定的适用意见——证券期货法律适用意见第17号》第二条第五项、《深圳证券交易所创业板股票上市规则》2、3、5款。

机构发表核查意见不能简单以相关机构或者个人承诺作为依据，应当全面深入核查包括但不限于股东入股协议、交易对价、资金来源、支付方式等客观证据，保证所出具的文件真实、准确、完整。”根据《招股说明书信息披露准则》第三十六条的规定，发行人对股本、股东情况的披露，应包括：（a）股本有关情况。本次发行前总股本、本次发行及公开发售的股份，以及本次发行及公开发售的股份占发行后总股本的比例；本次发行前的前十名股东；本次发行前的前十名自然人股东及其担任发行人职务情况；如果发行人股本有国有股份或外资股份，应根据有关主管部门对股份设置的批复文件披露相应的股东名称、持股数量、持股比例。（b）新增股东。如果在申报前十二个月内有新增股东，应披露新增股东的基本情况、入股原因、入股价格及定价依据，新增股东与发行人其他股东、董事、监事、高级管理人员是否存在关联关系，新增股东与本次发行的中介机构及其负责人、高级管理人员、经办人员是否存在关联关系，新增股东是否存在股份代持情形等。如果属于战略投资者，应予注明并说明具体战略关系。（c）各股东间的关联关系。应披露本次发行前各股东间的关联关系、一致行动关系及关联股东各自持股比例。（d）公开发售影响。如果发行人股东公开发售股份，应披露公开发售股份对发行人的控制权、治理结构及生产经营的影响，并提示投资者关注上述事项。

9. 出资瑕疵

【规则规定】**发行人的注册资本应依法足额缴纳。发起人或者股东用作出资的资产的财产权转移手续已办理完毕。保荐机构和发行人律师应关注发行人是否存在股东未全面履行出资义务、抽逃出资、出资方式等存在瑕疵。**

历史上存在出资瑕疵的，应当在申报前依法采取补救措施。保荐机构和发行人律师应当对出资瑕疵事项的影响及发行人或相关股东是否因出资瑕疵受到过行政处罚、是否构成重大违法行为及本次发行的法律障碍，是否存在纠纷或潜在纠纷进行核查并发表明确意见。发行人应当充分披露存在的出资瑕疵事项、采取的补救措施，以及中介机构的核查意见。[①]

【规则概要】本条规定对出资瑕疵的披露与核查要求。

【规则详解】出资是指公司的发起人或股东为取得公司股份或股权而向公司投入的货币或非货币财产。出资是股东的法定义务，也是股东取得股权的前提和基础。出资的方式可以分为货币出资和非货币出资，非货币出资包括实物、知识产权、土地使用权、股权、债权等可以用货币估价并可以依法转让的非货币财产。[②]

关于注册资本，有限责任公司注册资本是指在公司登记机关登记的全体股东认缴的出资额；股份有限公司的注册资本为在公司登记机关登记的已发行股份的股本总额。

足额缴纳注册资本，是指有限责任公司股东除了法律、行政法规以及国务院决定对其注册资本实缴、出资期限另有规定外，应当自公司成立之日起五年内按期足额缴纳公司章程中规定的各自所认缴的出资额；股份有限公司发起人应当在公司成立前按照其认购的股份全额缴纳股款。股东以货币出资的，应当将货币出资足额存入公司在银行开设的账户；以非货币财产出资的，应当依法办理其财产权的转移手续。

用作出资的资产的财产权转移手续，是指股东以非货币财产出资时，应当依法办理相关的交付、变更权属登记等财产权转移手续，使公司成为

① 参见《监管规则适用指引——发行类第4号》第5条第1项。

② 《公司法》第四十八条。

该财产的合法所有者或者使用者。例如，股东以土地使用权出资的，应当办理土地登记、变更等手续；股东以知识产权出资的，应当办理知识产权登记、转让等手续。规则要求用作出资的非货币财产必须办理财产权转移手续，目的是保证出资的合法性、有效性和安全性。具体来说，有以下几个方面的考虑：一是保证出资财产的权属清晰，避免出现权属纠纷或第三方主张权利的情况，影响公司的股权结构和运营稳定。二是保证出资财产的价值真实，避免出现虚假出资或资产价值不实的情况，影响公司的注册资本和信誉。三是保证出资财产的流动性，避免出现出资财产不能依法转让或存在限制性条件的情况。

出资瑕疵，是指股东未按照法律规定和公司章程约定履行出资义务，导致公司注册资本不真实或者不完整的情形。出资瑕疵包括未足额出资、延迟出资、虚假出资、出资不实、抽逃出资、程序瑕疵（评估、验资、登记）等。

IPO审核关注出资瑕疵主要考虑它会给市场带来以下风险：一是出资瑕疵可能影响发行人资本的充足性、财务数据准确性，导致公司债务清偿能力不足，损害债权人利益；二是出资瑕疵会影响公司股权结构清晰性，导致公司治理混乱，损害其他股东利益。《公司法》第五十二条、第一百零七条规定了股东未按期出资情况下的失权制度，可能使瑕疵出资的股东丧失股权，进而影响公司股权稳定。[①]

① 《公司法》第五十二条规定："股东未按照公司章程规定的出资日期缴纳出资，公司依照前条第一款规定发出书面催缴书催缴出资的，可以载明缴纳出资的宽限期；宽限期自公司发出催缴书之日起，不得少于六十日。宽限期届满，股东仍未履行出资义务的，公司经董事会决议可以向该股东发出失权通知，通知应当以书面形式发出。自通知发出之日起，该股东丧失其未缴纳出资的股权。""依照前款规定丧失的股权应当依法转让，或者相应减少注册资本并注销该股权；六个月内未转让或者注销的，由公司其他股东按照其出资比例足额缴纳相应出资。""股东对失权有异议的，应当自接到失权通知之日起三十日内，向人民法院提起诉讼。"

（1）核查要求

①股东是否存在出资瑕疵，瑕疵是否得到补救

规则要求，保荐机构和发行人律师应关注发行人是否存在股东未全面履行出资义务、抽逃出资、出资方式等存在瑕疵。历史上存在出资瑕疵的，应当在申报前依法采取补救措施。

未全面履行出资义务，是指股东在认缴出资期限届满后，仍未足额完成出资的情形。抽逃出资，是指股东在缴付出资后，通过各种方式将出资款项或者相应价值从公司中取回的情形。例如，股东缴付出资后，通过虚假交易、借款、提取高额报酬等方式，将出资款或者更多的金额从公司拿走。出资方式存在瑕疵，是指股东在进行出资时，作为出资的财产违反了法律法规或者公司章程的规定，导致出资的效力受到影响或者质疑的情形。例如，以劳务作为出资财产；章程规定以货币出资，但实际以非货币财产出资；非货币财产出资的，未按照法律规定进行评估或者办理产权转移手续。

针对出资瑕疵情形，发行人应当在申报前依法采取补救措施，以消除或者减少对发行人持续经营能力和股东权益的影响。具体的补救措施可以根据不同情况而定，一般包括以下几种：要求未全面履行出资义务的股东补足出资，并支付相应利息或者违约金；要求抽逃出资的股东返还所取走的款项或者价值，并承担相应责任；要求出资方式存在瑕疵的股东补正瑕疵，并承担相应责任；与未全面履行出资义务、抽逃出资或者出资方式存在瑕疵的股东解除股权转让协议，并按照法律规定处理其所持有的股份等。依照《公司法》第五十二条的规定，股东因未按期缴纳出资而丧失的股权应当依法转让，或者相应减少注册资本并注销该股权；六个月内未转让或者注销的，由公司其他股东按照其出资比例足额缴纳相应出资。

出资瑕疵可能导致的发行人注册资本不真实、财务数据不准确，以及

股份权属不清晰等问题，均会影响对发行条件符合性的判断。因此，发行人应当在申报前采取有效的补救措施，消除或者减少这些问题对发行上市的不利影响，并在招股说明书中充分披露相关情况和风险提示。

②出资瑕疵事项的影响

规则要求，保荐机构和发行人律师应当对出资瑕疵事项的影响及发行人或相关股东是否因出资瑕疵受到过行政处罚、是否构成重大违法行为及本次发行的法律障碍，是否存在纠纷或潜在纠纷进行核查并发表明确意见。

（a）核查范围

通过查阅公司登记档案、股东名册、出资证明书、财务报表、审计报告、法律意见书等资料，核实发行人的注册资本、股权结构、出资方式、出资时间等情况，判断是否存在未全面履行出资义务、抽逃出资或者出资方式存在瑕疵等问题。

通过询问公司管理层、股东、财务人员等相关人员，了解发行人是否采取了有效的补救措施，以及这些措施是否符合法律规定，是否得到其他股东的认可，是否影响财务数据准确性、股份权属清晰性。

通过查询工商行政管理部门、税务部门、司法部门等相关机构的公开信息或者内部记录，核实发行人或相关股东是否因出资瑕疵受到过行政处罚，以及这些处罚是否已经执行完毕，是否对发行人造成了不利影响。

通过分析公司章程、股东协议、股权转让协议等相关文件，评估发行人是否存在因出资瑕疵而导致的重大违法行为，例如虚假陈述、欺诈发行、损害国家利益等，以及这些违法行为是否已经被查处或者纠正，是否对发行人造成了不可挽回的损失。

通过评估公司的市场竞争力、内部控制等因素，判断发行人是否存在因出资瑕疵而导致的本次发行的法律障碍，例如不符合发行上市条件、不能保证信息披露真实完整有效、不能保证募集资金合理使用等，以及这些障碍是否可以通过补救措施、改善公司治理或者调整发行方案等方式消除。

通过调查公司与其他股东、债权人、合作方等相关方的关系，判断发行人是否存在因出资瑕疵而引起的纠纷或潜在纠纷，例如股权归属争议、债务清偿争议、合同履行争议等，以及这些纠纷是否已经解决或者妥善处理，是否会对发行人造成重大风险。

（b）发表意见

保荐机构和发行人律师应当根据核查结果和自己的专业判断，对出资瑕疵事项的影响及相关情况进行综合评估，并发表明确意见。明确意见应当包括以下内容：出资瑕疵事项的具体情况和原因；发行人采取的补救措施和效果；出资瑕疵事项对发行人持续经营能力和股东权益的影响；发行人或相关股东是否因出资瑕疵受到过行政处罚，以及这些处罚的执行情况和后果；发行人是否存在因出资瑕疵而导致的重大违法行为，以及这些违法行为的处理情况和后果；发行人是否存在因出资瑕疵而导致的本次发行的法律障碍，以及针对这些障碍的解决方案和方案可行性；发行人是否存在因出资瑕疵而引起的纠纷或潜在纠纷，以及这些纠纷的解决方案和可能性；出资瑕疵事项对投资者的风险提示。

（2）披露要求

规则规定，发行人应当充分披露存在的出资瑕疵事项、采取的补救措施，以及中介机构的核查意见。

在招股说明书中，按照真实、完整、准确的原则，详细描述出资瑕疵事项的具体情况，包括瑕疵事项的性质、发生原因、时间、涉及出资金额及股权比例、影响范围、责任主体等。

在招股说明书中，说明采取的补救措施的内容和效果，包括补救措施的类型、方式、时间、金额、条件等，以及补救措施是否符合法律规定，其他股东是否知情、认可，是否影响了公司的经营业绩和财务状况等。

在招股说明书中，引用保荐机构和发行人律师的核查意见，并对核查意见进行必要的解释和说明，包括核查意见的来源、依据、方法、结论等，以及核查意见对投资者和市场秩序的风险提示等。

上述披露要求，目的是保护投资者的知情权，促进发行人的合规整改和规范运作，提高中介机构的核查质量和责任，维护市场公平。

10. 国有企业或者集体企业改制瑕疵

【规则规定】保荐机构和发行人律师应关注发行人历史上涉及国有企业、集体企业改制存在瑕疵的情形。

对于发行人是国有或集体企业改制而来，或发行人主要资产来自于国有或集体企业，或历史上存在挂靠集体组织经营的企业，若改制或取得资产过程中法律依据不明确、相关程序存在瑕疵或与有关法律法规存在明显冲突，原则上发行人应在招股说明书中披露有权部门关于改制或取得资产程序的合法性、是否造成国有或集体资产流失的意见。国有企业、集体企业改制过程不存在上述情况的，保荐机构、发行人律师应结合当时有效的法律法规等，分析说明有关改制行为是否经有权机关批准、法律依据是否充分、履行的程序是否合法以及对发行人的影响等。发行人应在招股说明书中披露相关中介机构的核查意见。①

【规则概要】本条规定对国有企业或者集体企业改制瑕疵的披露与核查要求。

【规则详解】国有企业、集体企业改制，是指国有企业、集体企业按

① 参见《监管规则适用指引——发行类第4号》第5条第2项。

照法律法规的规定，从传统的组织制度改组为符合现代企业制度要求的公司制或其他形式的经济组织的过程。国有企业、集体企业改制涉及国有资产或集体财产的转移、变更、处置，债权债务处理和人员安置等，需要遵守国家关于国有资产管理和集体财产管理的法律法规，保护国家和集体的利益，维护债权人、职工等相关方的合法权益。

国有企业或者集体企业改制瑕疵，是指国有企业或者集体企业在改制过程中存在违反法律法规的行为或者情形，导致改制程序、改制结果不合法、改制后产权不明确等问题。国有企业或者集体企业改制瑕疵包括以下情形：①改制与法律法规规定明显冲突；②改制未经有权机关批准；③改制未履行必要的内部决策程序，如未经职工代表大会或职工大会审议通过等；④改制未履行必要的清产核资、审计、评估等程序，或者清产核资、审计、评估结果不真实、不准确、不完整；⑤改制未履行必要的公告公示、债权债务清理等程序，或者公告公示内容不真实、不准确、不完整；⑥改制未履行必要的公司登记变更等程序，或者登记变更文件失效、作废、被撤销等；⑦改制涉及国有资产或集体财产转让的，转让价格低于评估价值或者市场价值；⑧改制涉及国有资产或集体财产转让的，转让方与受让方存在利益冲突或者利益输送等；⑨改制涉及国有资产或集体财产转让的，转让后对价不能收回或者收回困难；⑩改制涉及国有资产或集体财产转让的，转让后发生纠纷或者诉讼；⑪改制涉及职工安置问题的，未按照法律法规和协议履行职工安置义务，如未支付经济补偿金、社会保险费用等；⑫改制涉及税收问题的，未按照法律法规和协议履行纳税义务，如未缴纳所得税、增值税等；⑬改制涉及环境保护问题的，未按照法律法规和协议履行环境保护义务，如未进行环境影响评价、未治理污染物排放等。

IPO审核关注国有企业或者集体企业改制瑕疵，其主要原因是，改制瑕疵可能影响发行人股权或者公司产权取得的合法性，并可能导致股份、主要资产的重大权属纠纷，影响审核机构、投资者对发行人财务报表是否公允地反映了资产状况、股份权属是否清晰、主要资产是否存在重大权属纠纷等发行条件符合性的判断。

（1）核查要求

①核查针对的对象

依照规则的规定，对于由国有或集体企业改制而来，或主要资产源于国有或集体企业改制，或历史上存在挂靠集体组织经营的企业在改制、取得资产过程的瑕疵，应进行核查。

由国有或集体企业改制而来的发行人，即发行人原本是国有企业或集体企业，后来通过改制成为公司制经济组织的发行人。

主要资产源于国有或集体企业改制的发行人，是指原本不拥有国有企业或集体企业的资产，但在国有企业或集体企业改制过程中，通过收购、合并、兼并等方式取得这些关键资产（如生产设施、知识产权、品牌等）的发行人。

历史上存在挂靠集体组织经营的企业，主要是指一些个人或私营企业，借用某个集体组织的名义、资格、证件等，对外从事经营活动的企业。这些企业与集体组织之间通常签订一种挂靠协议，约定挂靠方向集体经济组织支付一定的管理费或挂靠费，以集体经济组织的名义开展经营活动。这种经营方式一般是为了规避国家对某些行业或领域的准入门槛或限制，以及享受集体组织的优惠政策或市场资源等。挂靠经营方式在我国曾经较为普遍，尤其是在建筑、交通运输、旅游、教育等行业。但随着我国市场监管和法治建设的不断完善，这种挂靠经营方式受到了严格的限制、打击，因为它不仅违反了行政许可法等相关法律法规，而且扰乱了市场秩序，损害了国家和集体的利益，以及消费者和债权人的合法权益。

挂靠集体组织经营的企业改制或者取得资产，是指前述企业在后来的发展过程中，通过改制或者取得集体企业资产等方式，脱离了原集体组织形式，成为独立的法人实体的情况。

②针对三种特别情形的核查

规则要求，若改制或取得资产过程中法律依据不明确、相关程序存在瑕疵或与有关法律法规存在明显冲突，原则上要求发行人取得并披露的有权部门关于改制或取得资产程序的合法性、是否造成国有或集体资产流失的意见。

改制或取得资产过程中法律依据不明确，是指发行人是国有企业或集体企业改制而来的，或发行人主要资产来自于国有企业或集体企业，或历史上存在挂靠集体组织经营的企业，在进行改制或取得资产的过程中，没有明确、完善、适用的法律法规或政策文件作为依据，导致改制或取得资产的合理性、必要性、合法性等存在疑问或争议。

相关程序存在瑕疵，是指在进行改制或取得资产的过程中，虽然有相应的法律法规或政策文件作为依据，但在履行相关程序时存在遗漏、错误、违反法定要求等情形，导致改制或取得资产的效力、效果、后果等存在不确定性或风险。

与有关法律法规存在明显冲突，是指在进行改制或取得资产的过程中，虽然有某些规范性文件或政策文件作为依据，但与国家对国有资产、集体财产的保护、管理、监督等方面的法律法规相抵触，导致改制或取得资产的合法性、有效性、公平性等存在问题或争议。

以上三种情形的存在，可能有着历史的客观原因。改革开放初期，我国对国有企业和集体企业进行了一系列的改革措施，如扩大经营自主权、实行承包经营责任制、推进股份合作制等；市场经济转型期，我国在1992年确定了建立社会主义市场经济体制的目标，对国有企业和集体企业进行了更深层次的改革，如实行现代企业制度、推进股份制改造等；2012年我国又提出了全面深化改革的总目标，对国有企业和集体企业进行了更深层次的改革，如完善国有资产监管体制、推进混合所有制改革、加强国有资本运营等。在这样的背景下，一些国有企业和集体企业在进行改制或取得资产时，可能法律法规滞后、监管缺位、权责不清等问题，导致改制存在法律依据不明确、相关程序存在瑕疵或与有关法律法规存在冲突等情况。

有权部门关于改制或取得资产程序的合法性、是否造成国有或集体资产流失的意见，是指发行人在发现存在上述情形后，向国有资产监管部门（对于涉及国有企业及资产）、集体企业改制和清产核资主管部门（对于涉及集体企业及财产）申请核查，并获得该部门出具的书面意见。该意见应当明确说明发行人改制或取得资产的过程是否符合当时有效的法律法规的规定，是否履行了必要的程序和手续，是否存在造成国有或集体资产流失的情形。如果存在流失情形，应当说明流失原因、金额及责任主体，并说明是否需要追究责任或采取补救措施。

规则之所以要求发行人取得有权部门的相关意见，主要考虑，一是有权部门是国家和集体在改制过程中的代表机构，具有对改制过程进行核查、评估、监督和指导的职责和权力。如果发行人向有权部门申请核查，并获得该部门出具的书面意见，说明该部门已经对改制过程进行了审慎审核，并对其合法性、是否造成国有或集体资产流失等问题作出了明确判断。该意见具有较高的权威性和可信度，可以作为保荐机构、发行人律师核查的主要依据。二是由于历史上的法律法规滞后、监管缺位、权责不清等原因，导致国有企业和集体企业改制或发行人取得资产瑕疵的情况，可能涉及到不同的历史时期、不同的政策背景、不同的利益主体等复杂因素。有权部门作为国家或集体的代表，可能能够更全面地考虑改制的目的和历史背景、法律适用的复杂性、利益平衡的需要，从而对改制或取得资产的过程作出客观、合理的判断和评价。

“原则上”取得有权部门的意见，并不意味着发行人在任何情况下都必须取得该意见。在某些特殊情况下，发行人客观上不能取得该意见，但需要在招股说明书中说明理由，并提供其他相关证据或文件来证明其改制或取得资产过程的合法性、是否造成国有或集体资产流失等。这些特殊情况可能包括以下几种：一是历史上监管缺位、权责不清，相关部门不存在或不能确定负责审批的部门，或有权部门已经撤销，发行人无法获得有权部门的书面意见。二是改制或取得资产过程发生在较早的历史时期，相关的法律法规、政策文件、档案资料等已经缺失或者不完整，无法出具准确的意见。三是改制或取得资产过程涉及多个有权部门，各部门的意见不一致、相互矛盾，无法出具一致的意见。

③整体核查

规则要求，如不存在前述三种特殊情形，保荐机构、发行人律师应结合当时有效的法律法规等，分析说明有关改制行为是否经有权机关批准、法律依据是否充分、履行的程序是否合法以及对发行人的影响等。

保荐机构、发行人律师在对有关改制过程进行核查时，要结合当时有效的法律法规等，分析说明以下几个方面：

一是是否经有权机关批准。改制行为是否经过了国有企业或集体企业改制、清产核资的有关主管部门的批准，是否有相应的批准文件，并对批准文件的真实性、有效性和合法性进行核实。

二是法律依据是否充分。改制行为是否有明确、完善、适用的法律法规或政策文件作为依据，是否符合国家对国有资产、集体财产的保护、管理、监督等方面的法律法规，并对可能存在的争议或不确定性进行说明。

三是履行的程序是否合法。改制过程是否按照相关的法律法规或政策文件规定的程序进行，如评估、审计、公告、交易等，并取得相应的报告或证明，并对报告或证明的真实性、有效性和合理性进行核实。

四是对发行人的影响。改制行为对其股权结构、资产来源、产权关系、公司治理、市场化经营、财务状况、业绩表现、风险因素等方面的影响，并对可能存在的利益冲突或利益输送进行说明。

（2）披露要求

依照规则要求，发行人应在招股说明书中披露相关中介机构的核查意见；对于三种特殊情形，原则上发行人应在招股说明书中披露有权部门关于改制或取得资产程序的合法性、是否造成国有或集体资产流失的意见。

11. 发行人资产来自于上市公司

【规则规定】境内上市公司在境内分拆子公司上市，保荐机构和发行人律师应核查是否符合境内分拆上市的相关规定并发表意见；境外上市公司在境内分拆子公司上市，保荐机构和发行人律师应核查是否符合境外监管的相关规定并发表意见。

除上述情形外的发行人部分资产来自于上市公司，保荐机构和发行人律师应当针对以下事项进行核查并发表意见：

（1）发行人取得上市公司资产的背景、所履行的决策程序、审批程序与信息披露情况，是否符合法律法规、交易双方公司章程以及证监会和证券交易所有关上市公司监管和信息披露要求，资产转让是否存在诉讼、争议或潜在纠纷。

（2）发行人及其关联方的董事、监事和高级管理人员在上市公司及其关联方的历史任职情况及合法合规性，是否存在违反竞业禁止义务的情形，与上市公司及其董事、监事和高级管理人员是否存在亲属及其他密切关系，如存在，在相关决策程序履行过程中，相关人员是否回避表决或采取保护非关联股东利益的有效措施；资产转让过程中是否存在损害上市公司及其中小投资者合法利益的情形。

（3）发行人来自于上市公司的资产置入发行人的时间，在发行人资产中的占比情况，对发行人生产经营的作用。[①]

【规则概要】本条规定对上市公司分拆上市、发行人部分资产来自于上市公司的核查要求。

【规则详解】上市公司分拆上市，亦称上市公司分拆子公司上市，是指上市公司将部分业务或资产，以其直接或间接控制的子公司（以下简称所属子公司）的形式，在境内或境外证券市场首次公开发行股票并上市或者实现重组上市的行为。[②]分拆上市的目的是提升上市公司核心竞争力，优化资产结构，增加融资渠道，提高资本效率，激励创新和成长，同时也为投资者提供更多的投资选择和价值发现的机会。

上市公司分拆上市的特征是：

一是分拆主体是进行分拆上市的上市公司，也就是所属子公司的母公司。分拆主体必须是在境内或境外证券市场已经上市的公司，且具有对所属子公司的直接或间接控制权。分拆主体应当根据自身的发展战略和市场环境，合理选择分拆上市的时机、对象和方式，同时也要考虑分拆上市对自身的影响和风险，如分拆上市后的业绩变化、股价波动、股东利益变化等。

二是分拆标的是部分业务或资产。分拆上市的具体操作，通常有三种：第一种是横向分拆，即分拆主体将旗下相同业务类型的资产进行拆分并上市，缺点是母子公司互为同业竞争对手；第二种是纵向分拆，即分拆主体将旗下处于同一产业链的上游或下游的资产进行拆分并上市，优点是母子公司可以形成协同效应，缺点是母子公司可能存在严重的关联交易；第三种是混合分拆，即分拆主体将旗下不同业务类型的资产进行拆分并上

① 《监管规则适用指引——发行类第4号》第6条。

② 《上市公司分拆规则（试行）》第二条。

市，优点是母子公司不存在同业竞争，也不存在严重的关联交易，缺点是母子公司的协同效应较弱。分拆标的的选择通常基于公司的战略目标，与分拆主体存在一定的业务差异或互补性，使分拆后的子公司资产、业务等方面具有独立性，以满足发行上市条件。

三是分拆后上市公司对分拆标的的控制关系。分拆后的业务或资产将转移到上市公司直接或间接控制的子公司名下，并由子公司进行独立运营和管理，上市公司通过控制子公司来实现对分拆部分的控制。

四是分拆上市的市场包括境内或境外证券市场。所属子公司的股票可以在境内或境外的证券市场进行首次公开发行并上市交易。

五是分拆方式为首次公开发行股票并上市或者实现重组上市。上市公司分拆可以通过两种方式进行：一种是通过子公司的首次公开发行股票并上市，使其成为独立的上市公司；另外一种是通过与其他公司进行重组合并，使所属子公司的股票上市。

发行人资产来自于上市公司，是指发行人在申请IPO时，其部分资产来源于境内外上市公司。资产置入一般发生于资产置换、重组、分拆或收购等交易。在本条规则中是指上市公司分拆子公司上市（子公司受上市公司直接或者间接控制）之外的情形。

关于上市公司分拆上市与发行人部分资产来自上市公司的异同。相同之处是，两种情形之下，发行人资产都可能包含上市公司资产。不同之处是，前一情况更多是上市公司主动的战略决策，并且上市公司对发行人拥有直接或者间接控制权；后一情况下上市公司可能取得股权，但并不构成直接或者间接控制，也可能未取得股权（仅是资产转让，并非投资行为）。

对于上市公司分拆上市，由于涉及上市公司资产或者业务向发行人转移、上市公司与发行人之间的控制关系，IPO审核重点关注的风险主要包括以下几个方面：

从上市公司来看，一是资产或者业务转移给发行人是否影响上市公司板块定位，是否影响其资产完整及其他独立性方面表现，并导致其不具备独立持续经营能力。因为分拆上市可能导致上市公司的业务结构发生重大变化，使其偏离原有的主营业务或核心竞争力，降低其在行业内的地位和影响力，损害其品牌价值和市场认可度；或者导致上市公司的资产规模和质量显著下降，使其不符合上市条件，甚至成为空壳公司，面临退市风险或者被动重组风险；或者导致上市公司内部协同效应和资源统筹共享减弱或消失，使其失去原有的成本优势或者增长动力，降低其运营效率和盈利能力。

二是是否违反同业竞争、关联交易的监管要求。[①]分拆上市可能导致上市公司与其控制之下的发行人之间存在同业竞争，或者关联交易，使双方的交易价格、条件、方式等不符合公允原则或者市场惯例，损害上市公司中小股东和投资者的合法权益。

从发行人来看，一是是否导致独立性方面缺陷，是否存在对其构成重大不利影响的同业竞争、严重影响其独立性的关联交易。主要体现在：分拆上市可能导致发行人与上市公司之间存在高度的依赖性或者从属性，使发行人缺乏自主经营和决策能力，受制于上市公司的控制或者影响；或者导致发行人与上市公司之间存在较大的同业竞争，使发行人面临来自上市公司的压力或者干扰，影响其正常经营和发展；或者导致发行人与上市公司之间存在较多的关联交易或者非公平交易、利益输送，使发行人无法按照公允原则或者市场惯例与上市公司进行交易，影响其财务状况和经营结果。

二是相关资产是否涉及重大权属纠纷；发行人股权权属是否清晰，是否存在导致控制权发生变更的重大权属纠纷。主要体现在：分拆上市可能

① 参见《首次公开发行股票注册管理办法》第十二条第一项、《上海证券交易所股票上市规则》《深圳证券交易所股票上市规则》第六章第三节。

涉及复杂的资产转让、合并重组等过程，相关资产若存在权属不明、权益不清、权利受限，或者置出、置入决策程序瑕疵等问题，导致相关方提出异议或者挑战，影响上市公司对发行人股权、控制权，或者发行人对相关资产权属的清晰、稳定。①

对于发行人部分资产来自上市公司的情形，前述风险仍为IPO审核所关注。就关联交易而言，尽管上市公司与发行人之间不存在控制关系，但是，如果发行人、发行人及其关联方的董监高系上市公司的关联人，上市公司利用与关联人之间的关联交易调节财务指标、损害公司利益等风险，亦为IPO审核关注。②

（1）上市公司分拆上市的核查

①境内上市公司分拆上市

规则规定，境内上市公司在境内分拆子公司上市，保荐机构和发行人律师应核查是否符合境内分拆上市的相关规定并发表意见。

（a）分拆条件

保荐机构和发行人律师应当核查上市公司是否同时满足以下分拆条件：③

（ⅰ）年限条件。股票在境内上市已满三年。这一条件是为了确保上市公司在市场中具有一定的经营历史和运营基础，能够持续向投资者披露

---

① 《上市公司分拆规则（试行）》第六条规定："上市公司分拆，应当就以下事项作出充分说明并披露：（一）有利于上市公司突出主业、增强独立性。（二）本次分拆后，上市公司与拟分拆所属子公司均符合中国证监会、证券交易所关于同业竞争、关联交易的监管要求；分拆到境外上市的，上市公司与拟分拆所属子公司不存在同业竞争。（三）本次分拆后，上市公司与拟分拆所属子公司的资产、财务、机构方面相互独立，高级管理人员、财务人员不存在交叉任职。（四）本次分拆后，上市公司与拟分拆所属子公司在独立性方面不存在其他严重缺陷。"

② 《上海证券交易所股票上市规则》《深圳证券交易所股票上市规则》6.3.1款、6.3.2款、6.3.3款。

③ 《上市公司分拆规则（试行）》第三条。

信息，分拆不会影响其经营稳定。

（ⅱ）盈利条件。上市公司最近三个会计年度连续盈利。这一条件是为了保证上市公司本身具有良好的盈利能力和财务状况，不会因为分拆子公司而影响其偿债能力或者资金流动性。

上市公司最近三个会计年度扣除按权益享有的拟分拆所属子公司的净利润后，归属于上市公司股东的净利润累计不低于人民币六亿元。这一条件是为了限制上市公司分拆子公司的规模和数量，避免出现过度分拆或者频繁分拆的情况，同时也要求上市公司在分拆后仍然保持一定的盈利水平，不会出现大幅下滑或者亏损。

（ⅲ）分拆规模限制条件。上市公司最近一个会计年度合并报表中按权益享有的拟分拆所属子公司的净利润不得超过归属于上市公司股东的净利润的百分之五十、最近一个会计年度合并报表中按权益享有的拟分拆所属子公司的净资产不得超过归属于上市公司股东的净资产的百分之三十。这两个条件为了防止分拆行为对上市公司的财务状况产生过大的影响。限制分拆子公司净利润和净资产的比例，确保上市公司在分拆后仍然具有主导地位和控制力，并保持相对稳定的财务状况，不会出现被分拆子公司反噬，从而失去核心竞争力的情况。

（b）消极条件

保荐机构和发行人律师应当核查上市公司、子公司是否触发以下消极条件：[①]

（ⅰ）上市公司消极条件。上市公司存在以下情形之一的，不得分拆：

资金、资产被控股股东、实际控制人及其关联方占用或者上市公司权益被控股股东、实际控制人及其关联方严重损害；上市公司或其控股股东、实际控制人最近三十六个月内受到过中国证监会的行政处罚；上市公

① 《上市公司分拆规则（试行）》第四条、第五条。

司或其控股股东、实际控制人最近十二个月内受到过证券交易所的公开谴责。前述三种情形禁止分拆，旨在防止上市公司或其控股股东、实际控制人及其关联方通过不当行为对市场产生负面影响，维护市场的公正竞争和投资者的信心。

上市公司最近一年或一期财务会计报告被注册会计师出具保留意见、否定意见或者无法表示意见的审计报告。这一条件的设置是为了确保上市公司的财务状况透明和真实性。审计报告是评估上市公司财务状况的重要依据，如果存在审计报告问题，财务数据的可靠性受到质疑，禁止分拆有助于保护投资者利益和市场稳定。

上市公司董事、高级管理人员及其关联方持有拟分拆所属子公司股份，合计超过所属子公司分拆上市前总股本的百分之十，但董事、高级管理人员及其关联方通过该上市公司间接持有的除外。这一条件的设置目的是防止利益冲突和滥用职权。董事、高级管理人员及其关联方在上市公司具有重要的决策权和影响力，其持有拟分拆子公司的股份，特别是超过一定比例时，可能引发利益冲突和滥用职权的风险。通过限制他们的股份持有比例，可以防止他们利用分拆行为获取不当利益，确保公司决策的公正性和公平性。

（ⅱ）子公司消极条件。上市公司所属子公司存在以下情形之一的，上市公司不得分拆：

主要业务或资产是上市公司最近三个会计年度内发行股份及募集资金投向的，但子公司最近三个会计年度使用募集资金合计不超过子公司净资产百分之十的除外。这一条件是为了防止上市公司将募集资金主要用于特定子公司的发展，再将子公司分拆出去，影响上市公司持续稳定发展，也为了保证上市公司对募集资金的使用符合承诺和规定。

主要业务或资产是上市公司最近三个会计年度内通过重大资产重组购买的。这一条件是为了防止上市公司通过重大资产重组方式将主要业务或资产注入子公司，再进行分拆，规避重大资产重组的相关规定和监管。

主要业务或资产是上市公司首次公开发行股票并上市时的主要业务或资产。这一条件为了防止上市公司将上市前的核心业务或资产置入子公司进行分拆，改变其首发时的主营业务或者核心竞争力，以维持上市前的业绩水平，从而保证市场对上市公司真实情况的了解。

主要从事金融业务的。这一条件是基于金融业务的特殊性，防止上市公司通过分拆子公司来规避金融监管，增加金融风险。金融业涉及较高的监管和风险管理要求，为了维护金融市场的稳定性和投资者的利益，禁止金融业务的子公司进行分拆。

子公司董事、高级管理人员及其关联方持有拟分拆所属子公司股份，合计超过该子公司分拆上市前总股本的百分之三十，但董事、高级管理人员及其关联方通过该上市公司间接持有的除外。这一条件是基于上市公司对子公司存在控制关系，拟分拆子公司董事、高级管理人员及其关联方可能仍会受到上市公司的影响，从而影响拟分拆子公司的独立性，导致出现利益冲突或者利益输送的情况，损害上市公司和拟分拆子公司的长期发展。

（c）独立性要求

保荐机构和发行人律师应当核查上市公司、子公司是否满足以下独立性条件：分拆上市有利于上市公司突出主业、增强独立性；本次分拆后，上市公司与拟分拆所属子公司均符合中国证监会、证券交易所关于同业竞争、关联交易的监管要求；分拆到境外上市的，上市公司与拟分拆所属子公司不存在同业竞争；本次分拆后，上市公司与拟分拆所属子公司的资产、财务、机构方面相互独立，高级管理人员、财务人员不存在交叉任职；本次分拆后，上市公司与拟分拆所属子公司在独立性方面不存在其他严重缺陷。

（d）决策程序

保荐机构和发行人律师应当核查上市公司分拆决策程序是否符合法律

法规、交易双方公司章程以及证监会和证券交易所有关上市公司监管和信息披露要求，包括是否经过董事会及股东会审议通过，是否经过中小股东同意，是否经过独立董事专项意见，中介机构是否出具意见，是否进行了充分的信息披露和风险提示等，并对上市公司分拆决策程序的合法性、有效性、公允性进行核实和意见。[①]

②境外上市公司分拆上市

规则规定，境外上市公司在境内分拆子公司上市，保荐机构和发行人律师应核查是否符合境外监管的相关规定并发表意见。

境外上市公司分拆子公司在A股上市的，除遵守A股IPO审核的相关规定和要求外，还需要遵守其境外所在交易所的法律法规和监管政策。

A股上市公司分拆子公司在境外上市的，依照《上市公司分拆规则（试行）》第十二条的规定，除应当遵守该规则外，还应遵守中国证监会《境内企业境外发行证券和上市管理试行办法》及配套监管指引中关于赴境外上市将全面进行备案管理制的规定，按要求履行备案程序。

（2）发行人部分资产来自上市公司的核查

对于发行人部分资产来自于上市公司，并且发行人不受上市公司直接或者间接控制的，保荐机构和发行人律师应当针对以下事项进行核查并发表意见：

①发行人取得上市公司资产的背景、所履行的决策程序、审批程序与信息披露情况，是否符合法律法规、交易双方公司章程以及证监会和证券交易所有关上市公司监管和信息披露要求，资产转让是否存在诉讼、争议或潜在纠纷

（a）发行人取得上市公司资产的背景。核查发行人取得上市公司资产的背景是为了了解这一转让交易的动机、目的和相关方的关系，包括了解

---

① 《上市公司分拆规则（试行）》第八条、第九条、第十条。

资产转让是否符合商业逻辑，是否存在利益冲突或不当行为的迹象。通过对背景的核查，可以评估交易的合理性和透明度。

（b）发行人所履行的决策程序、审批程序与信息披露情况，是指发行人在取得上市公司资产的过程中，是否按照法律法规和公司章程的规定，进行了必要的内部决策和外部审批，以及是否向相关方和公众及时、准确、完整地披露了相关信息，包括但不限于资产评估、交易价格、交易方式、交易目的、交易影响等。核查发行人取得上市公司资产时所经历的审批程序，可能涉及公司内部的决策机构、监管机构或其他有关方面的审批，可以确保交易符合法律和监管要求，并获得必要的授权和批准；信息披露情况核查有助于确保投资者能够全面了解交易的相关信息，避免信息不对称和误导。

（c）资产转让是否存在诉讼、争议或潜在纠纷，是指发行人在取得上市公司资产后，是否涉及任何与该资产相关的诉讼、仲裁、调解或者其他形式的争议解决程序，以及是否存在任何可能导致该资产权属或者价值发生变化或者损失的潜在纠纷或者风险因素等。该项核查是为了评估交易所涉及的法律风险，包括涉及的合同争议、知识产权纠纷、债务追偿、公司治理问题等。通过核查，可以确定这些法律风险的性质、范围和可能的后果，以便投资者能够充分了解交易的风险和不确定性。

②发行人及其关联方的董事、监事和高级管理人员在上市公司及其关联方的历史任职情况及合法合规性，是否存在违反竞业禁止义务的情形，与上市公司及其董事、监事和高级管理人员是否存在亲属及其他密切关系，如存在，在相关决策程序履行过程中，相关人员是否回避表决或采取保护非关联股东利益的有效措施；资产转让过程中是否存在损害上市公司及其中小投资者合法利益的情形

（a）发行人的董监高在上市公司任职情况

发行人及其关联方的董事、监事和高级管理人员在上市公司及其关联

方的历史任职情况，是指发行人及其关联方的董事、监事和高级管理人员在过去是否曾经在上市公司及其关联方担任过任何职务，包括但不限于董事、监事、高级管理人员、核心技术人员、核心业务人员等，以及他们在上市公司及其关联方的任职时间、职责、业绩等。核查目的主要是了解发行人及其关联方与上市公司及其关联方之间的历史联系和影响，以及他们在上市公司及其关联方的职务和业绩对发行人的资产来源和业务发展有何影响，发行人取得上市公司资产是否合理和必要，以及是否存在利益输送或者利益冲突的风险。

发行人及其关联方的董事、监事和高级管理人员在上市公司及其关联方的历史任职合法合规性，是指发行人及其关联方的董事、监事和高级管理人员在上市公司及其关联方的历史任职过程中，其任职资格及任职行为是否遵守了相关的法律法规和规范性文件，包括但不限于《公司法》《证券法》的要求，以及上市公司章程和证监会、证券交易所的监管和信息披露要求，是否存在违法违规或者不正当行为，包括但不限于欺诈发行、内幕交易、操纵市场、利益输送、损害中小股东利益等。目的主要是核查发行人及其关联方的历史任职是否遵守了相关的法律法规和规范性文件，以及是否存在违法违规或者不正当行为，评估发行人及其关联方是否有良好的信誉和诚信，以及是否存在损害上市公司及其中小投资者合法利益或者扰乱证券市场秩序的风险。

竞业限制义务，是指发行人及其关联方的董事、监事和高级管理人员在担任或者离任上市公司及其关联方的职务期间或者之后，是否存在从事与上市公司及其关联方相同或者类似的业务，或者为与上市公司及其关联方竞争的其他主体提供服务或者协助，从而损害上市公司及其关联方的利益或者竞争力的情形。如果存在，那么他们是否履行了相应的告知、回避或者承诺等义务，以保护上市公司及其关联方的合法权益。目的主要是核查发行人及其关联方是否存在损害上市公司及其关联方的利益或者竞争力的情形，发行人是否有独立性和公允性，以及是否存在损害上市公司及中小投资者合法利益或者扰乱证券市场秩序的风险。

（b）发行人的董监高系上市公司关联人的情况

发行人及其关联方的董事、监事和高级管理人员与上市公司及其董事、监事和高级管理人员是否存在亲属及其他密切关系，是指发行人及其关联方的董事、监事和高级管理人员与上市公司及其董事、监事和高级管理人员之间是否存在直系血亲、三代以内旁系血亲或者配偶等亲属关系，或者其他可能影响他们独立判断或者公正行为的密切关系，包括但不限于朋友、同学、师生等。根据上市规则，与上市公司董监高关系密切的家庭成员，是上市公司自然关联人；关联自然人直接或者间接控制的，或者担任董事（不含同为双方的独立董事）、高级管理人员的，除上市公司、控股子公司及控制的其他主体以外的法人，是上市公司关联法人。上市公司、控股子公司及控制的其他主体与前述上市公司关联人之间发生的转移资源或者义务的事项，属于上市公司关联交易，应履行相应审议程序。[①] 核查目的主要是了解发行人及其关联方与上市公司及其关联方之间是否存在利益相关或者利益冲突的可能性，以及他们在上市公司及其关联方与发行人之间有关资产转让等重大事项的决策过程中是否有独立判断或者公正行为的能力，发行人取得上市公司资产是否公平和合理，以及是否存在利益输送或者利益冲突的风险。

回避表决，是指发行人及其关联方的董事、监事和高级管理人员为上市公司关联人的，在参与上市公司及其关联方与发行人之间有关资产转让等重大事项的决策过程中，在相关的董事会、股东会中不参与表决，以保

① 《上海证券交易所股票上市规则》《深圳证券交易所股票上市规则》6.3.1款、6.3.2款、6.3.3款。

证决策的公正性和有效性。[1]采取保护非关联股东利益的有效措施，是指发行人及其关联方的董事、监事和高级管理人员是上市公司关联人的，在参与上市公司及其关联方与发行人之间有关资产转让等重大事项的决策过程中，相关的董事会、股东会中不参与表决，采取一定的措施，以保护非关联股东的利益，包括但不限于公开披露相关信息、征求非关联股东的意见、按照公允价值确定交易价格、设立独立专家委员会等。目的主要是核查发行人及其关联方与上市公司及其关联方之间在有关资产转让等重大事项的决策过程中，是否采取了必要的措施，以保证决策的公正性和有效性，以及保护非关联股东的利益，发行人取得上市公司资产是否公平和合理，是否存在利益输送或者利益冲突的风险。

资产转让过程中存在的损害上市公司及其中小投资者合法利益的情形，可能包括以下几种情形：一是资产转让价格低于市场价值或者评估价

① 《上海证券交易所股票上市规则》《深圳证券交易所股票上市规则》6.3.8款规定："上市公司董事会审议关联交易事项时，关联董事应当回避表决，也不得代理其他董事行使表决权。该董事会会议由过半数的非关联董事出席即可举行，董事会会议所作决议须经非关联董事过半数通过。出席董事会会议的非关联董事人数不足三人的，公司应当将该交易提交股东大会审议。前款所称关联董事包括具有下列情形之一的董事：（一）交易对方；（二）在交易对方任职，或者在能直接或者间接控制该交易对方的法人（或者其他组织）、该交易对方直接或者间接控制的法人（或者其他组织）任职；（三）拥有交易对方的直接或者间接控制权；（四）交易对方或者其直接、间接控制人的关系密切的家庭成员；（五）交易对方或者其直接、间接控制人的董事、监事和高级管理人员的关系密切的家庭成员；（六）中国证监会、本所或者上市公司认定的因其他原因使其独立的商业判断可能受到影响的董事。"6.3.9款规定："上市公司股东大会审议关联交易事项时，关联股东应当回避表决，并且不得代理其他股东行使表决权。前款所称关联股东包括具有下列情形之一的股东：（一）交易对方；（二）拥有交易对方直接或者间接控制权；（三）被交易对方直接或者间接控制；（四）与交易对方受同一法人（或者其他组织）或者自然人直接或者间接控制；（五）在交易对方任职，或者在能直接或者间接控制该交易对方的法人（或者其他组织）、该交易对方直接或者间接控制的法人（或者其他组织）任职；（六）交易对方及其直接、间接控制人的关系密切的家庭成员；（七）因与交易对方或者其关联人存在尚未履行完毕的股权转让协议或者其他协议而使其表决权受到限制或者影响；（八）中国证监会或者本所认定的可能造成上市公司对其利益倾斜的股东。"

值，导致上市公司及其中小投资者的财产权益受到损失；二是资产转让方式不公平或者不合理，导致上市公司及其中小投资者的参与权或者选择权受到限制；三是资产转让信息披露不及时、不准确或者不完整，导致上市公司及其中小投资者的知情权或者决策权受到影响；四是资产转让涉及上市公司的核心业务或者核心竞争力，导致上市公司的持续经营能力或者发展前景受到影响。核查旨在确保资产转让过程的公平和透明，以保护上市公司及其中小投资者的合法权益。如果资产转让存在价格低估、不公平或不合理的情况，或者信息披露不充分，可能会对上市公司及其中小投资者的权益造成损害。

③发行人来自于上市公司的资产置入发行人的时间，在发行人资产中的占比情况，对发行人生产经营的作用

发行人来自于上市公司的资产置入发行人的时间，是指发行人从上市公司取得资产的具体时间点，以及该时间点与发行人申报发行上市的时间点的关系。核查的目的是评估资产置入的合理性，判断发行人将上市公司资产置入是为了谋求上市而进行的短期行为，还是基于长期战略考虑的合理举措。若发现资产置入与发行人申报发行上市的时间点过于接近，可能存在对市场行为的操纵或者利益输送或者资产注水的嫌疑，需要审慎关注和深入调查。

在发行人资产中的占比情况，是指发行人来自于上市公司的资产在发行人总资产中所占的比例，以及这些资产与发行人其他资产之间的关系。核查目的是判断上市公司的业务或资产置入对发行人经营的影响程度。如果这些资产占比较高，可能对发行人的盈利能力、市场地位等产生重大影响，审核机构需要充分了解和评估这些资产对发行人的风险和影响，确保投资者的利益不受损害。

对发行人生产经营的作用，是指发行人来自于上市公司的资产对发行人生产经营活动的贡献和影响，包括但不限于增加收入、降低成本、提高

效率、拓展市场、优化结构、创新技术等方面，对于发行人的竞争力和前景有无关联，与发行人其他资产是否存在重复或者冲突。核查的目的是判断发行人置入资产的质量及合理性、有效性，置入的资产为发行人提升业绩或者优化业务、实现业务转型或者技术创新的可行性，是否存在操纵财务信息或隐藏风险的嫌疑。

12. 股权质押、冻结或发生诉讼仲裁

【规则规定】对于控股股东、实际控制人支配的发行人股权出现质押、冻结或诉讼仲裁的，发行人应当按照招股说明书准则要求予以充分披露；保荐机构、发行人律师应当充分核查发生上述情形的原因，相关股权比例，质权人、申请人或其他利益相关方的基本情况，约定的质权实现情形，控股股东、实际控制人的财务状况和清偿能力，以及是否存在股份被强制处分的可能性、是否存在影响发行人控制权稳定的情形等。对于被冻结或诉讼纠纷的股权达到一定比例或被质押的股权达到一定比例且控股股东、实际控制人明显不具备清偿能力，导致发行人控制权存在不确定性的，保荐机构及发行人律师应充分论证，并就是否符合发行条件审慎发表意见。

对于发行人的董事、监事及高级管理人员所持股份发生被质押、冻结或发生诉讼纠纷等情形的，发行人应当按照招股说明书准则的要求予以充分披露，并向投资者揭示风险。[①]

【规则概要】本条规定对股权质押、冻结或发生诉讼仲裁的披露、核查要求。

① 《监管规则适用指引——发行类第4号》第7条。

【规则详解】(1)**对于控股股东、实际控制人支配股权的质押、冻结或诉讼仲裁情况披露、核查**

①披露要求

根据规则，对于控股股东、实际控制人支配的发行人股权出现质押、冻结或诉讼仲裁的，发行人应当按照招股说明书准则要求予以充分披露。

“支配”一词包含控股股东对发行人股份的拥有、实际控制人虽不直接持有发行人股份但对发行人股份表决权的控制能力。

发行人控股股东、实际控制人支配的发行人股权出现质押、冻结或诉讼仲裁的主要情形，一是因股份权属纠纷引起的诉讼仲裁、冻结；二是因股东以股权作为担保物为自己或者他人债务提供担保产生的质押、诉讼仲裁、冻结；三是股东因与他人债务纠纷而导致诉讼、仲裁，其支配的股权被查封、冻结。如果股权被强制处分，股东发生变更，原有股权结构即会被改变，可能对发行人公司治理和经营稳定性产生影响。

《招股说明书信息披露准则》第三十二条规定，发行人应披露持有发行人百分之五以上股份或表决权的主要股东及实际控制人的基本情况，包括控股股东和实际控制人直接或间接持有发行人的股份是否存在被质押、冻结或发生诉讼纠纷等情形，上述情形产生的原因及对发行人可能产生的影响。

②核查要求

(a)核查事项

发生原因：核查控股股东、实际控制人出现股权质押、被冻结或诉讼仲裁的背景、动机。目的是了解发行人股权变动的背景和合理性，判断上述情况是否与发行人的经营状况、资金需求、债务压力等有关，是否存在利益输送、恶意转移、逃避债务等不正当行为。

相关股权比例：核查被质押、冻结或诉讼仲裁的发行人股权占控股股东、实际控制人所支配的发行人总股权的比例，以及占发行人总股本的比例。目的是评估上述情况对发行人控制权稳定、公司治理结构和股东权益的影响程度。

质权人、申请人或其他利益相关方的基本情况：核查与质押、冻结或诉讼仲裁相关的第三方主体的身份、资格、信誉、背景、与发行人或控股股东及实际控制人的关系等信息。目的是判断相对方在质押、冻结或诉讼仲裁中的立场、动机、利益诉求，与发行人或其关联方的利益关系或利益冲突的具体情况，质押、冻结或诉讼仲裁的影响及消除不利影响的可能性。

约定的质权实现情形：核查质押协议中约定的质权实现方式和条件，如违约触发事件、质物处置程序、价格确定方式等。目的是了解质权人的行动意图，评估质权实现是否符合法律规定和市场惯例，是否存在损害出质人或其他投资者利益的情形。

控股股东、实际控制人的财务状况和清偿能力：核查控股股东、实际控制人的资产负债状况、收入来源、偿债计划等信息。目的是评估控股股东、实际控制人是否具备按时履行债务义务、解除质押或冻结状态的能力和意愿，是否存在重大债务违约风险，是否能够维持其在公司治理和运营中的角色。如果股权质押是对他人的债务提供担保，则应核查债务人的财务状况和清偿能力。

股份被强制处分的可能性：核查质权人、债权人或其他利益相关方是否有权或有意对被质押、冻结或诉讼仲裁的发行人股权进行强制处分，如变卖、拍卖、折价收购等，是否已经采取了相关的法律行动或准备，是否已经取得了法院的许可或裁决。目的是判断发行人控股股东、实际控制人是否有能力保留股权，以及是否存在股权归属发生改变的风险。

是否存在影响发行人控制权稳定的情形：综合分析上述各个方面，判断被质押、冻结或诉讼仲裁的发行人股权是否存在被转让给其他方或被其他方控制的可能性，是否会导致发行人的控股股东、实际控制人发生变更或不明确，是否会影响发行人的经营决策和战略规划。

（b）论证并发表意见

规则要求，对于被冻结或诉讼纠纷的股权达到一定比例或被质押的股权达到一定比例且控股股东、实际控制人明显不具备清偿能力，导致发行人控制权存在不确定性的情况，保荐机构及发行人律师需要充分论证并审慎发表意见。

发行人控制权稳定性是首次公开发行股票并上市的重要条件之一。

一定比例，是指被冻结或诉讼纠纷的股权占发行人总股本的一定比例（如10%以上），或者被质押的股权占控股股东、实际控制人所支配的发行人总股权的一定比例（如50%以上）。因为不同公司控制机制各有不同，这一比例很难划定统一标准，需考虑在特定控制机制下，足以影响控制权稳定的股权比例情况。

明显不具备清偿能力，是指控股股东、实际控制人的资产负债率过高，收入不稳定或不足以偿还债务，存在重大债务违约或诉讼风险，无法按时解除质押或冻结状态。

导致发行人控制权存在不确定性，是指由于发行人股权可能被强制处分给其他方或被其他方控制，导致发行人的控股股东、实际控制人发生变更或不明确，影响发行人的经营决策和战略规划等情形。

充分论证，是指保荐机构及发行人律师应当根据相关法律法规、规范性文件和监管要求，以及收集到的有效证据和资料，对上述情形进行客观、全面、合理和专业的分析和评估。

审慎发表意见，是指保荐机构及发行人律师应当在充分论证的基础上，根据自身专业判断和职责范围，对上述情形是否符合发行上市条件进行综合评价，并以书面形式向监管机构和投资者表达清晰、准确和完整的意见。

（2）对于董监高所持股份的质押、冻结或诉讼纠纷情况披露、风险揭示

规则之所以要求披露董监高所持股份的质押、冻结或诉讼纠纷情况，一是该情况可能涉及董监高在公司的任职资格。《公司法》第一百七十八条第五项规定，个人因所负数额较大债务到期未清偿被人民法院列为失信被执行人的，不得担任公司的董事、监事、高级管理人员。即董监高所持股权被强制处分后仍不足以清偿债务，且其所负债务数额较大到期未清偿被人民法院列为失信被执行人的，不得担任董监高。二是董事、监事及高级管理人员在公司治理中发挥着重要作用，他们的管理和监督行为对公司的经营和发展产生重大影响。如果他们所持股份发生被质押、冻结或发生诉讼纠纷等情况，可能导致潜在利益冲突，影响他们独立履行职责。披露这些情况旨在促进董事、监事及高级管理人员独立、公正地履行职责，保障公司治理的有效性，维护公司和股东的利益。三是防止董监高利用股权质押、诉讼实施损害发行人或者投资者利益的行为。[①]董监高作为发行人的管理者和监督者，掌握一定管理职权，知悉公司的经营决策信息，可能假借质押或者诉讼进行股权转移，暗中实施内幕交易、操纵市场、利益输送等非法行为。

---

① 《监管规则适用指引——关于申请首发上市企业股东信息披露》第九条规定："发行人在全国中小企业股份转让系统挂牌、境外证券交易所上市交易期间通过集合竞价、连续竞价交易方式增加的股东，以及因继承、执行法院判决或仲裁裁决、执行国家法规政策要求或由省级及以上人民政府主导取得发行人股份的股东，可以申请豁免本指引的核查和股份锁定要求。"《〈首次公开发行股票注册管理办法〉第十二条、第十三条、第三十一条、第四十四条、第四十五条和〈公开发行证券的公司信息披露内容与格式准则第57号——招股说明书〉第七条有关规定的适用意见——证券期货法律适用意见第17号》简称《（首发）证券期货法律适用意见第17号》第二条第五项规定："相关股东刻意规避股份锁定期要求的，应当按照相关规定进行股份锁定。"

①按招股说明书准则的要求充分披露

《招股说明书信息披露准则》第三十八条规定，发行人应披露与董事、监事、高级管理人员及其他核心人员签订的对投资者作出价值判断和投资决策有重大影响的协议，以及有关协议履行情况。发行人应列表披露董事、监事、高级管理人员、其他核心人员及其配偶、父母、配偶的父母、子女、子女的配偶以任何方式直接或间接持有发行人股份的情况，持有人姓名及所持股份被质押、冻结或发生诉讼纠纷的情况。股份被质押、冻结或发生诉讼纠纷的，应披露原因及对发行人可能产生的影响。

依照上述规定，发行人应当在招股说明书中以表格形式列出以下信息：

（a）股份持有人姓名：包括董事、监事、高级管理人员和其他核心人员及其配偶、父母、配偶的父母、子女、子女的配偶等。《招股说明书信息披露准则》将披露范围扩大到董事、监事、高级管理人员、其他核心人员及其配偶、父母、配偶的父母、子女、子女的配偶以任何方式直接或间接持有发行人股份的情况。[①]

（b）所持股份数量：包括直接持有和间接持有（通过其他机构或个人）的股份数量；

① 《保荐人尽职调查工作准则》第二十四条规定："取得董监高人员和其他核心人员的声明文件，调查董监高人员和其他核心人员及其近亲属以任何方式直接或间接持有发行人股份的情况，近三年所持股份的增减变动以及所持股份的质押或冻结情况。"《监管规则适用指引——法律类2号》第十七条规定"律师应当查验控股股东、实际控制人支配的发行人股份，以及董事、监事、高级管理人员、核心技术人员及其近亲属直接或者间接持有的发行人股份是否存在质押、冻结或者诉讼仲裁纠纷的情形。如存在，应当确认该质押对发行人可能产生的影响。"第五十九条规定："律师应当按照中国证监会和证券交易所的规定，查验发行人及其控股股东和实际控制人，持有发行人5%以上股份的主要股东，发行人控股子公司，发行人的董事、监事、高级管理人员和核心技术人员等，在报告期内发生或者虽然发生在报告期外但仍对发行人产生较大影响以及可预见的诉讼或者仲裁案件，具体查验上述案件的受理情况和基本案情，诉讼或者仲裁请求，判决、裁决结果及执行情况，诉讼和仲裁事项对发行人的影响。"

（c）所持股份比例：包括直接持有和间接持有（通过其他机构或个人）的股份占发行人总股本的比例；

（d）股份状态：包括是否被质押、冻结或发生诉讼纠纷等情况；

（e）原因及影响：包括导致股份被质押、冻结或发生诉讼纠纷的原因，以及可能对发行人造成的影响。

②揭示风险

规则要求，对于发行人的董事、监事及高级管理人员所持股份发生被质押、冻结或发生诉讼纠纷等情形的，发行人除了应当按照招股说明书准则的要求予以充分披露外，还需向投资者揭示风险。

向投资者揭示风险，是指发行人就董监高所持股份的质押、冻结或诉讼纠纷等情况可能给发行人造成的不利影响和损失进行预警和提示，使投资者能够充分了解发行人的风险状况和应对措施，从而作出理性的投资决策。

具体来说，向投资者揭示风险可能包括以下方面：

（a）董监高所持股份的质押、冻结或诉讼纠纷的基本情况，包括涉及的股份数量、比例、期限、原因、相关方、约定条款等；

（b）董监高所持股份的质押、冻结或诉讼纠纷可能导致的法律后果，包括股份被强制处分、转让或执行的可能性和程序，以及是否会影响董监高的任职资格和履职能力等；

（c）董监高所持股份的质押、冻结或诉讼纠纷可能对发行人造成的不利影响，包括控制权稳定性、内部治理结构、经营决策和战略规划、信用状况和市场信誉、资本运作和融资成本等；

（d）发行人针对董监高所持股份的质押、冻结或诉讼纠纷采取的应对措施和风险防范机制，包括与相关方沟通协商、寻求法律救济、增加信息披露频次和内容等。

13. 境外控制架构

【规则规定】**实际控制人实现控制的条线存在境外控制架构的，保荐机构和发行人律师应当对发行人设置此类架构的原因，合法性及合理性，持股的真实性，是否存在委托持股、信托持股，是否有各种影响控股权的约定，股东的出资来源等问题进行核查，说明发行人控股股东和受控股股东、实际控制人支配的股东所持发行人的股份权属是否清晰，以及发行人如何确保其公司治理和内控的有效性，并发表明确意见。**[①]

【规则概要】本条规定对境外控制架构的核查要求。

【规则详解】控制架构，是指通过股权、协议或其他方式实现对企业的控制和管理的安排。控制架构可以反映出企业的所有权结构、控制权分配、利益分配、风险承担等方面的关系，对于评估企业的价值、治理、合规、风险等方面有重要意义。

境外控制架构，是指在境外设立一层或多层控制实体，通过这些实体间接控制境内的运营实体的安排。境外控制架构的形式可能包括VIE（Variable Interest Entity，可变利益实体）结构、红筹结构、合同控制结构等。设置境外控制架构的原因：一是规避国内的法律限制。某些行业或领域，如互联网、教育、金融等，国内法律对外资的进入或控制有严格的限制或禁止。为了绕过这些限制，发行人可能会通过在境外设立控制实体，以变相的方式实现对境内运营实体的控制。二是适应国际的市场环境。某些行业或领域，如科技、新能源、生物等，国际市场的需求、认可度可能高于国内市场。为了吸引国际投资者、提高估值、增加曝光度，发行人可

① 《监管规则适用指引——发行类第4号》第8条。

能会通过在境外设立控制实体，以更有效的方式在国际市场上市或融资。三是税务筹划。某些国家或地区，如开曼群岛、英属维尔京群岛等，对企业的税收有较低的要求或优惠的政策。为了降低税负、提高利润、优化资本结构，发行人可能会通过在境外设立控制实体，以享受这些离岸金融中心的税务优势。

实现控制的条线，是指从实际控制人到被控制企业的控制链条，包括实际控制人直接或间接持有的股权、签署的协议、设立的信托或委托等方式。实现控制的条线可以反映出实际控制人对被控制企业的控制力度和稳定性。

实际控制人实现控制的条线存在境外控制架构，是指实际控制人通过在境外设立的控制实体，以股权、协议或其他方式，对境内的运营实体实施控制。其特征是：

第一，实际控制人与境内运营实体之间存在一层或多层的境外控制实体，比较常见的是在离岸金融中心注册的公司，如开曼群岛、英属维尔京群岛等。

第二，实际控制人通过持有境外控制实体的股权或者签署协议，对境外控制实体实施控制，进而对境内运营实体实施控制。协议通常包括财务顾问协议、贷款协议、股权质押协议、代理投票协议、购买期权协议等。

第三，境外控制实体与境内运营实体之间通常没有直接的股权关系，而是通过设立一家外商独资企业（WFOE）或者合资企业（JV），与境内运营实体签署协议，实现对境内运营实体的经济利益和管理权的获取。这种协议控制模式也称为VIE（可变利益实体）结构。

IPO审核关注境外控制架构，主要考虑它可能给资本市场带来以下风险：

一是境外控制架构可能涉及复杂的、多层次的股权结构、协议安排、利益关系等，持股结构、利益安排等难以核查验证，增加了公司的治理不透明度，使监管机构和投资者难以了解公司的真正所有权和控制关系。[①] 存在境外控制架构时，公司也更容易受到欺诈行为的威胁，实际控制人可能利用复杂的结构操纵公司、隐藏不当行为。

二是境外控制架构可能涉及不同国家的法律和法规，公司可能需要遵守多个法律体系，这可能导致合规风险。首要的是各层级控制主体存在、运行的合法性，如果某一层控制主体因违反所在国法律（比如行业禁入），可能影响境外控制架构的合法存在，或者致使相关主体无法实现控制目的。[②]

（1）核查要求

①发行人设置此类架构的原因、合法性及合理性

设置境外控制架构的原因，是指实际控制人选择境外控制架构包括控制层次、控制条线的目的或动机，即为什么要采用境外控制架构，而不是直接持有发行人股权或者通过其他方式对发行人进行控制和管理。这涉及发行人的业务模式、发展战略、市场定位、竞争优势、风险管理等方面的考量，以及国内外法律法规、政策导向、行业规范等方面影响。

设置境外控制架构的合法性，是指发行人采用境外控制涉及的控制层次、条线安排是否符合国内外的法律规定，具体包括境外实体的设立和

---

① 《保荐人尽职调查工作准则》第十七条规定："实际控制人设立在国际避税区且持股层次复杂的，应核查发行人设置此类架构的原因、合法性及合理性，持股的真实性，是否存在委托持股、信托持股，是否有各种影响控制权的约定，股东的出资来源，发行人控股股东和受控股股东、实际控制人支配的股东所持发行人的股份权属是否清晰，发行人治理和内控的有效性。"

② 《深圳证券交易所股票发行上市审核业务指南第3号——首次公开发行审核关注要点》5-1款规定："发行人具有协议控制架构或类似特殊安排的，核查协议控制架构涉及的各方法律主体的基本情况、主要合同的核心条款；境内外有关协议控制架构的法律法规、政策环境发生变化可能引发的发行人受到处罚、需调整相关架构、协议控制无法实现或成本大幅上升的风险；发行人依赖协议控制架构而非通过股权直接控制经营实体可能引发的控制权风险；协议控制架构下相关主体的违约风险；发行人丧失对通过协议控制架构下可变经营实体获得的经营许可、业务资质及相关资产的控制的风险；协议控制架构及相关安排可能引发的税务风险。"

运作是否符合当地法律要求（包括外资投资限制、行业准入限制、特别许可、外汇管制、资本金要求等方面），是否涉及非法的洗钱、逃税、欺诈等行为，是否有违反或逃避法律规制的嫌疑。

设置境外控制架构的合理性，是指发行人采用这种控制层次、条线安排是否有合理的商业目的和经济策略，是否符合发行人的发展战略和长远利益，是否有合理的治理结构和内控机制，是否有损害其他利益相关方的合法权益。

核查设置境外控制架构的原因、合法性和合理性，主要是为了保证境外控制架构设立和运行的合规性、透明度和可持续性。如果架构中的某一层级的控制实体因为违反所在国家或地区的法律规定而被取缔，或者因为发生纠纷或违规而被诉讼或处罚，可能影响发行人境外控制架构控制权的正常运行，甚至威胁到控制主体的合法存在，从而影响发行人的控制权的稳定和持续。

②持股的真实性，是否存在委托持股、信托持股，是否有各种影响控股权的约定，股东的出资来源

股东持股是否真实，是指发行人的股权结构是否真实、准确、完整地反映了发行人的实际控制关系，以及发行人的股东是否真正拥有其所持有的股份的所有权和控制权。主要是为了发现发行人设置境外控制架构可能存在的股份权属不清、控制不稳、利益不明等问题。

是否存在委托持股、信托持股，是指发行人的股东是否以自己的名义持有股份，但实际上是为其他人或机构代为持有，或者是否将自己持有的股份委托给其他人或机构管理。旨在发现发行人控制权状态与实不符，控制权的变相转移、隐蔽、丧失等问题，以及实际控制人与名义股东可能就股权归属产生的争议。

是否有各种影响控股权的约定，是指发行人的股东是否与其他人或机构签署了影响其对发行人的控制权的协议，如股权质押、让与担保、代理

投票、购买期权、优先认购、回购、赎回、退出等协议。旨在发现发行人设置境外控制架构可能存在的控制权的限制、冲突、转移、丧失等问题，判断发行人控制权的持续稳定性。

股东的出资来源，是指发行人的股东为获取发行人的股份所使用的资金的来源，如自有资金或者非货币财产、借款、投资收益、赠与、继承等方式。旨在核查发行人境外控制架构是否存在实际出资人与名义出资人不一致、资金来源不合法（如非法资金流入、洗钱、资金挪用等）、出资不真实（如非货币财产出资不实）等问题，资金是否涉及境外控制架构间关联交易或不当利益输送，从而判断发行人是否存在控制权与实不符，是否可能发生股份归属争议、影响控制权稳定。

（2）论证并发表意见

规则要求，保荐机构和发行人律师需基于前述核查，说明发行人控股股东和受控股股东、实际控制人支配的股东所持发行人的股份权属是否清晰，以及发行人如何确保其公司治理和内控的有效性，并发表明确意见。

说明发行人控股股东和受控股股东、实际控制人支配的股东所持发行人的股份权属是否清晰，是指根据核查的结果，分析并说明发行人的股权结构是否能够清楚地反映发行人的实际控制关系，发行人的股东是否真正拥有其所持有的股份的所有权和控制权，是否存在影响股份权属的委托持股、信托持股、影响控股权的约定等情况，是否存在股份权属的争议或风险。如果发行人的股权结构和控制关系是清晰的，应说明发行人的股权结构和控制关系的具体情况，包括相关股东的姓名（名称）、持股比例、控制方式、控制路径等，以及发行人的实际控制人的身份、控制力度等。如果股权结构和控制关系不清晰，应说明发行人的股权结构和控制关系存在的问题和风险，包括发行人的股权权属不清、控制权不稳、利益不明等，以及可能导致这些问题和风险的原因和后果。

说明发行人如何确保其公司治理和内控的有效性，是指根据核查的结果，分析并说明发行人是否有合理的治理结构和内控机制，是否能够有效地保障发行人的经营管理、风险控制、信息披露等方面的质量和效率，是否能够有效地应对可能发生的纠纷或违规等情况。如果能保障公司治理和内控有效，应说明发行人的公司治理和内控的具体情况，包括发行人的治理架构、治理机构、治理规则、治理流程等，以及发行人的内控目标、内控环境、内控活动、内控评价、内控监督等。如果不能保障，应说明存在的问题和风险，包括发行人的治理不透明、内控不完善、信息披露不合规、监管失效等，以及可能导致这些问题和风险的原因和后果。

发表明确意见，是指根据核查的结果，给出对发行人设置境外控制架构的原因、合法性、合理性，持股的真实性，是否存在委托持股、信托持股，是否有各种影响控股权的约定，股东的出资来源等问题的综合评价，以及对发行人控股股东和受控股股东、实际控制人支配的股东所持发行人的股份权属是否清晰，发行人如何确保其公司治理和内控的有效性的综合评价。明确意见应该是基于事实和证据、客观和公正、清晰和具体的，不含模糊的语言，不含自相矛盾和不一致的内容。

14. 诉讼或仲裁

【规则规定】（1）发行人应当在招股说明书中披露对股权结构、生产经营、财务状况、未来发展等可能产生较大影响的诉讼或仲裁事项，包括案件受理情况和基本案情，诉讼或仲裁请求，判决、裁决结果及执行情况，诉讼或仲裁事项对发行人的影响等。如诉讼或仲裁事项可能对发行人产生重大影响，应当充分披露发行人涉及诉讼或仲裁的有关风险。

（2）保荐机构、发行人律师应当全面核查报告期内发生或虽在报告期外发生但仍对发行人产生较大影响的诉讼或仲裁的相关情况，包括案件受理情况和基本案情，诉讼或仲裁请求，判决、裁决结果及执行情况，诉讼或仲裁事项对发行人的影响等。

发行人提交首发申请至上市期间，保荐机构、发行人律师应当持续关注发行人诉讼或仲裁的进展情况、发行人是否新发生诉讼或仲裁事项。发行人诉讼或仲裁的重大进展情况以及新发生的对股权结构、生产经营、财务状况、未来发展等可能产生较大影响的诉讼或仲裁事项，应当及时补充披露。

（3）发行人控股股东、实际控制人、控股子公司、董事、监事、高级管理人员和核心技术人员涉及的重大诉讼或仲裁事项比照上述标准执行。

（4）涉及主要产品、核心商标、专利、技术等方面的诉讼或仲裁可能对发行人生产经营造成重大影响，或者诉讼、仲裁有可能导致发行人实际控制人变更，或者其他可能导致发行人不符合发行条件的情形，保荐机构和发行人律师应在提出明确依据的基础上，充分论证该等诉讼、仲裁事项是否构成本次发行的法律障碍并审慎发表意见。①

【规则概要】本条规定对发行人及相关方诉讼仲裁的披露、核查要求。

【规则详解】《首次公开发行股票注册管理办法》第十二条第三项规定："发行人业务完整，具有直接面向市场独立持续经营的能力：（三）不存在涉及主要资产、核心技术、商标等的重大权属纠纷，重大偿债风险，重大担保、诉讼、仲裁等或有事项，经营环境已经或者将要发生重大变化等对持续经营有重大不利影响的事项。"发行人的诉讼和仲裁，主要是指发行人及其相关方在报告期内及申报首发审核期间作为原告、被告或者第三人参与的民商事诉讼纠纷，或者作为申请人、被申请人参与的仲裁纠纷，以及涉及的刑事诉讼、行政诉讼、行政处罚等。发行人的诉讼和仲裁

① 《监管规则适用指引——发行类第4号》第9条。

可能涉及发行人的资产权属、知识产权、合同债权债务、环境责任、税务责任、刑事责任等方面，并导致发行人的控制权发生变化、主要资产权属变化、重大偿债风险以及其他影响发行人持续经营能力的不利情况，该情况可能使其不符合发行条件。

（1）披露要求

对股权结构、生产经营、财务状况、未来发展等可能产生较大影响，是指诉讼或仲裁事项可能对发行人的股东权益、经营活动、财务报表、发展战略等方面产生不利的影响，例如：诉讼或仲裁事项可能导致发行人的资产、收入、利润、现金流等发生重大变化，影响发行人的财务状况和经营业绩；诉讼或仲裁事项可能导致发行人的股东、股权结构发生变化，影响发行人的控制权、股东结构等；诉讼或仲裁事项可能导致发行人的主要资产、主要产品、核心商标、专利、技术等受到侵害、限制或者丧失，影响发行人的生产经营和市场竞争力；诉讼或仲裁事项可能导致发行人承担重大的赔偿、罚款、违约金、利息等，影响发行人的资金运用和偿债能力；诉讼或仲裁事项可能导致发行人的声誉受损，影响发行人的客户关系、合作伙伴、社会责任等；诉讼或仲裁事项可能导致发行人的未来发展受到限制，影响发行人的战略规划、业务拓展、创新能力等。

案件受理情况和基本案情，诉讼或仲裁请求，判决、裁决结果及执行情况，是指诉讼或仲裁事项的具体情况，一般包括：①案件受理情况，指诉讼或仲裁事项是否已经被有管辖权的法院或仲裁机构受理，受理的时间、地点、程序等。②基本案情，指诉讼或仲裁案件的主要事实和情节，包括当事人的身份、起因和经过、争议焦点等。③诉讼或仲裁请求，指诉讼或仲裁事项的各方提出的主张、要求、理由等。④判决、裁决结果，指诉讼或仲裁事项的法院或仲裁机构作出的判决、裁决书的内容、效力、是否存在上诉或再审等。⑤执行情况，指诉讼或仲裁事项的判决、裁决是否已经履行或者执行，履行或者执行的方式、进度、结果等。

诉讼或仲裁事项对发行人的影响，是指诉讼或仲裁事项对发行人的股权结构、生产经营、财务状况、未来发展等方面的潜在影响和风险，包括：一是诉讼或仲裁事项对发行人的财务状况、经营业绩、市场信誉、法律责任、股权结构、未来发展等方面的影响。二是诉讼或仲裁事项涉及发行人的应对措施、预期的结果、可能的风险等，例如发行人为了应对诉讼或仲裁事项采取的法律、财务、经营、战略等措施，措施的可行性、有效性、成本、收益等，发行人对诉讼或仲裁事项最终结果的预期和评估，发行人面临的不确定性、复杂性、敏感性、重要性等因素，发行人可能遭受的不利后果，以及发行人对这些风险的预防、规避等措施等。

如诉讼或仲裁事项可能对发行人产生重大影响，应当充分披露发行人涉及诉讼或仲裁的有关风险，是指如果诉讼或仲裁事项可能导致发行人的股权结构、生产经营、财务状况、未来发展等方面发生重大变化，或者导致发行人不符合发行条件，或者其他可能对投资者的合法权益造成重大损害的情形，发行人应当在招股说明书中明确提示投资者注意这些风险，并详细说明这些风险的来源、程度、可能性、后果、应对措施等，以便投资者作出合理的投资决策。

（2）核查要求

保荐机构、发行人律师应当全面核查报告期内发生或虽在报告期外发生但仍对发行人产生较大影响的诉讼或仲裁的相关情况，是指保荐机构和发行人律师应当对发行人涉及的所有诉讼或仲裁事项进行详细的调查和分析，主要包括以下方面：

①诉讼或仲裁事项的起因、经过、争议点、法律依据等基本案情，以及案件的受理情况。

②诉讼或仲裁事项的各方的主张、要求、理由等诉讼或仲裁请求，以

及法院或仲裁机构作出的判决、裁决的内容，是否存在上诉或再审等判决、裁决结果，以及判决、裁决是否已经履行或者执行，履行或者执行的方式、进度、结果等执行情况。

③诉讼或仲裁事项对发行人的影响和风险，包括诉讼或仲裁事项对发行人的股权结构、生产经营、财务状况、未来发展等方面的影响。

报告期外发生但仍对发行人产生较大影响，是指诉讼或仲裁事项虽然不是在发行人申报首发的报告期内发生，但是由于诉讼或仲裁事项的性质、规模、结果、影响等因素，仍然对发行人的股权结构、生产经营、财务状况、未来发展等方面产生不利的影响，例如：诉讼或仲裁事项虽然在报告期外已经判决或裁决，但是判决或裁决结果被撤销，导致当事人权利义务状态发生变化；诉讼或仲裁事项虽然在报告期内已经和解或撤诉，但是和解协议被违反或解除，导致当事人权利义务发生变化；诉讼或仲裁事项虽然在报告期外已经结束，但是争议原因、经过、结果、影响等在报告期内才被公开或披露，导致发行人的声誉或信誉受损，或者引发其他的纠纷或风险。

规则要求保荐机构和发行人律师在招股说明书准备过程中仔细核查所有与发行人及相关方相关的诉讼和仲裁事项，不仅包括报告期内的，还包括可能在报告期外仍对发行人产生较大影响的事项，并全面披露相关情况，以确保投资者获得全面和准确的信息，全面了解发行人在这些法律事务中的风险和影响。

（3）持续关注与补充披露

《首次公开发行股票注册管理办法》第十八条规定，“注册申请文件受理后，未经中国证监会或者交易所同意，不得改动。发生重大事项的，发行人、保荐人、证券服务机构应当及时向交易所报告，并按要求更新注册申请文件和信息披露资料。”招股说明书披露的大量信息，包括财务数据、公司业务和法律风险等，在申报后如出现重大变化，这些信息可能会变得不准确或不完整。持续关注和及时披露有助于确保招股说明书中的信息保持准确性和完整性，防止误导投资者。规则要求，对于首发申报后至上市前的诉讼和仲裁进展情况、新发生的诉讼仲裁事项，保荐机构和发行人律师应持续关注；其中对股权结构、生产经营、财务状况、未来发展等可能产生较大影响的诉讼仲裁事项，发行人应补充披露。①

①保荐机构、发行人律师持续关注

保荐机构和发行人律师应当在IPO审核过程中不断更新和完善发行人涉及的诉讼或仲裁事项的信息，包括以下方面：

（a）发行人诉讼或仲裁的进展情况，指诉讼或仲裁事项的受理、审理、判决、裁决、执行、和解、撤诉等任何变化或新情况，以及这些变化或新情况对发行人的影响和风险。

（b）发行人新发生的诉讼或仲裁事项，指发行人在提交首发申请后或者在上市前发生的任何新的诉讼或仲裁事项，以及这些新的诉讼或仲裁事项的基本情况、影响和风险。

②发行人补充披露

对于首发申报后至上市前的诉讼和仲裁进展情况、新发生的诉讼仲裁，可能导致发行人的股权结构、生产经营、财务状况、未来发展等方面发生重大变化，或者导致发行人不符合发行条件，或者其他可能对投资者的合法权益造成重大损害的，发行人应补充披露相关诉讼或仲裁事项的基

① 《关于首次公开发行股票并上市公司招股说明书财务报告审计截止日后主要财务信息及经营状况信息披露指引（2020年修订）》第六条规定："保荐机构应督促发行人切实做好审计截止日后主要财务信息及经营状况信息披露，核查发行人生产经营的内外部环境是否发生或将要发生重大变化，包括但不限于：……新增对未来经营可能产生较大影响的诉讼或仲裁事，……以及其他可能影响投资者判断的重大事项等。保荐机构应在发行保荐书中说明相关结论，并在发行保荐工作报告中详细说明核查的过程、了解并收集到的相关情况，得出结论的依据，并在此基础上就发行人审计截止日后经营状况是否出现重大不利变化出具核查意见。"

本情况、影响和风险。

（4）发行人相关方的诉讼和仲裁事项的披露、核查

规则要求，发行人控股股东、实际控制人、控股子公司、董事、监事、高级管理人员和核心技术人员涉及的重大诉讼或仲裁事项，比照有关发行人的诉讼仲裁事项的披露、核查标准执行。①

发行人控股股东、实际控制人涉及的重大诉讼或仲裁事项需比照执行，是因为相关诉讼或仲裁事项可能影响发行人的股权结构、控制权稳定、财务状况、经营业绩等。比如，发行人控股股东或实际控制人因诉讼或仲裁被判决或裁决承担巨额赔偿责任，或者被强制执行其持有的发行人股份，或者被刑事拘留或逮捕、承担刑事责任，或者被吊销营业执照或被取缔，或者被列入失信被执行人名单等，可能导致发行人的股权结构发生变化，或者经营管理受到干扰、信用状况受到负面影响等。

发行人控股子公司涉及的重大诉讼或仲裁事项需比照执行，是因为相关诉讼或仲裁事项可能影响发行人的主营业务、核心技术、主要资产、财务状况、经营业绩等。比如，发行人控股子公司因诉讼或仲裁事项被判决或裁决承担巨额赔偿责任，或者被强制执行其主要资产，或者承担刑事责任，或者被吊销营业执照或被取缔，或者被列入失信被执行人名单等，可能导致发行人的主营业务受到严重影响，或者核心技术遭受损失、主要资产受到削弱、财务状况恶化。

发行人董事、监事、高级管理人员涉及的重大诉讼或仲裁事项需比照

① 《监管规则适用指引——法律类第2号》第五十九条规定："律师应当按照中国证监会和证券交易所的规定，查验发行人及其控股股东和实际控制人，持有发行人5%以上股份的主要股东，发行人控股子公司，发行人的董事、监事、高级管理人员和核心技术人员等，在报告期内发生或者虽然发生在报告期外但仍对发行人产生较大影响以及可预见的诉讼或者仲裁案件，具体查验上述案件的受理情况和基本案情，诉讼或者仲裁请求，判决、裁决结果及执行情况，诉讼和仲裁事项对发行人的影响。"

执行，是因为相关诉讼或仲裁事项可能影响发行人的治理结构、管理层稳定、内部控制等。比如，发行人董事、监事、高级管理人员因诉讼或仲裁事项被判决或裁决承担巨额赔偿责任，或者被刑事拘留或逮捕、承担刑事责任，或者丧失任职资格，或者被列入失信被执行人名单等，都可能导致发行人的治理结构发生变化，或者管理层出现空缺、内部控制受到破坏、董监高履职丧失独立性等。此外，董监高作为发行人的管理者和监督者，掌握公司管理职权，知悉公司的经营决策信息，可能假借虚假诉讼实施内幕交易、利益输送等不当行为。

发行人核心技术人员涉及的重大诉讼或仲裁事项需比照执行，是因为这些诉讼或仲裁事项可能影响发行人的核心技术、知识产权、创新能力、市场竞争力等。比如，如果发行人核心技术人员因为诉讼或仲裁事项被判决或裁决承担巨额赔偿责任，或者被刑事拘留或逮捕、承担刑事责任，或者丧失知识产权等，都可能导致发行人的核心创新能力遭受损失，威胁到发行人的市场竞争力。发行人核心技术人员，是指在发行人的主要产品、服务或技术领域具有核心技术专长、专业知识或创新能力，并对发行人的技术研发、产品开发、技术创新、技术转化等方面起到关键作用的人员，通常包括发行人的技术负责人、技术总监、技术经理、项目经理、研发工程师、技术顾问等。

综上，对于发行人控股股东、实际控制人、控股子公司、董事、监事、高级管理人员和核心技术人员，由于其重大诉讼仲裁事项可能会对公司的经营和未来发展产生直接或间接的影响。因此，与发行人诉讼和仲裁事项采用相似的披露、核查标准，可以确保投资者获得有关这些关键方面的全面信息。

（5）导致不符合发行条件的诉讼仲裁的论证意见

规则规定，涉及主要产品、核心商标、专利、技术等方面的诉讼或仲裁可能对发行人生产经营造成重大影响，或者诉讼、仲裁有可能导致发行人实际控制人变更，或者其他可能导致发行人不符合发行条件的情形，保荐机构和发行人律师应在提出明确依据的基础上，充分论证该等诉讼、仲裁事项是否构成本次发行的法律障碍并审慎发表意见。①

涉及主要产品、核心商标、专利、技术等方面的诉讼或仲裁可能对发行人生产经营造成重大影响，是指相关诉讼或仲裁事项可能威胁或损害发行人的核心竞争力、市场地位、盈利能力、创新能力等，并可能导致其不符合发行条件。比如，如果主要产品、核心商标、专利、技术等因为诉讼或仲裁事项被判决或裁决侵犯他人的知识产权，或者被强制执行其商标、专利、技术，或者商标、专利被吊销注册等，都可能导致发行人的核心竞争力被削弱、市场地位降低、创新能力受到限制等，使其丧失持续经营能力。

诉讼、仲裁有可能导致发行人实际控制人变更，是指诉讼或仲裁事项可能导致发行人的控股股东或实际控制人的股权或控制权发生变化，从而影响发行人的治理结构、经营决策、战略规划等。比如，发行人的控股股东或实际控制人因为诉讼或仲裁事项被判决或裁决转让其持有的发行人股份，或者被强制执行其持有的发行人股份，或者被追究刑事责任，都可能导致发行人的实际控制人发生变更、发行人的治理结构发生变化，影响其控制权稳定性。

诉讼仲裁可能导致发行人不符合发行条件的其他情形，是指上述两种情形之外的可能导致发行人不符合发行条件的情形。比如，因诉讼或仲裁

① 《保荐人尽职调查工作准则》第七十九条规定："通过查阅诉讼仲裁文件、查询网站、访谈相关人员、发行人及相关人员出具书面声明、走访有关司法机关及监管机构等方法，调查发行人是否存在对其财务状况、经营成果、声誉、业务活动、未来前景等可能产生较大影响的诉讼或仲裁事项，发行人及其控股股东或实际控制人、控股子公司、发行人董监高人员和核心技术人员是否存在作为一方当事人可能对发行人产生影响的刑事诉讼、重大诉讼或仲裁事项，分析其是否涉及主要资产、核心技术、知识产权的重大权属纠纷，是否导致经营环境已经或将要发生重大变化，评价其对发行人持续经营、财务指标、股权及控制结构、员工权益保障等是否产生重大影响。"

事项被判决或裁决承担巨额赔偿责任，导致发行人出现重大偿债风险的情形；涉及国家安全、生产安全等领域的刑事处罚、情节严重的行政处罚等。

在提出明确依据的基础上，充分论证该等诉讼、仲裁事项是否构成本次发行的法律障碍并审慎发表意见，是指保荐机构和发行人律师应当根据诉讼或仲裁事项的具体情况，以及《证券法》及有关规则规定的发行条件，从法律的角度进行分析和评估，提出清晰的事实和法律依据，充分地论述诉讼或仲裁事项是否对发行人持续经营有重大不利影响，是否导致发行人不符合《首次公开发行股票注册管理办法》第二章所列其他发行条件，并且审慎地发表自己的专业意见，以便为投资者和监管机构提供参考。即在处理这些重大法律风险时，不仅需要提供明确的法律依据，还需要进行详尽的论证，以确保对这些风险的评估是准确和充分的。同时，应当谨慎表达自己的意见，在论证中不应包含误导性意见。

15. 公众公司、H股公司或境外分拆、退市公司申请IPO

【规则规定】发行人曾为或现为新三板挂牌公司、境外上市公司的，应说明并简要披露其在挂牌或上市过程中，以及挂牌或上市期间在信息披露、股权交易、董事会或股东会决策等方面的合法合规性，披露摘牌或退市程序的合法合规性（如有），是否存在受到处罚的情形。涉及境外退市或境外上市公司资产出售的，发行人还应披露相关外汇流转及使用的合法合规性。保荐机构及发行人律师应对上述事项进行核查并发表意见。

如新三板挂牌公司的股东中包含被认定为不适格股东的，发行人应合并披露相关持股比例，合计持股比例较高的，应披露原因及其对发行人生产经营的影响。[①]

① 《监管规则适用指引——发行类第4号》第17条。

【规则概要】本条规定公众公司申请IPO的披露、核查的特殊要求。

【规则详解】新三板挂牌公司，是指在全国中小企业股份转让系统（简称新三板）进行股份转让的非上市公众公司。新三板是中国证监会批准设立的全国性证券交易场所，主要为中小微企业提供股权融资和转让服务。新三板挂牌公司在这一市场上的交易，通常规模较小，资金需求相对较低。

境外上市公司，是指在境外证券市场发行或交易股票的公司，包括在中国香港、美国、新加坡等地上市的H股、N股、S股等。H股公司，是指在香港联合证券交易所股份有限公司上市的境内股份有限公司。[①]这些在中国香港上市、以港币或其他货币认购及买卖的中国内地企业股份称为“H股”。

公众公司，是指向不特定对象公开发行、转让股票，或向特定对象发行、转让股票使股东人数累计超过200人的股份有限公司。公众公司分为上市公司和非上市公司。

曾为或现为新三板挂牌公司、境外上市公司，是指发行人在申请IPO之前或申请过程中，已经在新三板市场或境外证券市场进行过股票的挂牌或上市。

规则关注新三板挂牌公司、境外上市公司等公众公司在其他资本市场运作情况，旨在了解发行人的历史，以及它们在其他资本市场运作中是否存在潜在的风险或法律问题，防范其可能给A股市场发行上市带来不利影响。

（1）披露要求

①披露挂牌或上市过程中，以及挂牌或上市期间在信息披露、股权交易、董事会或股东会决策等方面的合法合规性

在挂牌或上市过程中，是指发行人就其在新三板挂牌或在境外证券

① 《H股公司境内未上市股份申请“全流通”业务指引》第一条。

交易所上市提交所需的挂牌或发行上市申请，至发行人的股份在新三板挂牌、境外证券交易上市的时间段；在挂牌或上市期间，是指发行人在新三板挂牌、境外证券交易所上市后的时间段。

信息披露方面的合法合规性，是指发行人在新三板挂牌、境外证券市场上市期间，是否依照相关法律法规和监管规则的要求，及时、准确、完整地披露与投资者作出价值判断和投资决策有关的信息，不存在虚假记载、误导性陈述或者重大遗漏。例如，是否按照规定的时间、方式、内容和格式编制和披露招股说明书、募集说明书、上市公告书、定期报告、临时报告等信息披露文件；是否就可能对证券交易价格产生较大影响的重大事件及时披露，说明事件的起因、目前的状态和可能产生的影响等。前述不合法、不合规可能给发行人及其相关责任主体带来行政处罚、民事赔偿、刑事追究等法律后果，并导致其不符合境内A股发行上市条件。[①]对于其在其他资本市场的披露内容与本次申报披露的财务数据、实际控制人、关联方及关联交易、历史沿革、业务与技术、主要资产等方面信息存在的差异，需分析差异产生原因，评估发行人会计工作是否规范、内部控制是否健全有效，以及是否存在导致发行人丧失独立性、控制权变更等影响持续经营能力的情况。

股权交易方面的合法合规性，是指发行人在新三板挂牌、境外证券市场上市期间，股权转让、增资扩股、股权质押及其他股权处分行为是否符合相关法律法规和监管规则的要求，是否损害国家利益、社会公共利益和其他股东的合法权益。例如，股权交易的价格是否公允、合理，股权交易

① 《首次公开发行股票注册管理办法》第十三条第二款、第三款：“最近三年内，发行人及其控股股东、实际控制人不存在贪污、贿赂、侵占财产、挪用财产或者破坏社会主义市场经济秩序的刑事犯罪，不存在欺诈发行、重大信息披露违法或者其他涉及国家安全、公共安全、生态安全、生产安全、公众健康安全等领域的重大违法行为。”“董事、监事和高级管理人员不存在最近三年内受到中国证监会行政处罚，或者因涉嫌犯罪正在被司法机关立案侦查或者涉嫌违法违规正在被中国证监会立案调查且尚未有明确结论意见等情形。”

的款项是否实际支付，是否完成股权交易的财产权转移手续；股权交易是否违反公司章程、股东协议等限制性规定，增资扩股等重大事项是否经过股东会或者董事会的审议通过，股东优先购买权、同意权、反对权等是否依法依章程行使等。前述合规性问题可能引发股份方面的权益冲突、诉讼仲裁纠纷等，影响发行人的股份权属清晰、控制权稳定，并导致其不符合境内A股发行上市条件。

董事会或股东会决策等方面的合法合规性，是指发行人在新三板挂牌、境外证券市场上市期间，是否遵守相关法律法规和监管规则、公司章程的要求，合法合规地进行董事会或股东会的召集、决议等决策活动，以避免损害少数股东或其他利益相关方的合法权益。例如，董事会或股东会是否按照法定和公司章程规定程序或规则召集、决议，决策事项是否属于董事会或股东会的职权范围，与决策事项有利害关系董事、股东是否回避表决等。如果董事会或股东会的决策不合规，一方面反映内部控制制度有效性存在缺陷，另一方面决策不合规可能损害公司治理结构的合法有效性，导致利益相关方就发行人前期所作决策（包括发行股票、增资扩股、重大资产重组、关联交易等）的效力产生法律争议，对发行人股权清晰稳定、经营成果和财务状况产生重大不利影响，从而影响其持续经营能力。

②披露摘牌或退市程序的合法合规性

新三板挂牌公司摘牌，是指在全国中小企业股份转让系统挂牌的公司，终止其股票在新三板的挂牌交易。新三板挂牌公司摘牌，可以分为主动摘牌和强制摘牌两种情形。主动摘牌是指挂牌公司经股东会决议，自愿申请终止股票挂牌的行为；强制摘牌是指挂牌公司触发了全国股转公司规定的终止挂牌情形，如财务信息披露严重不可信、丧失持续经营能力、重大违法违规等，全国股转公司强制终止其股票挂牌的行为。新三板挂牌公司摘牌，需要遵守《全国中小企业股份转让系统挂牌公司股票终止挂牌实施细则》等相关规定，保障投资者的合法权益。

境外上市公司退市，是指在境外证券交易所上市的公司，终止其股票在境外证券交易所的上市交易。境外上市公司退市，一般也可以分为自愿退市和强制退市两种情形。自愿退市是指上市公司经股东会决议，自愿申请终止股票上市的行为，通常适用于并购、私有化和自愿清算等情况；强制退市是指上市公司未满足持续上市条件，如交易类指标、持续经营能力指标、合规性指标等，交易所强制终止其股票上市的行为。境外上市公司退市，需要遵守所在交易所的退市规则和程序。

摘牌或退市程序的合法合规性，是指发行人在新三板或境外市场摘牌或退市的原因、条件、程序、时间、结果等，是否符合相关法律、行政法规、规范性文件、市场规则的规定，是否按照规定的期限和标准完成摘牌或退市的相关手续。例如，是否存在对终止挂牌有异议股东、对异议股东的保护措施、是否存在补偿及回购条款。如果未按照规定的程序和条件摘牌或退市，可能导致公司的股权结构发生混乱、不确定或者不合法的情况，可能会对公司股权清晰造成不利影响，从而造成公司不符合股权清晰的监管要求；或者因摘牌、退市引起纠纷，导致发行人承担相应责任，影响其持续经营能力。

③披露是否存在受到处罚的情形

受到处罚的情形，是指发行人在新三板或境外市场挂牌或上市过程中，以及挂牌或上市期间，是否因为违反法律法规或者市场规则而受到过相关监管机构、行政机关的处罚，包括但不限于警告、责令改正、罚款、没收违法所得、暂停或者取消业务资格、暂停或者终止上市、市场禁入等，以及其受到处罚的具体情况，如处罚的原因、依据、内容、时间、执行情况等，以及受到处罚后采取的整改措施、预防措施等。当然，发行人在此期间受到刑事处罚也应属于披露范围。发行人受到处罚可能使其承担大额罚款，或者丧失经营资格，影响其持续经营能力，导致其不符合发行条件；其受到的涉及国家安全、公共安全、生态安全、生产安全、公共健康安全等领域的情节严重行政处罚，或者其董监高最近三年内受到中国证监会行政处罚，也可能导致其不符合发行条件。

④涉及境外退市或境外上市公司资产出售的，发行人还应披露相关外汇流转及使用的合法合规性

境外上市公司出售资产，是指在境外证券市场上市的公司将其持有的境内或境外的资产，通过协议或其他方式转让给其他主体的行为。出售资产的目的可能有多种，例如调整业务结构、优化资产质量、提高资金效率、减少债务负担、应对市场竞争等。

外汇流转、使用，是指外汇的跨境收付、兑换、存储、投资等活动。涉及外汇的跨境交易，需要遵守中国和相关国家或地区的外汇管理法律法规，办理相应的外汇核准、登记、备案、变更等手续，接受外汇管理机关的监督。例如，在美国纳斯达克上市的中国公司A因故退市，A公司可能需要向其境外股东支付现金或股票等作为退市补偿，这就涉及外汇的支出。同时，A公司可能需要将其在美国的资产（如现金、证券、房产等）出售，这就涉及外汇的收入。这些外汇收支情况，需按照中国和美国的外汇管理法规进行申报、登记、备案等，并接受外汇管理机关的监督。A公司还需考虑其外汇收支对其外债、对外投资、对外担保等资本项目的影响，是否符合外汇管理法规的限制和条件。

前述外汇收支合规性问题，可能影响发行人获得清偿债务或者实现债权所需的外汇，导致一系列于发行人经营不利的状况，如债权债务纠纷、财务报表存在差错或遗漏等；如外汇流转、使用违法，还可能受到外汇管理机关的处罚。

⑤如新三板挂牌公司的股东中包含被认定为不适格股东的，发行人应合并披露相关持股比例，合计持股比例较高的，应披露原因及其对发行人生产经营的影响

新三板挂牌公司的股东可能被认定为不适格股东，是指依照法律法规

规定不得担任股东的主体，以及不符合《全国中小企业股份转让系统投资者适当性管理办法》规定条件的机构投资者和自然人投资者。[①]

合并披露相关持股比例，一般是指在发行人或者上市公司信息披露文件中，将具有关联关系或者一致行动人关系的股东持有公司的股权比例进行合并计算，并披露出来的行为。合并披露相关持股比例的目的，是为了反映上市公司的真实股权结构，防止股东通过分散持股、代持股等方式规避股东条件的要求，或者通过操纵股权、影响公司决策等方式损害其他股东和投资者的利益。此处合并披露，应是指将不适格股东持股比例合并计算并披露。

对于新三板挂牌公司的股东中被认定为不适格股东，合并披露相关持股比例的主要步骤：第一，识别出其股东中哪些属于被认定为不适格股东的主体。第二，将不适格股东视为同一类别的股东。第三，将不适格股东所持有的发行人股份占发行人总股本的比例进行合并计算，并在信息披露

① 《全国中小企业股份转让系统投资者适当性管理办法》第四条规定："投资者参与创新层股票交易应当符合下列条件：（一）实收资本或实收股本总额100万元人民币以上的法人机构；（二）实缴出资总额100万元人民币以上的合伙企业；（三）申请权限开通前10个交易日，本人名下证券账户和资金账户内的资产日均人民币100万元以上（不含该投资者通过融资融券融入的资金和证券），且具有本办法第六条规定的投资经历、工作经历或任职经历的自然人投资者。"第五条规定："投资者参与基础层股票交易应当符合下列条件：（一）实收资本或实收股本总额200万元人民币以上的法人机构；（二）实缴出资总额200万元人民币以上的合伙企业；（三）申请权限开通前10个交易日，本人名下证券账户和资金账户内的资产日均人民币200万元以上（不含该投资者通过融资融券融入的资金和证券），且具有本办法第六条规定的投资经历、工作经历或任职经历的自然人投资者。""投资者参与挂牌同时定向发行的，应当符合本条前款规定。"第六条规定："自然人投资者参与挂牌公司股票交易的，应当具有2年以上证券、基金、期货投资经历，或者具有2年以上金融产品设计、投资、风险管理及相关工作经历，或者具有《证券期货投资者适当性管理办法》第八条第一款第一项规定的证券公司、期货公司、基金管理公司及其子公司、商业银行、保险公司、信托公司、财务公司等，以及经行业协会备案或者登记的证券公司子公司、期货公司子公司、私募基金管理人等金融机构的高级管理人员任职经历。""具有前款所称投资经历、工作经历或任职经历的人员属于《证券法》规定禁止参与股票交易的，不得参与挂牌公司股票交易。"

文件中披露出来，以反映发行人的真实股权结构。第四，将所有不适格股东所持有的发行人股份占发行人总股本的比例之和进行合计，并在信息披露文件中披露出来，以反映不适格股东对发行人的影响程度。第五，对合计持股比例较高的不适格股东（具体标准可能因不同情况而异）披露其持股的原因及主要情形，以及其对发行人生产经营的影响。

合计持股比例较高，是指新三板挂牌公司的股东中被认定为不适格股东的各个主体所持有的该公司股份占该公司总股本的比例之和达到一定的水平，具体的标准可能因不同的情况而异，但一般应当考虑其对公司治理、股权结构、股东权益等方面的影响。不适格股东持股比例较高原因及主要情形，是指导致新三板挂牌公司的股东中被认定为不适格股东的各个主体所持有的该公司股份占该公司总股本的比例之和较高的事由和情况，如股权转让、股权质押、股权代持、股权委托、股权赠与、股权继承等导致持股人被认定为不得担任股东的主体、不符合规定条件的机构投资者或自然人投资者。

不适格股东持股比例较高对发行人生产经营影响，是指新三板挂牌公司的股东中被认定为不适格股东的各个主体所持有的该公司股份占该公司总股本的比例之和较高对该公司的生产经营活动产生的影响，如影响发行人股权结构清晰及实际控制权稳定运行，影响公司的决策、监督、激励机制，影响公司的资金运营、资产质量、财务状况。

新三板挂牌公司作为发行人申请在A股市场发行上市，若其股东被认定为不适格，可能使发行人出现股权结构不清晰、无法穿透至最终权益持有人、存在利益冲突或者隐瞒欺诈等情形，并导致发行人的信息披露不真实、不准确、不完整，影响投资者的判断和决策；不适格股东可能因欠缺风险承受能力而发生资金链断裂或者陷入财务困境等情形，导致其可能转让、减持或者丧失（如被强制处分）股权，也会影响发行人股权结构的稳定性。

（2）核查要求

规则规定，保荐机构及发行人律师应对上述事项进行核查并发表意见。

保荐机构及发行人律师应对上述事项进行核查并发表意见，是指在发行人申请IPO的过程中，保荐机构和发行人律师应当对发行人的相关情况和信息进行全面、深入、独立、客观的核查，并就核查结果和发现的问题阐述书面意见。

具体核查包括：①核查发行人是否曾为或现为新三板挂牌公司、境外上市公司，以及其挂牌或上市的时间、地点、方式、背景等；②核查发行人在挂牌或上市过程中，以及挂牌或上市期间，在信息披露、股权交易、董事会或股东会决策等方面是否符合相关法律法规的要求，是否存在违法违规或者欺诈性的行为，是否受到过监管机构或者自律组织的处罚或者监管措施；③核查发行人是否进行过摘牌或退市，以及其摘牌或退市的程序、事由等是否合法合规，是否存在损害投资者利益或者损害市场秩序的情形；④核查发行人是否涉及境外退市或境外上市公司资产出售，以及其相关外汇流转及使用的合法合规性，是否存在违反外汇管理、资本项目管制、反洗钱等相关法律法规的情形；⑤核查发行人在挂牌或上市过程中，以及挂牌或上市期间是否受到行政处罚、刑事处罚，受到处罚的具体情况，如处罚的原因、依据、内容、时间、执行情况等；⑥核查发行人的股东中是否包含被认定为不适格股东的主体，如法律法规规定不得担任股东的主体，或者不符合《全国中小企业股份转让系统投资者适当性管理办法》规定条件的机构投资者和自然人投资者等；⑦核查发行人的不适格股东的持股比例，是否进行合并披露，合并披露的方法和结果是否合理；⑧核查发行人的不适格股东持股比例较高原因及主要情形，以及其对发行人生产经营的影响，是否存在影响控制权稳定性等方面的风险。

第五章

发行审核重点关注问题——公司治理与独立性

1. 同业竞争

【规则规定】《首次公开发行股票注册管理办法》第十二条规定，发行人“与控股股东、实际控制人及其控制的其他企业间不存在对发行人构成重大不利影响的同业竞争”。现提出如下适用意见：

（一）判断原则。同业竞争的“同业”是指竞争方从事与发行人主营业务相同或者相似的业务。核查认定该相同或者相似的业务是否与发行人构成“竞争”时，应当按照实质重于形式的原则，结合相关企业历史沿革、资产、人员、主营业务（包括但不限于产品服务的具体特点、技术、商标商号、客户、供应商等）等方面与发行人的关系，以及业务是否有替代性、竞争性、是否有利益冲突、是否在同一市场范围内销售等，论证是否与发行人构成竞争；不能简单以产品销售地域不同、产品的档次不同等认定不构成同业竞争。竞争方的同类收入或者毛利占发行人主营业务收入或者毛利的比例达百分之三十以上的，如无充分相反证据，原则上应当认定为构成重大不利影响的同业竞争。

对于控股股东、实际控制人控制的与发行人从事相同或者相似业务的企业，发行人还应当结合目前自身业务和关联方业务的经营情况、未来发展战略等，在招股说明书中披露未来对于相关资产、业务的安排，以及避免上市后出现构成重大不利影响的同业竞争的措施。

（二）核查范围。中介机构应当针对发行人控股股东、实际控制人及其近亲属全资或者控股的企业进行核查。

如果发行人控股股东、实际控制人是自然人，其配偶及夫妻双方的父母、子女控制的企业与发行人存在竞争关系的，应当认定为构成同业竞争。

发行人控股股东、实际控制人的其他亲属及其控制的企业与发行人存在竞争关系的，应当充分披露前述相关企业在历史沿革、资产、人员、业务、技术、财务等方面对发行人独立性的影响，报告期内交易或者资金往来，销售渠道、主要客户及供应商重叠等情况，以及发行人未来有无收购安排。①

【规则概要】本条明确"构成重大不利影响的同业竞争"的理解与适用、同业竞争的核查要求。

【规则详解】（1）同业竞争的认定

①同业、同业竞争的定义

同业竞争，此处是指发行人的控股股东、实际控制人及其所控制的其他企业从事与发行人相同或相似的业务，以致双方构成（或可能构成）直接或间接的竞争关系。

（a）同业

同业，是指竞争方与发行人主营业务相同或者相似。

主营业务，是指企业为完成其经营目标而从事的日常活动中的主要活动。同业的判断应当根据业务的实质内容，而非仅仅根据营业执照上经营

① 《〈首次公开发行股票注册管理办法〉第十二条、第十三条、第三十一条、第四十四条、第四十五条和〈公开发行证券的公司信息披露内容与格式准则第57号——招股说明书〉第七条有关规定的适用意见——证券期货法律适用意见第17号》第一条。

范围的表述。

相同业务，通常指两个或多个公司在主营业务方面从事相同类型的活动，涉及相同的产品或服务。与发行人主营业务相同的业务，是指竞争方与发行人从事的业务在产品或服务的种类、功能、用途、技术、质量、价格、市场等方面没有本质的差别，可以直接替代或互换的业务。例如，如果发行人的主营业务是生产和销售某种化工原料，与发行人主营业务相同的业务就是生产和销售同种或类似的化工原料的业务。

相似业务，指的是两个或多个公司在某些方面从事相似但不完全相同的业务活动。与发行人主营业务相似的业务，是指竞争方与发行人从事的业务在产品或服务的种类、功能、用途、技术、质量、价格、市场等方面有一定的相似性，但不完全相同，可以部分替代或互换的业务。例如，如果发行人的主营业务是生产和销售某种化工原料，与发行人主营业务相似的业务就是生产和销售与该化工原料有关联或衍生的化工产品的业务。

（b）竞争

竞争，指的是竞争方与发行人之间存在的市场上的对抗关系，即在相同或相似业务领域内，两个或多个公司之间争夺相同的客户群体、市场份额、资源或利益的行为。

一般来讲，从事相同或相似业务的主体之间容易导致竞争，主要有以下原因：一是市场需求有限性。在同一市场范围内，如果有多个主体提供相同或相似的产品或服务，它们就会争夺有限的市场份额和客户资源，从而形成竞争关系。二是相同、相似的产品或服务具有较高的可替代性。如果产品或服务相对同质化，消费者更容易在不同供应商之间进行选择，并导致供应商之间价格竞争，降低公司的盈利潜力。

但是，不同主体从事相同或相似的业务，并不必然导致竞争或者较强竞争，原因有以下几点：

一是市场细分。即使不同主体从事相同或相似的业务，它们可能在不同的市场细分中运营。市场可以根据产品特点、客户需求、地理区域等进行划分，不同主体可能专注于不同的市场细分，从而避免或者减少竞争可能。

二是不同定位。即使业务相同或相似，不同主体可能有不同的定位和目标客户群体。它们可能通过不同的品牌形象、定价策略、市场定位等方式来区分自己与竞品，以满足不同消费者的需求，它们之间的竞争程度可能会降低。

三是合作机会。不同主体之间从事相同或相似业务时，也可能存在合作机会。它们可以选择在某些方面进行合作，共享资源、技术或市场渠道，而不是竞争。这种合作可以带来互利共赢的结果，而不是竞争对抗。

四是不同业务模式。即使业务相似，不同主体可能采用不同的业务模式和运营策略。它们可能在产品设计、服务方式、销售渠道等方面有差异，这种差异可以导致它们在市场中的角色和竞争地位有所不同。

②同业竞争的认定

依照规则，核查认定竞争方从事相同或者相似的业务是否与发行人构成"竞争"时，应当按照实质重于形式的原则，结合相关企业历史沿革、资产、人员、主营业务（包括但不限于产品服务的具体特点、技术、商标商号、客户、供应商等）等方面与发行人的关系，以及业务是否有替代性、竞争性，是否有利益冲突，是否在同一市场范围内销售等，论证是否与发行人构成竞争；不能简单以产品销售地域不同、产品的档次不同等认定不构成同业竞争。

（a）实质重于形式的原则

实质重于形式的原则，是指在判断同业竞争时，应当以交易或事项的经济实质和影响为依据，而不应当仅仅根据它们的外在表现作为判断依据。

经济实质是指交易事项对发行人的经营、财务、战略等方面的实际影响。外在表现，通常指的是事物的外在形态或表面现象，而不是它们的实质或内在属性。外在表现可能与交易事项的实际内容和影响不一致，甚至有可能是为了掩盖或规避同业竞争的存在而故意设置的。

在判断同业竞争时，外在表现可能包括企业之间的表面差异、形式性的区别，以及仅仅通过外部观察和表面数据可能获得的信息。具体来说，外在表现可能涉及以下几个方面：一是形式性的组织结构。企业可能在法律上通过特定的组织结构或合同安排来避免被认定为同业竞争，例如通过控股结构的调整或合同条款的变更。二是产品或服务的外在特征。例如，两家企业可能生产不同档次、不同种类的产品，从营业执照的经营范围上看起来它们之间可能没有直接的竞争关系。三是表面上的业务差异。两家企业可能在表面上有不同的业务定位或策略，可能通过市场营销手段强调它们之间的差异性，而不是相似性。四是产品销售地域和档次的差异。表面上看，如果两家企业的产品在地理位置和市场档次上存在差异，可能被认为它们不构成同业竞争。

实质重于形式原则的要点是，不能仅仅依赖于这些外在表现来判断同业竞争，因为这些表征可能掩盖了实际上存在的经济实质和影响。因此，对于同业竞争的判断，需要更深入地考虑业务的实际联系、竞争关系的本质，以及企业在市场上的实际影响，防止企业通过调整外在表现来规避法规监管。

（b）实质上的“同业”状态的判断

依照规则，应结合相关企业历史沿革、资产、人员、主营业务（包括但不限于产品服务的具体特点、技术、商标商号、客户、供应商等）等方面与发行人的关系，判断竞争方与发行人是否从事相同或者相似业务。

历史沿革，是指相关企业的成立时间、发展过程、股权变化、重大事件等，可反映相关企业与发行人的渊源、关联、分离等情况。比如，发行人是从控股股东的某个部门分拆出来的，而控股股东仍然保留了原来的业务，就需要核查发行人与控股股东是否从事相同或者相似业务。

资产，是指相关企业的固定资产、流动资产、无形资产、负债等，可判断相关企业与发行人是否共享相似的资产，尤其是在关键领域，例如知识产权、专利、品牌等，评估它们之间的业务联系。比如，发行人与控股股东共用专利、品牌等，就需要核查发行人与控股股东是否从事相同或者相似业务。

人员，是指相关企业的董事、监事、高级管理人员、核心技术人员、销售人员等，可了解相关企业与发行人的管理层是否存在人员交流，例如高级管理人员是否曾在对方企业任职。例如，发行人的董事长或总经理同时或曾经担任控股股东的董事或高管，或者发行人的技术人员或销售人员同时或曾经为控股股东的员工或顾问，就需要核查发行人与控股股东是否从事相同或者相似业务。

主营业务（包括但不限于产品服务的具体特点、技术、商标商号、客户、供应商等），是指相关企业的主要收入来源、利润贡献、市场占有率、竞争优势等，可反映相关企业的产品和服务的具体特点、技术水平以及客户和供应商的重叠情况。比如，发行人与控股股东都生产同一种或类似的产品，或者都提供同一种或类似的服务，就需要核查发行人与控股股东是否从事相同或者相似业务。

总之，应当综合考察发行人与竞争方之间的历史渊源、资产交叉、人员流动、业务相似度、技术水平、品牌影响、客户群体、供应链等各个方面，从而判断它们是否属于同业。例如，发行人是一家制造高端家电的公司，其控股股东的另一家公司是一家制造中低端家电的公司。通过历史沿革的分析，发现这两家公司曾经在过去进行过技术合作，共享了一些核心技术；在资产方面，发现它们都拥有一些相似的专利和知识产权；而且，两家公司的高级管理团队中有一些人曾经在对方公司工作过；在主营业务方面，虽然产品档次有所不同，但在某些技术特点和客户群体方面存在重叠。综合分析这些因素，可以认为这两家公司存在实质上的“同业”关系。

上述要求的目的是揭示发行人与竞争方之间的真实关系，避免仅从表面的业务名称或范围进行简单的判断，防止企业通过调整外在表现来规避同业竞争的核查。

（c）实质上的“竞争”关系的判断

考察竞争方与发行人的业务是否有替代性、竞争性，是否有利益冲突，是否在同一市场范围内销售等情况，判断是否存在竞争关系；不能简单以产品销售地域不同、产品的档次不同等认定不构成同业竞争。

替代性，是指竞争方与发行人的业务之间存在的相互替换的可能性，通常体现在产品或服务的功能、用途、技术、质量、价格等方面。替代性的判断，应当综合考虑竞争方与发行人的业务的产品或服务的功能、用途、技术、质量、价格等因素，以及客户的需求特点、需求弹性、需求变化等因素，进行具体分析和论证。

竞争性，是指企业在市场上争夺资源、客户和市场份额的能力和倾向，即竞争方与发行人的业务之间存在的相互影响或制约的程度，通常体现在市场份额、利润率或发展潜力等方面。竞争性的判断，应当综合考虑竞争方与发行人的业务的产品或服务的功能、用途、技术、质量、价格等因素，以及竞争方与发行人的业务的市场规模、市场占有率、市场增长率、市场竞争格局、市场需求变化等因素，进行具体分析和论证。

利益冲突，是指在特定情境下，不同个体或组织之间由于利益追求的不同而产生的相互制约或相互排斥、相互损害的可能性。利益冲突通常体现在资源、资金、人员、信息等方面利益矛盾。利益冲突的判断，应当综合考虑竞争方与发行人的业务的资源、资金、人员、信息等的分配、使用、控制等情况，以及竞争方与发行人的业务的利润率、成本率、投资回报率等情况，进行具体分析和论证。

同一市场范围，指的是竞争方与发行人在销售产品或提供服务的领域、区域或市场上存在重叠或重合，或者是指竞争方与发行人的业务针对的客户群体、地域范围、渠道方式、价格水平等方面相同或相近，从而导致竞争方与发行人的业务之间存在直接或间接的竞争关系的情况。考虑相关企业是否在同一市场范围内销售可以评估它们之间的直接竞争关系。当竞争方与发行人在地理区域、目标市场或客户群体、销售渠道上有重叠时，它们更可能直接面对相同的市场竞争和客户选择，并争夺同一市场份额。

产品销售地域不同，是指竞争方与发行人的产品或服务在不同的地理区域进行销售，例如不同的省份、城市、国家或地区。产品的档次不同，是指竞争方与发行人的产品或服务在质量、价格、功能、品牌等方面存在明显的差异，例如高端、中端、低端等。对于竞争方与发行人的业务是否存在“竞争”的认定，不能简单以产品销售地域不同、产品的档次不同而认定不构成同业竞争，是因为这些因素并不能完全排除竞争的存在。例如，竞争方与发行人的产品或服务虽然在不同的地域销售，但如果两者的目标市场有重叠或者有扩张的趋势，就有可能出现竞争的情况。同样，竞争方与发行人的产品或服务虽然在档次上有差异，但如果两者的产品或服务有替代性或者互补性，也有可能对发行人的利益造成影响。因此，按照实质重于形式的原则，在认定同业竞争时应当综合考虑多个因素，包括产品的替代性、客户群体的重叠、技术和创新竞争以及市场定位和策略调整等。仅仅以产品销售地域不同或产品档次不同来否定同业竞争关系是不全面的，需要深入分析和评估相关因素的实质内容。

③重大不利影响的同业竞争的认定

根据规则，竞争方的同类收入或者毛利占发行人主营业务收入或者毛利的比例达百分之三十以上的，如无充分相反证据，原则上应当认定为构成重大不利影响。

上述认定标准旨在提供一种量化的方法来评估竞争方从事相同或者相

似业务对发行人的影响程度，并判断是否构成重大不利影响。

同类收入或者毛利，是指竞争方和发行人从事相同或者相似业务所获得的收入或者毛利。收入是指销售商品或者提供服务所得的价款或者其他有价证券。毛利是指收入减去销售成本后的余额。销售成本是指为销售商品或者提供服务而发生的直接费用，包括原材料、人工、制造费用等。

规则将“竞争方的同类收入或者毛利占发行人主营业务收入或者毛利的比例达百分之三十”作为判断标准，是为了客观地衡量竞争方对发行人的影响程度。规则将百分之三十以上的比例作为阈值，即当竞争方的同类收入或毛利占发行人主营业务收入或毛利的比例超过这个阈值，就认定为可能构成重大不利影响。之所以将百分之三十作为一个衡量界限是基于以下考虑：一是影响程度。当竞争方的同类收入或毛利占发行人主营业务收入或毛利的比例超过百分之三十时，说明竞争方在该市场上具有相当大的规模和影响力。可能对发行人的市场份额、盈利能力和长期竞争优势等方面产生重大影响。二是竞争强度。百分之三十以上的比例也反映了竞争方在同类业务领域的竞争强度。竞争方同类收入或毛利占比超过三成，说明其与发行人之间存在较为密切的竞争关系，可能会对发行人的市场地位和竞争优势构成潜在威胁。三是衡量标准的合理性。百分之三十的比例是一个相对合理的界限。虽然没有明确的法律或行业标准规定百分之三十是确定重大不利影响的唯一界限，但在实践中，该比例被广泛接受并用于衡量竞争对手的影响程度。

“原则上应当认定为构成重大不利影响”中的“原则上”，是指在一般情况下，按照规则规定的标准进行认定，但也可以根据具体情况另作判断。例如，竞争方的同类收入或者毛利占比虽然超过百分之三十，但发行人可以证明竞争方的业务规模、技术水平、产品质量、市场占有率等与发行人相差悬殊，或者竞争方的业务主要集中在与发行人不同的区域、客户群、细分市场等，或者竞争方与发行人存在合作关系或者互补关系等，也可以认为竞争方不构成重大不利影响的同业竞争。

充分相反证据，是指能够证明竞争方不构成重大不利影响同业竞争的有效证据，包括但不限于行业分析报告、市场调研数据、客户证明、合作协议、专家意见等。此处“充分”是指证据的数量和质量都要达到一定的标准，能够有力地反驳或者削弱竞争方的同类收入或者毛利占比的证明力，或者有力地证明竞争方的业务与发行人的业务存在明显的差异，或者竞争方的业务并不对发行人的市场地位、客户关系、利润水平等造成实质性的影响，或者竞争方与发行人存在合作关系或者互补关系等。发行人应当提供充分的相反证据的原始资料和相关分析，保荐人应当对充分相反证据的真实性、准确性、完整性和合理性进行核查，并在保荐书中作出明确的说明和判断。

因此，规则提供的是一般的认定标准。由于同业竞争的情况可能存在的复杂性，不可能用一条固定的标准来涵盖所有的情形，因此，这个原则并不是绝对的，也不是不可逆转的。规则也允许发行人提供“充分相反证据”，来推翻构成重大不利影响同业竞争的推定，避免因为一些表面的数据而忽略了实质的情况。

（2）竞争方主体范围

规则规定，如果发行人控股股东、实际控制人是自然人，其配偶及夫妻双方的父母、子女控制的企业与发行人存在竞争关系的，应当认定为构成同业竞争。发行人控股股东、实际控制人的其他亲属及其控制的企业与发行人存在竞争关系的，应当充分披露前述相关企业在历史沿革、资产、人员、业务、技术、财务等方面对发行人独立性的影响，报告期内交易或者资金往来，销售渠道、主要客户及供应商重叠等情况，以及发行人未来有无收购安排。

可见，上述规则对《首次公开发行股票注册管理办法》第十二条第一项中同业竞争的相对方主体范围“发行人控股股东、实际控制人及其控制的其他企业”作了适当扩充解释。控股股东、实际控制人的核心近亲属（配偶及双方父母、子女）控制的企业与发行人存在竞争关系的，直接认定为构成同业竞争；其他近亲属控制的企业与发行人存在竞争关系的，不必然认定为构成同业竞争，但必须按规定进行披露。

规则将发行人控股股东、实际控制人的近亲属控股的企业纳入监管范围，其主要原因是，控股股东、实际控制人可能通过近亲属间接地控制企业，或者将关键资产或业务转移到近亲属控制的企业，利用近亲属关系规避同业竞争的限制，损害发行人和其他投资者的利益。纳入监管可尽可能防范同业竞争认定上的人为操纵。

①控股股东、实际控制人的核心近亲属控制的企业

发行人控股股东、实际控制人的核心近亲属（配偶及夫妻双方的父母、子女）控制的企业，即全资或控股的企业和以其他方式能够支配的企业。

规则之所以规定上述核心近亲属控制的企业与发行人存在竞争关系的情况直接认定为构成同业竞争，主要出于以下考虑：一是核心近亲属与控股股东或实际控制人之间存在较强的利益纽带关系，甚至有着家族财富共享的利益驱动，将控股股东或实际控制人核心近亲属控制的企业视同控股股东或实际控制人控制的企业进行同业竞争的监管，符合实质重于形式的原则。二是为防范潜在的同业竞争行为，规则将核心近亲属控制的企业纳入监管范围。这是为了防止控股股东或实际控制人通过近亲属之间的企业交叉持股或其他形式规避同业竞争的监管限制，以维护市场的公平和投资者的利益。三是简化监管的考虑。详细考察控股股东、实际控制人的核心近亲属控制的每个企业的主营业务是否相同或相似、是否存在竞争，监管机构将面临巨大的工作量和复杂性。这一认定规则可以简化监管程序并提高监管的效率。

从规则字面表述来看，只要上述核心近亲属控制的企业与发行人存在竞争关系，无论是否因从事相同或者相似业务构成的竞争关系，均应当认定为构成同业竞争。我们理解，尽管竞争并不完全发生在从事相同或者相似业务的企业之间，两个企业在主营业务上看起来不同，但实际上它们之间存在潜在的竞争可能并不仅限于产品或服务的直接冲突，而是涉及资金或者人才等资源、品牌和市场等其他方面的争夺，但这不是常态，竞争还是以同业为常态，并且，监管针对的是同业竞争，此处的竞争也应是指同业竞争。

②控股股东、实际控制人的其他亲属控制的企业

与发行人的控股股东、实际控制人的核心近亲属控制的企业相比，其他亲属控制的企业可能与控股股东、实际控制人没有同样紧密的利益关联，当其与发行人存在竞争关系时，在资源整合、信息共享和合作协同等方面缺乏天然的便利性，他们需要通过其他手段来寻求资源、建立合作关系和获取市场信息来与发行人展开竞争。因此，不宜一概而论地认定为构成同业竞争，而应当根据具体情况进行判断。即需要对这些企业在历史沿革、资产、人员、业务、技术、财务等方面对发行人独立性的影响，报告期内交易或者资金往来，销售渠道、主要客户及供应商重叠等情况进行综合分析，判断是否与发行人构成同业竞争，以及是否对发行人的持续经营和发展造成不利影响。

（a）分析历史沿革、资产、人员、业务、技术、财务等影响

控股股东、实际控制人的非核心亲属控制的企业对发行人独立性的影响可以在以下方面体现：

历史沿革：相关企业与发行人的历史沿革可能存在关联，包括共同的创立者或相似的历史背景、已有的合作关系。历史上的合作或共同经营可能导致信息共享和利益捆绑，对发行人的独立决策能力带来挑战，并可能对发行人的独立性产生影响，例如在经营决策、资源配置或业务战略上存

在利益关系或倾向性。

资产影响：相关企业与发行人可能共享某些资产，如技术、品牌或专利等。在竞争情况下，这些共享资产可能面临利益冲突或不公平使用的风险，例如，通过资产划拨或不公平定价的方式，在发行人与相关企业之间进行资产转移，对发行人的资产独立性造成影响。

人员影响：控股股东、实际控制人的非核心家庭成员可能在两个企业之间共享人员或存在人员流动。这种人员共享可能导致利益冲突、信息不对称或资源倾斜等问题，对发行人的人员独立性带来挑战。

业务影响：相关企业与发行人在业务上存在竞争关系时，竞争可能导致资源争夺、市场份额的侵蚀或业务战略的扭曲，降低发行人的竞争力和独立经营能力。

技术影响：相关企业可能拥有与发行人类似技术，或者有竞争优势的关键技术。在竞争情况下，技术的掌握和运用可能成为追逐利益的工具，相关企业可能通过技术限制或控制来影响发行人的独立研发和创新能力。

财务影响：相关企业可能通过关联交易、资金往来或共享财务资源对发行人的财务状况产生影响，导致发行人的财务决策受制于关联方利益或面临利益冲突的风险，对其财务决策、财务状况和财务独立性产生影响。

（b）分析资金往来、销售渠道、主要客户及供应商等情况

报告期内交易或者资金往来，销售渠道、主要客户及供应商重叠等情况，是指发行人与控股股东、实际控制人的其他亲属及其控制的企业之间是否存在以下情形：

报告期内交易或者资金往来：在特定报告期内，发行人与其关联方（竞争方）之间进行的商业交易或资金流动的情况，包括但不限于购买和销售产品、提供和接受服务、借款和贷款、股权转让、资金调拨等。了解交易或资金往来的类型、金额、对象、时间、条款和条件等细节信息，可以揭示发行人与竞争方经济联系是否存在非公允交易、利益冲突、利益输

送或者牺牲等情况；发行人是否存在对相关企业的过度依赖或者被依赖的情况，是否增加发行人的经营风险、降低发行人的议价能力等。

销售渠道、主要客户及供应商重叠：发行人与相关企业之间是否存在共同的销售渠道、主要客户及供应商，以及共同的销售渠道、主要客户及供应商的比例、规模、贡献等是否影响发行人的市场份额、竞争优势、盈利能力以及影响程度，是否存在利用共同的销售渠道、主要客户及供应商进行利益输送、利益冲突、渠道或客户争夺的情况。

以上情形可以反映相关企业与发行人存在竞争性、替代性、利益冲突等情况，以及对发行人独立经营的影响。

（c）发行人未来有无收购安排

发行人未来有无收购安排，是指发行人是否有计划或者意向，在上市后对控股股东、实际控制人的其他亲属及其控制的企业进行收购，以消除或者减少同业竞争的情况。

综合分析上述因素对于判断是否与发行人构成同业竞争有以下意义：一是可以揭示发行人与相关企业之间的真实关系，防止发行人或者其控股股东、实际控制人通过股权变更、业务调整、资产转移等方式规避同业竞争的认定；二是可以评估发行人与相关企业之间的竞争程度，分析发行人是否能够在同一市场范围内保持自身的优势和地位，是否对发行人构成重大不利影响；三是有助于预测发行人的未来发展，了解发行人是否有消除或者减少同业竞争的措施。

（3）披露要求

①发行人控股股东、实际控制人与发行人存在同业竞争

依照有关规则，发行人与发行人控股股东、实际控制人存在同业竞争的，发行人或者控股股东、实际控制人应采取相应措施或者作出承诺采取有效措施避免同业竞争。发行人应披露有关消除或避免相关同业竞争的协

议以及发行人的控股股东和实际控制人出具的相关承诺。[①]

②对于控股股东、实际控制人控制的其他企业与发行人存在同业竞争

规则要求，对于控股股东、实际控制人控制的与发行人从事相同或者相似业务的企业，发行人应当结合目前自身业务和关联方业务的经营情况、未来发展战略等，在招股说明书中披露未来对于相关资产、业务的安排，以及避免上市后出现构成重大不利影响的同业竞争的措施。

对于控股股东、实际控制人控制的其他企业与发行人存在同业竞争的情况，是指发行人与控股股东、实际控制人及其所控制的其他企业从事相同或者相似的业务，以致双方构成或可能构成直接或间接的竞争关系，但发行人或者控股股东、实际控制人未采取相应措施或者作出承诺采取有效措施避免同业竞争的情况。

在这种情况下，发行人应当在招股说明书中披露以下内容：

一是目前自身业务和关联方业务的经营情况、未来发展战略。这是指发行人应当说明自身和关联方业务的主要产品、服务、市场、客户、供应商、技术、质量、成本、收入、利润、现金流等经营指标，以及未来的业务目标、规划、策略、投资、创新等发展方向，以便投资者了解发行人和关联方业务的相似程度、竞争程度、依赖程度、协同程度，未来发行人与

---

① 《公开发行证券的公司信息披露内容与格式准则第57号——招股说明书》第九十三条规定："发行人应按本准则规定披露以下附件：……（七）与投资者保护相关的承诺。应充分披露发行人、股东、实际控制人、发行人的董事、监事、高级管理人员以及本次发行的保荐人及证券服务机构等作出的重要承诺、未能履行承诺的约束措施以及已触发履行条件承诺事项的履行情况。承诺事项主要包括：……9.控股股东、实际控制人避免新增同业竞争的承诺；10.其他承诺事项。"《公开发行证券的公司信息披露内容与格式准则第58号——首次公开发行股票并上市申请文件》7-4-2款规定："有关消除或避免相关同业竞争的协议以及发行人的控股股东和实际控制人出具的相关承诺。"《监管规则适用指引——法律类第2号》第三十五条规定："律师应当查验发行人或者控股股东、实际控制人是否已经采取相应措施或者作出承诺采取有效措施避免同业竞争，上述措施和承诺是否合法有效，能否有效避免同业竞争。"《保荐人尽职调查工作准则》第六十九条规定："核查发行人控股股东或实际控制人是否对避免同业竞争做出承诺以及承诺的履行情况。"

关联方是否可能遭遇竞争。

二是未来对于相关资产、业务的安排。这里的“资产”不仅指实物资产，还包括无形资产，如专利、商标、技术、客户资源等。这里的“业务”主要指未来拟开展的业务，如新产品、新服务、新市场等。资产安排是指发行人应当披露是否有计划或者意向进行收购、合并、分拆、剥离、转让、退出等重大资产重组或者变更，以及相关安排的目的、条件、价格、方式、时间、影响等；业务安排是指发行人应披露是否有计划进行新产品、新市场开发，某一项业务的收购或者转让，或者进行业务创新或转型，或者与关联方进行业务合作或分工、划分市场领域等。披露相关安排的目的是帮助投资者和监管机构了解发行人与关联方之间的商业关系，发行人未来业务的独立性，能否通过相关安排避免或者降低同业竞争的影响。

三是避免上市后出现构成重大不利影响的同业竞争的措施。这是指发行人应当披露如何在上市后保持与关联方业务的独立性和公允性，如何防范和化解同业竞争可能带来的风险和损失，如何维护和增强自身的市场地位和竞争优势等，以及相关措施的可行性、有效性、约束性等，以便投资者了解发行人和关联方业务的未来协调和平衡方式和水平。

总之，发行人应当根据自身和关联方业务的现状和前景，综合考虑各种因素，如市场环境、客户需求、技术创新、政策法规、公司治理、股东利益等，制定合理的资产、业务调整方案和同业竞争防范方案，并在招股说明书中详细说明，以便投资者全面、准确、客观地评估发行人的发展潜力和风险水平。

③发行人控股股东、实际控制人的核心近亲属控制的企业与发行人存在同业竞争

如果发行人控股股东、实际控制人是自然人，其配偶及夫妻双方的父母、子女控制的企业与发行人存在竞争关系的，应当认定为构成同业竞争并按要求披露。

④发行人控股股东、实际控制人的其他亲属控制的企业与发行人存在同业竞争

发行人控股股东、实际控制人的其他亲属及其控制的企业与发行人存在竞争关系的，应当充分披露前述相关企业在历史沿革、资产、人员、业务、技术、财务等方面对发行人独立性的影响，报告期内交易或者资金往来，销售渠道、主要客户及供应商重叠等情况，以及发行人未来有无收购安排。

（4）核查要求

对于发行人是否存在构成重大不利影响的同业竞争，保荐人和发行人律师应就以下事项进行核查：

①核查范围。中介机构应当对发行人控股股东、实际控制人及其近亲属全资或控股的企业进行核查，判断其与发行人是否存在同业竞争。

②判断是否存在构成重大不利影响的同业竞争的理由以及相关依据是否充分。“同业”是指竞争方从事与发行人主营业务相同或者相似的业务。核查认定该相同或者相似的业务是否与发行人构成“竞争”时，应当按照实质重于形式的原则，结合相关企业历史沿革、资产、人员、主营业务（包括但不限于产品服务的具体特点、技术、商标商号、客户、供应商等）等方面与发行人的关系，以及业务是否有替代性、竞争性，是否有利益冲突，是否在同一市场范围内销售等，论证是否与发行人构成竞争；不能简单以产品销售地域不同、产品的档次不同等认定不构成同业竞争。竞争方的同类收入或者毛利占发行人主营业务收入或者毛利的比例达百分之三十以上的，如无充分相反证据，原则上应当认定为构成重大不利影响的同业竞争。

③如果发行人控股股东、实际控制人是自然人，中介机构应当核查其配偶及夫妻双方的父母、子女控制的企业与发行人是否存在竞争关系，如是，应当认定为构成同业竞争。发行人控股股东、实际控制人的其他亲属及其控制的企业与发行人存在竞争关系的，中介机构应当充分核查前述相关企

业在历史沿革、资产、人员、业务、技术、财务等方面对发行人独立性的影响，报告期内交易或者资金往来，销售渠道、主要客户及供应商重叠等情况，以及发行人未来有无收购安排，并督促发行人按要求进行信息披露。①

2. 关联交易

【规则规定】中介机构在尽职调查过程中，应当尊重企业合法合理、正常公允且确实有必要的经营行为，如存在关联交易的，应就交易的合法性、必要性、合理性及公允性，以及关联方认定、关联交易履行的程序等事项，基于谨慎原则进行核查，同时请发行人予以充分信息披露，具体如下：

（1）关于关联方认定。发行人应当按照《公司法》《企业会计准则》和中国证监会、证券交易所的相关规定认定并披露关联方。

（2）关于关联交易的必要性、合理性和公允性。发行人应披露关联交易的交易内容、交易金额、交易背景以及相关交易与发行人主营业务之间的关系；还应结合可比市场公允价格、第三方市场价格、关联方与其他交易方的价格等，说明并摘要披露关联交易的公允性，是否存在对发行人或关联方的利益输送。

对于控股股东、实际控制人与发行人之间关联交易对应的营业收入、成本费用或利润总额占发行人相应指标的比例较高（如达到30%）的，发行人应结合相关关联方的财务状况和经营情况、关联交易产生的营业收入、利润总额合理性等，充分说明并摘要披露关联交易是否影响发行人的经营独立性、是否构成对控股股东或实际控制人的依赖，是否存在通过关联交易调节发行人收入利润或成本费用、对发行人利益输送的情形；此

① 《上海证券交易所发行上市审核业务指南第4号——常见问题的信息披露和核查要求自查表1–首次公开发行》2–1款。

外，发行人还应披露未来减少与控股股东、实际控制人发生关联交易的具体措施。

（3）关于关联交易的决策程序。发行人应当披露章程对关联交易决策程序的规定，已发生关联交易的决策过程是否与章程相符，关联股东或董事在审议相关交易时是否回避，以及独立董事和监事会成员是否发表不同意见等。

（4）关于关联方和关联交易的核查。保荐机构及发行人律师应对发行人的关联方认定，发行人关联交易信息披露的完整性，关联交易的必要性、合理性和公允性，关联交易是否影响发行人的独立性，是否可能对发行人产生重大不利影响，以及是否已履行关联交易决策程序等进行充分核查并发表意见。①

【规则概要】本条规定的是对关联方、关联交易的认定、披露、核查要求。

【规则详解】《首次公开发行股票注册管理办法》第十二条规定的发行条件要求，发行人与控股股东、实际控制人及其控制的其他企业间不存在严重影响独立性或者显失公平的关联交易。

关联交易，亦称关联方交易，是指发行人与其关联方之间发生的转移资源或者义务的事项，包括：购买原材料、燃料、动力；销售产品、商品；提供或者接受劳务；委托或者受托销售；关联双方共同投资；其他通过约定可能造成资源或者义务转移的事项。②

① 《监管规则适用指引——发行类第4号》第11条。

② 参见《上海证券交易所股票上市规则》《深圳证券交易所股票上市规则》第6.3.2款关于关联交易的界定。《企业会计准则第36号——关联方披露（2006）》第七条规定："关联方交易，是指关联方之间转移资源、劳务或义务的行为，而不论是否收取价款。"第八条规定："关联方交易的类型通常包括下列各项：（一）购买或销售商品。（二）购买或销售商品以外的其他资产。（三）提供或接受劳务。（四）担保。（五）提供资金（贷款或股权投资）。（六）租赁。（七）代理。（八）研究与开发项目的转移。（九）许可协议。（十）代表企业或由企业代表另一方进行债务结算。（十一）关键管理人员薪酬。"

发行人与其他企业存在关联交易是正常的，因为在市场经济中，企业之间的合作、交易、投资等活动是常见的，关联交易具有提高交易效率、节省交易成本、优化产业结构、扩展经营、增强竞争力等重大价值，甚至有的公司的生存离不开关联交易。因此，关联交易本身是中性的，并不必然对发行人不利。但是，关联交易也可能存在利益输送、损害中小股东权益、影响发行人独立性、损害市场公平竞争等问题。因此，需要对关联交易进行严格的规范和管理。

尊重企业合法合理、正常公允且确实有必要的经营行为，是指在考察发行人与其他企业的关联交易时，不应该一概否定或限制发行人与关联方之间的正常经营往来，而应该根据具体情况，判断关联交易是否符合法律法规、市场惯例、行业规范等要求，是否存在违反公平原则、损害发行人或其他股东利益、影响发行人独立性等情形，是否有必要为了发行人的经营目标或战略规划而进行关联交易等。在关联交易是合法合理、正常公允且确实有必要的情况下，应尊重企业的自主经营权和市场选择权。

IPO审核对于关联交易关注的原因，主要是它可能给发行人财务报告公允性、内部控制制度健全有效性以及独立经营能力等方面带来挑战：一是是否存在对发行人的利益输送或损害，如关联方以高于或低于市场价格的方式与发行人进行交易，或者通过关联交易调节发行人的收入、利润、成本、费用等，或者影响发行人的资产质量、负债水平、现金流量等。二是是否影响发行人的经营独立性，如发行人与控股股东、实际控制人或其控制的其他企业之间的关联交易占比过高，或者发行人的主要客户、供应商、销售渠道等受到关联方的控制或影响，或者发行人的核心技术、知识产权、品牌等依赖于关联方等。三是是否违反了关联交易的决策程序，如发行人未按照章程或相关法规的规定，对关联交易进行审议、批准、公示等，或者关联股东或董事在关联交易的决策过程中未回避，或者独立董事和监事会成员未发表意见或发表不同意见等。

由于可能给发行人带来风险的关联交易并不完全发生于发行人与控股股东、实际控制人及其控制的其他企业间，发行人与其他关联方的交易也可能导致上述风险，比如，发行人的董事、监事、高级管理人员、持股5%以上的股东、其他关联自然人等，这些人员或单位与发行人之间存在利益关联或影响关系，可能通过关联交易实施利益输送或损害发行人或其他股东的利益，影响发行人的经营决策或独立性等。因此，规则要求对发行人与控股股东、实际控制人及其控制的其他企业间的关联交易、发行人与其他关联方的相关交易进行披露、核查。

（1）关联方的认定、披露

依照规则，发行人应当按照《公司法》《企业会计准则》和中国证监会、证券交易所的相关规定认定并披露关联方。

①关联方的认定

从《公司法》的规定来看，发行人的关联方，是指与发行人存在关联关系的主体，包括公司控股股东、实际控制人、董事、监事、高级管理人员以及与发行人具有直接或者间接控制关系的企业，以及可能导致发行人利益转移的其他主体。需要注意的是，国家控股的企业之间并不因为同受国家控股而形成关联关系。[①]

从《企业会计准则第36号——关联方披露（2006）》和《企业会计准则解释第13号》的规定来看，发行人的关联方，是指与发行人存在控制、共同控制或重大影响关系的各方，或者与发行人同受一方控制、共同控制或重大影响的各方。具体包括以下各方：发行人的母公司、子公司、与发

① 《公司法》第二百六十五条第（四）项规定："关联关系，是指公司控股股东、实际控制人、董事、监事、高级管理人员与其直接或者间接控制的企业之间的关系，以及可能导致公司利益转移的其他关系。但是，国家控股的企业之间不仅因为同受国家控股而具有关联关系。"

行人受同一母公司控制的其他企业；对发行人实施共同控制的投资方、对发行人施加重大影响的投资方；发行人的合营企业、联营企业，与发行人所属企业集团的其他成员单位的合营企业或联营企业；发行人的主要投资者个人及与其关系密切的家庭成员，发行人或其母公司的关键管理人员及与其关系密切的家庭成员，发行人主要投资者个人、关键管理人员或与其关系密切的家庭成员控制、共同控制或施加重大影响的其他企业。但是，仅与发行人存在日常往来的资金提供者、公用事业部门、政府部门和机构，仅与发行人存在经济依存关系的某些客户、供应商、特许商、经销商或代理商，与发行人共同控制合营企业的合营者，并不构成企业的关联方。此外，仅仅同受国家控制而不存在其他关联方关系的企业也不构成关联方。[①]

参考沪、深证券交易所股票上市规则关于关联人的界定，发行人的关联方包括关联法人（或其他组织）和关联自然人。关联法人是指直接或间接控制发行人的法人（或其他组织），或者由这些法人（或其他组织）直接或间接控制的除发行人及其控股子公司以外的法人（或其他组织），持有发行人5%以上股份的法人及其一致行动人。此外，关联自然人直接或者间接控制的，或者担任董事（不含同为双方的独立董事）、高级管理人员的，除发行人、控股子公司及控制的其他主体以外的法人（或者其他组织）也被视为关联法人。关联自然人包括直接或间接持有发行人5%以上股份的自然人，发行人的董事、监事和高级管理人员，以及直接或间接地控制发行人的法人（或其他组织）的董事、监事和高级管理人员。关联自然人还涵盖了与前述持有发行人5%以上股份的自然人及发行人董监高关系密切的家庭成员。此外，中国证监会、证券交易所或发行人有权根据实质重于形式的原则认定其他可能或已经对公司造成利益倾斜的法人或自然

① 《企业会计准则第36号——关联方披露（2006）》第三条至第六条、《企业会计准则解释第13号》第一条。

人为关联人。[①]

关联交易涉及与发行人存在利益关联或影响关系的上述各类关联方。规则要求发行人按照法律法规、会计准则和监管机构的规定认定关联方，其目的：一是为了保证关联方的认定符合法律法规的要求，避免发行人隐瞒关联方，导致关联交易的披露不完整或者不真实，影响投资者的判断和决策。二是为了保证关联方的认定与会计准则的规定相一致，避免发行人在编制财务报表时与披露关联交易时采用不同的标准，导致数据的不一致或者不可比，影响投资者的分析和评价。三是为了保证关联方的认定与证监会和证券交易所的监管要求相一致，避免发行人在申请上市或者上市后与监管机构在关联方的界定上存在分歧，导致监管的难度或者风险，影响市场的公平和效率。

②关联方的披露

依照《招股说明书信息披露准则》的要求，发行人应根据《公司法》《企业会计准则》及中国证监会有关规定披露关联方、关联关系和关联交易。发行人还应披露报告期内关联方变化情况。关联方变为非关联方的，发行人应比照关联交易的要求持续披露与原关联方的后续交易情况，以及原关联方相关资产、人员的去向等。[②]

依照会计准则，企业财务报表中应当披露所有关联方关系及其交易的相关信息。对外提供合并财务报表的，对于已经包括在合并范围内各企业之间的交易不予披露，但应当披露与合并范围外各关联方的关系及其交易。企业无论是否发生关联方交易，均应当在附注中披露与母公司和子公司有关的下列信息：（一）母公司和子公司的名称。母公司不是该企业最

① 参见《上海证券交易所股票上市规则》《深圳证券交易所股票上市规则》6.3.3款、6.3.4款。

② 《公开发行证券的公司信息披露内容与格式准则第57号——招股说明书》第七十五条、第七十八条。

终控制方的，还应当披露最终控制方名称。母公司和最终控制方均不对外提供财务报表的，还应当披露母公司之上与其最相近的对外提供财务报表的母公司名称。（二）母公司和子公司的业务性质、注册地、注册资本（或实收资本、股本）及其变化。（三）母公司对该企业或者该企业对子公司的持股比例和表决权比例。①

（2）关联交易的披露

①关联交易的必要性、合理性和公允性的认定

规则要求，发行人应披露关联交易的交易内容、交易金额、交易背景以及相关交易与发行人主营业务之间的关系；还应结合可比市场公允价格、第三方市场价格、关联方与其他交易方的价格等，说明并摘要披露关联交易的公允性，是否存在对发行人或关联方的利益输送。

本项规则针对的是发行人关联交易整体情况的认定和披露，并不局限于与控股股东、实际控制人及其控制的其他企业间的关联交易。

关联交易的交易内容，是指发行人与关联方之间进行的具体交易事项，包括交易的性质、类型、方式、标的、期限、条件等。交易内容反映了关联交易的实质和目的，是判断关联交易是否符合发行人的经营策略和利益的基础，是评估关联交易的必要性、合理性的重要依据。

关联交易的交易金额，是指发行人与关联方之间的交易涉及的货币或其他价值的数量，包括交易的单价、总价、折扣、溢价、费用、利息等。交易金额反映了关联交易的规模和影响，是判断关联交易是否符合发行人的财务状况和预算的基础，是评估关联交易的公允性和是否存在利益输送的重要依据。

关联交易的交易背景，是指发行人与关联方之间的交易发生的原因、目的、动机、环境、影响等。交易背景反映了关联交易的必要性和合理性，是

① 《企业会计准则第36号——关联方披露（2006）》第二条、第九条。

判断关联交易是否符合发行人的经营需要和市场规律、商业逻辑的基础。

相关交易与发行人主营业务之间的关系，是指发行人与关联方之间的交易与发行人的主要经营活动的联系、影响、协调、支持等。相关交易与发行人主营业务之间的关系反映了关联交易的必要性和合理性，是判断关联交易是否符合发行人的经营战略和发展方向的基础。

可比市场公允价格，是指与关联交易相似的交易在开放市场上的价格。例如，如果发行人与关联方进行了房地产买卖，可以参考同一地区、同一类型、同一时间的房地产交易价格。可比市场公允价格是评估关联交易的公允性的最直接和有效的方法，可以反映出关联交易是否存在价格偏离或者利益输送的情况。可比市场公允价格的确定需要考虑交易的标的、数量、质量、时间、地点、条件等因素的影响，以及市场的供求、竞争、风险等因素的影响。

第三方市场价格，是指与独立于关联方的第三方发生非关联交易的价格。例如，如果发行人与关联方进行了原材料采购，可以参考发行人与其他供应商的采购价格。第三方市场价格是评估关联交易的公允性的辅助方法。

关联方与其他交易方的价格，是指发行人的关联方在同一时间或相近时间与其他非关联方进行的类似交易的价格。例如，如果发行人采购了关联方的技术服务，可以参考关联方向其他客户提供的技术服务的价格，以确定关联交易的公允性。关联方与其他交易方的价格是评估关联交易的公允性的辅助方法。

根据前述各个因素，可以分析关联交易的公允性和是否存在利益输送：

首先，比较发行人与关联方之间的交易价格、可比市场公允价格的差异；如果没有可比市场公允价格，或者可比市场公允价格不可靠或不充分，可以比较发行人与关联方之间的交易价格、第三方市场价格的差异；如果没有第三方市场价格，或者第三方市场价格不可靠或不充分，可以比较发行人与关联方之间的交易价格、关联方与其他交易方的价格的差异。

上述差异如果过大，说明关联交易可能存在不公允的情况，需要进一步分析原因和影响；如果差异较小，说明关联交易基本符合市场价格，不太可能存在利益输送的情况。

其次，如果以上方法不能确定关联交易的公允性，或者存在其他特殊情况，可以采用其他合理的方法，如成本加成法、收益法、现金流折现法等，对关联交易的公允价值进行估计，然后与发行人与关联方之间的交易价格进行比较，分析是否存在不公允的情况或者利益输送的情况。

需注意的是，关联交易不公允，不一定就等同于发行人与关联方之间存在利益输送。因为关联交易不公允，可能是由于市场价格的波动、交易条件的变化、交易成本的差异、交易风险的不同等客观原因造成的，而不是发行人或关联方有意识地进行的利益调整。只有当关联交易不公允是由于发行人或关联方的主观意图或者不正当行为造成的，才可以认定为利益输送的情况。因此，探寻发行人或关联方的主观意图，就有必要综合考虑关联交易的交易内容、交易金额、交易背景以及相关交易与发行人主营业务之间的关系等因素。

②关联交易的披露要求

(a)一般披露要求

依照《招股说明书信息披露准则》的规定，发行人应披露报告期内关联交易总体情况，并根据交易性质和频率，按照经常性和偶发性分类披露关联交易及关联交易对发行人财务状况和经营成果的影响。发行人应区分重大关联交易和一般关联交易，并披露重大关联交易的判断标准及依据。重大经常性关联交易，应分别披露报告期内关联方名称、交易内容、交易价格确定方法及公允性、交易金额及占当期营业收入或营业成本的比例、占当期同类型交易比例以及关联交易变化趋势，与交易相关应收应付款项余额及变化原因，以及上述关联交易是否将持续发生。重大偶发性关联交易，应披露报告期内关联方名称、交易时间、交易内容、交易价格确定方法及公允性、交易金额、资金结算情况、交易产生的利润及对发行人当期经营成果、主营业务的影响。发行人应列表汇总简要披露报告期内发生的全部一般关联交易。发行人应披露关联交易的原因，简要披露报告期内关联交易是否履行公司章程规定的审议程序，以及独立董事对关联交易履行的审议程序是否合法及交易价格是否公允的意见。①

依照会计准则的要求，企业与关联方发生关联方交易的，应当在附注中披露该关联方关系的性质、交易类型及交易要素。交易要素至少应当包括:（一）交易的金额;（二）未结算项目的金额、条款和条件，以及有关提供或取得担保的信息;（三）未结算应收项目的坏账准备金额;（四）定价政策。关联方交易应当分别关联方以及交易类型予以披露。类型相似的关联方交易，在不影响财务报表阅读者正确理解关联方交易对财务报表影响的情况下，可以合并披露。企业只有在提供确凿证据的情况下，才能披露关联方交易是公平交易。②

（b）发行人与控股股东、实际控制人之间重大关联交易的披露

规则要求，对于控股股东、实际控制人与发行人之间关联交易对应的营业收入、成本费用或利润总额占发行人相应指标的比例较高（如达到30%）的，发行人应结合相关关联方的财务状况和经营情况、关联交易产生的营业收入、利润总额合理性等，充分说明并摘要披露关联交易是否影响发行人的经营独立性、是否构成对控股股东或实际控制人的依赖，是否存在通过关联交易调节发行人收入利润或成本费用、对发行人利益输送的情形；此外，发行人还应披露未来减少与控股股东、实际控制人发生关联交易的具体措施。

（ⅰ）披露重大关联交易的重大影响

关联交易对应的营业收入、成本费用或利润总额占发行人相应指标的

① 《公开发行证券的公司信息披露内容与格式准则第57号——招股说明书》第七十六条、第七十七条。

② 《企业会计准则第36号——关联方披露（2006）》第十条至第十二条。

比例较高，是指发行人与控股股东、实际控制人之间的关联交易产生的营业收入、成本费用或利润总额，与发行人同期的营业收入、成本费用或利润总额的比值超过一定的水平，如30%。这一比例可以反映出发行人与控股股东、实际控制人之间的关联交易对发行人的经营业绩、财务状况的影响程度，以及在此情况下发行人的经营独立性和风险抵御能力。

相关关联方的财务状况和经营情况，该项披露是为使投资者了解相关关联方（包括发行人与控股股东、实际控制人）的资产负债、收入支出、现金流量、盈利能力、偿债能力、成长能力等财务指标，以及相关关联方的主营业务、市场地位、竞争优势、发展战略、经营风险等经营指标，并以此作为评估关联交易产生的营业收入、利润等指标对相关关联方经营成果、财务状况影响程度的基数。

关联交易产生的营业收入。该项披露是为使投资者深入了解关联交易所带来的收入贡献，包括商品销售收入、服务收入、租赁收入、转让收入等，评估关联交易的规模、性质、定价等信息，比较关联交易产生的营业收入与发行人整体营业收入的比例，判断发行人是否形成对控股股东或实际控制人业务的依赖。

关联交易产生的利润总额合理性，是指结合关联交易的市场公允价格、第三方市场价格、关联方与其他交易方的价格等，比较分析交易所涉及的利润总额是否在合理范围内，是否符合市场价格、行业水平以及商业常规。这一指标可以反映关联交易的效益、定价机制的合理性，交易产生的利润所占发行人整体利润的比重，发行人对关联交易的依赖程度，是否可能存在对发行人的利益输送或者损害，是否有利于发行人经营的长期持续发展等信息。

对于关联交易对应的营业收入、成本费用或利润总额占发行人相应指标的比例较高的情形，规则要求充分说明并披露的内容包括两个方面：一是关联交易是否影响发行人的经营独立性，是否构成对控股股东或实际控制人的依赖。结合关联交易营收、利润对发行人经营业绩和财务状况的实质性影响，说明关联交易是否增加了发行人对控股股东或实际控制人的经济依赖程度。二是是否存在通过关联交易调节发行人收入利润或成本费用、对发行人利益输送的情形。通过利润、成本等数据分析，说明关联交易的定价是否符合市场公允价格，以及是否存在非正常的商业安排，是否存在通过定价机制进行的利益输送，是否存在人为干预以调节收入或利润。

（ⅱ）披露未来解决措施

未来减少与控股股东、实际控制人发生关联交易的具体措施，是指发行人为了保持其经营独立性，避免利益输送，采取的一些预防或者改善的方法，以减少或者规范与控股股东、实际控制人之间的关联交易。例如，发行人可以制定一些内部管理制度和规范，明确关联交易的审批流程、报告要求、信息披露等内容，加强对关联交易的监督和检查，防止出现违规或者不合理的情况；发行人也可以采取一些市场化或者公开化的方式，增加与其他非关联方之间的交易机会和渠道，降低对关联方的依赖程度；发行人还可以通过一些其他方式来调节其收入利润或成本费用，使其与市场价格或者公允价值保持一定的平衡。

规则之所以要求发行人还要披露未来减少与控股股东、实际控制人发生关联交易的具体措施，主要是因为规则要求发行人在披露关联交易时，不仅要反映当前存在的问题和风险，还要展示未来可能采取的解决方案和改进策略。相关措施可以增加投资者对于发行人经营状况和财务状况的信心和认可度，也可以促进投资者对于发行人未来业绩和价值预期的合理判断。同时，相关措施也可以避免一些不必要或者不合适的关联交易在未来出现或者加剧问题和风险。

（3）关联交易决策程序的披露

规则要求，发行人应当披露章程对关联交易决策程序的规定，已发生关联交易的决策过程是否与章程相符，关联股东或董事在审议相关交易时是否回避，以及独立董事和监事会成员是否发表不同意见等。

关联交易的决策程序，是指发行人在与关联方进行交易前，应当按照《公司法》、公司章程和其他有关规定，通过相应的决策机构（如股东会、董事会等）审议、批准和授权的程序。披露决策过程及依据的目的是使投资者了解关联交易的合法性、必要性、合理性和公允性，是否存在利益输送、非正常商业安排等可能，从而作出发行人内部控制制度是否有效运行、关联交易是否损害发行人独立性的判断。具体而言，相关披露包括以下几个方面：

一是章程对关联交易决策程序的规定，是指发行人在制定或修改公司章程时，应当根据《公司法》《证券法》和其他有关规定，明确规定关联交易的定义、范围、类型、标准、审批权限、审批流程、信息披露、责任追究等内容，以及关联交易的决策机构、决策方式、决策条件、决策程序等细则。披露章程相关规定的目的是使投资者了解发行人进行关联交易的决策依据，了解关联交易决策过程和结果是否合法有效的评价基准，增强公司治理的有效性和透明度。

二是已发生关联交易的决策过程是否与章程相符，是指发行人在实际开展关联交易时，是否按照公司章程和其他有关规定，履行相应的决策程序，包括但不限于：提出关联交易议案、提交决策机构审议、公开披露关联交易信息、征求独立董事和监事会的意见、关联股东或董事回避、保证关联交易的公允定价、签订关联交易合同、执行关联交易合同等。披露决策过程以及与章程规定的相符性，其目的是评估关联交易决策过程的整体和细节上是否符合公司章程和其他有关规定，是否存在违规或不当的情形，违规或不当是否反映了内控制度有效性、定价机制不公平等问题。

三是关联股东或董事在审议相关交易时是否回避，是指发行人在关联交易决策机构（如股东会、董事会等）审议关联交易议案时，应当要求与该议案有关联关系的股东或董事，不得参与表决，也不得代理其他股东或董事行使表决权，以避免利益冲突或影响决策的公正性。[①]这一披露要求的目的是使投资者了解关联交易决策过程是否符合法律法规、章程规定，是否存在关联方通过控制决策机构，对关联交易进行操纵或干预。

四是独立董事和监事会成员是否发表不同意见，是指发行人在关联交易决策机构（如股东会、董事会等）审议关联交易议案时，应当征求独立董事和监事会成员的意见，并将其意见公开披露。如果独立董事和监事会成员对关联交易议案有不同意见，应当说明理由和依据。[②]这一披露要求的目的是使投资者了解独立董事和监事会是否履行了监督和制衡的职责，

---

① 参照《上海证券交易所股票上市规则》《深圳证券交易所股票上市规则》6.3.8款、6.3.9款。

② 参考《上市公司独立董事管理办法》第二十三条规定："下列事项应当经上市公司全体独立董事过半数同意后，提交董事会审议：（一）应当披露的关联交易……"。《上市公司独立董事规则》第二十二条规定："为了充分发挥独立董事的作用，独立董事除应当具有《公司法》和其他相关法律、法规赋予董事的职权外，上市公司还应当赋予独立董事以下特别职权：（一）重大关联交易（指上市公司拟与关联人达成的总额高于300万元或高于上市公司最近经审计净资产值的5%的关联交易）应由独立董事事前认可；独立董事作出判断前，可以聘请中介机构出具独立财务顾问报告，作为其判断的依据……""独立董事行使前款第（一）项至第（五）项职权，应当取得全体独立董事的二分之一以上同意；行使前款第（六）项职权，应当经全体独立董事同意。""第（一）（二）项事项应由二分之一以上独立董事同意后，方可提交董事会讨论。""如本条第一款所列提议未被采纳或上述职权不能正常行使，上市公司应将有关情况予以披露。"第二十三条规定："独立董事应当对以下事项向董事会或股东大会发表独立意见：……（四）上市公司的股东、实际控制人及其关联企业对上市公司现有或新发生的总额高于三百万元或高于上市公司最近经审计净资产值的百分之五的借款或其他资金往来，以及公司是否采取有效措施回收欠款；（五）独立董事认为可能损害中小股东权益的事项；（六）法律、行政法规、中国证监会和公司章程规定的其他事项。""独立董事应当就前款事项发表以下几类意见之一：同意；保留意见及其理由；反对意见及其理由；无法发表意见及其障碍。""如本条第一款有关事项属于需要披露的事项，上市公司应当将独立董事的意见予以公告，独立董事出现意见分歧无法达成一致时，董事会应将各独立董事的意见分别披露。"《上海证券交易所科创板股票上市规则》7.2.9款、《深圳证券交易所创业板股票上市规则》7.2.14款规定："上市公司达到披露标准的关联交易，应当经全体独立董事过半数同意后，提交董事会审议并及时披露。"

发行人董事会或股东会是否充分考虑和尊重独立董事和监事会成员的意见，关联交易的决策质量是否得到保障。①

（4）关联方、关联交易的核查

规则要求，保荐机构及发行人律师应对发行人的关联方认定，发行人关联交易信息披露的完整性，关联交易的必要性、合理性和公允性，关联交易是否影响发行人的独立性、是否可能对发行人产生重大不利影响，以及是否已履行关联交易决策程序等进行充分核查并发表意见。

关于关联方和关联交易的核查，是指中介机构（保荐机构和发行人律师）在发行人申请首次公开发行股票时，对发行人的关联方和关联交易情况进行全面、深入、独立的调查和分析，以保证发行人的信息披露真实、准确、完整，以及发行人的关联交易符合法律法规和市场规范的要求。

中介机构在进行关联方和关联交易的核查时，应当遵循以下原则：一是尊重发行人的合法合理、正常公允且确实有必要的经营行为，不应无故干预或阻碍发行人的正常业务活动；二是基于谨慎原则，对发行人的关联方认定、关联交易的必要性、合理性、公允性、是否存在利益输送等方面进行充分的核实、核对、核算和核评，以及对发行人的关联交易决策程序是否合法合规进行审查；三是采取有效的核查手段和方法，如查阅发行人的内部文件、财务报表、工商登记资料、税务资料、银行资料、董事会及股东会决策文件、披露文件等，以及与发行人的关联方、客户、供应商、中介机构等进行沟通、访谈、调研等，以获取第一手的核查资料和证据；四是对发行人的关联方和关联交易情况进行全面、客观、公正的分析和评价，以及对可能存在的风险和问题进行充分的披露和提示，以保护投资者

---

①《公开发行证券的公司信息披露内容与格式准则第57号——招股说明书》第七十七条规定："发行人应披露关联交易的原因，简要披露报告期内关联交易是否履行公司章程规定的审议程序，以及独立董事对关联交易履行的审议程序是否合法及交易价格是否公允的意见。"

的知情权和参与权，以及维护市场的公平和诚信。①

---

①《保荐人尽职调查工作准则》第七十条规定："通过访谈发行人董监高人员、查阅发行人及其控股股东或实际控制人的股权结构和组织结构、查阅发行人重要会议记录和重要合同以及获取持股5%以上自然人、董监高人员声明及调查文件、对外投资企业网络查询等方法，按照《公司法》《企业会计准则》和中国证监会、证券交易所的相关规定，按照实质重于形式原则确认发行人的关联方及关联方关系，通过有资质的第三方商业信用机构查询或调档查阅关联方的市场主体登记资料。""通过获取发行人主要客户、供应商的成立时间、注册资本、注册地址、实际经营场所、股权结构、董监高人员、联系方式、市场主体登记经办人员等信息，访谈、网络查询以及交叉信息比对等方式，调查发行人主要供应商、客户与发行人是否存在关联关系。调查发行人董监高人员及其他核心人员是否在关联方任职、领取薪酬，是否存在由关联方直接或间接委派等情况。""通过访谈发行人董监高人员、财务部门和主要业务部门负责人，查阅账簿、相关合同、会议记录、独立董事意见，发函询证，咨询律师及注册会计师意见，查阅同类交易的市场价格数据等方法，调查发行人关联交易的以下内容（包括但不限于）：（一）是否符合相关法律法规的规定；（二）取得与关联交易相关的管理制度和会议资料，判断是否按照公司章程或其他规定履行了必要的批准程序，决策过程是否与章程相符，关联股东或董事在审议相关交易时是否回避表决，独立董事是否对关联交易履行的审议程序是否合法及交易价格是否公允发表了明确意见；（三）从关联交易的交易内容、交易金额、交易背景以及相关交易与发行人主营业务之间的关系等方面分析交易的合理性、必要性；（四）定价依据是否充分，定价是否公允，与市场交易价格或独立第三方价格是否有较大差异及其原因，是否存在明显属于单方获利性交易；（五）向关联方销售产生的收入占发行人主营业务收入的比例、向关联方采购额占发行人采购总额的比例，分析是否达到了影响发行人经营独立性的程度。存在比例较高的情形时，应结合关联方财务状况和经营情况等，分析是否影响发行人业务独立性、是否构成对关联方的重大依赖，是否存在通过关联交易调节发行人收入利润或成本费用、对发行人利益输送的情形；（六）计算关联方的应收、应付款项余额分别占发行人应收、应付款项余额的比例，获取发行人与关联方资金往来明细表等资料，关注关联交易的真实性和关联方应收款项的可收回性；（七）关联交易产生的利润占发行人利润总额的比例是否较高，是否对发行人业绩的持续性、稳定性产生影响；（八）获取关联交易合同等交易资料，调查关联交易合同条款的履行情况，以及有无大额销售退回情况及其对发行人财务状况和经营成果的影响；（九）是否存在关联交易非关联化的情况。对于缺乏明显商业理由的交易，实质与形式明显不符的交易，交易价格、条件、形式等明显异常或显失公允的交易，与报告期内的非关联化的关联方持续发生的交易，与非正常业务关系单位或个人发生的偶发性或重大交易等，应当予以重点关注，分析是否为虚构的交易、是否实质上是关联交易，调查交易背后是否还有其他安排。报告期内由关联方变为非关联方的，应比照关联交易的要求持续关注与原关联方的后续交易情况，以及相关资产、人员的去向，关注已转让资产或业务的受让方的基本情况、股权转让是否真实、转让价格是否公允、受让方与发行人及其主要客户和供应商是否存在特殊关系等，核查非关联化的真实性；（十）分析关联交易的偶发性和经常性。

中介机构在完成关联方和关联交易的核查后，应当出具书面的核查意见，对发行人的关联方和关联交易情况进行总结和说明，以及对发行人的信息披露、关联交易的合法性、必要性、合理性、公允性、是否影响发行人的独立性、是否可能对发行人产生重大不利影响等方面进行明确的判断和表态。中介机构的核查意见作为发行人的招股说明书的重要组成部分，供投资者和监管机构参考。

3. 资产完整性

【规则规定】发行人租赁控股股东、实际控制人房产或者商标、专利来自于控股股东、实际控制人授权使用的，保荐机构和发行人律师通常应关注并核查以下方面：相关资产的具体用途、对发行人的重要程度、未投入发行人的原因、租赁或授权使用费用的公允性、是否能确保发行人长期使用、今后的处置方案等，并就该等情况是否对发行人资产完整性和独立性构成重大不利影响发表明确意见。

如发行人存在以下情形之一的，保荐机构及发行人律师应当重点关注、充分核查论证并发表意见：一是生产型企业的发行人，其生产经营所必需的主要厂房、机器设备等固定资产系向控股股东、实际控制人租赁使用；二是发行人的核心商标、专利、主要技术等无形资产是由控股股东、

对于购销商品、提供劳务等经常性关联交易，分析增减变化的原因及是否仍将持续进行，关注关联交易合同重要条款是否明确且具有可操作性以及是否切实得到履行；对于偶发性关联交易，分析对当期经营成果和主营业务的影响，关注交易价格、交易目的和实质，评价交易对发行人独立经营能力的影响；（十一）参照财政部关于关联交易会计处理的相关规定，核查发行人主要关联交易的会计处理是否符合规定；（十二）核查发行人制定的未来减少与规范控股股东、实际控制人发生关联交易的具体措施或控股股东、实际控制人做出的承诺以及承诺的履行情况；（十三）核查重要子公司少数股东与发行人是否存在其他利益关系；（十四）关联方及关联交易披露的真实、准确、完整性。”

实际控制人授权使用。[①]

【规则概要】本条规定的是关于发行人资产完整性的核查要求。

【规则详解】《首次公开发行股票注册管理办法》第十二条规定的发行条件要求发行人资产完整，不存在涉及主要资产、核心技术、商标等的重大权属纠纷。配套规则进一步明确，资产完整的要求包括生产型企业具备与生产经营有关的主要生产系统、辅助生产系统和配套设施，合法拥有与生产经营有关的主要土地、厂房、机器设备以及商标、专利、非专利技术的所有权或者使用权，具有独立的原料采购和产品销售系统；非生产型企业具备与经营有关的业务体系及主要相关资产。[②]

尽管规则要求发行人自身应拥有经营所必需的厂房、商标和专利，并且这些资产应独立于控股股东和实际控制人。然而，在某些情况下，发行人可能通过租赁的方式使用控股股东或实际控制人的房产或者经授权使用其商标和专利。比如，发行人系由控股股东或实际控制人分拆或剥离出来的子公司或业务部门，因此在初始阶段没有自己的厂房、商标、专利，而是暂时性地租用控股股东或实际控制人的厂房或者经授权使用其商标、专利。随着发行人的发展，可能逐步建立自己的资产体系。又如，发行人可能是控股股东或实际控制人的战略投资或布局，因此在成立初期没有必要投入大量的资产，而是通过租赁或授权使用的方式降低成本和风险，同时保持一定的灵活性和调整空间。随着发行人的成熟，可能逐渐增加自有资产的比例。再如，发行人可能是控股股东或实际控制人的关联方或合作伙伴，因此在经营过程中有一定的互补性或协同效应，通过租赁或授权使用的方式实现资源共享或优化配置，同时维持各自的独立性和竞争力。

现行规则对于发行人在资产完整性方面采取相对宽容态度，允许其通

① 《监管规则适用指引——发行类第4号》第10条。

② 《公开发行证券的公司信息披露内容与格式准则第57号——招股说明书》第七十三条第一项。

过租赁的方式使用控股股东或实际控制人的房产或者经授权使用其商标和专利，主要原因在于，首先，在审核发行人的独立性时，不仅要看发行人是否拥有经营所必需的资产、商标和专利，还要看发行人是否具有直接面向市场独立经营的能力，是否存在同业竞争或者利益输送等影响独立性的情形。如果发行人能够证明其通过租赁或授权使用的方式，能够保证其资产的稳定性、安全性和合理性，不会影响其正常的生产经营和市场竞争，也不会导致对控股股东或实际控制人的过度依赖或者利益损害，监管机构可能会给予一定的容忍和理解。其次，监管机构也要考虑发行人所处的行业特点和市场环境，以及发行人的发展阶段和成长性。对于一些新兴的、高科技的、创新型的或者战略性的行业，发行人不直接购买资产可能为追求资源的优化和成本的控制，集中精力在业务经营上而无需过多关注资产的管理和维护，实现快速的发展和壮大。如果发行人能够证明其通过租赁或授权使用的方式，是为了适应行业和市场的变化，是为了实现自身的创新和突破，是为了提升自身的核心竞争力和市场地位，监管机构可能会给予适当的支持。

因此，问题的关键在于发行人租赁控股股东、实际控制人控制企业的房屋用于生产经营是否具有合理性，是否对发行人资产完整性和独立性构成重大不利影响。

（1）发行人租赁资产的一般性核查

规则要求，发行人租赁控股股东、实际控制人房产或者商标、专利来自于控股股东、实际控制人授权使用的，保荐机构和发行人律师通常应关注并核查以下方面：相关资产的具体用途、对发行人的重要程度、未投入发行人的原因、租赁或授权使用费用的公允性、是否能确保发行人长期使用、今后的处置方案等，并就该等情况是否对发行人资产完整性和独立性构成重大不利影响发表明确意见。

发行人租赁控股股东、实际控制人房产，是指发行人为了满足生产经营的需要，与控股股东或实际控制人签订租赁协议，向后者租用房产，如厂房、办公楼、仓库等，作为发行人的经营场所或者存放资产的场所。这种情况下，发行人并不拥有房产的所有权，而是按照租赁协议的约定，向控股股东或实际控制人支付租金，获得房产的使用权。

商标、专利来自于控股股东、实际控制人授权使用，是指发行人为了开展生产经营的活动，与控股股东或实际控制人签订使用许可协议，获得后者拥有的商标、专利等无形资产的使用权，如在产品或服务上使用控股股东或实际控制人的商标，或者使用控股股东或实际控制人的专利技术等。这种情况下，发行人并不拥有该商标权、专利权，而是按照协议的约定，向控股股东或实际控制人支付使用费，获得商标、专利等知识产权的使用权。

相关核查包括：

相关资产的具体用途，是指发行人租赁的房产或经授权使用的商标、专利等资产，是用于什么样的生产经营活动，如生产什么样的产品，提供什么样的服务，面向什么样的市场等。这一核查的目的是了解发行人对相关资产的使用情况，判断相关资产是否与发行人的主营业务相匹配，是否符合发行人的发展战略，是否有利于发行人提高市场竞争力和盈利能力。

对发行人的重要程度，是指发行人租赁的房产或经授权使用的商标、专利等资产，对于发行人的生产经营规模、质量、效率、效益等方面的影响程度，如相关资产占发行人总资产、营业收入、净利润等比例，相关资产是否属于发行人的核心资产或者关键资产，相关资产是否具有稀缺性或者替代性等。这一核查的目的是评估发行人对相关资产的依赖程度，判断发行人是否具有资产完整性和独立性，是否存在资产稳定性和安全性的风险，是否会受到控股股东或实际控制人的影响或干预。

未投入发行人的原因，是指控股股东或实际控制人拥有的房产、商标、专利等资产，为什么没有以增资或转让的方式投入发行人，而是选择以租赁或授权使用的方式提供给发行人，如存在权属瑕疵、税收成本等因素；或者涉及资本和财务策略的考量，包括降低固定资产投资、减少负债负担、灵活应对市场变化等因素；或者为快速获取所需的房产、商标和专利等资产，以满足业务扩张或战略规划的需要；还可能是将资产所有权和管理责任转移给他人，以降低潜在风险的策略。这一核查的目的是分析控股股东或实际控制人的动机和目的，判断相关资产的投入方式是否合理、合法、公允，是否存在利益输送或者损害发行人利益的情形。

租赁或授权使用费用的公允性，是指发行人向控股股东或实际控制人支付的租赁或授权使用费用，是否符合市场价格或者成本价格的原则，是否存在高于或低于市场价格的情况，如是否参考了同类或相似资产的租赁或授权使用价格，是否有第三方评估或者核证的依据，是否履行了关联交易的审批程序等。这一核查的目的是检验发行人与控股股东或实际控制人之间的交易是否公平、合理、透明，是否存在不当的利益转移、财务数据粉饰，发行人对相关资产是否存在依赖。

是否能确保发行人长期使用，是指发行人租赁的房产或经授权使用的商标、专利等资产，是否有足够的时间和条件保障发行人的正常生产经营，如租赁或授权使用协议的期限、续约、解约、变更、终止等条款，是否存在可能导致发行人失去相关资产使用权的情况，如控股股东或实际控制人的协议变更，资产的出售、抵押、查封、诉讼等。另外，该项核查还涉及法律合规性的考虑。比如，房产租赁或者转租、土地使用权出让或者出租、商标权和专利权的许可使用，都存在期间的限制。这一核查的目的是评估发行人对相关资产的可持续使用性，判断发行人是否具有持续经营能力，是否存在生产经营中断或者受损的风险。

今后的处置方案，是指发行人租赁的资产，是否有计划或者意愿在未来的一定时间内，将其以增资或转让的方式纳入发行人体系，还包括当发行人无法继续使用这些资产时，寻找其他非关联方的替代资产，确保业务平稳过渡的风险管理措施和应对策略。如是否有相关的协议或者承诺，是否有相关的可行性分析或者评估报告，是否有相关的风险提示等。这一核查的目的是了解发行人对相关资产的长期规划和安排，判断发行人是否有提高资产完整性和独立性的意愿和能力，是否有利于发行人的持续稳健发展。

对发行人租赁的资产是否对发行人资产完整性和独立性构成重大不利影响，需要综合考量上述各项情况，从发行人的生产经营、市场竞争、财务状况、风险管理等方面进行分析和判断。一般来说，如果发行人租赁或授权使用的资产占比较低，与发行人的主营业务相匹配，租赁或授权使用的费用公允合理，能够保证发行人长期稳定使用，未来有明确的处置方案，可能不会对发行人的资产完整性和独立性构成重大不利影响。保荐机构和发行人律师在发表明确意见时，应当根据发行人的具体情况，结合相关的法律法规、业务规则和审核标准，对上述情况进行充分的核查和论证，并提供相应的证据和依据，以支持其意见的合理性和可信性。

（2）发行人租赁资产的重点核查

规则要求，如发行人存在以下情形之一的，保荐机构及发行人律师应当重点关注、充分核查论证并发表意见：一是生产型企业的发行人，其生产经营所必需的主要厂房、机器设备等固定资产系向控股股东、实际控制人租赁使用；二是发行人的核心商标、专利、主要技术等无形资产是由控股股东、实际控制人授权使用。

生产型企业的发行人，是指以生产、加工、制造等为主要业务的企业，其收入主要来源于销售自己生产的产品或提供生产相关的服务。这类企业的特点是需要投入较多的固定资产，如土地、厂房、机器设备等，以支持其生产经营活动。

生产经营所必需的主要厂房、机器设备等固定资产，是指对发行人的生产能力、质量、效率、安全等有重要影响的资产，一般包括以下几类：①主要生产系统，即直接参与生产过程的设备、工具、仪器等，如生产线、车间、机床、模具等；②辅助生产系统，即为生产过程提供支持的设备、工具、仪器等，如供电、供水、供气、排污、通风、消防、安防等；③配套设施，即为生产过程提供辅助的设施、建筑等，如仓库、库房、办公楼、员工宿舍、食堂、停车场等。

发行人的核心商标、专利、主要技术，是指对发行人的产品或服务的品牌、质量、创新、竞争力等有重要影响的无形资产，一般包括以下几类：①核心商标，即发行人的产品或服务的标识，能够体现发行人的品牌形象、市场占有率、客户忠诚度等；②核心专利，即发行人的产品或服务的技术创新，能够体现发行人的研发能力、技术优势、市场壁垒等，如发明专利、实用新型专利、外观设计专利等；③主要技术，即发行人的产品或服务的技术支撑，能够体现发行人的技术水平、技术积累、技术转化等，如非专利技术、技术秘密、技术标准、技术方案等。

规则要求对两种情形重点关注、充分核查论证，其原因是：

生产型企业的主要厂房、机器设备等固定资产对于其生产经营至关重要，这些固定资产是支撑其业务的关键要素。首先，这些固定资产是发行人实现生产经营目标的基础和保障，直接影响发行人的生产规模、生产效率、产品质量、成本控制、市场竞争力等。其次，这些固定资产也是发行人进行技术创新、产品升级、市场拓展、风险防范等的重要条件，有利于发行人提高核心竞争力和抗风险能力。最后，这些固定资产还是发行人的重要财务资源，可以作为抵押、担保、质押等方式获取融资，或者作为资产重组、并购、出售等方式进行资产优化，增加发行人的资金流动性和盈利能力。

发行人的核心商标、专利、主要技术等无形资产直接关系到发行人的竞争力和长期发展。首先，这些无形资产是发行人的核心资产，体现了发行人的品牌价值、技术优势、创新能力、市场地位等，是发行人吸引客户、扩大市场、提高溢价、增加收入的重要因素。其次，这些无形资产也是发行人的核心壁垒，保护了发行人的专有技术、商业秘密、市场份额等，是发行人抵御竞争对手、防止侵权、维护权益的重要手段。

规则中要求的“重点关注、充分核查论证”相比前边一般关注、核查情形，不仅要关注并核查相关资产的具体用途、对发行人的重要程度、未投入发行人的原因、租赁或授权使用费用的公允性、是否能确保发行人长期使用、今后的处置方案等，还可能本着谨慎性原则，根据需要进一步关注并深入核查租赁资产的权属情况、登记情况、抵押情况、诉讼仲裁情况等，以及租赁合同的签订情况、内容情况、履行情况、变更情况等，以及租赁资产的会计处理情况、财务报表反映情况、审计意见情况等；不仅要核查相关资产和合同的真实性、合法性、有效性、完整性等，还要核查相关资产和合同是否存在权属纠纷或潜在纠纷、是否影响发行人正常使用租赁资产、是否存在违约风险或其他风险、是否损害发行人利益、是否符合会计准则的要求、是否影响发行人财务状况的真实性和完整性等；不仅要就租赁资产对发行人资产完整性和独立性的影响、是否对发行人发行上市造成阻碍发表明确意见，还要有论证过程。

4. 发行人与关联方共同投资

【规则规定】发行人如存在与其控股股东、实际控制人、董事、监事、高级管理人员及其亲属直接或者间接共同设立公司情形，发行人及中介机构应主要披露及核查以下事项：

（1）发行人应当披露相关公司的基本情况，包括但不限于公司名称、成立时间、注册资本、住所、经营范围、股权结构、最近一年又一期主要财务数据及简要历史沿革。

（2）中介机构应当核查发行人与上述主体共同设立公司的背景、原因和必要性，说明发行人出资是否合法合规、出资价格是否公允。

（3）如发行人与共同设立的公司存在业务或资金往来的，还应当披露相关交易的交易内容、交易金额、交易背景以及相关交易与发行人主营业务之间的关系。中介机构应当核查相关交易的真实性、合法性、必要性、合理性及公允性，是否存在损害发行人利益的行为。

（4）如公司共同投资方为董事、高级管理人员及其近亲属，中介机构应核查说明公司是否符合《公司法》相关规定，即董事、高级管理人员未经股东会或者股东会同意，不得利用职务便利为自己或者他人谋取属于公司的商业机会，自营或者为他人经营与所任职公司同类的业务。[1]

【规则概要】本条规定的是关于发行人与关联方共同投资情况的披露、核查要求。

【规则详解】关联方，在本条规则中主要指控股股东、实际控制人、董事、监事、高级管理人员及其亲属。这与公司法、企业会计准则、中国证监会和证券交易所规则中规定的关联方相比，范围相对要小，具体可参阅本章“2.关联交易”专题。

发行人与关联方共同投资，是指发行人与其控股股东、实际控制人、董事、监事、高级管理人员及其亲属等关联方，以现金、资产或其他方式，直接或者间接共同出资设立或参与设立的公司、合伙企业或其他投资项目。本条规则主要是指共同出资设立公司。发行人与关联方直接共同设立公司，是指发行人与关联方作为发起人或股东，直接出资设立或参与设立公司。例如，发行人与其控股股东各出资50%设立子公司，就属于发行人与关联方直接共同设立公司的情形。发行人与关联方间接共同设立公

① 《监管规则适用指引——发行类第4号》第15条。

司，是指发行人与关联方通过其他中间主体，间接出资设立或参与设立公司。例如，发行人与其实际控制人分别通过各自控制的其他公司，共同出资设立公司。

发行人与关联方共同投资是客观存在的现象，有其合理的经济逻辑和商业动机。因为它可以实现资源共享、风险分担、利益联结、战略协同等目的，提升发行人的市场竞争力和盈利能力；它也可以利用关联方的政策优势、渠道优势、技术优势等，拓展发行人的业务范围和市场机会；它还可以促进发行人的技术创新、产品创新、模式创新等，增强发行人的持续发展能力和核心竞争力。

当然，发行人与关联方共同投资也可能带来一些潜在的风险和问题，比如，可能导致发行人的资金、资产、业务或人员等与关联方发生不正常的往来或流动，影响发行人的独立性；可能导致发行人的利益与关联方的利益冲突，给发行人的内部控制带来挑战；可能导致发行人的业务范围、盈利模式、竞争优势等发生变化，影响发行人的持续经营能力和发展前景；可能导致发行人的财务数据和经营状况不真实、不完整、不准确，影响发行人的信息披露质量和透明度。

（1）披露要求

①被投资公司的基本情况

披露基本信息（公司名称、成立时间、注册资本、住所、经营范围、股权结构等情况），目的是让投资者和监管机构了解相关公司的法律地位、经营状况、业务关系，以及发行人在该公司中的地位和影响力。由此可以了解相关公司成立及存续的合法性；相关公司与发行人的主营业务的关系、是否存在竞争关系，是否影响发行人的自身业务、盈利模式、竞争优势；相关公司中发行人的出资比例、出资实缴比例、控制权等情况，是否影响发行人的资产负债结构和现金流量、是否会导致发行人承担相应债务。[①]

披露简要历史沿革，目的是让投资者和监管机构了解相关公司的成立过程、发展阶段、重大事件、业绩变化、股权变动等，概述相关公司的发展历程和主要特点。通过这一披露，可以了解其过去是否发生过重大风险事件、法律诉讼、财务困境或经营不善，更好地评估公司的经营状况、财务状况；相关公司是否存在与关联方的不当交易或其他利益冲突等情况，可以更全面地了解其内部控制状况、独立性。

最近一年又一期主要财务数据，是指上一个会计年度，以及当年至上个月底的会计报表，包括资产负债表、利润表、现金流量表等，反映相关公司的财务状况、经营成果和现金流动情况。这一披露可以揭示相关公司的盈利趋势、资产负债比例、现金流状况等重要指标，以判断公司是否存在财务困境、债务过高或经营不善等潜在问题，评估公司的经营表现、财务健康状况和风险承受能力。除此之外，它还可以揭示相关公司设立、运营时可能存在的影响发行人利益的情况，从而评估是否存在影响发行人持续经营能力、独立性的因素。比如，与关联方的频繁交易、高额交易或不公平交易，或者不合理的利润分配或资金流向关联方，都反映可能存在利益输送、资源占用；又如，相关公司负有无力清偿的对外债务，发行人承担连带清偿责任的可能性。

① 《公司法》第五十条规定："有限责任公司设立时，股东未按照公司章程规定实际缴纳出资，或者实际出资的非货币财产的实际价额显著低于所认缴的出资额的，设立时的其他股东与该股东在出资不足的范围内承担连带责任。"第五十二条规定："股东未按照公司章程规定的出资日期缴纳出资，公司依照前条第一款规定发出书面催缴书催缴出资的，可以载明缴纳出资的宽限期；宽限期自公司发出催缴书之日起，不得少于六十日。宽限期届满，股东仍未履行出资义务的，公司经董事会决议可以向该股东发出失权通知，通知应当以书面形式发出。自通知发出之日起，该股东丧失其未缴纳出资的股权。""依照前款规定丧失的股权应当依法转让，或者相应减少注册资本并注销该股权；六个月内未转让或者注销的，由公司其他股东按照其出资比例足额缴纳相应出资。第五十四条规定："公司不能清偿到期债务的，公司或者已到期债权的债权人有权要求已认缴出资但未届出资期限的股东提前缴纳出资。"

②发行人与相关公司业务或者资金往来涉及的交易情况

规则要求，如发行人与共同设立的公司存在业务或资金往来的，还应当披露相关交易的交易内容、交易金额、交易背景以及相关交易与发行人主营业务之间的关系。

发行人与共同设立的公司存在业务或资金往来，是指发行人与其控股股东、实际控制人、董事、监事、高级管理人员及其亲属直接或者间接共同设立的公司之间发生的任何形式的经济往来，包括但不限于销售、采购、租赁、借款、担保、转让、投资等交易行为。

交易内容的披露，是指发行人应当详细说明与共同设立的公司之间交易的具体事项，如交易的名称、性质、类型、标的、方式、期限、条件、对价等。通过此项披露，投资者可以获得有关交易的详细信息，从而全面了解交易的具体细节、性质和可能的影响，包括以下潜在风险：是否存在利用关联关系进行虚假或者不公平的交易，损害发行人或者其他股东的利益；是否存在通过交易进行利润调节或者资产重组，影响发行人的财务状况和业绩表现；是否存在通过交易进行资金占用或者挪用，导致发行人的资金紧张或者流动性风险，或者损害发行人的信用和声誉。

交易金额的披露，是指发行人应当准确反映与共同设立的公司之间交易的价值，如交易的单价、总价、比例、折扣、溢价等。通过此项披露，投资者可以了解交易的规模和对发行人财务状况、利润能力和风险承受能力的影响程度，还可能发现以下潜在风险：是否通过交易金额的增减，影响发行人的财务状况和业绩表现；是否存在通过交易进行资金的转移或者隐藏，导致发行人的资金状况和资产负债率的变化；是否存在利用关联关系进行价格操纵或者利益输送，导致发行人或者其他股东的财产损失。

交易背景的披露，是指发行人应当说明与共同设立的公司之间的交易的产生的原因、目的、依据、过程、结果等。此项披露可以帮助投资者了解交易的合理性、必要性，以及相关方之间可能存在的利益冲突、利益输送、不公平交易问题，比如，通过交易进行利益分配或者调整，导致发行人或者其他股东的权益变化，或者损害发行人的治理结构和内部控制；违反发行人的经营策略、市场规律、行业惯例，利用关联关系进行非正常的交易；通过交易进行业务的扩张或者收缩，影响发行人的经营范围和竞争力。

相关交易与发行人主营业务之间关系的披露，是指发行人应当分析与共同设立的公司之间的交易对发行人的主营业务的影响和作用，如交易的协同性、互补性、竞争性等。此项披露有助于提高相关公司业务透明度，让投资者了解相关交易对发行人业务的扩展、利益分配的影响，以及可能的风险因素，评估对发行人的经营稳定性、独立性和可持续性的影响，比如，是否存在利用关联关系进行业务的分割、转移或者重叠，导致发行人的主营业务的变化或者混乱；是否存在通过交易进行业务的优化或者劣化，影响发行人的主营业务的质量和效益；是否存在通过交易进行业务的协作或者竞争，导致发行人的主营业务的协调性和竞争力的变化，损害发行人的战略规划和市场地位。

总的来说，规则的上述披露要求，是为了防范发行人与关联方共同投资带来的以下几种风险：一是关联交易风险。共同投资可能导致发行人与共同设立的公司之间产生大量的关联交易，这些关联交易可能存在利用关联关系进行不公平的交易、利益输送、资金占用、利润调节等行为，损害发行人或者其他股东的利益，或者给发行人带来风险。[①]二是业务竞争风险。共同投资可能导致发行人与共同设立的公司之间存在业务的重叠或者竞争，影响发行人的主营业务的稳定性和发展性。三是内部控制风险。共同投资可能导致发行人的内部控制存在缺陷或者失效，影响发行人的经营

① 《公司法》第二十二条规定："公司的控股股东、实际控制人、董事、监事、高级管理人员不得利用关联关系损害公司利益。""违反前款规定，给公司造成损失的，应当承担赔偿责任。"第二十三条规定："公司股东滥用公司法人独立地位和股东有限责任，逃避债务，严重损害公司债权人利益的，应当对公司债务承担连带责任。""股东利用其控制的两个以上公司实施前款规定行为的，各公司应当对任一公司的债务承担连带责任。"

管理和风险防范。四是信息披露风险。共同投资可能导致发行人的信息披露存在遗漏、误导、隐瞒等问题，影响投资者对发行人的真实、准确、完整的了解。

（2）核查要求

①共同投资的背景、出资合规性

规则要求，中介机构（保荐人、发行人律师和申报会计师）应当核查发行人与上述主体共同设立公司的背景、原因和必要性，说明发行人出资是否合法合规、出资价格是否公允。

（a）相关公司设立情况

共同设立公司的背景，是指发行人与其控股股东、实际控制人、董事、监事、高级管理人员及其亲属直接或者间接共同设立公司的前提、条件、过程、结果等。此项核查的目的是了解发行人与关联方共同投资的真实性、合法性、合规性，是否存在利用共同投资的公司进行利益输送、规避监管、损害其他股东利益等不正当行为，以及共同投资的公司是否对发行人的经营、财务、法律等方面产生重大影响。

共同设立公司的原因、必要性，是指发行人与其控股股东、实际控制人、董事、监事、高级管理人员及其亲属直接或者间接共同设立公司的商业动机、目的、意义等。此项核查的目的是了解共同投资是否有合理的商业考量和预期的收益，是否符合发行人的战略目标，是否有利于发行人的业务发展、竞争力提升、风险防范，是否违背发行人的经营策略、市场规律、行业惯例的非理性或非正常投资。

（b）出资情况

发行人出资是否合法合规，是指发行人与其控股股东、实际控制人、董事、监事、高级管理人员及其亲属直接或者间接共同设立公司的过程中，发行人的出资来源、方式、时间、比例等是否符合法律法规的要求，是否经过必要的批准程序和程序合规性审查、出资的来源是否合法、非货币出资是否经过相应的评估程序及财产权转移等。此项核查的目的是了解发行人出资是否真实、有效、完整，是否存在虚假出资、非法出资、超额出资、违规出资等问题，以及发行人出资是否有利于发行人的财务状况、资金安全、股权结构等，是否影响发行人的资产质量、财务状况、偿债能力。

发行人出资是否公允，是指发行人参与共同投资的公司的出资价格是否与共同投资的公司的价值相匹配，是否存在高估或低估的情况。此项核查的目的是了解发行人的出资是否有利于发行人的利益保护、价值体现、投资回报，是否存在利益输送、内幕交易、操纵市场等问题。

②发行人与相关公司业务或者资金往来涉及的交易情况

规则要求，如发行人与共同设立的公司存在业务或资金往来的，对于发行人披露的相关交易的交易内容、交易金额、交易背景以及相关交易与发行人主营业务之间的关系，中介机构（保荐人、发行人律师和申报会计师）应当核查相关交易的真实性、合法性、必要性、合理性及公允性，是否存在损害发行人利益的行为。

相关交易的真实性，是指中介机构通过查阅发行人与共同设立的公司之间的交易的合同、发票、收付款凭证、银行流水等证明材料，以及与交易双方的沟通、询问、现场勘察等方式，核实发行人披露的交易的内容、金额、时间、方式等是否真实存在、真实发生、真实反映。核查的目的是防止发行人与关联方共同投资可能存在的虚假或者不公平的交易。

相关交易的合法性，是指中介机构通过查阅发行人与共同设立的公司之间交易的合同、协议、批准文件等法律文件，以及与交易双方的沟通、询问、查询律师意见等方式，核实发行人披露的交易是否符合法律法规的要求，是否经过发行人和共同设立的公司的合法决策程序，是否侵犯第三方的合法权益。核查的目的是防止发行人与关联方共同投资可能存在的违法或者不合规的交易。

相关交易的必要性，是指中介机构通过查阅发行人与共同设立的公司之间交易的商业计划、市场分析、风险评估等分析报告，以及与交易双方的沟通、询问、查询专家意见等方式，核实发行人披露的交易是否有利于发行人的业务发展、竞争力提升、风险防范等，是否符合发行人的经营策略、市场规律、行业惯例等。核查的目的是防止发行人与关联方共同投资可能存在的非正常或者不必要的交易。

相关交易的合理性，是指中介机构通过查阅发行人与共同设立的公司之间交易的价格、价值、收益等评估报告，以及与交易双方的沟通、询问、通过第三方评估等方式，核实发行人披露的交易是否符合市场价值、公平原则、合理性原则等，是否能够体现发行人的利益保护、价值体现、投资回报等。核查的目的是防止发行人与关联方共同投资可能存在的价格操纵、利益输送、资金占用等行为，损害发行人或者其他股东的利益。

相关交易的公允性，是指中介机构通过查阅发行人与共同设立的公司之间交易的市场比较、行业标准、同类交易等参考数据，以及与交易双方的沟通、询问、通过第三方评估等方式，核实发行人披露的交易是否符合市场惯例、行业水平、同类交易等，是否能够反映发行人的公平交易、公正竞争、公开透明等。核查的目的是防止发行人与关联方共同投资可能存在的利用关联关系进行不公平的交易、利益输送、资金占用等行为，损害发行人或者其他股东的利益。

存在损害发行人利益的行为，是指发行人与共同设立的公司之间的交易是否存在以下情形：交易的价格、价值、收益等与市场价值、公平原则、合理性原则等不符，导致发行人或者其他股东的财产损失或者利润减少；交易的内容、金额、时间、方式等与发行人的经营策略、市场规律、行业惯例等不符，导致发行人的业务发展、竞争力提升、风险防范等受到影响；交易的背景、原因、必要性等与发行人的经营目的、市场需求、行业特点等不符，导致发行人的业务范围、经营模式、市场地位等发生变化或者混乱；交易的过程、结果、影响等与发行人的决策程序、信息披露、内部控制等不符，导致发行人的治理结构、信用评级、声誉形象等受到损害；交易的合同、协议、批准文件等与法律法规的要求、第三方的权益、社会公共利益等不符，导致发行人或者其他股东的法律责任、诉讼风险、社会责任等增加或者承担。

③发行人的董事、高级管理人员及其近亲属与发行人共同投资涉及竞业限制的情况

规则要求，如公司共同投资方为董事、高级管理人员及其近亲属，中介机构（保荐人、发行人律师和申报会计师）应核查说明公司是否符合《公司法》相关规定，即董事、高级管理人员未经股东会同意，不得利用职务便利为自己或者他人谋取属于公司的商业机会，自营或者为他人经营与所任职公司同类的业务。[①]

① 《公司法》第一百八十条规定："董事、监事、高级管理人员对公司负有忠实义务，应当采取措施避免自身利益与公司利益冲突，不得利用职权牟取不正当利益。""董事、监事、高级管理人员对公司负有勤勉义务，执行职务应当为公司的最大利益尽到管理者通常应有的合理注意。""公司的控股股东、实际控制人不担任公司董事但实际执行公司事务的，适用前两款规定。"第一百八十一条规定："董事、监事、高级管理人员不得有下列行为：（一）侵占公司财产、挪用公司资金；（二）将公司资金以其个人名义或者以其他个人名义开立账户存储；（三）利用职权贿赂或者收受其他非法收入；（四）接受他人与公司交易的佣金归为己有；（五）擅自披露公司秘密；（六）违反对公司忠实义务的其他行为。"第一百八十二条规定："董事、监事、高级管理人员，直接或者间接与本公司订立合同或者进行交易，应当就与订立合同或者进行交易有关的事项向董事会或者股东会报告，并按照公司章程的规定经董事会或者股东会决议通过。""董事、监事、高级管理人员的近亲属，董事、监事、高级管理人员或者其近亲属直接或者间接控制的企业，以及与董事、监事、高级管理人员有其他关联关系的关联人，与公司订立合同或者进行交易，适用前款规定。"第一百八十三条规定："董事、监事、高级管理人员，不得利用职务便利为自己或者他人谋取属于公司的商业机会。但是，有下列情形之一的除外：（一）向董事会或者股东会报告，并按照公司章程的规定经董事会或者股东会决议通过；（二）根据法律、行政法规或者公司章程的规定，公司不能利用该商业机会。"第一百八十四条规定："董事、监事、高级管理人员未向董事会或者股东会报告，并按照公司章程的规定经董事会或者股东会决议通过，不得自营或者为他人经营与其任职公司同类的业务。"

前述核查要求可能包含以下几项核查内容：（a）公司共同投资方是否为发行人的董事、高级管理人员及其近亲属，以及他们在共同投资的公司中的职务和股份。（b）共同投资的公司是否与发行人从事同类或者相互竞争的业务，以及他们之间的市场份额和竞争关系。（c）公司共同投资方前述从事同类或者相互竞争业务的行为，是否未经股东会同意。（d）公司共同投资方是否存在利用发行人的资源、信息、技术、客户等为共同投资的公司提供不正当的支持或者优惠，或者损害发行人的利益的其他行为。

该项核查的目的主要是保护发行人的合法权益，防止公司共同投资方利用内部信息或者职务优势，从事不正当竞争或者侵占发行人的商业机会；规范发行人的治理结构，促进发行人的董事、高级管理人员及其近亲属遵守《公司法》的相关规定，履行忠实、勤勉的职责；保障投资者的知情权，让投资者了解发行人与共同投资的公司之间的关联关系和交易情况，以及可能存在的风险和影响。

规则除了要求核查董事、高级管理人员是否触及竞业限制外，还要求核查其近亲属相关情况，主要因为董事、高级管理人员与近亲属之间存在密切的家庭关系，近亲属的行为往往与董事、高级管理人员的利益密切相关，他们之间存在利益代理、利益输送的可能。核查近亲属的相关情况是为了防止董事、高级管理人员通过近亲属规避竞业限制的义务，假借近亲属的名义从事与发行人同类的业务或获取发行人的商业机会。

5. 董事、高级管理人员、核心技术人员变化

【规则规定】发行人应当按照要求披露董事、高级管理人员的变动情况。中介机构对上述人员是否发生重大变化的认定，应当本着实质重于形式的原则，综合两方面因素分析：一是最近36个月（或24个月）内的变

动人数及比例，在计算人数比例时，以董事和高级管理人员合计总数作为基数；二是上述人员离职或无法正常参与发行人的生产经营是否对发行人生产经营产生重大不利影响。

如果最近36个月（或24个月）内发行人的董事、高级管理人员变动人数比例较大，或董事、高级管理人员中的核心人员发生变化，对发行人的生产经营产生重大不利影响的，保荐机构及发行人律师应当重点关注、充分核查论证并审慎发表意见。

变动后新增的董事、高级管理人员来自原股东委派或发行人内部培养产生的，原则上不构成人员的重大变化。发行人管理层因退休、调任等原因发生岗位变化的，不轻易认定为重大变化，但发行人应当披露相关人员变动对公司生产经营的影响。

发行人申请在科创板上市的，还应当按照上述要求披露核心技术人员的变动情况。保荐机构及发行人律师按照要求核查论证并发表意见。[①]

【规则概要】本条规定的是关于发行人管理团队稳定性的认定、核查。

【规则详解】《首次公开发行股票注册管理办法》第十二条第二项规定的发行条件，要求发行人管理团队稳定，首次公开发行股票并在主板上市的，最近三年内董事、高级管理人员均没有发生重大不利变化；首次公开发行股票并在科创板、创业板上市的，最近二年内董事、高级管理人员均没有发生重大不利变化；首次公开发行股票并在科创板上市的，核心技术人员应当稳定且最近二年内没有发生重大不利变化。

董事是指发行人董事会的成员。高级管理人员是指发行人的总经理、副总经理、财务负责人、董事会秘书等职务的人员。核心技术人员是指对发行人的核心技术的形成、发展、保护、应用等方面具有重要贡献或影响的技术人员，包括公司技术负责人、研发负责人、研发部门主要成员、主

① 《监管规则适用指引——发行类第4号》第12条。

要知识产权和非专利技术的发明人或设计人、主要技术标准的起草者等。董事、高级管理人员、核心技术人员（以下简称管理团队）的变化，是指这些人员在一定期间发生的变更，包括但不限于辞职、解聘、调任、增补、换届等情形。

（1）管理团队重大不利变化的认定

①认定应遵循的基本原则

实质重于形式的原则，是指在对发行人管理团队是否发生重大不利变化进行认定时，应当关注其对发行人的生产经营实际产生的影响，而不仅仅根据其外在形式的变化作为判断依据。这一原则落脚点在于管理团队变化对发行人的持续经营能力、内部治理等方面的实际影响。

本条规则中特别提到的以下两种情形，尽管从表面看管理团队发生了变化，但未必对内部经营管理产生实际影响，规则提出的认定标准体现的是实质重于形式原则。

情形一：变动后新增的董事、高级管理人员来自原股东委派或发行人内部培养产生，即发行人申请上市前的36个月（或24个月）内，发生变动新增的董事、高级管理人员是由发行人的原有股东根据股权比例或协议等方式推荐或指派的，或者是由发行人通过内部选拔、培训、晋升等方式选拔或培养的。这些新增的董事、高级管理人员通常与发行人有较长的合作历史，或者对发行人的业务、战略、文化等有较深的了解和认同，此类人员的变动只是在原有的内部体系中进行调整，并不导致对公司管理层的实质性改变，因此，他们的加入不会对发行人的核心竞争力、持续经营能力、内部治理结构等方面造成重大的变化或影响。

原则上不构成人员的重大变化，是指在一般情况下，这种情形不会影响发行人管理团队的稳定性，也不会对发行人的生产经营产生重大不利影响，因此不会影响发行条件。它体现了对发行人的股东权利和内部人才梯队建设的保护，旨在减少对合理人事安排的过度干预。当然，这一规定并不是绝对的，如果发生了特殊情况，比如，新增的董事、高级管理人员任职存在不符合法律法规或者发行上市规则的要求，或者与原有的管理团队发生严重的冲突、分歧或不信任，仍然可能构成人员的重大变化，需要进行充分的披露和核查。

情形二：管理层因退休、调任等原因发生岗位变化，即发行人申请上市前的36个月（或24个月）内，发生变动的董事、高级管理人员是由于年龄、健康、个人发展等原因，主动或被动地离开了原来的职位，或者在发行人内部或外部进行了岗位的调整或转换。这些岗位变化通常是发行人正常的人事安排或人才流动的结果，与公司的战略、业务和治理无关，不意味着发行人的核心经营管理人员的流失或更换，也不一定对发行人的生产经营造成重大影响。

不轻易认定为重大变化，意味着在评估这种情况时，需要更谨慎地考虑实际情况，而不是轻率地将其视为重大变化。这是因为即使发生了人员变动，但如果这些变动不会对公司的生产经营产生重大影响，就不应该被认定为重大变化。“原则上不构成人员的重大变化”与“不轻易认定为重大变化”的区别在于，第一种情形“原则上不构成人员的重大变化”基于新增人员与前任人员之间的关联性和一致性，而第二种情形“不轻易认定为重大变化”仅考虑了管理团队正常人员流动的客观性，但新增人员的来源和背景尚有不确定性，因此，前一情形可适用相对固定的判断标准，后一情形则应采用相对灵活的判断标准，需要更多地考虑新增人员的具体情况和实际影响。所以，对于第二种情形，规则要求发行人及时、充分地向投资者披露管理层因退休、调任等原因发生岗位变化的情况，以及管理团队变动后对生产经营的实际影响，以便投资者能够全面、客观、合理地评估发行人管理团队稳定性，做出明智的投资决策。

②认定应综合考虑的因素

综合两方面因素分析，是指在对发行人的核心经营人员是否发生重大不利变化进行认定时，应当同时考虑以下两个方面的因素：

最近36个月（或24个月）内的变动人数及比例，是指在发行人申请上市前的36个月（或24个月）内，发生变动的董事、高级管理人员的数量，占同期内发行人董事、高级管理人员合计总数的比例。这一因素反映了发行人核心经营管理人员的稳定性和流动性。一般来说，变动人数及比例越大，说明发行人管理团队的稳定性越差，更可能对发行人的生产经营造成不利影响。

董事、高级管理人员离职或无法正常参与发行人的生产经营是否对发行人生产经营产生重大不利影响，是指在发行人申请上市前的36个月（或24个月）内，发生变动的董事、高级管理人员是否属于发行人的核心人员，其离职或无法正常参与发行人的生产经营是否导致发行人的核心竞争力、持续经营能力、内部治理结构等方面发生重大变化。这一因素反映了发行人核心经营人员的重要性和影响力，以及发行人对核心经营人员的依赖程度。一般来说，发生变动的核心经营人员越重要，说明发行人管理团队的稳定性越差，更可能对发行人的生产经营造成不利影响。

综合两方面因素分析的目的，是为了从量化和质化两个维度，全面、客观、合理地评估发行人核心经营人员的变动情况，以及其对发行人的生产经营的影响。在具体分析时，必须遵循实质重于形式的原则，根据发行人的实际情况，结合发行人的行业特点、经营模式、发展阶段、人力资源政策等因素，综合考量变动人数及比例的大小，变动人员的职务、职责、资历、业绩、专业技能、知识产权等方面的情况，以及变动原因、变动后的补充措施、变动对发行人的生产经营的实际影响等方面的情况（例如，是否影响发行人的核心技术、主要产品、市场份额、客户关系、供应链、财务状况、风险控制等方面，以及变动是否引起发行人内部或外部的不确定性、不稳定性、不和谐性等问题），从而作出合理的判断和论证。

（2）披露与核查

①披露要求

相关配套规则规定，发行人董事、监事、高级管理人员及其他核心人员最近三年内发生变动的，应以列表方式汇总披露变动情况、原因及影响。发行人管理层因退休、调任等原因发生岗位变化的，应当披露相关人员变动对公司生产经营的影响。发行人申请在科创板上市的，还应当按照上述要求披露核心技术人员的变动情况。①从这些规则来看，将监事、其他核心人员（可能包括核心技术人员之外的人，如核心业务人员）的变动纳入管理团队变动的披露范围，而且披露的追溯期无论主板还是科创板、创业板都是三年。

②核查要求

（a）一般核查要求

根据相关规则要求，中介机构的核查包括报告期董监高人员和其他核心人员的变动情况，内容包括但不限于变动经过、变动原因、是否符合公司章程规定的任免程序和内部人事聘用制度、程序，控股股东或实际控制人推荐人选是否通过合法程序，是否存在控股股东或实际控制人干预发行人董事会和股东会已经作出的人事任免决定的情况等，并分析董监高人员和其他核心人员的变动情况对发行人的影响。②

管理团队变动情况对发行人的影响，按前述实质重于形式原则并综合两方面因素进行分析、认定。

---

① 《公开发行证券的公司信息披露内容与格式准则第57号——招股说明书》第三十九条、《上海证券交易所发行上市审核业务指南第4号——常见问题的信息披露和核查要求自查表1–首次公开发行》2–18款。

② 《保荐人尽职调查工作准则》第二十二条、《监管规则适用指引——法律类第2号：律师事务所从事首次公开发行股票并上市法律业务执业细则》第五十条。

（b）重点核查

规则要求，如果最近36个月（或24个月）内发行人的董事、高级管理人员变动人数比例较大，或董事、高级管理人员中的核心人员发生变化，对发行人的生产经营产生重大不利影响的，保荐机构及发行人律师应当重点关注、充分核查论证并审慎发表意见。

最近36个月（或24个月）内发行人的董事、高级管理人员变动人数比例较大，是指在发行人申请上市前的36个月（或24个月）内，发生变动的董事、高级管理人员的数量，占同期内发行人董事、高级管理人员合计总数的比例，超过了一定的阈值。这一阈值并没有统一标准，需根据发行人的具体情况和行业特点，以及与同行业、同规模、同地区的其他发行人的比较，进行相对的判断。我们理解，当发行人的董事、高级管理人员变动人数比例超过了同行业、同规模、同地区的其他发行人的平均水平或中位数，或者超过了发行人自身的历史水平或趋势，就可以认为发行人的董事、高级管理人员变动人数比例较大。

董事、高级管理人员中的核心人员发生变化，对发行人的生产经营产生重大不利影响，是指在发行人申请上市前的36个月（或24个月）内，发生变动的董事、高级管理人员中，有一部分或全部是发行人的核心人员，即对发行人的业务、战略、文化等有重要贡献或影响的人员，其发生变化导致发行人的核心竞争力、持续经营能力、内部治理结构等方面发生重大的变化或影响。这一判断应当根据发行人的实际情况，结合发行人的行业特点、经营模式、发展阶段、人力资源政策等因素，综合考量变动人员的职务、职责、资历、业绩、专业技能、知识产权等方面的情况，以及变动原因、变动后的补充措施、变动对发行人的生产经营的实际影响等方面的情况，从而作出合理的判断和论证。

重点关注，是指中介机构在对发行人的管理团队是否发生重大不利变化进行核查时，应当对发行人管理团队变化的上述两种情况，给予特别的注意和重视，而不应当忽视或轻视这些情况对发行人的潜在风险和影响。

充分核查论证，是指中介机构在对发行人的管理团队是否发生重大不利变化进行核查时，应当对发行人管理团队变化的上述两种情况，进行全面、深入、细致、严谨的调查，并基于调查的事实进行分析、评估和论证，而不应当进行表面、粗略、简单、随意的核查或者判断。

审慎发表意见，是指中介机构在对发行人的管理团队是否发生重大不利变化进行核查后，应当根据核查的结果和过程，以及相关的法律法规和上市规则的要求，对发行人的核心经营人员是否发生重大不利变化，以及这些变化对发行人的生产经营的影响，基于职业道德和行业规范，以独立、专业、诚信的态度发表客观、准确的意见，而不应受发行人或其他利益相关方的影响或干预，不为发行人的发行上市目的而牺牲核查的质量和效果。

规则要求中介机构对上述两种情形必须重点关注、充分核查论证并审慎发表意见，体现了对发行人的核心经营人员稳定性的重视，以及对投资者的公平、公正、公开的信息披露的保障。发行人的核心经营人员发生重大不利变化，可能对发行人的生产经营造成不利影响，从而影响发行人的价值、引起风险，进而影响投资者的投资决策。因此，中介机构作为发行人的专业顾问和投资者的信息中介，有责任和义务对发行人的核心人员是否发生重大不利变化进行重点关注、充分核查论证并审慎发表意见，以便向投资者提供真实、完整、准确、及时的信息，使其能够全面、客观、合理地评估发行人的价值和风险，做出明智的投资决策。

（c）科创板核心技术人员的核查要求

发行人申请在科创板上市的，保荐人及发行人律师按照上述要求对核心技术人员的变动情况核查论证并发表意见。[①]

① 《上海证券交易所发行上市审核业务指南第4号——常见问题的信息披露和核查要求自查表1-首次公开发行》2-18款。

6. 土地使用权

【规则规定】发行人存在使用或租赁使用集体建设用地、划拨地、农用地、耕地、基本农田及其上建造的房产等情形的，保荐机构和发行人律师应对其取得和使用是否符合《土地管理法》等法律法规的规定、是否依法办理了必要的审批或租赁备案手续、有关房产是否为合法建筑、是否可能被行政处罚、是否构成重大违法行为出具明确意见，说明具体理由和依据。

上述土地为发行人自有或虽为租赁但房产为自建的，如存在不规范情形且短期内无法整改，保荐机构和发行人律师应结合该土地或房产的面积占发行人全部土地或房产面积的比例、使用上述土地或房产产生的营业收入、毛利、利润情况，评估其对于发行人的重要性。如面积占比较低、对生产经营影响不大，应披露将来如因土地问题被处罚的责任承担主体、搬迁的费用及承担主体、有无下一步解决措施等，并对该等事项做重大风险提示。

发行人生产经营用的主要房产系租赁上述土地上所建房产的，如存在不规范情形，原则上不构成发行上市障碍。保荐机构和发行人律师应就其是否对发行人持续经营构成重大影响发表明确意见。发行人应披露如因土地问题被处罚的责任承担主体、搬迁的费用及承担主体、有无下一步解决措施等，并对该等事项做重大风险提示。

发行人募投用地尚未取得的，需披露募投用地的计划、取得土地的具体安排、进度等。保荐机构、发行人律师需对募投用地是否符合土地政策、城市规划、募投用地落实的风险等进行核查并发表明确意见。①

① 《监管规则适用指引——发行类第4号》第13条。

【规则概要】本条规定的是关于风险较高的几种土地使用情形的核查。

【规则详解】根据《土地管理法》及实施条例的规定，企业因进行建设需要使用土地的，原则上应以出让、租赁等有偿方式使用国有土地，使用、租用划拨方式取得的国有土地以及集体建设用地或者农用地受到法律严格限制，发行人使用这些用地存在较高风险。IPO审核关注发行人这些用地的合规性，主要还是考虑其是否影响发行人资产完整性、持续经营方面以及是否构成生态安全、生产安全等领域重大违法行为的风险。[①]

（1）一般核查要求

①使用或者租用划拨地、集体建设用地、农用地的相关法律规范

（a）划拨地

土地使用权划拨，是指县级以上人民政府依法批准，在土地使用者缴纳补偿、安置等费用后将该幅土地交付其使用，或者将土地使用权无偿交付给土地使用者使用的行为。[②]《土地管理法》第五十四条规定，建设单位使用国有土地，应当以出让等有偿使用方式取得；但是，下列建设用地，经县级以上人民政府依法批准，可以以划拨方式取得：（一）国家机关用地和军事用地；（二）城市基础设施用地和公益事业用地；（三）国家重点扶持的能源、交通、水利等基础设施用地；（四）法律、行政法规规定的其他用地。由此可见，划拨土地使用权的取得限于特定情形，且只有两种取得形式：其一，经县级以上人民政府依法批准，土地使用者支付征地补偿费用后取得的国有土地使用权；其二，经县级以上人民政府依法批准后，土地使用者无偿取得的土地使用权。

关于划拨地的租赁使用，根据《城镇国有土地使用权出让和转让暂行

① 《首次公开发行股票注册管理办法》第十三条规定的发行条件要求，发行人不应存在涉及国家安全、公共安全、生态安全、生产安全、公众健康安全等领域的重大违法行为。

② 《城市房地产管理法》第二十三条。

条例》第四十四条、第四十五条“划拨土地使用权，除本条例第四十五条规定的情况外，不得转让、出租、抵押”，“符合下列条件的，经市、县人民政府土地管理部门和房产管理部门批准，其划拨土地使用权和地上建筑物、其他附着物所有权可以转让、出租、抵押：（一）土地使用者为公司、企业、其他经济组织和个人；（二）领有国有土地使用证；（三）具有地上建筑物、其他附着物合法的产权证明；（四）依照本条例第二章的规定签订土地使用权出让合同，向当地市、县人民政府补交土地使用权出让金或者以转让、出租、抵押所获收益抵交土地使用权出让金。转让、出租、抵押前款划拨土地使用权的，分别依照本条例第三章、第四章和第五章的规定办理”，和国土资源部《规范国有土地租赁若干意见》第六条“国有土地租赁，承租人取得承租土地使用权。承租人在按规定支付土地租金并完成开发建设后，经土地行政主管部门同意或根据租赁合同约定，可将承租土地使用权转租、转让或抵押。承租土地使用权转租、转让或抵押，必须依法登记”的规定，应按要求取得相应的审批、同意，并依法办理登记、补交出让金（如需）等手续。

（b）集体建设用地

集体建设用地，即乡（镇）村建设用地或农村集体土地建设用地，是指乡（镇）村集体经济组织和农村个人投资或集资，进行各项非农业建设所使用的土地。集体建设用地分为三大类：宅基地、公益性公共设施用地和经营性用地。

集体经营性建设用地是集体建设用地的一种，是指具有生产经营性质的农村建设用地，包括农村集体经济组织使用乡（镇）土地利用总体规划确定的建设用地兴办企业或者与其他单位、个人以土地使用权入股、联营等形式共同举办企业、商业所使用的农村集体建设用地，如过去的乡镇企业和招商引资用地。

集体经营性建设用地与集体建设用地的主要区别如下：一是用途不

同。集体经营性建设用地的用途应当为工业或者商业等经营性用途，而集体建设用地的用途还包括居住和公益性公共设施等非经营性用途。二是流转方式不同。集体经营性建设用地的使用权可以在市场上转让、出租、入股等，而除此之外的集体建设用地的使用权只能在本集体经济组织成员之间流转，不能对外转让。三是税费不同。集体经营性建设用地入市时，需要按照国家规定缴纳土地增值税、城镇土地使用税等，而集体建设用地中非经营性用地的流转不需要缴纳这些税费。

《土地管理法》第六十三条、第六十四条规定，集体建设用地的使用者应当严格按照土地利用总体规划、城乡规划确定的用途使用土地。土地利用总体规划、城乡规划确定为工业、商业等经营性用途，并经依法登记的集体经营性建设用地，土地所有权人可以通过出让、出租等方式交由单位或者个人使用，并应当签订书面合同。集体经营性建设用地出让、出租等应当经本集体经济组织成员的村民会议三分之二以上成员或者三分之二以上村民代表的同意。

《土地管理法实施条例》第四十条、第四十一条、第四十三条规定，土地所有权人应当依据规划条件、产业准入和生态环境保护要求等，编制集体经营性建设用地出让、出租等方案，并依照《土地管理法》第六十三条的规定，由本集体经济组织形成书面意见，在出让、出租前不少于十个工作日报市、县人民政府。市、县人民政府认为该方案不符合规划条件或者产业准入和生态环境保护要求等的，应当在收到方案后五个工作日内提出修改意见。土地所有权人应当依据集体经营性建设用地出让、出租等方案，以招标、拍卖、挂牌或者协议等方式确定土地使用者，双方应当签订书面合同，载明土地界址、面积、用途、规划条件、使用期限、交易价款支付、交地时间和开工竣工期限、产业准入和生态环境保护要求，约定提前收回的条件、补偿方式、土地使用权届满续期和地上建筑物、构筑物等附着物处理方式，以及违约责任和解决争议的方法等，并报市、县人民政府自然资源主管部门备案。未依法将规划条件、产业准入和生态环境保护要求纳入合同的，合同无效；造成损失的，依法承担民事责任。合同示范文本由国务院自然资源主管部门制定。通过出让等方式取得的集体经营性建设用地使用权依法转让、互换、出资、赠与或者抵押的，双方应当签订书面合同，并书面通知土地所有权人。集体经营性建设用地的出租，集体建设用地使用权的出让及其最高年限、转让、互换、出资、赠与、抵押等，参照同类用途的国有建设用地执行，法律、行政法规另有规定的除外。

（c）农用地

（ⅰ）农用地转建设用地

《土地管理法》第四条规定，国家编制土地利用总体规划，规定土地用途，将土地分为农用地、建设用地和未利用地。严格限制农用地转为建设用地，控制建设用地总量，对耕地实行特殊保护。其中，农用地是指直接用于农业生产的土地，包括耕地、林地、草地、农田水利用地、养殖水面等；建设用地是指建造建筑物、构筑物的土地，包括城乡住宅和公共设施用地、工矿用地、交通水利设施用地、旅游用地、军事设施用地等；未利用地是指农用地和建设用地以外的土地。第四十四条规定，建设占用土地，涉及农用地转为建设用地的，应当办理农用地转用审批手续。永久基本农田转为建设用地的，由国务院批准。在土地利用总体规划确定的城市和村庄、集镇建设用地规模范围内，为实施该规划而将永久基本农田以外的农用地转为建设用地的，按土地利用年度计划分批次按照国务院规定由原批准土地利用总体规划的机关或者其授权的机关批准。在已批准的农用地转用范围内，具体建设项目用地可以由市、县人民政府批准。在土地利用总体规划确定的城市和村庄、集镇建设用地规模范围外，将永久基本农田以外的农用地转为建设用地的，由国务院或者国务院授权的省、自治区、直辖市人民政府批准。

《土地管理法实施条例》第二十三条、第二十四条规定，在国土空间规划确定的城市和村庄、集镇建设用地范围内，为实施该规划而将农用地转为建设用地的，由市、县人民政府组织自然资源等部门拟订农用地转用方案，分批次报有批准权的人民政府批准。建设项目确需占用国土空间规划确定的城市和村庄、集镇建设用地范围外的农用地，涉及占用永久基本农田的，由国务院批准；不涉及占用永久基本农田的，由国务院或者国务院授权的省、自治区、直辖市人民政府批准。

（ⅱ）农村土地的租赁、流转使用

《农村土地承包法》第二条规定，农村土地，是指农民集体所有和国家所有依法由农民集体使用的耕地、林地、草地，以及其他依法用于农业的土地。第二十一条规定，耕地的承包期为三十年。草地的承包期为三十年至五十年。林地的承包期为三十年至七十年。前款规定的耕地承包期届满后再延长三十年，草地、林地承包期届满后依照前款规定相应延长。第三十六条规定，承包方可以自主决定依法采取出租（转包）、入股或者其他方式向他人流转土地经营权，并向发包方备案。第三十八条规定，土地经营权流转应当遵循以下原则：（一）依法、自愿、有偿，任何组织和个人不得强迫或者阻碍土地经营权流转；（二）不得改变土地所有权的性质和土地的农业用途，不得破坏农业综合生产能力和农业生态环境；（三）流转期限不得超过承包期的剩余期限；（四）受让方须有农业经营能力或者资质；（五）在同等条件下，本集体经济组织成员享有优先权。第四十一条规定，土地经营权流转期限为五年以上的，当事人可以向登记机构申请土地经营权登记。未经登记，不得对抗善意第三人。第五十二条规定，发包方将农村土地发包给本集体经济组织以外的单位或者个人承包，应当事先经本集体经济组织成员的村民会议三分之二以上成员或者三分之二以上村民代表的同意，并报乡（镇）人民政府批准。由本集体经济组织以外的单位或者个人承包的，应当对承包方的资信情况和经营能力进行审查后，再签订承包合同。《农村土地经营权流转管理办法》第十七条规定，承包方流转土地经营权，应当与受让方在协商一致的基础上签订书面流转合同，并向发包方备案。

关于转租、转让土地承包经营权的效力，根据《民法典》第七百一十六条“承租人经出租人同意，可以将租赁物转租给第三人。承租人转租的，承租人与出租人之间的租赁合同继续有效；第三人造成租赁物损失的，承租人应当赔偿损失。承租人未经出租人同意转租的，出租人可以解除合同”，《最高人民法院关于审理涉及农村土地承包纠纷案件适用法律问题的解释》第十三条“承包方未经发包方同意，转让其土地承包经营权的，转让合同无效。但发包方无法定理由不同意或者拖延表态的除外”。

②核查要求

规则要求，发行人存在使用或租赁使用集体建设用地、划拨地、农用地、耕地、基本农田及其上建造的房产等情形的，保荐机构和发行人律师应对其取得和使用是否符合《土地管理法》等法律法规的规定、是否依法办理了必要的审批或租赁备案手续、有关房产是否为合法建筑、是否可能被行政处罚、是否构成重大违法行为出具明确意见，说明具体理由和依据。

发行人存在使用或租赁使用集体建设用地、划拨地、农用地、耕地、基本农田及其上建造的房产，是指发行人在其生产经营活动中，直接或间接地占用、使用或者通过租赁等方式取得使用权的这些土地及其上的建筑物、构筑物等附着物。这些土地和房产的性质、来源、权属、用途等可能涉及土地管理法律法规的规定，因此需要进行合规性核查。

集体建设用地、划拨地、农用地、耕地、基本农田的取得和使用是否符合《土地管理法》等法律法规的规定、是否依法办理了必要的审批或租赁备案手续，是指发行人或者原土地使用权人取得这些土地使用权时，是否遵守了国家关于土地利用总体规划、城乡规划、土地利用年度计划，土地出让、划拨、租赁、流转、转用、登记等方面的法律法规的要求，是否经过了相应的行政机关的批准、同意、备案等手续，是否领取了相应的土地权属证书、土地使用证等证件，是否缴纳了相应的土地出让金、土地租金、土地增值税等税费，是否符合了土地用途、规划条件、产业准入和生态环境保护等要求。

使用或租赁使用集体建设用地、划拨地、农用地、耕地、基本农田上建造的房产是否为合法建筑，是指发行人或者原房主在这些土地上建造的房产，是否遵守了国家关于建筑设计、施工、验收、安全、节能、消防、防震等方面的法律法规的要求，是否经过了相应的行政机关的审批、验收、登记等手续，是否领取了相应的建设工程规划许可证、建设工程施工许可证、建设工程竣工验收备案证明、建设工程质量保证书、建设工程消防验收合格证明、建设工程抗震设防合格证明等证件，是否符合了建筑用途、规划条件、安全标准和环境保护等要求。

使用或租赁使用集体建设用地、划拨地、农用地、耕地、基本农田及其上建造的房产是否可能被行政处罚，是指发行人、原土地使用权人或房主在取得和使用这些土地和房产时，是否存在违反土地管理法律法规或者建筑管理法律法规的行为，如未经批准或者超出批准范围占用、使用或者流转土地，未经批准或者超出批准范围建造房产，未依法办理相关手续，未缴纳相关税费，改变土地用途，破坏土地资源和生态环境，建造违章建筑，危害建筑安全等，是否可能受到相应的行政机关的责令改正、停止违法行为、没收违法所得、处以罚款、责令退还非法占用的土地、责令拆除违法建筑、暂扣或者吊销证件、限制或者停止生产经营等行政处罚。

使用或租赁使用集体建设用地、划拨地、农用地、耕地、基本农田及其上建造的房产是否构成重大违法行为出具明确意见，说明具体理由和依据，是指保荐机构和发行人律师应当根据相关证券规则的规定，对发行人、原土地使用权人或房主在取得和使用这些土地和房产时，是否存在违反土地管理法律法规或者建筑管理法律法规的行为，该违法行为是否属于重大违法行为，出具明确的书面意见，说明具体的理由和依据，如相关的法律法规、政策文件、行政机关的批准、同意、备案、登记、处罚等文件、证件、证明等。《（首发）证券期货法律适用意见第17号》第三条对“重大违法行为”作了界定，原则上是指发行人及其控股股东、实际控制人违反相关领域法律、行政法规或者规章，受到刑事处罚或者情节严重行政处罚的行为。违法行为轻微、罚款数额较小，相关处罚依据未认定该行为属于情节严重的情形，有权机关证明该行为不属于重大违法的，可以不认定为重大违法行为。

发行人使用或租赁使用集体建设用地、划拨地、农用地、耕地、基本农田及其上建造的房产等情形，涉及土地管理或者建筑管理法律法规的规定，如果违反相关规定，可能导致发行人的土地使用权、房产所有权或使用权不稳定，或者遭受行政处罚、卷入诉讼纷争，影响发行人的生产经营活动正常开展、财务合规、资产完整、持续经营能力等，使其不符合发行条件，或因构成特定领域重大违法而成为影响发行上市的不利因素。

（2）两种特殊情形的核查

规则对于两种特殊情形提出了不同的核查要求：

一是上述土地为发行人自有或虽为租赁但房产为自建的，如存在不规范情形且短期内无法整改，保荐机构和发行人律师应结合该土地或房产的面积占发行人全部土地或房产面积的比例、使用上述土地或房产产生的营业收入、毛利、利润情况，评估其对于发行人的重要性。如面积占比较低、对生产经营影响不大，应披露将来如因土地问题被处罚的责任承担主体、搬迁的费用及承担主体、有无下一步解决措施等，并对该等事项做重大风险提示。

二是发行人生产经营用的主要房产系租赁上述土地上所建房产的，如存在不规范情形，原则上不构成发行上市障碍。保荐机构和发行人律师应就其是否对发行人持续经营构成重大影响发表明确意见。发行人应披露如因土地问题被处罚的责任承担主体、搬迁的费用及承担主体、有无下一步解决措施等，并对该等事项做重大风险提示。

上述土地为发行人自有或虽为租赁但房产为自建，是指发行人是集体建设用地、划拨地、农用地、耕地、基本农田等土地的使用权人，或者租赁上述土地并在其上自行建造了房产。这种情形下，发行人可能存在未经批准或超出批准范围占用、使用或流转土地，未经批准或超出批准范围建造房产，未依法办理相关手续，未缴纳相关税费，改变土地用途，破坏土地资源和生态环境，建造违章建筑，危害建筑安全等违法行为，可能受到相应的行政处罚或司法诉讼，影响发行人的生产经营活动、财务状况、持续经营能力等，或者构成生态安全、生产安全等领域重大违法行为。

发行人生产经营用的主要房产系租赁上述土地上所建房产，是指发行人租赁了他人在集体建设用地、划拨地、农用地、耕地、基本农田等土地上建造的房产，作为其生产经营的场所，而不是自己建造或购买了该房产，对于他人违法占用土地、违法建造房屋的行为和后果一般不承担责任。这种情形下，发行人可能存在未依法办理租赁备案手续，未缴纳相关税费，使用违章建筑等违法行为，可能受到相应的行政处罚，影响发行人的生产经营活动、财务状况等。

规则针对这两种情形分别规定了不同的核查要求，主要是因为两种情形导致发行人承担的法律责任和风险不同。对于第一种情形，发行人是违法占用土地或者违法建造房屋的行为主体，因此其违法行为的后果和影响更为严重，可能导致罚款以至土地和房产被收回、拆除、没收，给发行人的生产经营造成重大损失，影响其资产完整性、持续经营能力，甚至影响股权清晰稳定（如土地或房产系股东出资的财产），构成发行上市的障碍。因此，规则要求保荐机构和发行人律师应结合该土地或房产的面积占发行人全部土地或房产面积的比例、使用上述土地或房产产生的营业收入、毛利、利润情况，评估其对于发行人的重要性。如果该土地或房产对发行人的生产经营影响较大，应当在申报前依法采取补救措施，消除不规范情形；如果该土地或房产对发行人的生产经营影响较小，应当充分披露相关信息，并对该等事项做重大风险提示。对于第二种情形，发行人只是房产的承租人，而不是违法占用土地、违法建造房屋的行为主体，一般不承担这些违法行为的后果。土地使用违法仅可能导致租赁合同的解除、租金损失、搬迁的费用等，对发行人的生产经营造成的影响通常有限。因此，此种不规范情形原则上不构成发行上市的障碍，不影响发行人的申报进程。保荐机构和发行人律师只需就其是否对发行人持续经营构成重大影响发表意见，不要求在申报前采取补救措施。

关于第一种情形的核查要求。短期内无法整改，是指发行人在集体建设用地、划拨地、农用地、耕地、基本农田等土地上自建房产存在不符合《土地管理法》等法律法规的规定、未依法办理相关审批或备案手续、建造违章建筑等不规范情形，且在申报前无法通过补办手续、改变土地用途等方式消除不规范情形的情况。

该土地或房产的面积占发行人全部土地或房产面积的比例，是指发行人使用或租赁使用的存在不规范情形的土地或房产的面积与发行人使用或租赁使用的所有土地或房产的面积之间的比值。这个比值反映了发行人对该土地或房产的依赖程度，一般来说，比值越高，说明发行人对该土地或房产的依赖程度越高，如果该土地或房产被收回、拆除、没收等，对发行人的生产经营活动的影响越大。

使用上述土地或房产产生的营业收入、毛利、利润，是指发行人通过使用或租赁使用的存在不规范情形的土地或房产，从事生产经营活动所获得的收入、成本、费用等财务指标。这些指标反映了发行人使用该土地或房产的经济效益，一般来说，这些指标越高，说明发行人使用该土地或房产的经济效益越高，如果该土地或房产被收回、拆除、没收等，对发行人的财务状况的影响越大。

结合该土地或房产的面积占发行人全部土地或房产面积的比例、使用上述土地或房产产生的营业收入、毛利、利润情况，评估其对于发行人的重要性，是指保荐机构和发行人律师应当综合考虑发行人使用或租赁使用的存在不规范情形的土地或房产对发行人生产经营活动和财务状况的影响程度，判断该土地或房产是否对发行人的持续经营能力、股权清晰稳定等发行上市条件构成重大影响。

关于第二种情形的核查要求。原则上不构成发行上市障碍，是指发行人租赁了他人在集体建设用地、划拨地、农用地、耕地、基本农田等土地上建造的房产，作为其生产经营的场所，如果存在不合规，其违法行为的后果和影响相对较轻，可能仅对发行人的生产经营造成一定影响，但不至于影响发行人的持续经营，构成发行上市的障碍。当然，这是一个原则性的判断，具体情况还要根据发行人的实际情况和保荐机构、发行人律师的核查意见而定。

披露如因土地问题被处罚的责任承担主体、搬迁的费用及承担主体、有无下一步解决措施等，并对该等事项做重大风险提示，是指发行人应当在招股说明书中，充分、真实、准确、完整地披露以下信息，并对可能存在的风险进行提示：①如果因为不规范情形而被行政机关或司法机关处罚的，应当明确说明处罚的种类、金额、期限、依据等，以及处罚的责任承担主体是发行人还是出租方，或者是双方共同承担。②如果因为不规范情形而导致租赁合同的解除或终止的，应当明确说明解除或终止的条件、程序、时间等，以及发行人是否需要搬迁生产经营场所，如果需要搬迁的，应当说明搬迁的费用、时间、方式等，以及搬迁的费用是由发行人还是出租方承担，或者是双方共同承担。③如果发行人有采取补救措施消除不规范情形的计划或安排的，应当明确说明补救措施的内容、时间、费用、效果等，以及补救措施的费用是由发行人还是出租方承担，或者是双方共同承担。

（3）尚未取得的募投用地相关情况披露、核查

规则要求，发行人募投用地尚未取得的，需披露募投用地的计划、取得土地的具体安排、进度等。保荐机构、发行人律师需对募投用地是否符合土地政策、城市规划、募投用地落实的风险等进行核查并发表明确意见。

①披露要求

募投用地，是指发行人拟用募集资金投资的项目所需的土地，包括建设用地和配套用地。发行人募投用地的取得方式一般有租赁、购买、划拨等。募投用地尚未取得，是指发行人在申报时还没有正式取得募投用地的土地使用权证或租赁合同等有效证明文件，或者还没有完成土地出让金、转让价款或租金的支付，或者还没有办理土地使用权的登记手续等。

募投用地的计划、取得土地的具体安排、进度，是指发行人应当在招股说明书中，详细说明募投用地的选址、面积、用途、取得方式、费用、时间等信息，以及募投用地的取得与募投项目的实施之间的关系和协调情况。

对于发行人尚未取得的募投用地，规则要求披露募投用地的计划、取得土地的具体安排、进度，其目的是让投资者能够充分了解发行人募投项目的实施条件、可行性和风险，从而作出合理的判断和决策。这也是对发行人的一种约束和督促，要求发行人对募投项目的用地问题负责，防止发行人隐瞒或歪曲事实，误导投资者和市场。

②核查要求

募投用地是否符合土地政策、城市规划，是指发行人募投用地是否符合国家和地方的土地供应政策、土地利用总体规划、城市总体规划、城市

控制性详细规划等规定，是否需要修改或调整相关规划，是否需要办理相关的审批或备案手续等。

募投用地落实的风险，是指发行人在取得募投用地的过程中可能面临的不确定因素或障碍，例如土地供应的数量、质量、价格、时间等是否能够满足发行人的需求，是否存在土地征收、拆迁、补偿、环评等问题，是否存在政策变化、市场波动、合同违约、诉讼仲裁等风险，以及发行人如何应对和防范这些风险等。

规则要求核查募投用地是否符合土地政策、城市规划、募投用地落实的风险，目的是为保障发行人募投项目的合法性、合规性和可持续性，避免发行人的募投项目因为用地问题而导致的法律纠纷、行政处罚、项目延期或取消等不利后果，从而影响发行人的持续经营能力和发展前景。

第六章

发行审核重点关注问题——实际控制人

1. 实际控制人及单一实际控制人

【规则规定】实际控制人是指拥有公司控制权、能够实际支配公司行为的主体。发行人应当在招股说明书中披露公司控制权的归属、公司的股权及控制结构，并真实、准确、完整地披露公司控制权或者股权及控制结构可能存在的不稳定性及其对公司的持续经营能力的潜在影响和风险。

在确定公司控制权归属时，应当本着实事求是的原则，尊重企业的实际情况，以发行人自身的认定为主，由发行人股东予以确认。保荐机构、发行人律师应当通过核查公司章程、协议或者其他安排以及发行人股东会（股东出席会议情况、表决过程、审议结果、董事提名和任命等）、董事会（重大决策的提议和表决过程等）、监事会及发行人经营管理的实际运作情况，对实际控制人认定发表明确意见。

发行人股权较为分散但存在单一股东控制比例达到百分之三十的情形的，若无相反的证据，原则上应当将该股东认定为控股股东或者实际控制人。存在下列情形之一的，保荐机构、发行人律师应当进一步说明是否通过实际控制人认定规避发行条件或者监管并发表专项意见：

1.公司认定存在实际控制人，但其他持股比例较高的股东与实际控制人持股比例接近；

2.公司认定无实际控制人，但第一大股东持股接近百分之三十，其他股东比例不高且较为分散。

保荐机构及发行人律师应当重点关注最近三十六个月（主板）或者二十四个月（科创板、创业板）内公司控制权是否发生变化。涉嫌为满足发行条件而调整实际控制人认定范围的，应当从严把握，审慎进行核查及信息披露。

发行人及中介机构通常不应以股东间存在代持关系、表决权让与协议、一致行动协议等为由，认定公司控制权未发生变动。

实际控制人为单名自然人或者有亲属关系的多名自然人，实际控制人去世导致股权变动，股份受让人为继承人的，通常不视为公司控制权发生变更。其他多名自然人为实际控制人，实际控制人之一去世的，保荐机构及发行人律师应当结合股权结构、去世自然人在股东会或者董事会决策中的作用、对发行人持续经营的影响等因素综合判断公司控制权是否发生变更。[①]

【规则概要】本款规定了认定实际控制人、单一实际控制人的基本规则：（1）实际控制人的定义、披露要求；（2）实际控制人认定的一般原则；（3）单一实际控制人的认定规则。

【规则详解】《首次公开发行股票注册管理办法》第十二条第二项规定，首次公开发行股票并在主板上市的，最近三年实际控制人没有发生变更；首次公开发行股票并在科创板、创业板上市的，最近二年实际控制人没有发生变更。

① 参见《〈首次公开发行股票注册管理办法〉第十二条、第十三条、第三十一条、第四十四条、第四十五条和〈公开发行证券的公司信息披露内容与格式准则第57号——招股说明书〉第七条有关规定的适用意见——证券期货法律适用意见第17号》第二条相关内容。

（1）实际控制人的定义

根据本条规则的定义，实际控制人是指拥有公司控制权、能够实际支配公司行为的主体。

①控制权

控制权是指对公司的重大事项和日常经营活动具有决策、指导和监督的权力。依照《企业会计准则第36号——关联方披露（2006）》第二条、《企业会计准则第2号——长期股权投资（2006）》第五条的定义，控制是指有权决定一个企业的财务和经营政策，并能据以从该企业的经营活动中获取利益。相应地，控制权是指能够决定一个企业的财务和经营政策的权力。

与控制权相近的概念是“控股权”，依照《公司法》第二百六十五条的规定，控股股东，是指其出资额占有限责任公司资本总额百分之五十以上或者其持有的股份占股份有限公司股本总额百分之五十以上的股东；出资额或者持有股份的比例虽然不足百分之五十，但依其出资额或者持有的股份所享有的表决权已足以对股东会、股东会的决议产生重大影响的股东。可见，控股权指的是一个股东持有足够多的股份，以便能够对一家公司的决策和经营产生重大影响。通常，当一个股东拥有超过百分之五十的股份时，就被认为具有控股权。控股权使得股东能够在公司事务中拥有决定权，通常能够对公司的战略决策、财务政策、人事任命等进行控制。

控股权和控制权的相同之处是，它们都是特定主体（包括股东）对公司的权力的体现，都可以使特定主体在一定程度上保护自己的利益和实现自己的目标。

然而，控制权与控股权的不同之处在于，控股权是以股份比例为基础的，控制权是以实际影响力为基础的。控股权和控制权之间并不是完全对应的，有时候控股权高的股东并不一定拥有控制权，甚至控制权不一定由股东享有。这是因为受到公司章程、股东协议、股权结构、股东行为等多种因素的影响，有时候会出现控股权和控制权的分离或错位的现象。例如，有些公司采用了同股不同权的制度，使得某些股东虽然持股比例低，但却拥有较高的投票权，从而实现对公司的控制。又如，有些股东通过与其他股东签订一致行动协议或委托投票协议，使得他们可以联合起来对公司的决策产生影响，从而实现对公司的控制。再如，单纯财务投资人有时可能存在控股，但它并不追求控制权。

此前有规则对“控制权”的定义是“能够对股东会的决议产生重大影响或者能够实际支配公司行为的权力，其渊源是对公司的直接或者间接的股权投资关系”，现有规则未继续沿用该定义，淡化了控制权中的股权投资关系。①

②实际控制人

本条规则关于实际控制人的定义是，拥有公司控制权、能够实际支配公司行为的主体。

能够实际支配公司行为，是指虽然不是控股股东，但是通过投资关系、协议或者其他安排，能够直接或间接地影响公司的经营决策、人事任免、财务管理等方面。因此，控制权、实际支配公司行为都是指向对公司的实际控制，我们理解，两者含义并无实质上的差别。从《公司法》对“实际控制人”定义来看，也仅强调“能够实际支配公司行为”。

《公司法》（2018年修正）第二百一十六条第三项规定，实际控制人，是指虽不是公司的股东，但通过投资关系、协议或者其他安排，能够实际支配公司行为的人。2023年12月29日修订的《公司法》第二百六十五条第三项规定：实际控制人，是指通过投资关系、协议或者其他安排，能够实际支配公司行为的人。修订后的《公司法》取消了实际控制人不能是公司股东的限制，扩大了实际控制人的范围。我们理解，这种修改主要出于

① 《〈首次公开发行股票并上市管理办法〉第十二条“实际控制人没有发生变更”的理解和适用》（2007.11.25）。

以下原因：一是为了适应资本市场的实际情况，反映出公司控制权的多样性和复杂性。在实践中，公司的控制权可能存在于股东、董事、高管、债权人、供应商、客户等多种主体之间，将实际控制人的定义限定在非股东之中，可能忽略了一些小股东通过其他方式实现控制的情形，不利于保护中小投资者的利益，也不利于防范和化解市场风险。二是为了与国际惯例和其他相关法律规范保持一致，提高法律的统一性和协调性。在国际上，实际控制人的定义通常不排除股东，而是根据股东持有的股份比例或表决权比例，以及其他能够影响公司行为的因素进行判断。在我国，《证券法》及资本市场相关的法规和规范性文件，也允许股东成为实际控制人。沪、深证券交易所上市规则均规定，实际控制人指通过投资关系、协议或者其他安排，能够实际支配公司行为的自然人、法人或者其他组织。《北京证券交易所股票上市规则（试行）》规定，实际控制人是指通过投资关系、协议或者其他安排，能够支配、实际支配公司行为的自然人、法人或者其他组织。因此，《公司法》的修改有利于消除法律之间的冲突和分歧，提高法律的适用效率和效果。理论上讲，实际控制人中的股东可以是控股股东，也可以是非控股股东。但从《证券法》、证券规则一般表述习惯来看，多将控股股东、实际控制人并提，即后者未包含前者，在此语境下，实际控制人中的股东是指非控股股东。

实践中，有些企业是单一实际控制人，也有企业存在多个共同实际控制人，还有的企业没有实际控制人。其中，单一实际控制人最为常见。

单一实际控制人，是指对公司具有独立的、排他的、绝对的控制权和实际支配权的主体，无论其是公司的股东或者非股东。单一实际控制人通常通过持有公司的相对多数股份或者表决权，或者通过协议或者其他安排，能够决定公司的重大事项和经营活动。

共同实际控制人，是指对公司具有共同控制权和实际支配权的多个主体，无论其是公司的股东或者非股东。共同实际控制人通常持有公司的相对多数股份或者表决权，或者通过协议或者其他安排，能够共同决定公司的重大事项和经营活动。

没有实际控制人，是指对公司没有任何主体具有明显优势的控制权和实际支配权。没有实际控制人通常是由于公司的股权结构比较分散，或者由于协议或者其他安排使得控制权和实际支配权相互抵消或者平衡。

（2）控制权的披露

本条规则规定，发行人应当在招股说明书中披露公司控制权的归属、公司的股权及控制结构，并真实、准确、完整地披露公司控制权或者股权及控制结构可能存在的不稳定性及其对公司的持续经营能力的潜在影响和风险。

①披露控制权的基本情况

控制权归属，是指对公司的重要经营活动和决策具有支配性影响力的股东或者投资者是哪一个或哪几个实际控制人，即能够实际支配公司行为的主体。控制权归属可以通过持股比例、表决权、董事会席位、协议安排等方式来判断。披露控制权归属的目的是让投资者了解公司的实际控制人是谁，以及他们对公司的影响力有多大，从而判断公司的治理结构、利益相关方、潜在利益冲突等，以便做出合理的投资决策。

股权及控制结构，是指公司总股本中不同性质的股份所占的比例及其相互关系，即公司的股权分布情况和控制权分配情况，包括公司的股东名单、持股比例、投票权比例、股权转让限制、控股股东、实际控制人、一致行动人、委托投票人等。股权及控制结构可以分为集中型、分散型和制衡型等类型，不同的类型对公司治理的效率和绩效有不同的影响。股权及控制结构的披露可以帮助投资者了解公司的股权结构是否合理、是否存在股权过于集中或分散、是否存在股权和控制权的分离或错位等，以及股东对董事会和经理层的监督能力，从而判断公司的稳定性、透明度、公平性等，以便作出合理的投资决策。

依照《招股说明书信息披露准则》第三十条、第三十二条的规定，关于控制权的披露要求：

一是框架图。以方框图等形式披露持有发行人百分之五以上股份或表决权的主要股东、实际控制人等情况。

二是主要股东及实际控制人的基本情况：（一）控股股东、实际控制人的基本情况；（二）控股股东和实际控制人直接或间接持有发行人的股份是否存在被质押、冻结或发生诉讼纠纷等情形，上述情形产生的原因及对发行人可能产生的影响；（三）实际控制人应披露至最终的国有控股主体、集体组织、自然人等；（四）无控股股东、实际控制人的，应参照本条对发行人控股股东及实际控制人的要求披露对发行人有重大影响的股东情况；（五）其他持有发行人百分之五以上股份或表决权的主要股东的基本情况。

②披露控制权、股权及控制结构的不稳定性

控制权或者股权及控制结构的不稳定性，是指公司的控制权或者股权及控制结构存在变化的可能性或者风险，导致公司的经营方针、决策、组织机构、业务运营等发生重大影响，甚至对公司的持续经营能力造成潜在的不利影响和风险。控制权或者股权及控制结构的不稳定性的表现有以下几种：

一是控股股东或者实际控制人发生变更或者有变更的可能性。例如，控股股东或者实际控制人出现重大违法违规行为、财务困境、债务危机、破产清算等情况，可能导致其失去对公司的控制权；或者控股股东或者实际控制人有转让其所持公司股份或者表决权的计划或者意向，可能导致公司控制权的转移。

二是公司存在多个共同实际控制人或者没有实际控制人的情况。例如，公司的股权结构比较分散，没有明显优势的股东或者投资者；或者公司有多个共同实际控制人，但是他们之间没有明确的协议或者安排来保证公司控制权的稳定。这些情况可能导致公司缺乏有效的治理机制和决策机制，影响公司的经营效率和绩效。

三是存在对公司控制权构成威胁或者挑战的其他因素。例如，存在与控股股东或者实际控制人有同业竞争或者利益冲突的情况；或者存在被其他股东或者投资者收购、合并、重组等可能性；或者控股股东和实际控制人直接或间接持有发行人的股份被质押、冻结或发生诉讼纠纷；股权激励计划的设计和实施。这些因素可能导致公司面临来自内部或者外部的竞争压力和风险，影响公司的发展战略和市场地位。

还有从表面上看股权和控制权稳定性未受影响，但实质上的控制权发生扭曲，比如，公司治理结构（包括独立董事、董事会）职能发挥失常，导致决策失灵；又如，公司的业务和盈利模式依赖于个别股东、特定合作伙伴或某个业务部门，这些利益相关者可能通过控制关键资源或提供重要业务支持对公司施加压力，导致公司决策受限，控制权被扭曲，从而影响股权结构的稳定性。

③披露控制权不稳定性对持续经营能力的影响

控制权的不稳定可能对发行人的持续经营能力产生重大影响，具体体现在以下几个方面：

一是战略决策的不连贯性。控制权的频繁变动或争夺可能导致公司在战略决策上的不连贯性。不同的控制权持有者可能有不同的目标和理念，导致公司战略的频繁调整或不确定性，这对公司的长期经营和发展可能带来不利影响。

二是管理层团队稳定性的受损。控制权不稳定可能导致管理层团队的频繁更替。不断变动的控制权可能引发内部权力斗争，导致高层管理人员的离职、人员变动和组织结构的混乱。这会削弱公司的管理稳定性和连续性，对发行人的持续经营能力构成挑战。

三是资源配置和运营效率的不稳定。控制权的不稳定可能导致公司在资源配置和运营效率上出现波动。不同的控制权持有者可能有不同的优先事项和偏好，可能导致公司在资源分配上的不稳定性和不一致性。此外，频繁变动的控制权可能干扰公司的日常运营决策，影响运营效率和业务连续性。

四是投资者信心的受损。控制权不稳定会引发投资者对公司的不确定性和不信任感。投资者倾向于投资那些拥有稳定的控制权结构的公司，因为稳定的控制权可以提供持续的经营策略和稳定的治理环境。然而，当控制权频繁转移或存在争夺时，投资者可能会对公司的长期发展前景感到担忧，进而降低对公司的投资意愿，影响发行人融资能力和市场形象。

（3）控制权归属（实际控制人）认定的一般原则、依据

本条规则规定，在确定公司控制权归属时，应当本着实事求是的原则，尊重企业的实际情况，以发行人自身的认定为主，由发行人股东予以确认。保荐机构、发行人律师应当通过核查公司章程、协议或者其他安排以及发行人股东会（股东出席会议情况、表决过程、审议结果、董事提名和任命等）、董事会（重大决策的提议和表决过程等）、监事会及发行人经营管理的实际运作情况，对实际控制人认定发表明确意见。

①认定控制权的一般原则

（a）认定控制权归属时，应本着实事求是的原则，尊重企业的实际情况

本着实事求是的原则，是指在确定公司控制权归属时，应当客观、全面、准确地考察公司的股权结构、表决权分配、董事会组成等因素，不应受到形式上的股东名册、章程规定等表面现象的干扰，而应深入分析实际控制人的存在与否、身份与范围。这一原则要求揭示公司的真实控制关系，防止利用股权代持、一致行动协议、委托投票等方式规避发行条件或

监管要求。

尊重企业的实际情况，是指在确定公司控制权归属时，应当充分考虑公司的历史沿革、经营特点、发展战略等实际情况，不应一概而论，而应根据不同行业、不同类型、不同阶段的公司的具体情况，采用灵活、合理、科学的判断标准。公司的内部运作和控制结构可能因行业、地区和特定情况而异，因此应充分考虑这些因素。这一原则要求对公司的控制权进行合理的认定，尊重市场的多样性和灵活性，保护公司和股东的合法权益。

本着实事求是的原则和尊重企业的实际情况既有联系，又有区别。

相同之处在于，两者的目标和导向是一致的：两者都旨在确保控制权的认定基于真实、客观的实际情况，强调对实际权力行使和实质控制的关注，而非仅仅关注形式上的股权比例或名义上的职位，避免虚假或不实的表面安排。它们都追求对企业真正的控制和支配权进行准确、全面的界定。

不同之处在于，本着实事求是原则强调的是在控制权认定中追求实事求是、客观真实，避免主观臆断和不实陈述。它侧重于认定过程中的方法和态度。尊重企业的实际情况强调的是在控制权认定中充分考虑和尊重企业的实际情况、内部治理结构和实际控制关系。它关注的是企业的特殊情况、实际控制权的实质和企业运营的实际状况。简而言之，前者更侧重于认定过程本身，强调方法和态度的正确性；而后者更侧重于认定结果的准确性和与企业实际状况的契合程度。

规则要求本着实事求是的原则，并尊重企业的实际情况进行控制权的认定，主要考虑到实务中存在的以下问题：

一是机械地套用规则。过度依赖具体法律规定、特定规则或指标，机械地套用到每个情况中，而不顾及企业实际情况的复杂性和多样性。现实中的企业可能存在多种形式的所有权结构和控制关系，可能采用不同的治理结构和控制机制。如果刻板地套用法律，可能使企业因控制权归属的认定要求而受到不必要的干预或限制。因此，在认定控制权归属时，应灵活运用法律规定，充分尊重企业在法律允许范围内自主选择的适合自身情况的治理模式，维护其控制机制安排的自主性。

二是盲目追求形式要素。仅仅基于股权比例或法定职位来认定控制权归属，而忽视实际权力的行使。实际控制权的归属应该以实际的权力行使和实质的控制为依据，而不仅仅是名义上的权力或表面上的控制；过度关注合同、协议或表面安排，而忽视背后的实际情况和意图。控制权归属的认定应该关注实质而非形式，需要深入分析实际控制人的经济利益、实际权力行使以及对企业决策和经营的实际影响。

三是忽略变动和演变。控制权归属可能会随着时间发生变化，需要考虑实际控制权的变动和演变，而不仅仅关注某一时点的情况。实际控制权可能在不同时间发生变化，可能涉及合同安排、股权转让、关联交易等多种形式。

（b）认定控制权归属时，应以发行人自身的认定为主，并经其股东确认

以发行人自身的认定为主，是指在确定公司控制权归属时，发行人自身具有对内部控制结构和股东关系的最直接了解。因此，发行人应主动承担起认定控制权归属的责任，并根据自身实际情况和内部信息进行认定。

由发行人股东予以确认，是指在确定公司控制权归属时，应当由发行人股东对发行人自身的认定予以确认或否认。发行人股东作为直接的利益相关方，同时掌握有关控制权归属的主要信息。股东的确认可以提供额外的证据和支持，增加认定结果的可靠性和公信力；股东确认也有助于确保股东对认定结果的知情和参与，维护其合法权益。

适用中的疑难问题是，在确定控制权归属时，股东的确认是一项重要的程序要求。参与确认的股东范围如何确定？不同的理解对于确定参与确

认的股东范围有不同的侧重和合理性考量。

理解一，由被确认拥有控制权的股东确认。此理解强调由具有控制权的股东进行确认，能够确保控制权归属的认定与实际情况相符。其好处是较易实施，但存在的问题是，其他股东可能不认可此项确认，进而导致分歧。

理解二，由被确认为实际控制人之外的股东确认。此理解旨在避免实际控制人利用控制权进行人为安排和规避，强调其他股东对实际控制人的确认，以保障公正和透明性。但操作相对复杂，需要确定哪些股东具有独立性和无利益冲突。存在难以确定独立性和利益冲突的问题，以及确保其他股东真实表达意见的难度。

理解三，全体股东确认。此理解强调所有股东的共同确认，以确保广泛的参与和共识，符合公司治理的原则。但是，实施较为复杂，需要确保所有股东能够及时参与和表达意见，可能需要制定相应的程序和决策机制。可能存在股东人数众多、意见不一致等问题，导致决策的困难和延迟。

②实际控制人认定的依据

对于实际控制人的认定，中介机构需进行核查并发表意见，涉及以下方面的核查重点：

一是公司章程、协议或其他安排。核查发行人的公司章程、股东协议、控股协议、代理投票协议、质押协议、信托协议等与股权或者表决权有关的文件，以了解发行人的股权结构和表决权分配。核查目的是揭示发行人的控制权归属，确定其中是否存在影响实际控制权归属的特殊规定或安排，比如差别表决权安排、一致行动协议等，防止实际控制人通过形式上的安排来规避或者隐瞒其控制权。

二是发行人股东会的实际运作情况。核查发行人股东会的召开和决议程序，包括股东出席会议情况、表决过程、审议结果、董事提名和任命等，了解发行人股东会的组织和管理方式，表决权人在股东会审议决策过程中的影响，特别关注与实际控制权相关的议案，例如董事提名和任命等。核查目的是揭示发行人内部股东的权力行使情况，包括股东是否有实际控制公司的能力以及是否存在实际控制人的幕后操作，以确定公司的实际控制结构。

三是董事会的实际运作情况。核查发行人董事会的组成和决策机制，包括董事会成员的选任和变更、董事会议题的提出和表决、董事会决议的内容和执行等，特别关注与实际控制权相关的重大决策提议和表决过程，了解发行人董事会的运行状况。核查目的是确定董事会是否独立运作，是否有实际控制人的指令或影响，以判断是否存在实际控制人或者潜在的实际控制人对董事会的支配和控制。

四是监事会的实际运作情况。核查监事会的组成、职权范围和运作情况，包括监事会成员的选任和变更、监事会议题的提出和表决、监事会报告的内容和披露等，以了解发行人监事会的运行状况。核查目的是判断是否存在实际控制人或者潜在的实际控制人对监事的选任、监事会正常运行的干预和影响，以评估实际控制人的角色和权力。

五是发行人经营管理的实际运作情况。核查发行人经营管理层（包括总经理、副总经理、财务总监等）的任职和履职情况，包括经营管理层成员的选任和变更、经营管理层决策的内容和执行、经营管理层与董事会、监事会的关系等，以了解发行人经营管理层的运行状况。核查目的是考察实际控制人在重要决策、战略规划和业务运营等方面的作用，以及其在企业管理中的实际权力行使情况，从而判断是否存在实际控制人或者潜在的实际控制人对企业经营活动的实质支配和影响力。

通过上述核查，中介机构能够获取关于实际控制人的可靠证据和信息，更准确地评估实际控制人的身份和权力，并提供相应的意见和建议，确保控制权归属的认定符合实事求是的原则和尊重企业的实际情况的要求。此前相关规则亦要求，认定公司控制权的归属，既需要审查相应的股权投资关系，也需要根据个案的实际情况，综合对发行人股东会、董事会决议的实质影响、对董事和高级管理人员的提名及任免所起的作用等因素进行分析判断。[①]

保荐机构、发行人律师就公司控制权的归属及其变动情况发表的意见是发行审核部门判断发行人最近3年（或2年）内“实际控制人没有发生变更”的重要依据。意见应当结论明确，依据适当、充分，相关分析清晰、合理。中介机构基于上述核查，发表的意见一般包括以下内容：对实际控制人的身份、权力行使和实质控制能力进行客观、准确的描述和分析；对控制权归属的认定是否符合实事求是的原则和尊重企业的实际情况进行评价；对核查过程和方法的透明度和可靠性进行说明，确保核查结果的可信度和可验证性。

（4）单一实际控制人认定的具体规则

如前所述，控制权的认定原则以发行人自身认定为主，由发行人股东予以确认。为了防止发行人及其股东滥用认定权，人为地操纵控制权的认定，以达到规避监管的目的，规则亦分别针对单一实际控制人、共同实际控制人、无实际控制人明确了若干认定要求。

一般来讲，股权或者表决权集中由某单一股东控制，该股东能够独立支配公司行为的情况下，实际控制人的认定较为简单。比较复杂的是股权分散情况下实际控制人的认定，其中核心的问题是股东持有的股权或者控制的表决权达到什么标准（比例），可认定为实际控制人。

①股权分散情况下单一股东持股达到30%的控制权认定

根据规则的规定，发行人股权较为分散但存在单一股东控制比例达到

① 《〈首次公开发行股票并上市管理办法〉第十二条“实际控制人没有发生变更”的理解和适用》（2007.11.25）。

百分之三十的情形的，若无相反的证据，原则上应当将该股东认定为控股股东或者实际控制人。存在下列情形之一的，保荐机构、发行人律师应当进一步说明是否通过实际控制人认定规避发行条件或者监管并发表专项意见：情形一，公司认定存在实际控制人，但其他持股比例较高的股东与实际控制人持股比例接近；情形二，公司认定无实际控制人，但第一大股东持股接近百分之三十，其他股东比例不高且较为分散。

（a）一般认定规则

发行人股权较为分散，是指公司的股权没有集中在个别股东手中，而是在多个股东之间相对平衡地分散，股权结构比较平均。

单一股东，是指发行人的一个独立的股东，不包括与该股东存在关联关系或者一致行动关系的其他股东。

单一股东控制比例达到百分之三十，是指发行人的单一股东对股权的控制比例达到百分之三十。此处“控制比例”是指持股比例，还是指直接持有股份比例加上间接支配股份的表决权的比例，可能存在不同理解。我们认为是指后者。

根据规则，原则上应当将满足以下两个条件的股东认定为控股股东或实际控制人：一是发行人股权较为分散；二是单一（唯一）股东持有（控制）的股权比例达到或超过百分之三十。规则之所以如此规定，一是实质影响力的考虑。虽然百分之三十的股权并不能单独确定控制权，但当其他股东的股权较为分散，拥有达到百分之三十股权的股东通常具有较高的影响力和决策权，这种影响力可能通过表决权的行使、董事会成员的选举、关键决策的投票等方式体现。在我国上市公司中，由于多数情况下不存在持有公司表决权绝对多数的股东，因此通常以持有公司表决权相对多数的股东作为控制权归属的判断标准。而在我国证券市场上，百分之三十是一个重要的法律界限，例如交易所上市规则规定，可以实际支配公司股份表决权超过百分之三十，即拥有公司控制权。[①]二是监管效率的考虑。证券法律中的规定使用推定规则，一般根据经验和惯例制定的，旨在简化和便利证券市场的监管；如果单一股东控制比例达到百分之三十，将之推定为控股股东或实际控制人，也便于进行公司治理和加强监管。

"原则上"认定某一股东为控股股东或实际控制人意味着这是一个基本的、一般性的原则，但具体认定是否成立仍需根据具体情况进行判断。根据规则规定，若有相反证据证明该股东不应认定为控股股东、实际控制人的除外。相反证据可能包括：

一是其他权力和关联关系。根据规则，某一股东的控制比例达到百分之三十或以上时，原则上应当认定该股东为控股股东或实际控制人。但实际上，具体的认定可能受到其他因素、其他权力或者关联关系的影响，包括但不限于该股东行为受到股东协议、公司章程或法律法规的限制，或者另有实际控制人通过董事会成员的任命权、特别投票权对公司经营活动行使控制权等。这些因素可能推翻某一股东被认定为控股股东或实际控制人的论断。

二是法律和监管要求。根据适用的证券法律和监管规定，可能存在特定的要求或标准，以确定控股股东或实际控制人的资格、身份。这些要求可能会涉及更多的因素，例如，关于境外投资者的限制、法律法规禁止从事营利性活动的人等。

（b）两种特殊情形下的控制权认定

前述规则规定的原则是，在发行人股权较为分散情况下，单一（唯一）股东持有的股权比例达到或超过百分之三十的，应认定该股东为控股股东或实际控制人。实务中可能存在两种比较特殊的情况，一是某一股东持股达到百分之三十，或者未达到百分之三十但发行人自行认定其为实际控制人，

① 《深圳证券交易所创业板股票上市规则》13.1款、《北京证券交易所股票上市规则（试行）》12.1款。

但同时有其他股东与实际控制人持股比例接近；二是某一股东持股接近百分之三十，但未达到百分之三十的比例要求，发行人认定无实际控制人。

关于第一种情形，公司认定存在实际控制人，但其他持股比例较高的股东与实际控制人持股比例接近。在这种情况下，公司已经认定存在实际控制人，即某一股东拥有控制公司的实际权力。然而，其他持股比例较高的股东持股比例与实际控制人接近，这可能引发对实际控制人认定的质疑。如果其他股东持有的股权比例接近实际控制人，这可能暗示其他股东在实际控制公司方面具有重要影响力。

关于第二种情形，公司认定无实际控制人，但第一大股东持股接近百分之三十，其他股东比例不高且较为分散。在这种情况下，公司认为没有实际控制人，即没有单一股东能够掌控公司的经营和决策。然而，第一大股东持股接近百分之三十，这表明该股东在公司中拥有相当大的股权比例，可能对公司产生重要影响。其他股东持股比例较低且较为分散，这可能进一步支持第一大股东在实际控制方面的地位。

上述两种情形共同点是都存在持股比例“接近”：在第一种情况中，其他持股比例较高的股东与实际控制人的持股比例“接近”；在第二种情况中，第一大股东的持股比例“接近”百分之三十。这种持股比例接近可能引发质疑，因为它暗示着这些股东在实际控制公司方面具有重要影响力。在这两种情形下，发行人有可能人为地操纵实际控制人的认定。

根据规则规定，在股权分散情况下，应核查其他股东的持股情况，如存在上述两种情形，应说明是否通过实际控制人认定规避发行条件或者监管并发表专项意见。

通过实际控制人认定规避发行条件或者监管，是指发行人可能使用实际控制人的认定作为一种手段，以规避特定的发行条件或监管要求，比如，《首次公开发行股票注册管理办法》第十二条、第十三条规定的发行条件要求发行人一定期限内实际控制人不发生变更、不存在特定犯罪或重大违法行为。[①] 又如，规则关于实际控制人所持股份锁定期、减持的限制，实际控制人与发行人之间关联交易、同业竞争的限制。发行人可能通过人为地调整实际控制人的认定，掩盖其不符合发行条件的情况，或者规避法律对实际控制人的监管。

②人为调整实际控制人认定的核查、认定

根据规则，保荐机构及发行人律师应当重点关注最近三十六个月（主板）或者二十四个月（科创板、创业板）内公司控制权是否发生变化。涉嫌为满足发行条件而调整实际控制人认定范围的，应当从严把握，审慎进行核查及信息披露。

（a）核查的基本范围

控制权的稳定性是指发行人的实际控制人在申报前特定期限内没有发生变更，且在可预见的未来也不会发生变更，以保证发行人的业务、管理和决策的稳定性、连续性。控制权的稳定性是IPO发行上市审核中的一个重要方面，因为它关系到发行人是否具有独立持续经营的能力。依照《首次公开发行股票注册管理办法》第十二条第二项的规定，“发行人的股份权属清晰，不存在导致控制权可能变更的重大权属纠纷，首次公开发行股票并在主板上市的，最近三年实际控制人没有发生变更；首次公开发行股票并在科创板、创业板上市的，最近二年实际控制人没有发生变更”是发行条件之一。因此，规则要求中介机构对控制权稳定性的核查即为最近三十六个月（主板）或者二十四个月（科创板、创业板）内公司控制权

① 《首次公开发行股票注册管理办法》第十三条规定：发行人生产经营符合法律、行政法规的规定，符合国家产业政策。最近三年内，发行人及其控股股东、实际控制人不存在贪污、贿赂、侵占财产、挪用财产或者破坏社会主义市场经济秩序的刑事犯罪，不存在欺诈发行、重大信息披露违法或者其他涉及国家安全、公共安全、生态安全、生产安全、公众健康安全等领域的重大违法行为。董事、监事和高级管理人员不存在最近三年内受到中国证监会行政处罚，或者因涉嫌犯罪正在被司法机关立案侦查或者涉嫌违法违规正在被中国证监会立案调查且尚未有明确结论意见等情形。

是否发生变化。关于前述三年、二年期间为何不统一为二年以及为何改为三十六个月、二十四个月，该办法的立法说明对此作了回应，一是有意见提出，“目前，规则要求拟在主板上市的企业实际控制人应三年不变，建议与科创板、创业板一致，改为二年”，考虑到企业在主板上市对经营稳定有更高要求，实际控制人在保障公司经营稳定方面具有重要作用，有必要设置更长的控制权稳定期。因此未予采纳。二是考虑到注册管理办法第七十条已规定，“本办法规定的‘最近一年’‘最近二年’‘最近三年’以自然月计”，故在规则中按月计。

（b）疑为满足发行条件而调整实际控制人的认定

根据规则要求，涉嫌为满足发行条件而调整实际控制人认定范围的，应当从严把握，审慎进行核查及信息披露。

调整实际控制人认定范围，可能包括调整控制股东的认定标准，比如，调整持股比例的要求，将更多的股东纳入控制股东范围或者从中剔除；或者改变权力结构，例如修改公司章程或协议，重新规划决策机构或授权规定，将实际控制权转移给特定股东；或者通过设置多层控股结构或使用复杂的股权安排，使实际控制人的身份在多个层面上分散，从而模糊实际控制人的认定。

发行人通过人为调整实际控制人认定范围，可能误导投资者对公司控制权的认知。投资者在投资决策时，通常会考虑公司的实际控制人对经营决策和公司治理的影响。如果实际控制人被调整或掩盖，投资者将难以准确评估风险和预期回报，从而损害投资者的权益。因此，规则要求对涉嫌为满足发行条件而调整实际控制人认定范围的情况从严把握，审慎进行核查及信息披露。

“从严把握”和“审慎核查”是指对涉嫌为满足发行条件而调整实际控制人认定范围的情况进行严格、细致的审查和调查，更好地识别和防止可能的违规行为。

关于从严把握，即秉持谨慎和严格的态度，中介机构应采取更严格的标准和要求，确保认定实际控制人的过程准确、公正，并遵守法律和监管规定。从严把握意味着不容忽视任何可能的违规行为或调整实际控制人认定的不当行为，以保证市场的公平性和透明度。

关于审慎核查，是一种谨慎而细致的调查和分析过程，包括仔细检查发行人提供的文件和信息，验证股权结构和关联交易的真实性，追溯股权变动的历史，分析控制链条的相关细节，以及评估控股股东或实际控制人与其他股东之间的关系。审慎核查需要对相关信息进行全面、客观和深入的分析，确保认定的实际控制人符合法律和监管的要求。

③股权代持等情形下的控制权变动

根据规则规定，发行人及中介机构通常不应以股东间存在代持关系、表决权让与协议、一致行动协议等为由，认定公司控制权未发生变动。

本项规则也是针对常见的人为进行实际控制人的认定作出的规制。

代持关系，指一种股权安排，即某一股东以自己的名义持有另一股东的股份，但实际上并不享有该股份的收益和表决权，而是按照另一股东的意愿行使股东权利。代持关系通常是为了规避法律法规的限制或者隐藏真实的控制关系而采取的一种手段。发行人历史沿革中存在股份代持等情形的，应当在提交申请前依法解除，并在招股说明书中披露形成原因、演变情况、解除过程、是否存在纠纷或潜在纠纷等。①

表决权让与协议，指一种协议安排，即某一股东将其所持有的股份的表决权转让给另一股东或者第三方，而自己保留该股份的收益权。表决权让与协议通常是为了增强某一方在公司中的话语权或者影响力而采取的一种手段。

一致行动人协议，指一种协议安排，即两个或者多个股东之间约定在公司的某些事项上采取相同或者相似的行动，以达成共同的目的或者利

① 《监管规则适用指引——关于申请首发上市企业股东信息披露》第一条。

益。一致行动人协议通常是为了形成一个利益集团或者对抗另一个利益集团而采取的一种手段。

对公司控制权稳定性的要求是为了防止控制权的不稳定给发行人的经营管理活动带来不利影响或风险。但是，有些发行人或者股东可能会为了达到某些目的，通过代持关系、表决权让与协议、一致行动协议等方式，暂时或者隐蔽地转移或者重组股权、控制权，从而规避公司控制权稳定性的审查要求。因此，在判断公司控制权是否发生变更时，应当揭示和考虑股东间存在的代持关系、表决权让与协议、一致行动人协议等因素，而不能忽视或者否认这些因素对公司控制权的影响。也就是说，如果股东间存在这些因素，并且导致了公司控制权的转移或者重组，就应当认定公司控制权发生了变更，而不能以这些因素为借口，认定公司控制权未发生变动。规则如此规定主要考虑：

首先，防范规避行为的需要。股权代持、表决权让与协议、一致行动协议等安排，可能被用于规避或掩盖实际控制权的变更。实际控制人通过这些安排可能试图维持或者隐瞒其控制地位，而不真实披露变更事实。规则规定通常不应简单地认定控制权未发生变更，是为了提示发行人及中介机构在进行认定时防止这种规避行为，确保对公司的实际控制能够得到准确的披露和识别。

其次，把握认定尺度的需要。在判断公司控制权是否发生变动时，不应仅仅以代持关系、让与协议或一致行动协议等为依据来认定公司控制权是否发生变动，需要综合考虑更多因素，如持股比例、实质控制权、经济实质、关联交易等，单纯存在代持关系、让与协议或一致行动协议并不足以推断公司控制权是否变动。规则中“通常不应”是指，在一般情况下，这些因素都会影响公司控制权的稳定性，但也不排除有特殊情况，需要根据具体情况进行分析和判断。例如，如果股东间存在代持关系、表决权让与协议、一致行动人协议等因素，但是这些因素并没有改变公司原有的实际控制人，而只是在原有的基础上进行了一些调整或者优化，就可以认定公司控制权未发生变动。[①]

④实际控制人去世情况下的控制权稳定性认定

规则对于作为实际控制人的自然人去世情况下，如何认定控制权稳定性，分三种情况作了明确：实际控制人为单一自然人、实际控制人为存在亲属关系的多名自然人、实际控制人为无亲属关系的多名自然人。

（a）实际控制人为单一自然人，其去世导致股权由继承人受让的，通常不视为公司控制权发生变更

首先，从利益一致性角度看，继承人作为实际控制人的继任者，通常与之有着密切的利益关联，甚至已经对公司的运营和管理有一定的了解，并在实际控制人的任期内积累了经验和关系网络。由于继承人对公司的熟悉程度较高，他们能够继续实施原实际控制人制定的战略。继承人通常会继承实际控制人在公司中的经营理念、利益诉求和长期发展战略，因此其与原实际控制人的利益一致性较高。这种继承保障了实际控制人的意愿和利益在公司控制权传承过程中的延续。

其次，从控制权的实质变化看，实际控制人去世后，股权由原实际控制人转让给继承人，并未经过市场交易或外部投资者的介入。这种内部转让并不改变公司的控制权实质，继承人在控制权方面的地位与原实际控制人基本相同。因此，从整体上看，公司的控制权并未发生实质性的变更。

① 《上海证券交易所科创板股票发行上市审核问答（二）》（2019）（已废止）第5条曾规定，“实际控制人认定中涉及股权代持情形的处理。实际控制人认定中涉及股权代持情况的，发行人、相关股东应说明存在代持的原因，并提供支持性证据。对于存在代持关系但不影响发行条件的，发行人应在招股说明书中如实披露，保荐机构、发行人律师应出具明确的核查意见。如经查实，股东之间知晓代持关系的存在，且对代持关系没有异议、代持的股东之间没有纠纷和争议，则应将代持股份还原至实际持有人。发行人及中介机构通常不应以股东间存在代持关系为由，认定公司控制权未发生变动。对于以表决权让与协议、一致行动协议等方式认定实际控制人的，比照代持关系进行处理。”此规定对于理解股权代持等情形下的控制权变动认定规则，具有参考意义。

需要注意的是，在特殊情况下，例如，当继承人与原实际控制人的利益存在明显冲突，或者存在其他法律约束，亦可能会对控制权的变更产生影响。“通常不视为公司控制权发生变更”即意味着可能存在例外情况。

（b）实际控制人系有亲属关系的多名自然人，某一实际控制人去世导致股权变动，股份受让人为继承人的，通常不视为公司控制权发生变更

首先，从共同控制人的利益、目标来看。实际控制人系有亲属关系的多名自然人，通常是指夫妻、父母子女、兄弟姐妹等血缘或者姻亲关系的自然人，他们之间不仅有着亲情和信任，而且也有着共同的利益和目标。其中某一实际控制人去世后，如果其股权由其继承人受让，相当于将其股权留给了自己的亲属，从而保持和延续了实际控制人之间的亲属关系和利益关联。继承人受让股份，通常不改变公司的控制权结构，其他共同控制人通常会继续支持和维持此种控制权安排；继承人受让股份后，与其他控制人有共同的利益和目标，通常会保持类似的决策和运营方式。

其次，从继承人受让股权，与市场上通过交易获取的股权有所不同，不会带来外部资本对控制权的争夺。由于这种情况下公司的实际控制权并未发生实质性变动，而是在亲属之间的内部转移，并未转移到外部的第三方或其他股东，通常不会被视为公司控制权发生变更。

（c）实际控制人系多名自然人但不存在亲属关系，某一实际控制人去世导致股权变动，应当结合股权结构、去世自然人在股东会或者董事会决策中的作用、对发行人持续经营的影响等因素综合判断公司控制权是否发生变更

前边讲的一种情况是，实际控制人系有亲属关系的多名自然人，某一实际控制人去世导致股权变动，股份受让人为继承人的，通常直接推定公司控制权未发生变更。还有一种情况是，涉及多名无亲属关系的自然人共同控制公司，其中一名实际控制人去世导致股权变动时，情况相对复杂，这时需要综合考虑以下因素来判断公司控制权是否发生变更：

一是股权结构。需要分析实际控制人去世后，其股份将如何分配。如

果股份被其他实际控制人或第三方取得，可能导致公司控制权发生变更。而如果股份由其他合作伙伴或共同控制人继承，可能不会对公司控制权产生重大影响。

二是去世自然人在决策中的作用。考虑去世自然人在股东会或董事会决策中所扮演的角色。如果去世的实际控制人在决策过程中具有重要地位，其去世可能导致决策权的重新分配，进而影响公司的控制权。

三是对发行人持续经营的影响。评估实际控制人去世后对公司持续经营的影响。如果去世的实际控制人在战略决策、管理层任命或业务运营方面扮演关键角色，其离世可能导致公司运营模式、战略方向或管理层结构的变化，从而可能影响公司的控制权。

在分析股权结构、去世自然人作用和对发行人持续经营的影响后，综合考虑这些因素，判断公司控制权是否发生变更。这需要综合权衡各个因素的重要性和影响程度。如果以上因素综合考虑后认为公司的控制权发生了实质性的变化，则可以认定公司控制权已经发生了变更。

2. 共同实际控制人

【规则规定】发行人主张多人共同拥有公司控制权的，应当符合以下条件：

1. 每人都必须直接持有公司股份或者间接支配公司股份的表决权。

2. 发行人公司治理结构健全、运行良好，多人共同拥有公司控制权的情况不影响发行人的规范运作。

3. 多人共同拥有公司控制权的情况，一般应当通过公司章程、协议或者其他安排予以明确。公司章程、协议或者其他安排必须合法有效、权利义务清晰、责任明确，并对发生意见分歧或者纠纷时的解决机制作出安排。该情况在最近三十六个月（主板）或者二十四个月（科创板、创业板）内且在首发后的可预期期限内是稳定、有效存在的，共同拥有公司控制权的多人没有出现重大变更。

4.根据发行人的具体情况认为发行人应当符合的其他条件。

法定或者约定形成的一致行动关系并不必然导致多人共同拥有公司控制权，发行人及中介机构不应为扩大履行实际控制人义务的主体范围或者满足发行条件而作出违背事实的认定。主张通过一致行动协议共同拥有公司控制权但无第一大股东为纯财务投资人等合理理由的，一般不能排除第一大股东为共同控制人。共同控制人签署一致行动协议的，应当在协议中明确发生意见分歧或者纠纷时的解决机制。

实际控制人的配偶、直系亲属，如持有公司股份达到百分之五以上或者虽未达到百分之五但是担任公司董事、高级管理人员并在公司经营决策中发挥重要作用，保荐机构、发行人律师应当说明上述主体是否为共同实际控制人。

如果发行人最近三十六个月（主板）或者二十四个月（科创板、创业板）内持有、实际支配公司股份表决权比例最高的主体发生变化，且变化前后的主体不属于同一实际控制人，视为公司控制权发生变更。发行人最近三十六个月（主板）或者二十四个月（科创板、创业板）内持有、实际支配公司股份表决权比例最高的主体存在重大不确定性的，比照前述规定执行。①

【规则概要】本款规定了认定共同实际控制人的基本要求：（1）多人共同控制的认定条件。（2）两种常见的共同控制情形的认定：①一致行动关系；②实际控制人的配偶、直系亲属。（3）共同控制情况下控制权稳定性的认定。

【规则详解】相对于单一实际控制人，共同实际控制人体现的是一种

① 参见《〈首次公开发行股票注册管理办法〉第十二条、第十三条、第三十一条、第四十四条、第四十五条和〈公开发行证券的公司信息披露内容与格式准则第57号——招股说明书〉第七条有关规定的适用意见——证券期货法律适用意见第17号》第二条第二项。

特殊的控制关系。共同实际控制人，是指通过股权投资关系、协议或者其他安排，能够共同对某个公司的行为和决策产生重大影响或者实际支配的多个自然人、法人或者其他组织。共同实际控制人是实际控制人的一种特殊形式，与单一实际控制人不同的是，共同实际控制人的每个参与者都不具有单独的实际控制权，而是通过合作或者协调的方式，形成一个利益集团或者对抗集团，从而对公司的控制权产生影响。[①]

（1）多人共同控制的认定条件

多人共同控制，即公司的控制权由多个个人或实体共同行使。是否构成多人共同控制，必须考察控制权基础及运行有效性。

①每人都直接持有公司股份或者间接支配公司股份的表决权

间接支配公司股份的表决权，是指投资者虽然不直接持有公司股份，但是通过其他方式或者安排，能够对公司股份所附带的表决权进行实际的控制或者影响的情况。例如，投资者通过协议、委托、代理、信托等方式，与其他股东约定或者授权，使得投资者可以对其他股东所持有的公司股份的表决权进行支配。

规则要求共同控制的所有参与者都应直接持有公司股份或者间接支配公司股份的表决权，主要是考虑到控制权与股权、表决权的一致性。公司的控制权通常与持有公司股份或者具有股份表决权的权利直接相关。控制权意味着对公司的决策和运营具有实质性的影响力，而这种影响力通常通过股份的所有权和表决权来实现。因此，要求每个多人共同拥有控制权的成员都直接持有公司股份或者间接支配公司股份的表决权，是为了确保他们有实际参与公司决策和运营的资格。

① 依照《企业会计准则第36号——关联方披露（2006）》第二条、《企业会计准则第2号——长期股权投资（2006）》第五条，共同控制是指按照合同约定对某项经济活动所共有的控制，仅在与该项活动相关的重要财务和生产经营决策需要分享控制权的投资方一致同意时存在。

②发行人公司治理结构健全、运行良好，多人共同拥有公司控制权的情况不影响发行人的规范运作

公司治理结构，是指为实现资源配置的有效性，所有者（股东）对公司的经营管理和绩效进行监督、激励、控制和协调的一整套制度安排，它反映了决定公司发展方向和业绩的各参与方之间的关系。公司治理结构通常包括股东会、董事会、监事会、高级管理层、内部控制系统等组成部分，以及这些部分之间的权利和责任分配。

治理结构健全，是指公司治理结构能够有效地保护股东和其他利益相关者的合法权益，促进公司长期稳定发展，提高公司价值和竞争力。治理结构健全的标准包括以下几个方面：股东会能够充分行使其最高权力机构的职责，保证股东的知情权、参与权、表决权和监督权得到有效实施；董事会能够独立、专业地履行其战略决策、监督管理和问责等职能，保证董事会成员的合理构成、规范运作和透明信息；监事会能够有效地监督董事会和高级管理层的行为，保证监事会成员的独立性、专业性和责任性；高级管理层能够忠实、勤勉地执行董事会的决策，保证高级管理层成员的能力、激励和约束；内部控制系统能够有效地防范和控制各类风险，保证内部控制系统的完备性、有效性和适应性。

运行良好，是指公司治理结构能够在实践中发挥其应有的作用，实现公司治理目标。运行良好的标准包括以下几个方面：公司治理结构各部分之间能够相互配合、相互制衡，形成有效的约束与激励机制；公司治理结构能够及时响应内外部环境的变化，调整优化公司战略、组织架构和业务流程；公司治理结构能够促进公司与利益相关者之间的沟通协调，平衡各方利益诉求，处理好各类利益冲突；公司治理结构能够提高公司的透明度和信息披露水平，增强公司的信誉和社会责任感。

多人共同控制意味着存在多个权力参与者对公司决策和经营活动具有实质性影响力。这种情况下，如果发行人的公司治理结构不健全或运行不

良，可能会出现以下问题：

其一，决策困难和冲突。多人共同控制可能导致权力分散和决策困难。如果公司治理结构不健全，缺乏明确的决策机制和责任分配，不同权力参与者之间的决策可能出现冲突和延误，导致公司无法迅速做出有效的决策。

其二，信息不对称和不透明性。多人共同控制可能导致信息流通不畅和不对称。如果公司治理结构不健全，各权力参与者之间缺乏有效的信息共享和沟通，可能会出现信息不对称的问题，从而降低公司的透明度和市场的信任度。

其三，利益冲突和资源争夺。多人共同控制可能导致利益冲突和资源争夺。如果公司治理结构不健全，各权力参与者之间的利益目标不一致或权力对资源的控制存在争议，可能导致内部的权力斗争和资源的浪费，进而影响公司的规范运作。

因此，为了应对多人共同控制可能带来的挑战和风险，发行人应满足公司治理结构健全、运行良好的要求，并确保多人共同拥有公司控制权的情况不影响发行人的规范运作。这一要求有助于确保权力参与者之间的协调与合作，明确决策机制和责任分配，保障信息的流通和透明度，以及防止利益冲突和资源争夺的发生。通过健全的公司治理结构和良好的运行机制，发行人可以维护公司的稳定经营，提升市场的信任度，并为投资者提供可靠的投资环境。

③多人共同拥有公司控制权的情况，一般应当通过公司章程、协议或者其他安排予以明确。公司章程、协议或者其他安排必须合法有效、权利义务清晰、责任明确，并对发生意见分歧或者纠纷时的解决机制作出安排。该情况在最近三十六个月（主板）或者二十四个月（科创板、创业板）内且在首发后的可预期期限内是稳定、有效存在的，共同拥有公司控制权的多人没有出现重大变更。

上述规则的要求是，发行人存在多人共同拥有公司控制权的情况下，必须明确、合法、有效地规范这种共同控制关系，保证其在申报前和申报后的稳定性和可持续性，避免因为共同控制人之间的意见分歧或者纠纷而影响公司的正常运作和发展。

多人共同拥有公司控制权的情况，一般应当通过公司章程、协议或者其他安排予以明确。这是为了使共同控制关系具有明确的法律依据和约束力，避免因为共同控制人之间的口头约定或者隐蔽意图而导致共同控制关系的不确定性或者模糊性。

公司章程、协议或者其他安排必须合法有效、权利义务清晰、责任明确。这是为了使共同控制关系符合法律法规的要求，不违反公司治理的基本原则，不损害其他股东或者利益相关方的合法权益。同时，也要使得共同控制人之间的权利和义务分配合理、公平、透明，责任和风险承担明确、可执行，权力能合理行使。

公司章程、协议或者其他安排应当对发生意见分歧或者纠纷时的解决机制作出安排。这是为了使共同控制人之间在处理公司重大事项或者发生利益冲突时，能够及时、有效地沟通协商，达成一致意见或者妥善解决问题，不影响公司的正常运作和发展。

该情况在最近三十六个月（主板）或者二十四个月（科创板、创业板）内且在首发后的可预期期限内是稳定、有效存在的，共同拥有公司控制权的多人没有出现重大变更。这是为了使得共同控制关系具有一定的历史性和持续性，不是为了规避IPO中公司控制权稳定性的要求而临时或者虚假地形成的。同时，也要使得共同控制关系在IPO后能够维持一段时间，不会因为股份转让或者其他原因而导致公司控制权发生变化，以确保权力参与者在长期合作中能够维持稳定的合作关系，防止权力结构频繁变动带来的不确定性和风险。

④根据发行人的具体情况认为发行人应当符合的其他条件

发行人在主张多人共同拥有公司控制权的情况下，可能需要满足额外的条件，这些条件会根据发行人的具体情况而定。此项要求允许审核（监管）机构对不同公司的特定情况进行考量和灵活处理，“其他条件”可能包括：

公司治理架构透明度：发行人可能需要提供更详细的公司治理架构信息，包括权力结构、关联方、控制人身份等，以确保信息透明度和投资者对公司控制权的清晰理解。

投资者保护措施：针对多人共同控制的情况，发行人可能需要采取额外的投资者保护措施，如设立独立董事、成立监事会或设立独立的审计委员会等，以确保投资者利益的平衡和保护。

信息披露要求：发行人可能需要满足更严格的信息披露要求，包括披露多人共同控制的权力结构、决策机制、关联交易等相关信息，以使投资者充分了解公司治理结构和多人共同控制对公司的影响。

交易限制：发行人可能需要遵守特定的交易限制或监管要求，以防止多人共同控制权被滥用或操纵市场。

风险控制机制：发行人可能需要建立有效的风险控制机制，以应对多人共同控制可能带来的风险，例如决策冲突、资源争夺等。

实际的“其他条件”将根据不同的市场、法律法规和发行人的特定情况而有所不同。审核机构将综合考虑公司的治理结构、行业特点、市场状况等因素，以确保发行人在多人共同控制情况下能够维护公司的稳定运营、保护投资者利益和维护市场秩序。

（2）两种常见的共同控制情形的认定

①一致行动关系

一致行动协议，是指投资者之间通过协议或者其他安排，共同扩大或者维持其对一个公司股份的控制权，或者在行使公司股份的表决权时采取相同意思表示的协议或者安排。

多人共同控制，是指多个投资者都直接或者间接持有或者支配一个公司股份的表决权，能够对公司的经营决策、组织机构和业务运营产生重大影响，形成共同实际控制关系。多人共同控制可以是基于法定或者约定形成的一致行动关系，也可以是基于其他因素形成的实质性控制关系。

一致行动协议是多人共同控制的一种常见形式，但并不是唯一形式。并不是所有存在一致行动协议的投资者都构成多人共同控制，也不是所有构成多人共同控制的投资者都存在一致行动协议。

（a）法定或者约定形成的一致行动关系并不必然导致多人共同拥有公司控制权，发行人及中介机构不应为扩大履行实际控制人义务的主体范围或者满足发行条件而作出违背事实的认定

法定的一致行动关系，是指《上市公司收购管理办法》第八十三条第二款列举了12种具体情形，如无相反证据，投资者有这些情形之一的，为一致行动人。例如，投资者之间有股权控制关系，或者投资者受同一主体控制等。[①]约定形成的一致行动关系，是指投资者之间通过签订协议或其

① 《上市公司收购管理办法》第八十三条规定："本办法所称一致行动，是指投资者通过协议、其他安排，与其他投资者共同扩大其所能够支配的一个上市公司股份表决权数量的行为或者事实。""在上市公司的收购及相关股份权益变动活动中有一致行动情形的投资者，互为一致行动人。如无相反证据，投资者有下列情形之一的，为一致行动人：（一）投资者之间有股权控制关系；（二）投资者受同一主体控制；（三）投资者的董事、监事或者高级管理人员中的主要成员，同时在另一个投资者担任董事、监事或者高级管理人员；（四）投资者参股另一投资者，可以对参股公司的重大决策产生重大影响；（五）银行以外的其他法人、其他组织和自然人为投资者取得相关股份提供融资安排；（六）投资者之间存在合伙、合作、联营等其他经济利益关系；（七）持有投资者30%以上股份的自然人，与投资者持有同一上市公司股份；（八）在投资者任职的董事、监事及高级管理人员，与投资者持有同一上市公司股份；（九）持有投资者30%以上股份的自然人和在投资者任职的董事、监事及高级管理人员，其父母、配偶、子女及其配偶、配偶的父母、兄弟姐妹及其配偶、配偶的兄弟姐妹及其配偶等亲属，与投资者持有同一上市公司股份；（十）在上市公司任职的董事、监事、高级管理人员及其前项所述亲属同时持有本公司股份的，或者与其自己或者其前项所述亲属直接或者间接控制的企业同时持有本公司股份；（十一）上市公司董事、监事、高级管理人员和员工与其所控制或者委托的法人或者其他组织持有本公司股份；（十二）投资者之间具有其他关联关系。""一致行动人应当合并计算其所持有的股份。投资者计算其所持有的股份，应当包括登记在其名下的股份，也包括登记在其一致行动人名下的股份。"

他安排，明确表示共同扩大或维持对公司股份表决权数量。

一致行动关系并不必然导致共同控制权。这是因为共同控制权不仅取决于股份持有或者支配的数量，还取决于股份持有或者支配的质量。例如，股东是否能够提名或者推荐董事、高级管理人员、监事等，是否能够对公司章程、重大资产重组、利润分配等事项进行表决等。一致行动关系只是反映了投资者在某些特定情况下对公司股份表决权的扩大，并不一定意味着投资者能够对公司产生实质性的控制影响。具体来说，以下几种情形可能导致一致行动关系不构成共同控制权：一是一致行动关系只涉及部分而非全部重大事项。例如，投资者之间只约定在对公司章程修改进行表决时采取一致行动，而在其他事项上保留各自独立表决权，则不能认定他们对公司具有共同控制权。二是一致行动关系只存在于特定时间段而非长期持续。例如，投资者之间只约定在公司上市前后保持一致行动，以维护公司股权和治理结构稳定，而在其他时间段不存在任何协议或者安排，则不能认定他们对公司具有共同控制权。三是一致行动关系只体现了表面形式而非实质内容。例如，投资者之间虽然签署了一致行动协议，但只是出于其他目的，如共同保护投资、共享资源或共同发展业务，则不能认定他们对公司具有共同控制权。

总之，法定或者约定形成的一致行动关系不等同于多人共同拥有公司的控制权。一致行动关系仅仅表明股东之间有协作合作的安排，而共同控制权需要满足更严格的要求和标准。因此，在评估公司控制权时，需要综合考虑股东之间的一致行动关系以及实际的控制权情况。只有在一致行动关系的背后存在实际的控制权和影响力，且股东共同满足共同拥有公司控制权的标准，才能认定为共同控制人。

规则特别强调应避免在一致行动关系中认定共同实际控制人的两种错误倾向：

（ⅰ）为扩大履行实际控制人义务的主体范围而作出违背事实的认定

法律关于实际控制人的义务规定较多。比如说，《公司法》规定的实际控制人对公司及其全体股东负有信义义务。信义义务是指为保护公司及其全体股东的利益，防止实际控制人滥用其权力，以确保双方的信任关系，由法律赋予实际控制人的系列义务，包括避免关联交易、避免同业竞争等。又比如，《证券法》规定的实际控制人信息披露义务、所持股份锁定期义务等。发行人或者中介机构出于维护家族成员对公司共同控制的动机，或者过分地迎合审核和监管要求，在认定共同控制时，无视一致行动协议参与人的真实意思、实际权力和影响，将与公司有一致行动的各方（如投资者、管理层成员）都视为实际控制人，使实际控制人的义务扩大到不合理或过度的范围内，这属于扩大履行实际控制人义务的主体范围，实际上，他们并不具备决策公司重大事务的权力。

（ⅱ）为满足发行条件而作出违背事实的认定

根据发行条件的要求，如果发行人的控股股东、实际控制人及其控制的其他企业与发行人之间存在构成重大不利影响的同业竞争，或者严重影响独立性或者显失公平的关联交易；所持股份权属不清晰，存在可能导致控制权变化的重大权属纠纷；最近三年（主板）或者两年（科创板、创业板）实际控制人发生变更；存在贪污、贿赂、侵占财产、挪用财产或者破坏社会主义市场经济秩序的刑事犯罪，存在欺诈发行、重大信息披露违法或者其他涉及国家安全、公共安全、生态安全、生产安全、公众健康安全等领域的重大违法行为，上述情形均可能成为发行上市的法律障碍。实务中，有些发行人的控股股东、实际控制人触及前述发行条件红线。但是，为了公司发行上市，在申报时不将这些具有控制权的股东认定为实际控制人，而是将其他不具备控住权的股东认定为实际控制人，以排除发行上市障碍。可能的做法是由不具备控制权的股东通过一致行动协议，扩大其股份表决权，使之具有实际控制人的外观。

上述两种情况涉及发行人违背事实人为地扩大共同控制人的范围或虚构共同控制关系，都可能导致投资者对公司实际控制情况的误解，使其基于不准确或虚假的信息作出投资决策，损害市场的公平性和透明度。因此，在共同控制权的认定中，应严格遵循实际情况和法律要求，确保准确、公正地判断共同控制的存在与范围。

（b）主张通过一致行动协议共同拥有公司控制权但无第一大股东为纯财务投资人等合理理由的，一般不能排除第一大股东为共同控制人

某些情况下，持股比例相对高的股东并不情愿被认定为实际控制人。一种情况是大股东不符合发行条件要求，被认定为实际控制人可能对公司发行上市造成不利影响。另一种情况是大股东不愿承担实际控制人的责任和义务。例如，不愿对发行人的经营方针和决策、组织机构运作及业务运营等承担责任和义务，或者不愿遵守证监会对实际控制人的相关规定和要求。为了规制实际控制人认定中人为调整的可能，规则规定以一致行动协议形成的共同控制情况下第一大股东原则上为共同控制人。

主张通过一致行动协议共同拥有公司控制权，是指发行人在申请上市时，认为公司的控制权不属于某一个单独的主体，而是由多个主体通过一致行动协议，共同扩大其所能够支配的公司股份表决权数量，并能够对公司的经营决策、管理、运作等方面产生重大影响，这些股东或者主体构成了共同实际控制人。

第一大股东，是指参与一致行动协议的股东中，持有公司股份比例最高的那个股东。这个股东通常也是公司的创始人或者核心管理人员之一，对公司有较深的了解和影响力。

“一般不能排除”是指在没有合理理由的情况下，不能否认第一大股东也是共同实际控制人之一。这是因为第一大股东通常具有较高的表决权和话语权，在公司的重大事项上及一致行动关系中能够发挥关键作用。如果将第一大股东排除在共同实际控制人之外，极可能会导致对公司控制权的判断失真。

第一大股东为纯财务投资人，是指第一大股东仅仅出于投资收益的目

的而持有公司股份，并不参与公司的经营管理和决策，也不对其他参与一致行动协议的股东或者主体产生任何约束或者影响。这种情况下，第一大股东并不具备实际控制权，可以不认定为共同实际控制人。

除了第一大股东为纯财务投资人之外，还有其他可能的合理理由可以排除其认定为共同实际控制人。例如：第一大股东已经因为死亡、失踪、破产、被吊销营业执照等原因而丧失了其在公司中的地位和影响力。

（c）共同控制人签署一致行动协议的，应当在协议中明确发生意见分歧或者纠纷时的解决机制

如前所述，发行人主张多人共同控制必须满足的条件之一是“公司章程、协议或者其他安排必须合法有效、权利义务清晰、责任明确，并对发生意见分歧或者纠纷时的解决机制作出安排”。规则强调共同控制人签署一致行动协议时应明确解决意见分歧或纠纷的机制，主要是因为多人共同控制的情况下存在以下挑战：一是分散的权力。多人共同控制意味着公司的决策和控制权力分散在多个股东之间。每个股东可能拥有不同的利益、观点和目标，因此在决策过程中容易出现意见分歧和冲突。二是决策困难。在多人共同控制下，公司的决策过程可能变得复杂和困难。需要协调和达成一致的决策可能需要更长的时间，而且在没有明确机制的情况下，决策可能陷入僵局或无法达成一致。

通过在一致行动协议中明确规定意见分歧或纠纷的解决机制，可以为共同控制人之间提供一种有序和可预见的方式来解决冲突，有助于促进股东之间的合作和协调，确保决策的高效性和公正性，促进良好的股东关系和公司治理，维护公司的稳定和可持续发展。

②实际控制人的配偶、直系亲属

根据规则，实际控制人的配偶、直系亲属，如持有公司股份达到百分之五以上或者虽未达到百分之五但是担任公司董事、高级管理人员并在公司经营决策中发挥重要作用，保荐机构、发行人律师应当说明上述主体是

否为共同实际控制人。

之所以作出上述规范，目的是防止实际控制人通过将股权转移给亲属等方式来规避监管。由于实际控制人与其配偶、直系亲属的利益捆绑关系，配偶、直系亲属可能与实际控制人合谋，通过共同制定战略、参与重要决策等方式与实际控制人追求利益最大化，或者在企业遇到困难或面临风险时，共同努力维护他们的利益。因此，当实际控制人的配偶、直系亲属存在对企业的经营决策和控制具有重要影响力的以下情形时，可能会被认定为共同控制人：

一是持股达到百分之五以上：超过百分之五的股份可能被视为具有控制权的重要阈值。

二是隐性实际控制：尽管他们的股份持有量可能未达到百分之五，但通过担任重要职位并发挥影响力，他们仍可能对企业施加实质性的控制。即实际控制人的配偶、直系亲属在公司中虽然持股比例不高，但是如果其在公司的治理结构中占据重要位置，并且能够对公司的经营方针、发展战略、财务状况等方面产生重大影响，因此也可能具备了实际控制权的特征。

适用中应注意，此处“直系亲属”与“近亲属”的差别。“直系亲属”是指具有直接血缘或婚姻关系的人，包括直系血亲与直系姻亲，比如父母、配偶、子女、祖父母、外祖父母等。“近亲属”在民事法律中的定义包括配偶、父母、子女、兄弟姐妹、祖父母、外祖父母、孙子女、外孙子女。

以下情形，实际控制人的配偶、直系亲属即使满足“持有公司股份达到百分之五以上”“虽未达到百分之五但是担任公司董事、高级管理人员并在公司经营决策中发挥重要作用”的条件，可能不被认定为共同控制人：

比如，尽管配偶、直系亲属持有百分之五以上的股份，但如果他们仅仅是为了过渡性的目的或根据特定的安排而持股，在公司的经营决策中没有实际的影响力或权力，并且没有参与重要的决策过程，可能不会被视为共同控制人。

又如，仅作为家族关系或仪式性角色存在。如果配偶、直系亲属担任公司董事、高级管理人员的角色仅仅是一种名义上的安排，没有实质性地参与企业决策和控制，或者只是基于家族关系或其他仪式性因素的安排，也可能不会被认定为共同控制人。

保荐机构、发行人律师应当说明上述主体是否为共同实际控制人，是指保荐机构和发行人律师有义务对发行人的控制权结构进行全面和深入的调查和分析，并且根据相关法律法规和证监会的规范性文件，对实际控制人的配偶、直系亲属是否构成共同实际控制人进行明确的判断和说明，并且在招股说明书等信息披露文件中进行充分的披露。

（3）共同控制情况下控制权稳定性的认定

多人共同控制意味着存在多个权力参与者对公司决策和经营活动具有实质性影响力。判断最近三年（主板）或者两年（科创板、创业板）公司实际控制人的稳定性，可能涉及共同控制结构中的多个参与主体的变动，以及变动是否对公司的经营决策、管理、运作等方面产生重大影响。

根据规则，如果发行人最近三十六个月（主板）或者二十四个月（科创板、创业板）内持有、实际支配公司股份表决权比例最高的主体发生变化，且变化前后的主体不属于同一实际控制人，视为公司控制权发生变更。发行人最近三十六个月（主板）或者二十四个月（科创板、创业板）内持有、实际支配公司股份表决权比例最高的主体存在重大不确定性的，比照前述规定执行。

①多人共同控制情况下，持股比例最高的主体发生变化

持有、实际支配公司股份表决权比例最高的主体，是指在多人共同控制的情况下，参与一致行动协议或者其他安排的主体中，持有或者实际支

配公司股份表决权比例最高的股东或者主体。这个股东或者主体通常也是公司的创始人或者核心管理人员之一，对公司行为有较强支配力。

变化前后的主体不属于同一实际控制人，是指当发行人持股比例最高、实际支配公司股份表决权比例最高的主体发生变化时，需要比较变化前后的主体是否属于同一实际控制人；如果不同，则表明公司的权力结构和控制格局发生了重大变化。这里的"实际控制人"是指对持有、实际支配公司股份表决权比例最高的主体进行实质性支配的个人或实体，他们对该主体的实际控制权决定了其经营和发展方向。

在多人共同控制的情况下，意味着多个个人或实体共同决策和影响公司的重要事项，每个共同控制人都可以通过行使其相应的权力和影响力来对公司产生重要影响。其中，持有股份比例最高或者实际支配公司股份表决权比例最高的主体通常能够对共同控制中的决策和战略方向产生重大影响。由于不同主体可能有不同的利益优先级和目标，他们追求的是不同的经济利益、战略方向或风险偏好。当这样的主体发生变化时，他们的利益诉求可能会对原有的共同控制基础产生冲击，导致原有共同控制人之间的权力平衡发生变化或需要重新协商利益分配，共同控制权发生实质性的变更。

②多人共同控制情况下，持股比例最高的主体存在重大不确定性

重大不确定性，指持有公司股份比例最高、实际支配公司股份表决权比例最高的主体存在重要方面的不确定性。主要表现为在多人共同控制的情况下，由于一致行动协议或者其他安排的内容、形式、期限、履行情况等存在模糊、复杂、变化等因素，导致难以确定哪个股东或者主体是持有、实际支配公司股份表决权比例最高的主体。这种情况下，公司的控制权结构就存在重大不确定性，并且可能随时发生变化。这意味着在关键方面，对该主体是否持有公司股权、持有比例，是否实际支配公司股份表决权、支配比例等存在重大疑问或风险。这种不确定性可能源于共同控制人

之间或者与外部的纠纷、合作关系的不稳定性或其他因素（如意愿）。当不确定性达到“重大”的程度，共同控制中影响力最大的主体的身份地位发生动摇，直接威胁原有共同控制的基础，进而带来其决策过程、权力平衡和决策结果的变化。因此，将前述主体发生重大不确定性视为主体发生变更，并执行相应规定，有助于识别和监管控制权实质性变动的情况。

3. 无实际控制人

【规则规定】发行人不存在拥有公司控制权的主体或者公司控制权的归属难以判断，如果符合以下情形，可视为公司控制权没有发生变更：

1. 发行人的股权及控制结构、经营管理层和主营业务在首发前三十六个月（主板）或者二十四个月（科创板、创业板）内没有发生重大变化；

2. 发行人的股权及控制结构不影响公司治理有效性；

3. 发行人及其保荐机构和律师能够提供证据充分证明公司控制权没有发生变更。

相关股东采取股份锁定等有利于公司股权及控制结构稳定措施的，可将该等情形作为判断公司控制权没有发生变更的重要因素。①

【规则概要】本款规定了无实际控制人情况下控制权稳定性的判断规则。

【规则详解】（1）无实际控制人

发行人无实际控制人是指发行人没有或难以认定实际控制人。①在一个实体中，没有任何个人或实体能够直接或间接拥有或控制足够的股权或表决权，以对该实体的经营、财务和重大决策产生实际影响。换句话说，

---

① 参见《〈首次公开发行股票注册管理办法〉第十二条、第十三条、第三十一条、第四十四条、第四十五条和〈公开发行证券的公司信息披露内容与格式准则第57号——招股说明书〉第七条有关规定的适用意见——证券期货法律适用意见第17号》第二条第三项。

无实际控制人意味着没有任何个人或实体能够单独或共同决定该实体的关键事务。②无实际控制人的情况还可能出现在一些复杂的公司结构中，其中通过一系列股权安排、控制层级或其他安排，使得没有明确的个人或实体能够被视为实际控制该实体的人。

无实际控制人的存在可能会引发监管和治理方面的问题，因为缺乏明确的实际控制人可能导致公司决策的不透明性和责任的模糊性。比较常见的是，通过认定无实际控制人用以规避相关发行条件的要求，比如同业竞争、关联交易等独立性方面的问题；或者是用以逃避实际控制人的主体义务。为了确保透明度和合规性，监管机构通常要求公司披露其实际控制人或进行实质性的实际控制人调查；确实无实际控制人的，应披露认定依据和理由。①

在实务中，认定无实际控制人通常要综合考虑以下因素：

首先要审查公司的股权结构和表决权安排。如果公司的股权和表决权分散，没有任何个人或实体拥有足够的股权或表决权，以对公司的经营、财务和重大决策产生实际影响，可能认定公司存在无实际控制人的情况。

其次要考虑公司的控制层级和关联关系。如果公司存在复杂的控制层级或通过一系列关联交易等安排，使得没有明确的个人或实体能够被视为实际控制该公司的人，可能认定公司存在无实际控制人的情况。

最后要评估公司的实际决策权和影响力。如果没有明确的个人或实体能够单独或共同决定公司的关键事务，包括经营策略、财务决策和重大投

---

① 《上海证券交易所发行上市审核业务指南第4号——常见问题的信息披露和核查要求自查表1–首次公开发行》2–2款规定，“发行人应根据《招股书准则》第三十条、第三十二条的要求进行信息披露。发行人应当在招股说明书中披露公司控制权的归属、公司的股权及控制结构，并真实、准确、完整地披露公司控制权或者股权及控制结构可能存在的不稳定性及其对公司的持续经营能力的潜在影响和风险。涉及共同控制人的，发行人应在招股说明书中披露认定共同控制的依据和理由，共同控制人签署一致行动协议的，发行人应当披露发生意见分歧或纠纷时的解决机制及其他重要内容。涉及无实际控制人的，发行人应在招股说明书中披露认定无实际控制人的依据和理由。”

资等，可能认定公司存在无实际控制人的情况。

此外，还需要考虑是否存在隐藏实际控制人的手段。有些情况下，实际控制人可能通过特殊的股权安排、控制层级或关联交易等手段来隐藏其实际控制地位。如果发现存在这样的手段，需要进一步调查和审查以确定实际控制人的身份。

需要注意的是，认定无实际控制人是一个复杂的判断过程，需要综合考虑多个因素，并根据具体情况进行评估。

（2）在无实际控制人的情况下，认定控制权稳定的条件

根据规定，判断无实际控制人情况下控制权稳定性，需考虑以下几个方面的情况：

①股权及控制结构的稳定性：发行人的股权及控制结构在首发前三十六个月（主板）或者二十四个月（科创板、创业板）内没有发生重大变化。即发行人的股东结构保持相对稳定，没有出现大规模的股权转让或股东变更。

②经营管理层的稳定性：发行人的经营管理层在首发前三十六个月（主板）或者二十四个月（科创板、创业板）内没有发生重大变化。公司的高层管理人员，如董事会成员、高级管理人员等保持相对稳定，没有出现重大的人员变动。由于经营管理层的选任、更换取决于股东及其他支配公司股份表决权主体的意志，管理层稳定也是公司控制权稳定的体现。

③主营业务的稳定性：发行人的主营业务在首发前三十六个月（主板）或者二十四个月（科创板、创业板）内没有发生重大变化。公司的核心业务保持相对稳定，没有出现重大的业务调整或转型，也从侧面印证股权及控制结构、管理层及其经营决策未发生重大变动。

④公司治理有效性：发行人的股权及控制结构不影响公司治理的有效性。一是公司现有的股权结构是合理的，不会导致权力过于集中或者权力

涣散产生治理障碍。二是不仅要考虑股权及控制权结构的稳定性，还要考虑在此情况下，不因股东之间存在严重利益冲突，或者股权结构复杂，缺乏透明度和有效的信息披露机制而导致在决策过程中难以达成共识，公司治理决策效率低下，阻碍公司的稳健运营。

⑤可判断控制权未变更的其他情形：发行人及其保荐机构和律师能够提供证据充分证明公司控制权没有发生变更的其他情形。股份锁定是其中之一，股份锁定措施通常是在公司进行IPO或其他重大交易时，相关股东、实际控制人及其他主体承诺在锁定期内不会将其持有的股份出售，以保持公司控制权的稳定性和可预测性。有利于公司股权及控制结构稳定的其他措施还可能包括：

（a）股东间协议。公司股东之间通过协议或其他安排，比如，承诺不谋求控制权或不签署一致行动协议等，确认控制权不发生变更。

（b）公司内部决策和管理制度。公司内部管理制度和决策机制，确认控制权稳定并避免非法干预。

4. 国有股权无偿划转或者重组等导致发行人控股股东发生变更

【规则规定】因国有资产监督管理需要，国务院或者省级人民政府国有资产监督管理机构无偿划转直属国有控股企业的国有股权或者对该等企业进行重组等导致发行人控股股东发生变更的，如果符合以下情形，可视为公司控制权没有发生变更：

1. 有关国有股权无偿划转或者重组等属于国有资产监督管理的整体性调整，经国务院国有资产监督管理机构或者省级人民政府按照相关程序决策通过，且发行人能够提供有关决策或者批复文件；

2. 发行人与原控股股东不存在构成重大不利影响的同业竞争或者大量

的关联交易，没有故意规避《首次公开发行股票注册管理办法》规定的其他发行条件；

3. 有关国有股权无偿划转或者重组等对发行人的经营管理层、主营业务和独立性没有重大不利影响。

按照国有资产监督管理的整体性调整，国务院国有资产监督管理机构直属国有企业与地方国有企业之间无偿划转国有股权或者重组等导致发行人控股股东发生变更的，比照前款规定执行，但是应当经国务院国有资产监督管理机构批准并提交相关批复文件。

不属于前两款规定情形的国有股权无偿划转或者重组等导致发行人控股股东发生变更的，视为公司控制权发生变更。①

【规则概要】本款规定了国有股权无偿划转或者重组情况下控制权稳定性的判断规则。

【规则详解】国有股权无偿划转或者重组，可能涉及国家政策性的调整。由于相关政策存在模糊地带，人为地操作实际控制人认定的情况亦时有发生。本条规则即是对此进行规制，明确了国有股权无偿划转或者重组等导致发行人控股股东发生变更的情况下，可视为公司控制权没有发生变更的情形以及需满足的要求。

（1）国务院直属国有控股企业、省级人民政府国有资产监督管理机构直属国有控股企业的国有股权无偿划转或者重组

直属国有控股企业，指属于国务院或者省级人民政府国有资产监督管理机构直接管理、国家资本占据较高比例并由国家实际控制（包含绝对控股、相对控股但国家拥有实际控制权）的国有企业，分别称为中央企业

---

① 参见《〈首次公开发行股票注册管理办法〉第十二条、第十三条、第三十一条、第四十四条、第四十五条和〈公开发行证券的公司信息披露内容与格式准则第57号——招股说明书〉第七条有关规定的适用意见——证券期货法律适用意见第17号》第二条第四项。

（央企）、省属企业。

无偿划转，是指将某一资产或权益转让给另一方，但不需要支付任何价格或费用，也就是免费转让。根据国务院国有资产监督管理委员会《企业国有产权无偿划转管理暂行办法》第二条的规定，国有产权无偿划转，是指企业国有产权在政府机构、事业单位、国有独资企业、国有独资公司之间的无偿转移，其实质是产权转让前后国有性质未发生变化。本规定中的无偿划转批准主体，仅指国务院或者省级人民政府国有资产监督管理机构，不包括省级以下政府国资监管机构，也不涉及这些机构所出资企业国有产权无偿划转。

企业重组，是对企业的资金、资产、劳动力、技术、管理等要素进行重新配置，构建新的生产经营模式，使企业在变化中保持竞争优势的过程。企业重组的方式有很多，包括合并、收购、上市扩股、合资等资本扩张方式，以及资产剥离或资产出售、公司分立、分拆上市、股票回购等资本收缩方式。

无偿划转直属国有控股企业的国有股权或者对该等企业进行重组等导致发行人控股股东发生变更，是指国有资产监督管理机构根据国有经济布局和结构调整的需要，将其直接控制的国有企业的部分或全部国有股权无偿转让给另一个国有企业，或者将其直接控制的多个国有企业进行合并、分立、兼并等重组方式，使得原来的发行人控股股东发生变化。例如，为了优化电力行业结构，国务院国有资产监督管理机构将其直接控制的电力行业A公司一定比例的股权无偿划转给电力行业B公司，导致发行人A公司的控股股东由国务院国有资产监督管理机构变为B公司。这种情况属于无偿划转直属国有控股企业的国有股权导致发行人控股股东发生变更。又如，省级人民政府国有资产监督管理机构为了推动钢铁行业去产能和降本增效，将其直接控制的A钢铁集团公司和B钢铁集团公司进行合并重组，设立新的C钢铁集团公司，由C钢铁集团公司持有原A钢铁集团公司和B

钢铁集团公司100%的股权。这种情况属于对直属国有控股企业进行重组导致发行人控股股东发生变更。

此处“视为公司控制权没有发生变更”是指尽管实际上可能发生了控制权的变更，但由于特殊目的，将之按控制权未发生变更对待。

①国有股权无偿划转或者重组等属于国有资产监督管理的整体性调整

关于此处“整体性调整”的理解，目前有不同认识。有观点认为，它是指国有资产监督管理机构对国有企业或企业集团进行的综合性、全面性的调整，涉及股权结构、组织架构、经营范围等方面的重大变动。这种调整不是针对某个特定部分或局部的变更，而是对整个企业或企业集团进行的重要改革。例如，某省级人民政府直属的国有控股企业集团拥有多家子公司，涉及不同行业或领域，包括制造业、金融业、服务业等。为了优化整个国有企业集团的资源配置，提高经营效率，决定进行整体性调整，其中包括合并重组、股权划转、资产置换、业务调整、人员优化等措施，这些调整都是针对整个企业集团进行的，目的是优化整体资源配置和提升整个集团的综合实力。

另外一种观点认为，它是指国有资本布局的整体调控，即在统筹国有资本布局方向，服务国家重大战略、区域发展战略和产业政策规划，构建全国国有资本规划体系的基础上，为推进国有资本的战略性重组、专业化整合和前瞻性布局，按照法定程序对所属国有企业进行的股权调整或者重组活动，目的是优化国有资本配置，进一步发挥国有资本功能作用。[①]

“整体性调整”的界定不明，可能导致规则适用产生歧义。我们更倾向于后一种理解。

尽管前述国有股权无偿划转或者企业重组可能导致具体控股股东变化，但国务院或者省级人民政府国有资产监督管理机构仍作为决策主体以

---

① 《关于进一步推动构建国资监管大格局有关工作的通知》（国资发法规〔2019〕117号）。

及国有资本最终的控制地位未发生变更，特别是这些调整旨在贯彻国家战略需要，与证券市场服务经济大局的宗旨两相契合。因此，在IPO审核中，应对前述情况下实际控制人变化持较为宽松的态度，尽可能避免施加与控股权变更相关的义务或审核要求，排除控制权变更的认定对发行人IPO进程的影响，为企业创造更大的发展空间，进而服务于国家战略目标和经济大局。

经国务院国有资产监督管理机构或者省级人民政府按照相关程序决策通过，且发行人能够提供有关决策或者批复文件，是指国有股权无偿划转或者重组等属于国有资产监督管理的整体性调整，必须按照法定程序经过国务院国有资产监督管理机构或者省级人民政府的审批，并且发行人必须能够出示相关的文件证明，以保证调整或者重组的合法性、合理性和有效性。

②股权划转或者企业重组不存在规避发行条件的行为

根据《首次公开发行股票注册管理办法》的规定，发行人在进行首次公开发行股票时，需要满足一系列条件，其中之一是第十二条的规定“发行人业务完整，具有直接面向市场独立持续经营的能力：（一）资产完整，业务及人员、财务、机构独立，与控股股东、实际控制人及其控制的其他企业间不存在对发行人构成重大不利影响的同业竞争，不存在严重影响独立性或者显失公平的关联交易”。如果发行人因与原控股股东存在构成重大不利影响的同业竞争或者关联交易，为排除发行上市的障碍，而进行国有股权划转或者企业重组，则属于规避法律规定的发行条件的行为。从规则表述的字面意思来看，只要发行人与原控股股东存在构成重大不利影响的同业竞争或者大量的关联交易，不论是否存在规避发行条件的故意，则控股股东的变更不能视为公司控制权没有发生变更；对于其他不符合发行条件的事项，只有在发行人有意规避发行条件的情况下，控股股东的变更不视为公司控制权未变更。

“没有故意规避《首次公开发行股票注册管理办法》规定的其他发行条件”的意思是，发行人在无偿划转或者重组过程中应当遵守法律法规和监管规则的要求，不得利用这些方式来逃避或者降低发行条件的标准。《首次公开发行股票注册管理办法》规定了发行人申请首次公开发行股票并上市应当符合的各项条件，包括公司组织机构、财务会计、业务完整、生产经营等方面。如果发行人通过无偿划转或者重组等方式来改变公司结构、调整业务范围、操纵财务数据、隐瞒风险信息等，以表面上满足发行条件，但实际上并不符合相关要求，就属于故意规避该办法规定的其他发行条件。这种情况下，即使符合规则第一款第一项和第三项的情形，也不能视为公司控制权没有发生变更。

③股权无偿划转或者重组等对发行人的经营管理层、主营业务和独立性没有重大不利影响

经营管理层，是指发行人的董事会、监事会和高级管理人员，他们负责制定和执行发行人的经营战略、管理决策和内部控制。如果国有股权无偿划转或者重组等不影响发行人经营管理层的组成、任期、职责和权力，也不影响他们对发行人的忠诚和尽责，可以认为对经营管理层没有重大不利影响。

主营业务，是指发行人的核心业务，它反映了发行人的主要收入来源、盈利能力和竞争优势。如果国有股权无偿划转或者重组等不影响发行人主营业务的内容、规模、市场份额、盈利水平、成长性和稳定性，也不影响发行人主营业务所依赖的资产、技术、品牌等核心要素，可以认为对主营业务没有重大不利影响。

独立性是指发行人在生产经营和财务等方面能够独立于控股股东、实际控制人及其控制的其他企业，不受他们的干预和影响。如果国有股权无偿划转或者重组等不影响发行人在资产、业务、财务、机构、人员等方面的独立性，也不导致发行人与新的控股股东或者实际控制人之间出现重大不利的同业竞争或者显失公平的关联交易，可以认为对独立性没有重大不利影响。

如果国有股权无偿划转或者重组等对发行人的经营管理层、主营业务和独立性没有重大不利影响，说明控制权状态在控股股东变更后并未受到严重动摇，新的控股股东并没有过度干预公司既有的经营决策机制，控制权的稳定性得到维持。

（2）央企和地方国企之间因国有资产监督管理的整体性调整而发生的股权无偿划转或者重组

地方国有企业是指地方政府机构出资办理的国有企业，相对于中央出资办理的国有企业（央企）而言的。地方国有企业主要由地方国有资产监督管理机构或者其他部门履行出资人职责，包括省级、市级、县级等不同层级的国有企业。地方国有企业的数量多，规模不一，涉及多个行业和领域，如能源、交通、金融、房地产、餐饮等。地方国有企业在促进地方经济发展、保障民生福利、维护社会稳定等方面发挥着重要作用。

规则规定，央企和地方国企之间因国有资产监督管理的整体性调整而发生的股权无偿划转或者重组，且经国务院国有资产监督管理机构批准的，发行人控股股东发生变更是否引起控制权稳定性的认定，可比照适用前述规定。

比照前款规定执行，是指按照规则第一款的三个条件来判断国有股权无偿划转或者重组是否导致公司控制权发生变更。也就是说，如果央企和地方国企之间因国有资产监督管理的整体性调整而发生的股权无偿划转或者重组，导致发行人控股股东发生变更的，在满足第一款规定的三个条件前提下，可以视为公司控制权没有发生变更。

要求央企和地方国企（包括省属国企）之间相关股权无偿划转或者重组必须经国务院国有资产监督管理机构批准，是为了确保这种股权无偿划转或者重组符合国家政策和法规，以及国有资产监督管理的整体性安排。将审批主体明确为国务院国有资产监督管理机构，一是因为这类调整通常涉及国家政策性的重大决策，可能对国家资产和国家经济产生重大影响；二是涉及央企的股权转让，从审批权限上需国务院国有资产监督管理机构批准；三是防止地方政府部门滥用规则为当地企业上市提供便利。相关批复文件的提交要求，是一种监管措施，目的是为保证国有股权无偿划转或者重组等的合法性、合理性和有效性，以及便于监管部门和投资者了解和核查国有股权无偿划转或者重组等的真实情况。

除前面所述两种国有产权无偿划转或者重组的情形外，其他情形下的国有股权无偿划转或者重组等导致发行人控股股东发生变更的，视为公司控制权发生变更。规则第三款规定的主要目的是防止国有股权无偿划转或者重组等行为被用于规避控制权认定的相关规则和监管要求。

第七章

发行审核重点关注问题——规范经营

1. 重大违法行为

【规则规定】《首次公开发行股票注册管理办法》第十三条规定，最近三年内，发行人及其控股股东、实际控制人不存在“其他涉及国家安全、公共安全、生态安全、生产安全、公众健康安全等领域的重大违法行为”。现提出如下适用意见：

（一）涉及国家安全、公共安全、生态安全、生产安全、公众健康安全等领域的重大违法行为是指发行人及其控股股东、实际控制人违反相关领域法律、行政法规或者规章，受到刑事处罚或者情节严重行政处罚的行为。

有以下情形之一且中介机构出具明确核查结论的，可以不认定为重大违法行为：

1. 违法行为轻微、罚款数额较小；

2. 相关处罚依据未认定该行为属于情节严重的情形；

3. 有权机关证明该行为不属于重大违法。

违法行为导致严重环境污染、重大人员伤亡或者社会影响恶劣等并被处罚的，不适用上述规定。

（二）发行人合并报表范围内的各级子公司，如对发行人主营业务收入或者净利润不具有重要影响（占比不超过百分之五），其违法行为可不视为发行人本身存在重大违法行为，但相关违法行为导致严重环境污染、重大人员伤亡或者社会影响恶劣等的除外。

如被处罚主体为发行人收购而来，且相关处罚于发行人收购完成之前已执行完毕，原则上不视为发行人存在重大违法行为。但发行人主营业务收入和净利润主要来源于被处罚主体或者相关违法行为导致严重环境污染、重大人员伤亡或者社会影响恶劣等的除外。

（三）最近三年从刑罚执行完毕或者行政处罚执行完毕之日起计算三十六个月。

（四）保荐机构和发行人律师应当对发行人及其控股股东、实际控制人是否存在上述事项进行核查，并对是否构成重大违法行为及发行上市的法律障碍发表明确意见。[①]

【规则概要】涉及国家安全、公共安全、生态安全、生产安全、公众健康安全等领域重大违法行为的认定、核查。

【规则详解】涉及国家安全、公共安全、生态安全、生产安全、公众健康安全等领域的违法行为，是指发行人及其控股股东、实际控制人违反保护国家主权、统一、领土完整、政治制度、国防利益等国家安全的法律，维护社会治安、消防安全、交通安全、网络安全、反恐怖主义等公共安全的法律，保护生物多样性、自然资源、生态环境等生态安全的法律，预防和控制工业事故、职业病、危险化学品、核安全、矿山安全等生产安全的法律，防止和应对传染病、突发公共卫生事件、医疗事故等公众健康安全的法律等相关领域的法律、行政法规或者规章的行为。具体而言，这

① 《〈首次公开发行股票注册管理办法〉第十二条、第十三条、第三十一条、第四十四条、第四十五条和〈公开发行证券的公司信息披露内容与格式准则第57号——招股说明书〉第七条有关规定的适用意见——证券期货法律适用意见第17号》第三条。

些违法行为包括但不限于以下几类：

危害国家安全的违法行为，如颠覆国家政权、分裂国家、武装叛乱、从事间谍活动、叛变投敌、为境外窃取国家秘密等。

危害公共安全的违法行为，如放火、爆炸、投毒，破坏交通工具，破坏电力设施，组织、领导、参加恐怖组织，劫持飞机、船只、汽车，非法持有枪支弹药，危险驾驶等。

危害生态安全的违法行为，如非法排放、倾倒、处置放射性废物，非法捕捞水产品，非法猎捕、杀害、收购、运输、出售国家重点保护野生动物及其制品，非法占用农用地，非法采伐、毁坏国家重点保护植物，非法采矿等。

危害生产安全的违法行为，如违反安全生产规定，造成重大事故、重大损失、重大危害的，或者在事故发生后，谎报、瞒报贻，误事故抢救的，强令违章冒险作业的，或者违反消防法规，造成火灾、爆炸等重大事故的，或者违反危险化学品、核设施、矿山、建筑施工等特殊行业领域的安全管理规定，造成重大事故的等。

危害公众健康安全的违法行为，如妨害传染病防治，非法采集、供应血液、血液制品，非法行医，生产、销售假药、劣药，生产、销售有毒食品，生产、销售不符合安全标准的食品，生产、销售不符合卫生标准的化妆品，生产、销售不符合标准的医疗器材等。

（1）重大违法行为的认定

①重大违法行为的认定依据

根据规则，涉及国家安全、公共安全、生态安全、生产安全、公众健康安全等领域的重大违法行为是指发行人及其控股股东、实际控制人违反相关领域法律、行政法规，受到刑事处罚或者情节严重行政处罚的行为。

受到刑事处罚的行为，是指发行人及其控股股东、实际控制人因为违反相关领域的法律、行政法规，被司法机关依法追究刑事责任，判处罚金、拘役、有期徒刑、无期徒刑或者死刑等刑罚的行为。例如，如果发行人或其控股股东、实际控制人因为生产、销售假药、危害公众健康安全，被判处有期徒刑或者罚金，就属于受到刑事处罚的行为。

情节严重行政处罚的行为，是指发行人及其控股股东、实际控制人因为违反相关领域的法律、行政法规或者规章，被行政机关依法作出的行政处罚，且该行政处罚的种类、数额、期限、范围等因素表明其违法行为的情节严重的行为。例如，如果发行人或其控股股东、实际控制人因为非法排放污染物、破坏生态安全，被责令停产整顿、吊销许可证、没收违法所得、处以巨额罚款等行政处罚，就属于情节严重行政处罚的行为。对于"情节严重"，规则未正面进行定义。我们理解，可根据以下几个方面来界定：一是处罚类型和程度。情节严重的行政处罚通常涉及较高金额的罚款，或者涉及吊销、暂扣公司的相关许可证或经营资质，甚至可能导致公司停产停业等严重后果。较轻微的行政处罚可能仅涉及小额罚款或者警告。二是违法行为的性质和后果。情节严重的行政处罚通常对社会公共利益和公众安全造成较大的危害和影响。例如，涉及重大人员伤亡、严重环境污染或社会影响恶劣的违法行为通常会被认定为情节严重的行政处罚。三是有权机关认定，包括行政主管机关在处罚文书中的认定和司法机关在裁判文书中认定情节严重。

刑事处罚和情节严重行政处罚是由司法审判机关、行政机关经过严格的法律程序依法作出的，具有法律效力及权威性，能够客观反映违法行为的性质、程度和后果，不受个人或者机构的主观意志或者利益影响。规则将"受到刑事处罚、情节严重行政处罚"作为重大违法行为的认定依据，体现了对刑事处罚和情节严重行政处罚的法律效力和权威性的尊重和认可，避免了对违法行为的主观判断，提高了规则的可操作性和可执行性。

②可不认定为重大违法行为的情形

规则规定，有以下情形之一且中介机构出具明确核查结论的，可以不认定为重大违法行为：违法行为轻微、罚款数额较小；相关处罚依据未认定该行为属于情节严重的情形；有权机关证明该行为不属于重大违法。违法行为导致严重环境污染、重大人员伤亡或者社会影响恶劣等并被处罚的，不适用上述规定。

违法行为轻微、罚款数额较小，是指发行人及其控股股东、实际控制人因为涉及相关领域的违法行为，被依法给予罚款等行政处罚，但罚款金额相对较小，或者违法行为的性质、情节、后果、社会危害程度等因素较为轻微。

相关处罚依据未认定该行为属于情节严重的情形，是指发行人及其控股股东、实际控制人因为涉及相关领域的违法行为，被依法给予行政处罚，但相关的法律、行政法规或者规章在规定该类违法行为的处罚标准或者幅度时，明确区分了情节轻重的不同情形，并且处罚机关在作出处罚决定时，没有认定该行为属于情节严重的情形。

有权机关证明该行为不属于重大违法，是指对于发行人及其控股股东、实际控制人涉及相关领域的违法行为，有权机关出具了书面证明，明确说明该行为不属于重大违法行为。

上述情形因为对公司整体经营和市场秩序的影响较小，可不认定为重大违法行为。

规则规定违法行为导致严重环境污染、重大人员伤亡或者社会影响恶劣等并被处罚的，不适用上述规定，体现了对国家安全、公共安全、生态安全、生产安全、公众健康安全等领域的高度重视和严格保护，反映对此类违法行为的零容忍和严惩态度，防止对这些领域造成不可挽回的损害和危害。违法行为导致严重环境污染、重大人员伤亡或者社会影响恶劣等并被处罚，是指发行人及其控股股东、实际控制人的违法行为造成了以下一种或者多种后果，并且受到了相应的刑事处罚或者行政处罚的情形：（ⅰ）严重环境污染，指违法行为导致了空气、水、土壤、海洋、生物等环境要素的质量严重下降，超过了国家或者地方的环境质量标准，对人类健康、生态系统、自然资源等造成了严重的损害或者威胁，或者导致了环境突发事件的发生，如大气污染、水污染、土壤污染、海洋污染、放射性污染、噪声污染、固体废物污染、生物安全污染等。（ⅱ）重大人员伤亡，指违法行为导致了人员的死亡、重伤、失踪、残疾等严重的身体损害，或者导致了人员的精神、心理、情感等严重的精神损害。（ⅲ）社会影响恶劣，指违法行为导致社会的秩序、稳定、和谐等遭到严重破坏或者危害，或者导致了公众的恐慌等严重的情绪反应，或者导致了国家的主权、领土、安全、利益等严重的损害或者威胁，或者导致了国际冲突、纠纷、制裁、谴责等严重的后果，如暴力犯罪、网络攻击、恐怖活动等。

中介机构出具明确核查结论，是指保荐机构和发行人律师在对发行人及其控股股东、实际控制人的违法行为进行核查后，根据相关法律法规、规范性文件和审核规则，以及发行人的具体情况，出具书面的核查报告或者意见书，明确说明违法行为的相关情况、是否构成重大违法行为及发行上市的法律障碍。核查内容可能涉及：违法行为的事实、性质、原因、结果、影响和处理情况；是否属于涉及国家安全、公共安全、生态安全、生产安全、公众健康安全等领域的违法行为；是否已经被刑事处罚或者属于情节严重行政处罚，以及是否已经执行完毕；违法行为是否属于可不认定为或者可不视为重大违法行为的情形；有权机关是否证明该行为不属于重大违法；被处罚的违法行为是否导致严重环境污染、重大人员伤亡或者社会影响恶劣等；违法主体是否属于发行人合并报表范围内的各级子公司，以及是否对发行人主营业务收入或者净利润具有重要影响；被处罚主体是否属于发行人收购而来，以及是否在发行人收购完成之前已执行完毕，以及是否发行人主营业务收入和净利润主要来源于被处罚主体。

规则要求以中介机构出具明确核查结论作为相关认定的依据，主要是因为中介机构在出具核查结论时需遵循专业的伦理准则，出具的结论相对客观、专业，并且能够独立于发行人或其他利益相关方，可避免因缺乏专业知识或者证据支持而导致审核结果的不准确或者不完整，以及认定、核查过程中存在的主观性或者随意性。要求中介机构出具明确核查结论，是为了提高信息的准确性、公正性和可信度，规避潜在的利益冲突，确保发行人发行上市的合规性。

③子公司的违法行为

（a）子公司违法行为的影响程度较小

规则规定，发行人合并报表范围内的各级子公司，如对发行人主营业务收入或者净利润不具有重要影响（占比不超过百分之五），其违法行为可不视为发行人本身存在重大违法行为，但相关违法行为导致严重环境污染、重大人员伤亡或者社会影响恶劣等的除外。

合并报表，是指发行人根据会计准则和规范，将其控制或者共同控制的其他企业的财务报表与自己的财务报表合并为一套财务报表，以反映发行人作为一个整体的财务状况、经营成果和现金流量的报表。合并报表的目的是让投资者和监管机构能够全面、准确、完整地了解发行人的经营状况和财务状况，以及发行人与其他企业之间的关系和影响。

合并报表范围内的各级子公司，是指发行人直接或者间接控制的其他企业，包括发行人的直接子公司、孙子公司、曾孙子公司等，以及发行人与其他企业共同控制的其他企业，如合营企业、联营企业等。这些企业的财务报表已被纳入发行人的合并报表范围，以反映发行人作为一个整体的财务状况、经营成果和现金流量。

对发行人主营业务收入或者净利润不具有重要影响，是指发行人合并报表范围内的各级子公司的主营业务收入或者净利润占发行人合并报表的主营业务收入或者净利润的比例不超过百分之五。这个比例是一个相对的标准，用来衡量发行人合并报表范围内的各级子公司对发行人的经营状况和财务状况的影响程度，以及投资者对发行人的投资价值的判断依据。

可不视为发行人本身存在重大违法行为，意味着在特定情况下，相关的法律主体（如监管机构或中介机构）可以不将发行人本身视为存在重大违法行为的主体，即对发行人进行一种法律上的豁免或减轻，但并不是说违法行为没有发生，而是在某些条件下，法律主体有权选择不作为发行人本身存在重大违法行为看待。即“不视为”并不等于“不存在”，而是指在特定的情境和目的下，对某些事实或者情况不予考虑或者关注；“不视为”并不是一种绝对或者永久的判断，而是一种相对的、有条件的或者临时的判断。此种法律安排主要考虑到公司可能拥有多个子公司，在每个子公司自主经营的情况下，对于子公司轻微的、不影响发行人整体经营状况和财务状况的违法行为，在一定程度上从发行人身上的剥离开来，防止因为一家子公司的轻微违法行为而对发行人进行过度的、不必要的追责。

（b）子公司违法行为发生于发行人收购之前

规则规定，如被处罚主体为发行人收购而来，且相关处罚于发行人收购完成之前已执行完毕，原则上不视为发行人存在重大违法行为。但发行人主营业务收入和净利润主要来源于被处罚主体，或者相关违法行为导致严重环境污染、重大人员伤亡或者社会影响恶劣等的除外。

被处罚主体为发行人收购而来，是指发行人通过收购、合并、兼并等方式，将其他企业纳入其合并报表范围内，成为其子公司或者共同控制的企业，而这些企业在被收购之前已经存在违法行为，并且受到了相应的处罚。

相关处罚于发行人收购完成之前已执行完毕，是指发行人收购被处罚主体的时间点之前，被处罚主体已经按照有权机关的要求，缴纳了罚款、整改了违法行为、消除了不良后果等，完成了处罚的执行程序，没有遗留任何未履行的处罚义务或者责任。

原则上不视为发行人存在重大违法行为，是指发行人可以不将被处罚主体（子公司）的违法行为视为自己的重大违法行为，即不成为影响发行人发行上市的法律障碍，但这是一种原则性的规定，也需要根据具体的情况和证据进行判断和分析，不能一概而论。规则之所以如此规定，我们理解，在发行人收购该子公司之前，子公司的违法行为是由子公司自身产生的，并非发行人直接控制或参与。因此，当子公司的相关处罚在收购完成之前执行完毕，发行人可能认为该违法行为是在其控制范围之外发生的。在相关处罚在收购完成之前已经执行完毕的情况下，处罚程序已经结束，相应的法律制裁或行政处罚已经确认和执行，不会对发行人产生不确定性。规则基于这一逻辑，考虑到发行人合并报表内的子公司的历史状况，避免因为之前的违法行为而对发行人进行不必要的法律追责，原则上不将该违法行为视为发行人自身存在的重大违法行为。

发行人主营业务收入和净利润主要来源于被处罚主体，是指发行人合并报表的主营业务收入和净利润中，有较大比例（比如超过百分之五十）是由被处罚主体贡献的，即被处罚主体对发行人的经营状况和财务状况具有重要的影响和作用。这意味着，如果发行人主要业务、利润与收购子公司的违法行为密切相关且重要，即使处罚已结束，该违法行为仍然可能被视为发行人存在的重大违法。目的是防止发行人通过收购被处罚主体来获取不正当的利益或者竞争优势，对投资者和市场造成误导或者欺诈。

④“最近三年”的起算点

《首次公开发行股票注册管理办法》第十三条规定，最近三年内，发行人及其控股股东、实际控制人不存在“其他涉及国家安全、公共安全、生态安全、生产安全、公众健康安全等领域的重大违法行为”。规则规定，“最近三年”是指从刑罚执行完毕或者行政处罚执行完毕之日起计算三十六个月。即：刑罚执行完毕或者行政处罚执行完毕之日至今已满三十六个月的，则可不认定为最近三年内的重大违法行为；若未满三十六个月，则属于最近三年内重大违法行为。规则如此规定的考虑：

一是追溯期合理性。考虑到证券市场的动态性，逾期过久的违法行为信息可能已经失去重要性，对投资者的决策产生影响的可能性也会降低。因此，将起算点设定在“刑罚执行完毕或者行政处罚执行完毕之日起计算36个月”，有助于确保披露的信息对投资者仍然具有一定的实用性和参考价值。

二是法律程序的确定性。在刑罚或行政处罚执行期间，当事人的法律责任可能因未履行完毕而处于不确定的状态。“刑罚执行完毕或行政处罚执行完毕”则表明违法行为的事实和责任已确定，并且违法者已履行全部法律责任，后续不存在未了责任，故将起算点设定在刑罚执行完毕或行政处罚执行完毕之日，有助于避免信息的不确定性。

（2）核查要求

规则规定，保荐机构和发行人律师应当对发行人及其控股股东、实际控制人是否存在上述事项进行核查，并对是否构成重大违法行为及发行上市的法律障碍发表明确意见。

是否存在上述事项，是指发行人及其控股股东、实际控制人是否存在涉及国家安全、公共安全、生态安全、生产安全、公众健康安全等领域的重大违法行为，以及这些违法行为的性质、程度、时间、结果、处罚、执行等情况。这些事项是影响发行人发行上市的法律障碍的重要因素，需要保荐机构和发行人律师通过查阅相关的法律文件、行政文件、司法文件、行业文件、媒体报道等资料，以及与发行人、被处罚主体、有权机关、中介机构等相关方进行沟通、询问、调查等方式，进行全面、细致、深入的核查，以获取真实、有效、完整的信息和证据。

是否构成重大违法行为及发行上市的法律障碍，是指发行人及其控股股东、实际控制人的违法行为是否达到了规则规定的“重大违法行为”认定标准，即是否受到了刑事处罚或者情节严重行政处罚，以及是否属于最近三年内的重大违法行为。这一认定是判断发行人是否符合发行上市条件的重要依据，需要保荐机构和发行人律师根据相关法律法规和证券规则的规定，以及对发行人及其控股股东、实际控制人的核查结果，进行客观、公正、专业的分析和评估，并对发行人是否存在重大违法行为及发行上市的法律障碍发表明确的意见，以便于监管机构、投资者和市场做出正确的判断、决策。

2. 环保问题

【规则规定】发行人应当在招股说明书中充分做好相关信息披露，包括：生产经营中涉及环境污染的具体环节、主要污染物名称及排放量、主要处理设施及处理能力；报告期内，发行人环保投资和相关费用成本支出情况，环保设施实际运行情况，报告期内环保投入、环保相关成本费用是否与处理公司生产经营所产生的污染相匹配；募投项目所采取的环保措施及相应的资金来源和金额等；公司生产经营与募集资金投资项目是否符合国家和地方环保要求，发行人若发生环保事故或受到行政处罚的，应披露原因、经过等具体情况，发行人是否构成重大违法行为，整改措施及整改后是否符合环保法律法规的有关规定。

保荐机构和发行人律师应对发行人的环保情况进行核查，包括：是否符合国家和地方环保要求，已建项目和已经开工的在建项目是否履行环评手续，公司排污达标检测情况和环保部门现场检查情况，公司是否发生环保事故或重大群体性的环保事件，有关公司环保的媒体报道。

在对发行人全面系统核查基础上，保荐机构和发行人律师应对发行人

生产经营总体是否符合国家和地方环保法规和要求发表明确意见，发行人曾发生环保事故或因环保问题受到处罚的，保荐机构和发行人律师应对是否构成重大违法行为发表明确意见。[①]

【规则概要】本条规定对发行人环保问题的披露、核查要求。

【规则详解】环保问题，指的是与环境保护相关的事项，主要包括发行人在项目建设、生产经营过程中可能涉及的环境污染、环保措施等方面的情况。根据《首次公开发行股票注册管理办法》第十三条规定的发行条件，最近三年内发行人及其控股股东、实际控制人不存在涉及生态安全的重大违法行为是红线之一。

（1）披露要求

①生产中涉及环境污染的情况及环保处理能力

生产经营中涉及环境污染的具体环节，是指发行人在生产、加工、运输、储存、销售等活动中可能产生或排放的污染物，如废气、废水、固废、噪声、辐射等，以及这些活动对环境的影响程度和范围。

主要污染物名称及排放量，是指发行人在生产经营中涉及环境污染的具体环节中，排放或产生的污染物的种类、性质、浓度、数量、频率、时段等，以及这些污染物是否超过国家或地方的排放标准或限值。

主要处理设施及处理能力，是指发行人在生产经营中涉及环境污染的具体环节中，采用的预防、减少、控制或消除污染物的设备、技术、工艺、方法等，以及这些处理设施的规模、配置、运行状况、效率、成本等。

披露生产经营中涉及环境污染的具体环节、主要污染物名称及排放量，主要是为了让投资者了解发行人的环境污染情况，包括环境风险来源、污染物可能对环境和健康的影响程度、公司的环境管理水平和对环境

① 《监管规则适用指引——发行类第4号》第14条。

问题的重视程度，评估发行人的环保风险。

披露主要处理设施及处理能力，主要是为了让投资者了解发行人的环保投入和成本，以及应对环境污染方面的管理能力和技术能力，评估发行人是否采取了有效的环保措施，其措施、能力是否满足环保法律法规的要求。①

②环保投入情况

发行人环保投资和相关费用成本支出情况，是指发行人在报告期内为了实施环保措施或改善环境状况而投入的资金和产生的费用，包括环保设施的建设、改造、维护、运营等方面的支出，以及因环保问题而支付的罚款、赔偿、诉讼等方面的成本。与前述的“主要处理设施及处理能力”不同的是，后者是指发行人在生产经营中涉及环境污染的具体环节中采用的设备、技术、工艺、方法等，而前者是指发行人为了实现这些设备、技术、工艺、方法等而投入的资金和产生的费用。

环保设施实际运行情况，是指发行人在报告期内的环保设施的使用情况，包括运行时间、效率、稳定性、故障率、维修率、废弃率等，以及环保设施的运行是否达到了预期的目标和效果，如是否降低了污染物的排放量、提高了污染物的处理率、改善了环境质量等。披露主要处理设施及处理能力，更多地关注发行人的环保措施的设计和配置；而披露环保设施实际运行情况，更多地关注发行人的环保措施的执行和效果，防范环保投资项目仅停留在纸面层面而未能实际运行和达到环保要求的情况。

报告期内环保投入、环保相关成本费用是否与处理公司生产经营所产生的污染相匹配，是指发行人在报告期内的环保投入和成本是否与其生产

① 《公开发行证券的公司信息披露内容与格式准则第57号——招股说明书》第四十九条规定：“发行人应披露生产经营涉及的主要环境污染物、主要处理设施及处理能力。存在高危险、重污染情况的，应披露安全生产及污染治理情况、安全生产及环境保护方面受处罚情况、最近三年相关成本费用支出及未来支出情况，是否符合安全生产和环境保护要求。发行人应依法披露法律法规强制披露的环境信息。”

经营活动的环境影响相适应，如是否按照国家或地方的环保标准或限值进行污染物的排放或处理，是否根据污染物的种类、性质、浓度、数量等选择合适的环保设施和措施，是否根据环保设施的运行情况及时调整环保投入和成本等。

披露报告期内发行人环保投资和相关费用成本支出情况，主要是为了让投资者了解发行人的环保负担和效益，评估公司是否具备充足的财务资源来履行环境责任，以及公司是否将环境保护纳入到其长期战略规划中。

披露环保设施实际运行情况，主要是为了让投资者了解发行人的环保设施的性能和可靠性，是否能够达到排放标准，以及设施是否需要进一步改进或维护，评估公司的环境管理能力和环境风险。

披露报告期内环保投入、环保相关成本费用是否与处理公司生产经营所产生的污染相匹配，主要是为了让投资者了解发行人环保投入的合理性和公司的环境责任承担能力，评估公司是否有足够的投资和费用支出来降低和管理环境风险，发行人的环保战略和能力能否保护生态环境和公众利益。

③募投项目的环保措施和资金来源

募投项目，是指发行人在招股说明书中列明的用于募集资金的投资项目，包括新建、扩建、改造、收购等不同类型的项目。募投项目所采取的环保措施，是指发行人在募投项目的设计、建设、运营等过程中，为了预防、减少、控制或消除对环境的不利影响或违反环保法律法规的行为，而采用的设备、技术、工艺、方法等，以及这些环保措施的目标、效果、成本等。募投项目所采取的环保措施反映的是发行人的未来环保计划和目标；前边“发行人主要处理设施及处理能力”主要反映发行人的现有环保措施情况。

募投项目的环保措施相应的资金来源和金额，是指发行人为了实施募投项目的环保措施所需资金的来源和数额，包括募集资金、自有资金、贷款、补贴等不同形式的资金，以及这些资金的比例、期限、利率、还款方式等。

披露募投项目所采取的环保措施，主要是为了让投资者了解发行人的募集资金投资项目的环境影响和责任，评估发行人的环保风险和相关成本，环保计划是否切实可行，以及募投项目是否符合国家和地方的环保要求。

披露募投项目的环保措施相应的资金来源和金额，主要是为了让投资者了解发行人的环保资金的筹集和使用情况，评估发行人的环保资金的充足性和合理性，以及发行人是否有足够的资金支持其环保计划和目标，是否与公司的长期战略目标一致。

④环保违法情况

规则规定，发行人应披露公司生产经营与募集资金投资项目是否符合国家和地方环保要求，发行人若发生环保事故或受到行政处罚的，应披露原因、经过等具体情况，发行人是否构成重大违法行为，整改措施及整改后是否符合环保法律法规的有关规定。

公司生产经营与募集资金投资项目是否符合国家和地方环保要求，是指发行人在其现有的生产经营活动和拟用募集资金进行的投资项目中，是否遵守国家和地方的环保法律法规和标准，是否取得相关的环保许可、审批、备案等手续，是否按照规定进行环境影响评价、监测、报告等工作，是否存在未经批准的排污、超标排污、非法转移或处置污染物等行为。

发行人发生环保事故或者受到行政处罚，是指发行人在其生产经营或募投项目中，因为对环境造成严重的污染或破坏，或者违反环保法律法规的规定，而导致人员伤亡、财产损失、生态破坏等后果，或者受到环保等部门的警告、罚款、没收、责令停产、吊销许可证等行政处罚的情况。

披露原因、经过等具体情况，是指发行人在招股说明书中，对于发生的环保事故或者受到的行政处罚，应当详细说明其发生的时间、地点、原因、过程、结果、影响、责任、处理等情况，以及发行人对此采取的措施、态度、教训等情况。

发行人是否构成重大违法行为，是指发行人发生环保事故或者受到行政处罚涉及的环保违法行为，是否属于《首次公开发行股票注册管理办法》第十三条及配套规则规定的重大违法行为。

整改措施及整改后是否符合环保法律法规的有关规定，是指发行人在发生环保事故或者受到行政处罚后，为了消除或者减轻对环境的不利影响或者恢复环境的正常状态，而采取的技术、经济、法律、管理等方面的措施，以及这些措施的实施情况、效果、成本等，以及发行人在整改后是否达到国家和地方的环保要求，是否消除环保事故或者行政处罚的影响，是否恢复环保合规性等。

上述披露旨在使投资者了解发行人环境保护是否存在违法的情况、违法行为可能带来的环保风险，环保违法是否构成发行上市障碍。

（2）核查要求

核查是否符合国家和地方环保要求，是指保荐机构和发行人律师应当对发行人的生产经营活动和募集资金投资项目，是否遵守国家和地方的环保法律法规和标准，是否取得相关的环保许可、审批、备案等手续，是否按照规定进行了环境影响评价、监测、报告等工作，是否存在未经批准的排污、超标排污、非法转移或处置污染物等行为，进行全面、系统、客观、真实的核查，并发表明确意见。核查可能包括：查阅发行人提供的相关的环保文件、资料、证明、报告等，如环保许可证、环评报告、排污许可证、排污检测报告、环保部门的检查记录、行政处罚决定等，核实其真实性、有效性、完整性和一致性；实地考察发行人的生产经营场所和募投项目的建设、运营情况，观察其环保设施的配置、运行、维护等，检查其是否有污染物的排放、处理、处置等，了解其对周边环境的影响程度和范围；咨询发行人的管理层、技术人员、环保人员等，了解其对环保法律法规和标准的认识和遵守情况，询问其是否有环保事故或行政处罚的发生，以及其对此采取的措施和效果；向环保部门或其他有关部门查询或核实发行人的环保情况，如是否有环保许可、审批、备案等手续，是否有环保部门的检查、监测、评估等工作，是否有环保事故或行政处罚的记录，是否有环保部门或其他有关部门立案调查或提起诉讼的情况等。

已建项目和已经开工的在建项目是否履行环评手续，是指发行人在其已建成或已经开工的生产经营或募投项目中，是否按照国家和地方的环境影响评价法律法规的规定，进行环境影响评价工作，包括编制环境影响报告书或表、征求有关部门和公众的意见、提交环保部门审批或备案等，以及是否取得相应的环评批复或备案通知等。核查可能包括：查阅发行人提供的相关环评文件、资料、证明、报告等，如环评报告书或表、环评批复或备案通知、环评公示或公告等，核实其真实性、有效性、完整性和一致性；实地考察发行人的已建或在建项目的实际情况，观察其是否与环评报告书或表中的内容相符，是否按照环评批复或备案通知中的要求进行了环境保护措施的落实，是否存在与环评工作不一致的情况；咨询发行人的管理层、技术人员、环保人员等，了解其对环评法律法规和标准的认识和遵守情况，询问其是否有环评工作的延误、变更、违规等情况，以及其对此采取的措施和效果；向环保部门或其他有关部门查询或核实发行人的环评情况，如是否有环评批复或备案通知，是否有环评工作的监督、检查、评估等工作，是否有环评工作的违法或处罚的记录，是否有环评工作的异议或投诉的情况等。

公司排污达标检测情况和环保部门现场检查情况，是指发行人在其生产经营或募投项目中，是否按照国家和地方的排污标准或限值，对其排放或产生的污染物进行定期或不定期的检测，以及是否接受了环保部门的现场检查，包括检查的时间、内容、结果、处理等。核查可能包括：查阅发行人提供的相关的排污检测文件、资料、证明、报告等，如排污许可证、排污检测报告、排污检测机构的资质证明等，核实其真实性、有效性、完整性和一致性；实地考察发行人的排污情况，观察其是否有污染物的排放、处理、处置等，是否安装了排污检测设备或监控系统，是否按照规定进行了排污检测，是否存在超标排污或未经批准的排污等情况；咨询发行人的管理层、技术人员、环保人员等，了解其对排污标准或限值的认识和遵守情况，询问其是否有排污检测的延误、缺失、造假等情况，以及其对此采取的措施和效果；向环保部门或其他有关部门查询或核实发行人的排污检测情况，如是否有排污许可证，是否有排污检测的监督、检查、评估等工作，是否有排污检测的违法或处罚的记录，是否有排污检测的异议或投诉的情况等。

公司是否发生环保事故或重大群体性的环保事件，是指发行人在其生产经营或募投项目中，是否因为对环境造成严重的污染或破坏，而导致了人员伤亡、财产损失、生态破坏等后果，或者引发社会公众的强烈反应或抗议的情况。核查包括：查阅发行人提供的相关的环保事故或事件的文件、资料、证明、报告等，如事故或事件的发生时间、地点、原因、过程、结果、影响、责任、处理等，核实其真实性、有效性、完整性和一致性；实地考察发行人的环保事故或事件的现场情况，观察其对环境和社会的造成的损害和影响，了解其事故或事件的性质、规模、严重程度和后果；咨询发行人的管理层、技术人员、环保人员等，了解其对环保事故或事件的认识和处理情况，询问其是否有环保事故或事件的隐瞒、误报、延误等情况，以及其对此采取的措施和效果；向环保部门或其他有关部门查询或核实发行人的环保事故或事件的情况，如是否有环保部门的调查、处罚、责令整改等工作，是否有环保部门或其他有关部门立案调查或提起诉讼的情况，是否有环保部门或其他有关部门的评估、鉴定、认定等工作，是否有环保部门或其他有关部门的指导、监督、协助等工作等。

有关公司环保的媒体报道，是指发行人在其生产经营或募投项目中，是否受到了媒体的关注或报道，包括正面的、负面的、中性的报道，以及这些报道的来源、内容、影响等。核查包括：查阅发行人提供的相关的媒体报道的文件、资料、证明、报告等，如媒体报道的标题、作者、日期、媒体名称、媒体类型、媒体影响力等，核实其真实性、有效性、完整性和一致性；实地考察发行人的媒体报道的影响情况，观察其对发行人的声誉、业绩、市场、投资者等的影响，了解其媒体报道的真实性、公正性、客观性和准确性；咨询发行人的管理层、技术人员、环保人员等，了解其对媒体报道的认识和处理情况，询问其是否有媒体报道的回应、澄清、辟谣等情况，以及其对此采取的措施和效果；向媒体或其他有关方查询或核实发行人的媒体报道的情况，如是否有媒体的采访、调查、核实等工作，是否有媒体的评论、分析、评价等工作，是否有媒体的跟进、更新、更正等工作，是否有媒体的赞扬、批评、质疑等工作等。

就发行人生产经营总体是否符合国家和地方环保法规和要求发表明确意见，是指保荐机构和发行人律师在综合考虑发行人的各个方面的环保情况后，对发行人的环保合规性作出一个总体的评价和判断，并以此为依据发表清晰的意见。

就发行人环保事故或者因环保问题所受处罚涉及的环保违法是否构成重大违法行为发表明确意见，是指保荐机构和发行人律师在根据国家和地方的环保法律法规和标准，对发行人的环保事故或行政处罚等情况进行分析和判断后，对发行人的环保违法行为是否达到《首次公开发行股票注册管理办法》第十三条及配套规则规定的重大违法行为的标准，是否构成发行人股票发行上市的障碍，作出一个具体的评价和判断，并以此为依据发表清晰的意见。

3. 社保、公积金缴纳

【规则规定】**发行人报告期内存在应缴未缴社会保险和住房公积金情形的，应当在招股说明书中披露应缴未缴的具体情况及形成原因，如补缴对发行人的持续经营可能造成的影响，揭示相关风险，并披露应对方案。保荐机构、发行人律师应对前述事项进行核查，并对是否属于重大违法行为出具明确意见。**[①]

【规则概要】本条规定对发行人社保、公积金缴纳问题的披露、核查要求。

【规则详解】社保、公积金缴纳问题，是指发行人在其生产经营活动中，是否按照国家和地方的社会保险和住房公积金法律法规的规定，为其员工缴纳应缴的社会保险和住房公积金，包括养老保险、医疗保险、工伤保险、失业保险、生育保险和住房公积金等，以及是否存在应缴未缴、欠缴、少缴、迟缴、错缴、漏缴等情况。发行人作为用人单位，有义务为其员工缴纳社会保险和住房公积金，否则将面临法律责任和风险。

IPO审核对社保、公积金缴纳问题予以关注，主要考虑以下风险：一是未依法缴纳的原因是否反映发行人存在财务困难或不良经营状况，财务信息的披露是否真实、完整；二是未依法缴纳是否影响员工的满意度和忠诚度，增加发行人的员工的流失和诉讼风险，影响发行人的人才吸引和留存能力，从而影响发行人的核心竞争力；三是补缴等责任是否增加发行人的成本和负债，降低发行人的利润和现金流，影响发行人的经营业绩和财务状况，影响发行人的偿债能力和盈利能力；四是未依法缴纳社会保险导

① 《监管规则适用指引——发行类第4号》第16条。

致员工在遭受疾病、工伤等风险时失去应有的社会保障，是否构成员工健康安全等方面的重大违法行为。

（1）披露要求

报告期内存在应缴未缴社会保险和住房公积金情形，是指发行人在其拟申请上市的最近三个会计年度和最近一个会计期间（简称报告期）内，是否存在未按规定缴纳社会保险和住房公积金的情况，包括应缴未缴、欠缴、少缴、迟缴、错缴、漏缴等。

应缴未缴的具体情况、形成原因，是指发行人在报告期内，未按照法律法规的规定，为其员工缴纳社会保险和住房公积金的具体情况，包括未缴纳的人数、应缴未缴项目、金额、期限、范围、比例等，以及导致未缴纳的原因，如财务困难、人员变动、政策变化、疏忽失误、故意逃避等。这一内容需要在招股说明书中进行披露，以便投资者了解发行人的社会保险和住房公积金缴纳的真实情况，评估发行人的法律责任和经济负担，以及发行人的经营状况。

补缴对发行人的持续经营可能造成的影响，揭示相关风险，并披露应对方案，是指发行人在报告期内，未依法缴纳社会保险和住房公积金的情况下，是否需要或已经进行补缴，以及补缴的金额、期限、方式等，以及补缴对发行人的持续经营可能造成的影响，如增加成本和负债、降低利润和现金流、影响偿债能力和盈利能力、影响员工的满意度和忠诚度、影响人才的吸引和留存；社会保险和住房公积金的管理部门责令补缴等行政处罚、仲裁或者诉讼风险等；以及发行人为应对这些影响和风险而采取的措施和方案，如调整经营策略、优化财务结构、提高效率和质量、加强内部管理和监督、改善员工关系和福利、提升社会责任和信用等。这一内容需要在招股说明书中进行披露，以便投资者了解发行人的社会保险和住房公积金缴纳的补救措施，评估发行人的经营业绩和财务状况，以及发行人的应对能力和发展前景。

（2）核查要求

对前述事项进行核查，是指保荐机构和发行人律师应当对发行人报告期内存在应缴未缴社会保险和住房公积金情形进行核查，可能包括以下工作：查阅发行人提供的相关的社会保险和住房公积金的文件、资料、证明、报告等，如社会保险和住房公积金的缴纳记录、缴纳凭证、缴纳清单、缴纳通知、缴纳证明等；咨询发行人的管理层、财务人员、人力资源人员等，了解其对社会保险和住房公积金的缴纳的认识和处理情况，询问其是否有社会保险和住房公积金的应缴未缴、欠缴、少缴、迟缴、错缴、漏缴等情况，以及其对此采取的措施和效果；向社会保险和住房公积金的管理部门或其他相关部门查询或核实发行人的社会保险和住房公积金的缴纳情况，是否有社会保险和住房公积金的缴纳登记、催缴、处罚记录等。

对是否属于重大违法行为出具明确意见，是指保荐机构和发行人律师在对发行人的社会保险和住房公积金的缴纳情况进行全面系统核查的基础上，根据其受到社会保险和住房公积金的管理部门作出的行政处罚等情况，对发行人的环保违法行为是否达到了《首次公开发行股票注册管理办法》第十三条及配套规则规定的重大违法行为的标准，是否构成发行人股票发行上市的障碍，作出具体的评价和判断，并发表清晰的意见。[①]

---

① 《监管规则适用指引——法律类第2号：律师事务所从事首次公开发行股票并上市法律业务执业细则》第五十八条规定："律师应当查验报告期内发行人的劳动保护情况，是否与员工签订劳动合同，是否依法为员工缴纳社会保险和住房公积金，是否因违反有关劳动保护的法律法规而受到有关部门的行政处罚，是否构成重大违法行为。"

第八章

发行审核重点关注问题——信息披露

1. 涉及国家秘密的豁免披露

【规则规定】涉及国家秘密或者其他因披露可能导致发行人违反国家有关保密法律法规规定的信息，原则上可以豁免披露；如要求豁免披露的信息内容较多或者较为重要，可能对投资者的投资决策有重大影响，中介机构应当审慎论证是否符合发行上市的信息披露要求。

涉及国家秘密或者其他因披露可能导致发行人违反国家有关保密法律法规规定的，发行人关于信息豁免披露的申请文件应当逐项说明：

1. 申请豁免披露的信息、认定涉密的依据及理由；

2. 相关信息披露文件是否符合有关保密规定和《公开发行证券的公司信息披露内容与格式准则第57号——招股说明书》要求，涉及军工的是否符合《军工企业对外融资特殊财务信息披露管理暂行办法》等相关规定，豁免披露是否对投资者决策判断构成重大障碍；

3. 内部保密制度的制定和执行情况，是否符合《保密法》等相关法律法规的规定，是否存在因违反保密规定受到处罚的情形。

对于发行上市审核注册过程中提出的信息豁免披露或者调整意见，发行人应当相应回复、补充相关文件的内容，有实质性增减的，应当说明调整后的内容是否符合相关规定、是否存在泄密风险。

发行人需提供国家主管部门关于该信息为涉密信息的认定文件。发行人全体董事、监事、高级管理人员出具关于首次公开发行股票并上市的申请文件不存在泄密事项且能够持续履行保密义务的声明，发行人控股股东、实际控制人对其已履行和能够持续履行相关保密义务出具承诺文件。[①]

【规则概要】本条规则规定发行人涉及国家秘密的信息申请豁免披露的条件、申请文件要求。

【规则详解】根据《证券法》的规定，发行人报送的证券发行申请文件，应当充分披露投资者作出价值判断和投资决策所必需的信息，内容应当真实、准确、完整。[②]《公开发行证券的公司信息披露内容与格式准则第57号——招股说明书》第七条规定，发行人有充分依据证明本准则要求披露的某些信息涉及国家秘密、商业秘密及其他因披露可能导致违反国家有关保密法律法规规定或严重损害公司利益的，可按程序申请豁免披露。因

---

① 参见《〈首次公开发行股票注册管理办法〉第十二条、第十三条、第三十一条、第四十四条、第四十五条和〈公开发行证券的公司信息披露内容与格式准则第57号——招股说明书〉第七条有关规定的适用意见——证券期货法律适用意见第17号》第六条第一项。

② 《证券法》第十九条规定，“发行人报送的证券发行申请文件，应当充分披露投资者作出价值判断和投资决策所必需的信息，内容应当真实、准确、完整。为证券发行出具有关文件的证券服务机构和人员，必须严格履行法定职责，保证所出具文件的真实性、准确性和完整性。”第七十八条规定，“发行人及法律、行政法规和国务院证券监督管理机构规定的其他信息披露义务人，应当及时依法履行信息披露义务。信息披露义务人披露的信息，应当真实、准确、完整，简明清晰，通俗易懂，不得有虚假记载、误导性陈述或者重大遗漏。证券同时在境内境外公开发行、交易的，其信息披露义务人在境外披露的信息，应当在境内同时披露。”《首次公开发行股票注册管理办法》第三十四条规定：“发行人申请首次公开发行股票并上市，应当按照中国证监会制定的信息披露规则，编制并披露招股说明书，保证相关信息真实、准确、完整。信息披露内容应当简明清晰，通俗易懂，不得有虚假记载、误导性陈述或者重大遗漏。中国证监会制定的信息披露规则是信息披露的最低要求。不论上述规则是否有明确规定，凡是投资者作出价值判断和投资决策所必需的信息，发行人均应当充分披露，内容应当真实、准确、完整。”

此，规则关于信息披露豁免的规定，主要目的是在保障信息透明度的前提下，保护国家利益和发行人的正当权益。但是，为了防止发行人滥用豁免披露的权利，隐瞒或者误导投资者，影响投资者价值判断和投资决策，规则对发行人申请豁免信息披露在适用情形、申请文件要求及中介机构核查等方面作了严格规定。

（1）涉及国家秘密的信息豁免披露的条件

根据规则的规定，涉及国家秘密或者其他因披露可能导致发行人违反国家有关保密法律法规规定的信息，原则上可以豁免披露；如要求豁免披露的信息内容较多或者较为重要，可能对投资者的投资决策有重大影响，中介机构应当审慎论证是否符合发行上市的信息披露要求。

①涉及国家秘密的信息、披露导致违反保密法律法规的信息及豁免披露

国家秘密是关系国家安全和利益，依照法定程序确定，在一定时间内只限一定范围的人员知悉的事项。[①]国家秘密分为绝密、机密和秘密三个等级，分别对应不同的保密期限和范围。国家秘密的具体范围和认定标准由国务院保密行政管理部门会同有关部门制定。

涉及国家秘密，是指发行人在其招股说明书、财务报告等信息披露文件，以及对证券交易所审核问询的回复中，需要披露的信息内容符合国家秘密的定义范围，或者与已确定为国家秘密的事项有直接或间接的联系。涉及国家秘密的信息，应当按照国家有关保密规定进行保密管理，不得擅自披露或者泄露。[②]

---

① 《保守国家秘密法》第二条。

② 《上海证券交易所股票发行上市审核规则》《深圳证券交易所股票发行上市审核规则》第四十条规定："发行上市申请文件和对本所发行上市审核机构审核问询的回复中，拟披露的信息属于国家秘密、商业秘密，披露后可能导致其违反国家有关保密的法律法规或者严重损害公司利益的，可以豁免披露。发行人应当说明豁免披露的理由，本所认为豁免披露理由不成立的，发行人应当按照规定予以披露。"

其他因披露可能导致发行人违反国家有关保密法律法规规定的信息，是指除了国家秘密之外，涉及国家有关保密法律法规规定的其他信息。这些敏感信息虽然不属于国家秘密，但也应当根据国家有关法律法规的规定进行保密管理，不得擅自披露或者泄露。

信息披露原则要求发行人应当如实、准确、完整地向投资者披露与其经营业绩、财务状况、未来发展等相关的重要信息，以便投资者作出理性的投资决策。但是，如果这些信息涉及国家秘密或者可能导致发行人违反保密法律法规，就不能随意公开，否则会危害国家安全和利益。因此，在这种情况下，IPO发行审核规则允许发行人申请豁免披露这些信息。豁免披露的考量是为了平衡信息披露和国家安全的关系，确保信息披露不会损害国家的安全利益。

当然，并不是所有涉及国家秘密或者可能导致发行人违反保密法律法规的信息都可以豁免披露。如果这些信息内容较多或者较为重要，可能对投资者的投资决策有重大影响，就需要中介机构审慎论证是否符合发行上市的信息披露要求。

②中介机构审慎论证的情形

信息内容较多，是指申请豁免披露的信息在发行人的经营、财务、技术、市场等方面占有较大的比重或者涉及较多的事项，导致发行人披露的信息不完整、不充分或者不连贯，影响投资者对发行人的全面、准确和客观的了解。

信息内容较为重要，是指申请豁免披露的信息对发行人的经营成果、财务状况、发展前景、风险因素等有较大的影响，或者对发行人的核心竞争力、市场地位、行业地位等有较大的关联，影响投资者对发行人的价值判断和投资决策。

对投资者的投资决策有重大影响，是指发行人申请豁免披露的信息对投资者评估发行人的价值、风险、前景等方面有重要的参考意义，或者对投资者判断发行人是否符合投资标准、是否值得投资等方面有重要的影响。

发行上市的信息披露要求，是指在发行人进行证券首次公开发行并上市的过程中，根据法律法规和规则所要求的对于投资者作出价值判断和投资决策必要信息（投资者在进行投资决策时所需的能够帮助投资者理解公司的业务状况、财务状况、风险因素等关键信息）的披露内容和标准。《首次公开发行股票注册管理办法》第三十四条规定，发行人申请首次公开发行股票并上市，应当按照中国证监会制定的信息披露规则，编制并披露招股说明书，保证相关信息真实、准确、完整。中国证监会制定的信息披露规则是信息披露的最低要求。不论上述规则是否有明确规定，凡是投资者作出价值判断和投资决策所必需的信息，发行人均应当充分披露。

审慎论证，是指中介机构（包括保荐机构、律师事务所、会计师事务所等）在发行人申请豁免披露的情况下，需要进行的全面、客观、谨慎的分析、评估，即当这些豁免披露的信息被认为具有较大的重要性，并且可能会对投资者的投资决策产生重大影响时，就需要分析、评估它是否符合发行上市的信息披露要求。若相关豁免披露达到使投资者进行投资决策所需的关键信息缺失，导致信息不对称或误导投资者，中介机构可能认为豁免披露不符合发行上市信息披露要求。

（2）豁免披露申请文件的要求

①说明申请豁免披露的信息、认定涉密的依据及理由

发行人首先需要明确申请豁免披露的具体信息，即发行人认为可以不披露的信息内容，可能涉及公司的业务、财务、战略、交易、技术等各个方面。这些信息仅是发行人自己判断属于国家秘密或者其他因披露可能导致发行人违反国家有关保密法律法规规定，并申请不予豁免的信息。规则要求发行人说明这些信息，是为了让发行上市审核机构了解发行人申请豁

免披露信息的范围、所涉内容、重要程度，以便审核和判断相关申请是否合理和合规。

发行人在申请中还需要说明涉密信息的认定依据和具体理由。即发行人需要提供相关文件或证据，以证明涉密信息的性质，以及为何认为这些信息受到国家保密法律法规的规制。其中，关于认定依据，发行人需要指明涉密信息被什么保密法律法规、哪个国家主管部门认定为涉密。这些认定可能来自国家安全机构、保密管理部门等，发行人应提供相应的认定文件或证明。关于认定理由，发行人需要详细解释为什么认为这些信息需要保密，即必须按照国家有关保密规定进行保密管理，不得擅自披露或者泄露。规则要求发行人说明认定涉密的依据和理由，目的是证明申请豁免披露的信息确实属于国家秘密、披露导致违反保密法律法规，豁免申请符合法律法规的规定，不属于随意或者滥用豁免披露的行为。

②说明相关信息披露文件是否符合有关保密规定和《公开发行证券的公司信息披露内容与格式准则第57号——招股说明书》要求，涉及军工的是否符合《军工企业对外融资特殊财务信息披露管理暂行办法》等相关规定，豁免披露是否对投资者决策判断构成重大障碍

（a）相关信息披露文件是否符合有关保密规定和《公开发行证券的公司信息披露内容与格式准则第57号——招股说明书》要求

相关信息披露文件，是指发行人在申请发行上市时，向证券交易所、中国证监会提交的申报文件，以及在发行上市审核注册过程中，对证券交易所发行上市审核机构审核问询的回复文件。这些文件包括招股说明书、财务报告、法律意见书、审计报告、保荐意见书、核查报告等，以及对审核问询的回复文件等。

是否符合有关保密规定，是指发行人在信息披露过程中，是否遵守了《保守国家秘密法》等相关法律法规的规定，是否取得了国家主管部门的认定和批准，是否对涉及国家秘密或其他敏感信息进行了脱密处理等保密

措施，是否存在泄密风险或违反保密规定的情形。

是否符合《公开发行证券的公司信息披露内容与格式准则第57号——招股说明书》要求，是指发行人在编制招股说明书时，是否按照中国证监会发布的该准则的规定，全面、真实、准确、完整地披露了公司的各项信息，是否体现了信息披露的原则、内容、格式、程序等要求，是否保证了信息披露的质量。

由于发行人在申请发行上市时，既要遵守国家有关保密的法律法规，也要遵守证券市场的信息披露规则，两者之间存在一定的平衡和协调。发行人不能以保密为借口，随意扩大豁免披露的范围或者内容，损害投资者的知情权；也不能以披露为借口，擅自泄露国家秘密或者其他敏感信息，损害国家安全和利益。因此，发行人在申请豁免披露时，要充分论证和说明申请豁免披露的信息既符合有关保密规定，又符合招股说明书准则要求。

（b）涉及军工的是否符合《军工企业对外融资特殊财务信息披露管理暂行办法》等相关规定

涉及军工，是指与国防军工领域相关的事项、项目、产品、设施等，可能包括国防科技、军事装备研发、军工企业等方面的内容。涉及军工的信息披露关系到国家安全、军事机密等敏感问题，需要特别的管理和保护。

《军工企业对外融资特殊财务信息披露管理暂行办法》是国家国防科技工业局于2008年发布的规范性文件，主要目的是保护国家秘密和军工企业的合法权益，规范军工企业在对外融资过程中的特殊财务信息披露行为。其主要内容包括：本办法适用于在境内外证券市场发行股票、债券等证券，或者通过其他方式进行对外融资的军工企业及其下属子公司。军工企业及其下属子公司应当按照《保守国家秘密法》等相关法律法规的规定，对涉及国家秘密的财务信息，或者可能间接推断出国家秘密的财务信息，进行保密管理和审查。军工企业及其下属子公司对外披露涉密财务信息时，应当采用代称、打包或者汇总等方式，按照本办法的要求进行脱密处理。对于无法进行脱密处理，或者经脱密处理后仍然存在泄露国家秘密风险的财务信息，军工企业应当向国家相关主管部门或者证券交易所申请豁免披露。国家相关主管部门或者证券交易所应当依据本办法和有关法律法规的规定，对军工企业及其下属子公司提出的涉密财务信息披露申请进行审查，并出具相应的审查意见或者批复文件。

涉及军工的其他法律规范，还可能包括中央军委发布的《中国人民解放军装备采购条例》，国务院、中央军事委员会发布的《武器装备科研生产许可管理条例》，国家保密局发布的《武器装备科研生产单位保密资格认定办法》等。

（c）豁免披露是否对投资者决策判断构成重大障碍

是否对投资者决策判断构成重大障碍，是指发行人申请豁免披露的信息是否属于对投资者作出价值判断和投资决策有重大影响的信息，以及发行人在豁免披露的情况下，是否采取了替代方式或者其他措施，保证了信息披露的充分性和有效性，不会对投资者产生误导或者隐瞒，不会影响投资者对发行人的基本情况、财务状况、经营状况、风险因素等方面的理解和判断。

由于涉及国家安全、军事机密，一些信息可能需要保密处理，不能完全公开披露。然而，如果这些信息又是投资者了解公司经营状况、前景以及风险的关键信息，限制披露可能会使投资者无法全面了解公司情况，难以作出理性的投资决策。因此，规则要求对于涉及国家秘密的信息，要综合考虑国家安全和投资者权益，确保在保护国家秘密的前提下，投资者仍然能够获得足够的信息，以便做出准确的投资决策。这同样是为了平衡保密和投资者知情权之间的关系，确保信息披露的合法性和有效性。

③说明内部保密制度的制定和执行情况，是否符合《保密法》等相关法律法规的规定，是否存在因违反保密规定受到处罚的情形

内部保密制度的制定情况，是指发行人是否根据国家有关保密法律法

规和行业标准，结合自身的业务特点和保密需求，制定了符合实际、可操作、有效的保密规章制度，包括保密工作组织机构、保密工作职责、保密工作流程、保密工作措施、保密工作考核、保密工作奖惩等内容。

内部保密制度的执行情况，是指发行人是否严格按照制定的保密规章制度开展保密工作，包括保密工作计划、保密工作培训、保密工作检查、保密工作评估、保密工作改进等方面。

发行人的内部保密制度是否合规，直接反映了企业对于保护敏感信息的态度和努力程度，也影响了其在保密方面的整体表现。内部保密制度的合规性关系到企业是否真正地遵循了保密法规。豁免披露仅是落实保密法规具体措施的一个方面。规则要求说明相关信息，有助于综合评估发行人保密工作的合规性和潜在的法律风险，以便评估是否应给予豁免披露。如果发行人的内部保密制度不符合保密法律法规，或因违反保密规定受到处罚，可能意味着企业未能有效遵守保密法规，并且对涉密信息不具有足够的管理和控制能力，即使给予某些方面信息披露的豁免以避免泄密，企业也可能不能免于其他违规的法律风险。在此情况下，证券交易所可能认为发行人申请豁免披露的真实目的不在于落实保密制度，而在于有意规避信息披露义务，因而会拒绝发行人的豁免披露申请，或者要求发行人改进其内部保密制度及执行，并提供相应的证明文件（比如，发行人控股股东、实际控制人、董事、监事、高级管理人员出具持续履行保密义务的声明、承诺）。因此，证券交易所需要在评估豁免披露时系统地考虑这些风险，以确保即使给予某些方面信息披露的豁免，仍能防范因为内部保密管理不到位而导致国家秘密泄露或者投资者利益受损。

④说明发行上市审核注册过程中新增豁免披露的情况

规则要求，如果在发行上市审核注册过程中，发行人提出信息豁免披露或者调整意见的，发行人应当相应回复、补充相关文件的内容；有实质性增减的，应当说明调整后的内容是否符合相关规定、是否存在泄密风险。

（a）说明新增豁免披露的情况并补充相关文件

发行人申请豁免披露的信息，可以是在发行上市申请文件中拟披露的涉密信息，也可以是对证券交易所发行上市审核机构审核问询的回复中拟披露的涉密信息。①

“发行上市审核注册过程中提出的信息豁免披露或者调整意见”一句，我们理解，该句主要针对的是发行人在问询回复中拟披露的涉密信息的豁免披露问题，是指发行人就问询回复中拟披露的涉密信息提出的新增豁免披露事项，或者对此前提出的豁免披露的调整意见。

相应回复、补充相关文件的内容，是指发行人提出新的豁免披露的依据和理由，并补充所需文件，具体参考前述申请文件所需说明的内容、支持文件（比如，国家主管部门关于相关信息为涉密信息的认定文件）。规则要求发行人应当相应回复、补充相关文件的内容，其原因在于，证券交易所需要全面了解发行人新的豁免披露请求或调整意见，以便评估这些请求或调整意见的合理性和合规性。

（b）实质性增减豁免披露事项的说明

实质性增减，是指发行人在发行上市审核注册过程中提出的信息豁免披露或者调整意见，导致的豁免披露范围的增加或者减少，并且增减涉及信息的数量、质量、重要性或者影响程度有显著的变化，可能影响投资者的价值判断和投资决策。例如，发行人在招股说明书中删除了一项涉及国家秘密的风险因素，或者修改了一项涉及国家秘密的财务数据，或者补充了一项涉及国家秘密的法律诉讼等，都可能构成实质性增减。

对于有实质性增减的，规则要求发行人说明调整后的内容是否符合相关规定、是否存在泄密风险，是要求发行人对调整后的内容进行自审，充分考虑调整的必要性、合理性和合法性，以及调整的后果和影响，避免因

① 《上海证券交易所股票发行上市审核规则》《深圳证券交易所股票发行上市审核规则》第四十条。

为信息披露的调整而导致信息披露的失真、失效或者失控，损害投资者的知情权，或者危害国家秘密的安全，或者引发其他风险。

（3）其他支持文件

①发行人需提供国家主管部门关于该信息为涉密信息的认定文件

国家主管部门关于该信息为涉密信息的认定文件，是指由国家保密行政管理部门或者其他有关机关根据《保守国家秘密法》等相关法律法规的规定，对发行人所涉及的国家秘密事项进行认定并出具的，证明发行人申请豁免披露的信息属于国家秘密的文件。这种文件一般包括涉密信息的名称、密级、保密期限、涉密范围、保密措施等内容。

规则要求发行人提供国家主管部门关于该信息为涉密信息的认定文件，其主要目的在于通过验证发行人所申请的信息是否符合涉密性的标准，以确认发行人申请豁免披露是否具备充分的法律依据和合理的理由；同时，通过了解涉密信息的保密范围、保密期限和密级等情况，评估豁免披露的必要性，防止发行人滥用豁免披露，侵害投资者的知情权。

②发行人需提供发行人全体董事、监事、高级管理人员出具关于首次公开发行股票并上市的申请文件不存在泄密事项且能够持续履行保密义务的声明，发行人控股股东、实际控制人对其已履行和能够持续履行相关保密义务出具承诺文件

申请文件不存在泄密事项且能够持续履行保密义务的声明，是指发行人全体董事、监事、高级管理人员出具的，证明发行人在首次公开发行股票并上市的申请文件中没有泄露国家秘密或者其他应当保密的信息，并且他们将在发行上市过程中和之后，继续履行保密义务，遵守保密法律法规和制度，不会因豁免披露的申请和审查结果而影响对涉密事项保护的书面声明。

已履行和能够持续履行相关保密义务出具承诺文件，是指发行人的控

股股东和实际控制人提供的文件，证明他们已经对发行人涉及国家秘密的信息履行了保密义务，明确承诺他们将继续遵循这些义务。即控股股东和实际控制人明确表示，他们了解信息保密的重要性，不会因豁免披露的申请和审查结果而影响对涉密事项的保护。

之所以要求发行人提供上述声明、承诺，主要是为了强化发行人及其关联方的保密责任意识，促使发行人规范和有效地开展保密工作，确保其在申请豁免披露以及获得豁免之后，能够持续保守涉密信息，防止因为披露豁免而引发信息泄露，危害国家安全，减少披露豁免可能带来的法律风险。

2. 涉及商业秘密的豁免披露

【规则规定】涉及商业秘密或者其他因披露可能严重损害公司利益的信息，如属于《公开发行证券的公司信息披露内容与格式准则第57号——招股说明书》规定应当予以披露的信息，中介机构应当审慎论证是否符合豁免披露的要求。

1.商业秘密符合下列情形之一，且尚未公开、未泄密的，原则上可以豁免披露：

（1）商业秘密涉及产品核心技术信息；

（2）商业秘密涉及客户、供应商等他人经营信息且披露该信息可能导致发行人或者他人受到较大国际政治经济形势影响。

2.商业秘密涉及发行人自身经营信息（如成本、营业收入、利润、毛利率等）、披露后可能损害发行人利益的，如该信息属于《公开发行证券的公司信息披露内容与格式准则第57号——招股说明书》、证券期货法律适用意见、监管规则适用指引等中国证监会和交易所相关规则要求披露的信息，原则上不可以豁免披露。

3. 涉及商业秘密或者其他因披露可能严重损害公司利益的，发行人关于信息豁免披露的申请文件应当逐项说明：

（1）申请豁免披露的信息、该信息是否依据内部程序认定为商业秘密，发行人关于商业秘密的管理制度、认定依据、决策程序等；

（2）申请豁免披露的信息是否属于已公开信息或者泄密信息；相关信息披露文件是否符合《公开发行证券的公司信息披露内容与格式准则第57号——招股说明书》及相关规定要求，豁免披露是否对投资者决策判断构成重大障碍。[①]

【规则概要】本条规则规定发行人涉及商业秘密的信息申请豁免披露的条件、申请文件要求。

【规则详解】（1）**商业秘密中技术信息、经营信息豁免披露的条件**

根据我国《反不正当竞争法》第九条第四款的规定，商业秘密是指不为公众所知悉、能为权利人带来经济利益、具有实用性并经权利人采取相应保密措施的技术信息和经营信息。

规则区分技术信息、经营信息的豁免披露分别作了规定。

规则规定，商业秘密符合下列情形之一，且尚未公开、未泄密的，原则上可以豁免披露：一是商业秘密涉及产品核心技术信息；二是商业秘密涉及客户、供应商等他人经营信息且披露该信息可能导致发行人或者他人受到较大国际政治经济形势影响。

规则还规定，商业秘密涉及发行人自身经营信息（如成本、营业收入、利润、毛利率等）、披露后可能损害发行人利益的，如该信息属于招

① 参见《〈首次公开发行股票注册管理办法〉第十二条、第十三条、第三十一条、第四十四条、第四十五条和〈公开发行证券的公司信息披露内容与格式准则第57号——招股说明书〉第七条有关规定的适用意见——证券期货法律适用意见第17号》第六条第二项。

股说明书信息披露准则、证券期货法律适用意见、监管规则适用指引等中国证监会和交易所相关规则要求披露的信息，原则上不可以豁免披露。

①技术信息

技术信息是指与技术有关的结构、原料、组分、配方、材料、样品、样式、植物新品种繁殖材料、工艺、方法或其步骤、算法、数据、计算机程序及其有关文档等信息。技术信息是商业秘密的一种重要形式。

从规则的规定来看，技术信息豁免披露必须满足三个条件：一是技术信息必须构成商业秘密；二是必须涉及产品核心技术信息；三是必须是尚未公开、未泄密。

判断某项技术信息是否属于商业秘密，一般需看它是否满足以下四个条件：一是不为公众所知悉，即该技术信息在所属领域的相关人员中不是普遍知悉或者容易获得的，也没有通过公开出版物或者其他媒体等方式公开披露过。二是能为权利人带来经济利益，即该技术信息因不为公众所知悉而具有现实的或者潜在的商业价值，能够为权利人提供竞争优势或者增加收益。三是具有实用性，即该技术信息能够在生产经营活动中直接使用或者参考使用，具有一定的功能或者效果的。四是经权利人采取相应保密措施，即权利人为防止技术信息泄露而采取了合理保密措施，如签订保密协议、标记保密标志、限制接触范围等。

技术信息涉及产品的核心技术，即对产品的性能、质量、功能等起到决定性或者重要影响的技术，是产品的核心竞争力所在。如果相关信息被披露或泄露，可能会严重损害发行人的市场地位和经营利益。例如，某种新型药物的配方、工艺、剂量等，某种新能源汽车的电池、驱动、控制等，某种智能手机的芯片、系统、应用等，都可以视为涉及产品核心技术信息。

商业秘密豁免披露的规则是为了平衡发行人的信息披露义务和商业秘密的保护权益，既要保障投资者的知情权，又要避免发行人因披露过多的商业信息而损害其竞争优势。因此，规则要求发行人在申请豁免披露时，除了要证明所涉及的技术信息属于商业秘密外，还要证明该信息是产品的核心技术信息，即对于产品的功能、性能、质量、成本等有决定性影响的技术信息。其目的是确保豁免披露的技术信息具有高度的秘密性和价值性，不会对投资者的决策判断造成重大影响。如果发行人申请豁免披露的技术信息不属于商业秘密，或者不是产品的核心技术信息，则相关技术信息可能已经为公众所知悉或者容易获得，或者对于产品和公司的经营没有重大影响，就没有必要进行披露豁免。

前述技术信息豁免披露的三个条件中，第一个条件中的商业秘密已包含“不为公众所知悉”的要求，第三个条件“尚未公开、未泄露”似是一种不必要的重复。我们理解，第三个条件可能是对第一个条件的强化和约束。因为第一个条件中的“不为公众所知悉”可能存在一定的主观判断和操作空间。也就是说，发行人或者相关人员可能根据自己的利益或判断，在某些情况下选择披露或泄露部分或全部商业秘密，并认为这样做不会影响商业秘密的保护范围和效力。而第三个条件则明确要求商业秘密必须尚未公开、未泄密，也就是说，在任何情况下都不能披露或泄露商业秘密，否则就不能享受豁免披露的待遇。如此规定的目的是保证商业秘密（技术信息）的真正秘密性和价值性，防止发行人滥用豁免披露制度，隐瞒或误导投资者。

②经营信息

经营信息是指技术信息以外的能够给权利人带来竞争优势的用于经营的信息。一般包括以下两类：一是具有秘密性质的市场以及与市场密切相关的商业情报或信息，比如原材料价格、销售市场和竞争公司的情报、招投标中的标底及标书内容，还包括供销渠道、贸易记录、客户名单、产销策略等。二是经营管理方法和与经营管理方法相关的资料和信息，一般是指合理有效地管理各部门各行业之间的相互合作与协作，使生产与经营有机运转的秘密。通常表现为管理的模式、方法、经验以及管理公关等。

对于发行人经营信息的豁免披露问题，规则区分两种不同类型的经营信息（即涉及客户、供应商等他人经营信息和涉及发行人自身经营信息）进一步作了规定。

（a）涉及客户、供应商等他人经营信息

涉及客户、供应商等他人经营信息，是指与发行人的客户、供应商或者其他合作伙伴有关的合同、协议、交易条件等方面的经营信息。比如：（ⅰ）客户信息：包括客户的名称、地址、联系方式、信用状况、购买记录、需求偏好、合同条款等。（ⅱ）供应商信息：包括供应商的名称、地址、联系方式、信誉评级、采购价格、交货期限、质量标准等。（ⅲ）其他合作伙伴信息：包括其他合作伙伴的名称、地址、联系方式、合作内容、合作方式、合作收益等。这些信息对于发行人来说具有重要的商业价值，因为它们可以帮助发行人了解市场需求、优化产品设计、降低成本、提高效率、增加收入等。同时，这些信息也对于客户、供应商或者其他合作伙伴来说具有重要的商业价值，因为它们可以反映他们的经营状况、竞争优势、市场策略等。因此，这些信息对于双方或多方来讲可能都属商业秘密，需要受到保护。

导致发行人或者他人受到较大国际政治经济形势影响，主要是指披露该信息可能会对发行人或者其合作方的国际业务或者国际关系造成不利的影响，如引起国际贸易摩擦、国际制裁、国际竞争对手的反应、国际市场的变化等。具体而言，可能包括：（ⅰ）暴露发行人或者他人在某些国家或地区的市场份额、销售额、利润率等敏感数据，可能会引起当地政府或竞争对手的注意，从而导致税收调整、反垄断调查、市场排挤等风险。（ⅱ）暴露发行人或者他人与某些国家或地区的贸易往来、投资合作、技术转让等关系，可能会触发其他国家或地区的制裁措施、贸易壁垒、政治压力等风险。（ⅲ）暴露发行人或者他人在某些国家或地区面临的法律纠纷、社会冲突、安全威胁等问题，可能会损害发行人或者他人的声誉、信誉、形象等风险。

披露商业秘密可能会引发国际政治经济形势的变化，从而对发行人或者他人造成较大的风险。在当前的国际环境下，各国之间的经济联系日益紧密，但同时也存在着贸易摩擦、地缘冲突、制裁措施等不稳定因素。如果发行人披露了涉及客户、供应商等他人经营信息的商业秘密，可能会触发这些不稳定因素，从而对发行人或者他人的生产经营活动造成不可预测的影响。因此，规则规定商业秘密涉及客户、供应商等他人经营信息且尚未公开、未泄密，披露该信息可能导致发行人或者他人受到较大国际政治经济形势影响的，该经营信息可豁免披露。

规则将豁免披露的范围限定为"可能导致发行人或者他人受到较大国际政治经济形势影响"的涉及他人经营信息，亦是为了在保护商业秘密的同时保持信息披露的透明度、合规性，平衡各方的利益，防止披露豁免的滥用，即只有在披露这些信息可能引发前述重大风险时，豁免披露才会被考虑。

（b）涉及发行人自身经营信息

涉及发行人自身经营信息，是指那些直接关系到发行人自身运营和财务状况的敏感商业信息（不涉及客户、供应商及其他第三人信息），例如：（ⅰ）成本信息：包括生产成本、采购成本、运营成本等。成本信息对于了解企业的盈利能力、运营效率较为重要。（ⅱ）营业收入：营业收入是企业销售产品或提供服务所获得的收入总额。它是企业盈利的一个关键指标，对外界评估企业经济状况具有重要意义。（ⅲ）利润：利润是企业从其营业活动中获得的盈余，通常分为毛利润和净利润。利润水平反映了企业盈利能力和经营健康状况。（ⅳ）毛利率：毛利率是毛利润与营业收入的比率，用于衡量企业生产或提供服务的盈利能力。

发行人申请首次公开发行股票并上市，应当按照中国证监会制定的信息披露规则，编制并披露招股说明书，保证相关信息真实、准确、完整。信息披露内容应当简明清晰，通俗易懂，不得有虚假记载、误导性陈述或者重大遗漏。中国证监会依法制定招股说明书内容与格式准则、编报规则等信息披露规则；证券交易所可以依据中国证监会部门规章和规范性文件，制定信息披露细则或指引。而发行人自身经营信息（如成本、营业收入、利润、毛利率等财务数据、指标）就是前述规则要求披露的内容。《招股说明书信息披露准则》第二十二条、第五十六条等条款规定，发行人应列表披露其报告期主要财务数据和财务指标。《深圳证券交易所创业板股票上市规则》2.1.1款规定，“发行人申请在本所创业板上市，应当符合下列条件：……（四）市值及财务指标符合本规则规定的标准”。《上海证券交易所股票上市规则》3.1.1款规定，“境内发行人申请首次公开发行股票并在本所上市，应当符合下列条件：……（四）市值及财务指标符合本规则规定的标准”。

发行人自身经营信息（如成本、营业收入、利润、毛利率等）是投资者评估发行人财务表现、盈利能力、竞争优势、增长潜力、风险水平等方面的关键指标，对于投资者的决策判断有重大影响。如果发行人不披露或不完整披露这些信息，投资者可能会因为信息不足而难以做出理性的投资决策。依照规则规定，发行人自身经营信息即使披露可能损害发行人利益，只要属于证券规则要求披露的信息，原则上不能获得披露豁免，是出于保障信息透明度和市场公平性的考虑。

③商业秘密豁免披露的兜底情形

规则规定，涉及商业秘密或者其他因披露可能严重损害公司利益的信息，如属于招股说明书信息披露准则规定应当予以披露的信息，中介机构应当审慎论证是否符合豁免披露的要求。

前述规则规定了商业秘密豁免披露的有限情形，主要指符合一定条件的技术信息（涉及产品核心技术）和经营信息（可能导致发行人或者他人受到较大国际政治经济形势影响的涉及他人经营信息）。除此之外，发行人对于涉及商业秘密或者其他因披露可能严重损害公司利益的信息也可申请豁免披露，但是，倘若这些信息属于招股说明书信息披露准则规定应当予以披露的信息，中介机构应当审慎论证是否符合豁免披露的要求。

披露可能严重损害公司利益，是指发行人在信息披露的过程中，将某些敏感信息披露给公众，可能导致公司在经济、商业、竞争等方面遭受重大损失或风险。这种情况下，披露可能对公司的盈利能力、商业地位、竞争优势、商业机密、商业策略等产生负面影响，进而影响公司的长期可持续发展。

审慎论证是否符合豁免披露的要求，是指中介机构（包括保荐机构、发行人律师、申报会计师等）在出具专项核查报告时，需要对发行人申请豁免披露的信息进行详细的分析和评价，以便于证券交易所判断该信息是否属于商业秘密，是否需要豁免披露，以及如何进行适当的保密处理。审慎论证主要包括以下几个方面：

一是对申请豁免披露的信息是否符合商业秘密的构成要件进行论证。根据《反不正当竞争法》的规定，商业秘密是指不为公众所知悉、能为权利人带来经济利益、具有实用性并经权利人采取相应保密措施的技术信息和经营信息。因此，中介机构需要对发行人申请豁免披露的信息是否满足这四个条件进行论证，并提供相应的证据和依据。

二是对申请豁免披露的信息是否达到"披露可能严重损害公司利益"情形进行论证。根据规则，只有当披露可能严重损害公司利益时，才可以申请豁免披露。因此，中介机构需要对发行人申请豁免披露的信息是否符合这一情形进行论证，并提供相应的证据和依据。

三是对申请豁免披露的信息是否属于招股说明书信息披露准则等相关规定要求披露的内容进行论证。根据招股说明书信息披露准则及相关规定，发行人应当在招股说明书中披露其基本情况、财务状况、经营成果、风险因素等重要信息，以便于投资者作出合理的投资决策。因此，中介机构需要对发行人申请豁免披露的信息是否属于这些规定要求披露的内容进行论证，并提供相应的依据。

四是对申请豁免披露的信息是否影响投资者决策判断进行论证。根据《证券法》及相关规则的规定，凡对投资者作出价值判断和投资决策有重大影响的信息，均应披露。因此，中介机构需要对发行人申请豁免披露的信息是否属于对投资者作出价值判断和投资决策有重大影响的信息进行论证。

五是对申请豁免披露的信息是否存在泄密风险进行论证。根据规则的规定，发行人申请豁免披露的商业秘密必须是尚未公开、未泄漏的信息；同时，还要考察豁免披露的信息是否已经采取了有效的保密措施、在审核过程中是否存在的泄密渠道和风险，因此，中介机构需要对发行人申请豁免披露的信息是否满足这些条件进行论证，并提供相应的证据和依据。

六是结合发行人豁免披露申请文件中的说明进行论证。规则对于商业秘密披露豁免兜底情形之下发行人在申请文件中的说明提出了详细、具体的要求，中介机构在进行论证时应考虑发行人提供的有关信息，在核查基础上作出综合分析、判断。

规则之所以要求中介机构进一步审慎论证，是因为商业秘密披露豁免是一种例外性的制度，只有在特殊情况下才可以适用，以保障发行人的合法权益和竞争优势。但是，商业秘密披露豁免也会影响信息披露的完整性和及时性，可能损害投资者的知情权和公平交易原则。因此，在申请商业秘密披露豁免时，需要进行严格和审慎的论证，这种论证过程可以有效平衡信息披露和商业秘密保护之间的关系，并确保商业秘密披露豁免制度的合理运用，避免该制度的滥用，以维护市场秩序和投资者利益。

（2）关于对商业秘密披露豁免申请文件的要求

①说明申请豁免披露的信息、该信息是否依据内部程序认定为商业秘密，发行人关于商业秘密的管理制度、认定依据、决策程序

（a）说明申请豁免披露的信息

在IPO审核过程中，证券交易所会对发行人的信息披露情况进行严格

的审查和监督，要求其如实、完整、及时、准确地披露与发行人有关的重要事项，以保护投资者的合法权益。同时，证券交易所也会尊重发行人的商业秘密保护权益，允许其在符合条件的情况下申请豁免披露部分商业秘密。但是，这种豁免披露并不是一种无条件的权利，而是一种有限的特许。发行人向证券交易所申请对上述商业秘密豁免披露时，说明申请豁免披露的信息，就是为了让证券交易所能够对该信息进行审查和监督，判断该信息是否符合豁免披露的范围，是否对投资者的决策判断有重大影响，是否存在隐瞒或误导投资者的风险。

（b）说明申请豁免披露的信息是否依据内部程序认定为商业秘密

是否依据内部程序认定为商业秘密，是指在申请文件中提供详细的说明，阐述发行人如何根据其内部设定的一系列程序和标准，来判断特定信息是否属于商业秘密，并因此申请对这些信息豁免披露的要求。

属于商业秘密的技术信息或者经营信息，才会被考虑豁免披露。规则要求发行人在申请文件中说明申请豁免披露的信息是否依据内部程序认定为商业秘密，是因为商业秘密并不是一成不变的概念，而是一个相对的、灵活的概念，它取决于具体的情况和标准。不同的发行人可能对同一类信息有不同的看法和处理方式，有些发行人可能认为某些信息属于商业秘密，而有些发行人可能认为不属于。因此，发行人在申请豁免披露时，不能仅仅声称某些信息属于商业秘密，而必须说明该信息是否依据内部程序认定为商业秘密，以便证监会和证券交易所对该信息进行审查。

（c）说明发行人关于商业秘密的管理制度、认定依据、决策程序

规则要求发行人在豁免披露的申请文件中除了说明申请豁免披露的信息是否依据内部程序认定为商业秘密外，还需要说明发行人关于商业秘密的管理制度、认定依据、决策程序等，目的是让证券交易所了解发行人关于商业秘密的内部管理情况，包括发行人如何识别商业秘密、依据什么标准进行认定、在内部决策中如何保护商业秘密，并根据发行人的内部制度

及运作情况判断商业秘密认定的合理性、合规性，以更好地评估豁免披露的申请依据是否充分，是否满足豁免披露的条件，防止不当申请。

②说明申请豁免披露的信息是否属于已公开信息或者泄密信息；相关信息披露文件是否符合招股说明书信息披露准则及相关规定要求，豁免披露是否对投资者决策判断构成重大障碍

（a）说明申请豁免披露的信息是否属于已公开信息或者泄密信息

根据规则，发行人只能对尚未公开、未泄密的特定的技术信息和经营信息申请豁免披露。如果上市公司申请豁免披露的技术信息已经公开或者已经泄密，则该技术信息可能已经为公众所知悉或者容易获得，已无必要进行豁免披露的申请和审查。

说明申请豁免披露的信息是否属于已公开信息或者泄密信息，需要在豁免披露的申请文件中提供相关的解释和证据，例如：

（ⅰ）发行人可以通过对比申请豁免披露的信息与已公开信息或者泄密信息的内容、来源、范围、时间等方面，来说明申请豁免披露的信息是否属于已公开信息或者泄密信息。例如，发行人可以查阅相关的媒体报道、行业报告、专利文献、法律文书等公开资料，来判断申请豁免披露的信息是否已经被公开或者泄露，以及公开或者泄露的程度和影响。如果发行人发现申请豁免披露的信息与已公开信息或者泄密信息有重合或相似之处，应当说明这种重合或相似的情况，并且分析其对商业秘密保护的影响。如果发行人发现申请豁免披露的信息与已公开信息或者泄密信息没有重合或相似之处，应当说明这种差异，并且证明其对商业秘密保护的必要性。

（ⅱ）发行人可以通过提供商业秘密保护协议、保密声明、保密措施、保密培训等文件，来证明发行人对申请豁免披露的信息采取了有效的保密措施，并且没有主动或被动地将该信息公开或者泄露。如果发行人发现申请豁免披露的信息存在被公开或者泄露的风险或事实，应当提供相应的风险评估报告、调查报告、处理报告等文件，以说明发行人对该情况进行了

及时和妥善的处理，并且分析其对商业秘密保护的影响。

（b）说明相关信息披露文件是否符合招股说明书信息披露准则及相关规定要求，豁免披露是否对投资者决策判断构成重大障碍

商业秘密披露豁免的制度旨在平衡发行人的信息披露义务和商业秘密的保护权益，既要保障投资者的知情权，又要避免公司因披露过多的商业信息而损害其竞争优势。规则要求发行人在申请文件中必须说明相关信息披露文件是否符合招股说明书信息披露准则及相关规定要求，豁免披露是否对投资者决策判断构成重大障碍，是为了确保发行人在申请商业秘密披露豁免时不会违反法律法规和证券交易所规则，不会隐瞒或误导投资者，不会损害市场公平性和透明度。

招股说明书信息披露准则及相关规定要求，是指中国证监会制定的关于招股说明书内容与格式的具体规范和指引，这些规定是为了保证招股说明书真实、准确、完整地向投资者披露发行人的基本情况、财务状况、经营成果、风险因素等重要信息，使投资者能够根据这些信息作出明智的投资决策。如果发行人在申请商业秘密披露豁免时，未能遵守这些规定要求，可能会导致招股说明书存在虚假记载、误导性陈述或者重大遗漏，投资者将难以准确评估公司的价值，从而可能导致错误的投资决策。

豁免披露是否对投资者决策判断构成重大障碍，是指发行人申请豁免披露的信息是否属于对投资者作出价值判断和投资决策有重大影响的信息。这需要综合考虑该信息的性质、内容、范围、价值、秘密性等因素，以及该信息与其他已披露信息的关联性、补充性、替代性等因素。如果发行人申请豁免披露的信息是投资者评估发行人财务表现、盈利能力、竞争优势、增长潜力、风险水平等方面的关键指标，则可能会对投资者的决策判断构成重大障碍。

总之，规则要求申请文件说明上述情况，是为了在商业秘密披露豁免的情况下，投资者仍然能够获得足够的信息以做出合理的投资决策，减少

信息不对称可能引发的风险。

3. 募集资金用途

【规则规定】首次公开发行股票的募集资金除可用于固定资产投资项目外，还可用于公司的一般用途，如补充流动资金、偿还银行贷款等。募集资金的数额和投资方向应当与发行人现有生产经营规模、财务状况、技术水平和管理能力、未来资本支出规划等相适应。发行人应谨慎运用募集资金、注重投资者回报，并根据相关监管要求，加强募集资金运用的持续性信息披露。

募集资金用于固定资产投资项目的，发行人应按照招股说明书信息披露准则的要求披露项目的建设情况、市场前景及相关风险等。募集资金用于补充流动资金等一般用途的，发行人应在招股说明书中分析披露募集资金用于上述一般用途的合理性和必要性。其中，用于补充流动资金的，应结合公司行业特点、现有规模及成长性、资金周转速度等合理确定相应规模；用于偿还银行贷款的，应结合银行信贷及债权融资环境、公司偿债风险控制目标等说明偿还银行贷款后公司负债结构合理性等。

募集资金投向科技创新领域的，发行人应当披露其具体安排及与发行人现有主要业务、核心技术之间的关系、发行人为实施募投项目所储备的研发基础。保荐机构应当对募集资金用途是否符合科创领域、是否与发行人现有业务与技术水平相匹配、发行人是否具备实施本次募投项目的科研能力发表核查意见。

已通过上市委员会审议的，发行人原则上不得调整募集资金投资项目，但可根据募投项目实际投资情况、成本变化等因素合理调整募集资金的需求量，并可以将部分募集资金用于公司一般用途，但需在招股说明书中说明调整的原因。已通过上市委员会审议的发行人如提出增加新股发行数量的，属于发行上市审核规则规定的影响发行上市及投资者判断的重大事项，需重新提交上市委员会审议。①

【规则概要】本条规定对发行人募集资金用途的披露、核查要求；募集资金用途、募集资金总额的调整限制。

【规则详解】根据《证券法》及相关规则的规定，发行人应当披露募集资金的投向和使用管理制度，并按照招股说明书或者其他公开发行募集文件所列资金用途使用；改变资金用途，必须经股东会作出决议。擅自改变用途，未作纠正的，或者未经股东会认可的，不得公开发行新股。②

募集资金用途，此处是指发行人通过首次公开发行股票所筹集的资金的具体使用方式和目标。募集资金用途是发行人的重要承诺，也是投资者决策的重要依据，因此，发行人应当在招股说明书中充分、准确、清晰地披露募集资金用途，并按招股说明书所列用途使用资金。

（1）募集资金用途的一般要求

①IPO募集资金的使用范围

根据规则，首次公开发行股票的募集资金除可用于固定资产投资项目

① 《监管规则适用指引——发行类第4号》第18条。

② 《证券法》第十四条规定："公司对公开发行股票所募集资金，必须按照招股说明书或者其他公开发行募集文件所列资金用途使用；改变资金用途，必须经股东大会作出决议。擅自改变用途，未作纠正的，或者未经股东大会认可的，不得公开发行新股。"《首次公开发行股票注册管理办法》第十四条规定："发行人董事会应当依法就本次发行股票的具体方案、本次募集资金使用的可行性及其他必须明确的事项作出决议，并提请股东大会批准。"第十五条规定："规定发行人股东大会应当就本次发行股票作出决议，决议至少应当包括下列事项：（四）募集资金用途"。第四十二条规定："发行人应当披露募集资金的投向和使用管理制度，披露募集资金对发行人主营业务发展的贡献、未来经营战略的影响。首次公开发行股票并在科创板上市的，还应当披露募集资金重点投向科技创新领域的具体安排。首次公开发行股票并在创业板上市的，还应当披露募集资金对发行人业务创新、创造、创意性的支持作用。"

外，还可用于公司的一般用途，如补充流动资金、偿还银行贷款等。

用于固定资产投资项目，指发行人将募集资金用于购买或建设固定资产，如土地、建筑物、机器设备、车辆等，以扩大生产规模、提高生产效率、增加收入来源等。固定资产投资项目通常具有较长的投资回收期和较高的风险，因此，发行人应当在招股说明书中详细披露项目的建设情况、市场前景及相关风险等。

用于一般用途，指发行人将募集资金用于除固定资产投资项目以外的其他用途，如补充流动资金、偿还银行贷款等。

用于补充流动资金，指发行人将募集资金用于增加公司的现金及其他可以随时变现的资产，以满足公司日常的经营活动所需的资金。补充流动资金可以提高公司的偿债能力和抗风险能力，但也需要发行人结合公司的行业特点、现有规模及成长性、资金周转速度等合理确定相应规模。

用于偿还银行贷款，指发行人将募集资金用于归还公司已经借入的银行贷款，以降低公司的财务费用和负债水平。偿还银行贷款可以减轻公司的财务压力和利息负担，但也需要发行人结合银行信贷及债权融资环境、公司偿债风险控制目标等说明偿还银行贷款后公司负债结构的合理性。①

规则规定IPO募集资金可用于固定资产投资项目，也可用于补充流动资金、偿还贷款等一般用途，给予发行人更多的灵活性和选择性，以适应

① 《上市公司监管指引第2号——上市公司募集资金管理和使用的监管要求》第九条规定："暂时闲置的募集资金可暂时用于补充流动资金。暂时补充流动资金，仅限于与主营业务相关的生产经营使用，不得通过直接或间接安排用于新股配售、申购，或用于股票及其衍生品种、可转换公司债券等的交易。闲置募集资金暂时用于补充流动资金的，应当经上市公司董事会审议通过，独立董事、监事会、保荐机构发表明确同意意见并披露。单次补充流动资金最长不得超过十二个月。"第十条规定："上市公司实际募集资金净额超过计划募集资金金额的部分（下称超募资金）可用于永久补充流动资金和归还银行借款，每十二个月内累计金额不得超过超募资金总额的百分之三十。超募资金用于永久补充流动资金和归还银行借款的，应当经上市公司股东大会审议批准，并提供网络投票表决方式，独立董事、保荐机构应当发表明确同意意见并披露。上市公司应当承诺在补充流动资金后的十二个月内不进行高风险投资以及为他人提供财务资助并披露。"

不同的市场环境和经营发展阶段。一方面，固定资产投资项目可以增强发行人的核心竞争力和长期发展潜力，符合国家的产业政策和社会需求，也有利于投资者获取较高的收益。另一方面，一般用途可以满足发行人的短期资金需求和应急需求，提高发行人的财务状况和运营效率，也有利于投资者降低投资风险。因此，规则允许发行人根据自身的实际情况和市场情况，合理安排募集资金用途的比例和结构，但同时也要求发行人做好信息披露和风险提示，保护投资者的知情权。

②募集资金数额和投向的确定原则

规则规定，募集资金的数额和投资方向应当与发行人现有生产经营规模、财务状况、技术水平和管理能力、未来资本支出规划等相适应。[①]

募集资金的数额和投资方向，是指发行人通过首次公开发行股票所筹集的资金的总量和具体分配方式。募集资金的数额和投资方向是发行人的重要决策，也是投资者评估发行人价值和成长性的重要依据。

现有生产经营规模、财务状况、技术水平和管理能力、未来资本支出规划等情况，是募集资金的数额和投资方向的主要参考因素。其中，现有生产经营规模，指发行人目前的生产能力、销售规模、市场占有率、盈利水平等指标，反映发行人的经营状况和市场地位。财务状况，指发行人的资产负债结构、现金流量状况、偿债能力、盈利能力、成本控制能力等指标，反映发行人的财务稳健性和效率。技术水平和管理能力，指发行人的研发投入、技术创新、知识产权、产品质量、人才培养、组织结构、内部控制等方面，反映发行人的核心竞争力和持续发展能力。未来资本支出规划，指发行人未来一定时期内的固定资产投资项目、研发项目、并购项

①《保荐人尽职调查工作准则》第五十四条规定："调查投资概算情况、相关投资项目的具体预算和资金使用计划，募集资金测算的合理性，募集资金具体用途所需的时间周期和时间进度；募集资金运用涉及履行审批、核准或备案程序的，调查相关程序的履行情况。募集资金运用涉及环保问题的，调查可能存在的环保问题、采取的措施及资金投入情况。"

目、市场拓展项目等投资和扩张计划，反映发行人的发展战略和目标。

规则要求募集资金的数额和投资方向应当与发行人现有生产经营规模、财务状况、技术水平和管理能力、未来资本支出规划等相适应，旨在保证募集资金的合理性和有效性，避免发行人过度募集或滥用募集资金，损害投资者的利益。一方面，募集资金的数额和投资方向应当与发行人现有生产经营规模相适应，即发行人应当根据自身的经营状况和市场地位，合理确定募集资金的规模，避免过度膨胀或过度缩减，同时，发行人应当根据自身的产品和服务，合理确定募集资金的投向，避免偏离主业或投机取巧。另一方面，募集资金的数额和投资方向应当与发行人财务状况、技术水平和管理能力、未来资本支出规划相适应，即发行人应当根据自身的财务稳健性和资金使用效率，合理安排募集资金的结构和时序，避免资金闲置或紧张；同时，发行人应当根据自身的核心竞争力和持续发展能力，合理选择募集资金的项目和方向，避免盲目跟风或冒进冒险。因此，规则要求发行人在确定募集资金的数额和投资方向时，综合考虑自身的各项因素，做到量力而行，符合实际，既能满足发展需要，又能保障投资回报。

③募集资金的谨慎使用

规则要求，发行人应谨慎运用募集资金、注重投资者回报，并根据相关监管要求，加强募集资金运用的持续性信息披露。

谨慎运用募集资金，指发行人应当按照招股说明书中披露的募集资金用途，合理、有效地使用募集资金，避免浪费、挪用、滥用或违规使用募集资金，造成资金损失或风险暴露。

注重投资者回报，指发行人应当以提高公司的盈利能力和市场价值为目标，合理选择和实施募集资金投资项目，优化公司的资本结构和财务状况，提高公司的经营效率和竞争力，为投资者创造长期的收益。

加强募集资金运用的持续性信息披露，指发行人应当根据相关监管要求，定期、及时、准确、完整地向投资者披露募集资金的使用情况，包括募集资金的到位情况、使用情况、余额情况、投资项目的建设情况、收益情况、风险情况等，以及募集资金使用计划的调整情况和原因等。发行人应当采用清晰、易懂、一致的信息披露方式，便于投资者了解和监督募集资金的使用情况，及时发现和纠正可能存在的问题和风险。[①]

（2）披露、核查要求

①投向固定资产投资项目的披露

规则规定，募集资金用于固定资产投资项目的，发行人应按照招股说明书信息披露准则的要求披露项目的建设情况、市场前景及相关风险等。[②]

项目的建设情况，是指发行人用募集资金投资的固定资产项目的具体内容、进度、成本、效益等，反映发行人对募集资金的使用情况和投资效果。项目的建设情况一般包括以下方面：项目的名称、地点、规模、产能、产品、技术等基本信息；项目的总投资额、募集资金投入额、自有资金投入额、其他资金来源及其安排等资金信息；项目的建设期、开工时间、竣工时间、投产时间、达产时间等时间信息；项目的预期收入、利润、回收期、内部收益率等经济信息；项目的环境影响、社会效益、政策支持、市场竞争等其他信息。

---

① 《上市公司监管指引第2号——上市公司募集资金管理和使用的监管要求》第十二条规定："上市公司应当真实、准确、完整地披露募集资金的实际使用情况。董事会应当每半年度全面核查募集资金投资项目的进展情况，出具《公司募集资金存放与实际使用情况的专项报告》并披露。年度审计时，上市公司应聘请会计师事务所对募集资金存放与使用情况出具鉴证报告。募集资金投资项目实际投资进度与投资计划存在差异的，上市公司应当解释具体原因。当期存在使用闲置募集资金投资产品情况的，上市公司应当披露本报告期的收益情况以及期末的投资份额、签约方、产品名称、期限等信息。"

② 《保荐人尽职调查工作准则》第五十四条规定："募集资金运用涉及新取得土地或房产的，调查取得方式、进展情况及未能如期取得对募集资金具体用途的影响。""发行人原固定资产投资和研发支出很少、本次募集资金将大规模增加固定资产投资或研发支出的，调查发行人固定资产变化与产能变动的匹配关系，并分析新增固定资产折旧、研发支出对发行人财务状况和经营成果的影响。""若收购的资产为在建工程的，还应取得工程资料，了解已投资情况、还需投资的金额、负债情况、建设进度、计划完成时间等。"

市场前景，是指发行人用募集资金投资的固定资产项目所涉及的行业或市场的发展趋势、需求规模、供给状况、竞争格局、价格变化等，反映发行人对募集资金投资项目的市场潜力和竞争优势的判断和预测。市场前景一般包括以下方面：行业或市场的发展历史、现状、趋势、特点、机遇、挑战等宏观分析；发行人的产品或服务的市场定位、目标客户、市场占有率、市场份额、销售渠道、营销策略等微观分析；发行人的主要竞争对手的产品或服务的优劣势、市场表现、发展战略等竞争分析；发行人的产品或服务的市场需求、供给、价格、替代性、增长率等市场分析。

相关风险，是指发行人用募集资金投资的固定资产项目所面临的可能导致项目延期、超支、亏损、失败等不利结果的不确定因素，反映发行人对募集资金投资项目的风险识别和控制的能力和措施。相关风险可能包括以下方面：投资风险，即发行人在实施募集资金投资项目过程中，可能遇到的资金不足、成本增加、进度延误、质量下降、效益降低等影响项目投资回报的风险；市场风险，即发行人在运营募集资金投资项目过程中，可能遇到的市场需求减少、市场竞争加剧、市场价格下跌、市场准入限制等影响项目市场表现的风险；技术风险，即发行人在开发或引进募集资金投资项目所需的技术过程中，可能遇到的技术难度大、技术创新慢、技术转化低、技术保护弱等影响项目技术水平的风险；法律风险，即发行人在遵守或适用募集资金投资项目相关的法律法规、政策规定、合同约定等过程中，可能遇到的法律纠纷、法律责任、法律变更、法律执行等影响项目合法性的风险；环境风险，即发行人在考虑或应对募集资金投资项目对自然环境、社会环境、经济环境等的影响或受到的影响过程中，可能遇到的环境污染、环境损害、环境问题纠纷等影响项目可持续性的风险。

对于募集资金用于固定资产投资项目的情况，规则要求发行人必须按照招股说明书信息披露准则的要求披露项目的建设情况、市场前景及相关风险，是为了让投资者充分了解发行人的募集资金投资项目的具体内容、进展、效果、潜力、风险等，以便投资者做出合理的投资决策，也是为了促使发行人对募集资金投资项目的实施和运营负责，增强信息透明度和强化问责机制。

②投向一般用途的披露

规则要求，募集资金用于补充流动资金等一般用途的，发行人应在招股说明书中分析披露募集资金用于上述一般用途的合理性和必要性。其中，用于补充流动资金的，应结合公司行业特点、现有规模及成长性、资金周转速度等合理确定相应规模；用于偿还银行贷款的，应结合银行信贷及债权融资环境、公司偿债风险控制目标等说明偿还银行贷款后公司负债结构合理性等。[1]

（a）披露投向一般用途的合理性、必要性

募集资金用于一般用途的合理性，指发行人使用募集资金进行非固定资产投资的行为是否符合公司的发展战略、行业特点、市场需求、财务状况等方面的实际情况，流动资金的需求是否适度、是否存在过剩或者不足，是否能够有效提高公司的经营效率、盈利能力和竞争优势，是否能够保障投资者的利益和回报。

募集资金用于一般用途的必要性，指发行人使用募集资金进行非固定资产投资的行为是否有充分的理由和依据，是否能够证明没有更好的替代

① 《保荐人尽职调查工作准则》第五十四条规定："本次募集资金使用情况调查发行人募集资金是否用于主营业务，调查发行人的现有主营业务、生产经营规模、财务状况、技术条件、管理能力、发展目标与募集资金投资项目是否匹配，是否存在盲目扩张，是否存在导致发行人未来经营模式发生重大变化的风险。在募集资金投资项目实施后，是否与发行人的控股股东或实际控制人新增同业竞争或者对发行人的独立性产生不利影响。跨行业投资的，应调查发行人在人员、技术和管理等方面所具备的条件及项目实施面临的风险和问题。通过查阅发行人关于本次募集资金项目的决策文件、项目可行性研究报告、政府部门有关产业目录等方法，根据项目的环保、土地等方面的安排情况，结合目前其他同类企业对同类项目的投资情况、产品市场容量及其变化情况，对发行人本次募集资金项目是否符合国家法律法规和产业政策、技术和市场的可行性以及项目实施的确定性等进行分析；调查募集资金具体用途的可行性及其与发行人现有主要业务、核心技术之间的关系。"

方案或选择，是否能够避免募集资金的闲置、挪用、浪费等风险。

对于募集资金用于一般用途的情况，需要分析披露募集资金用于上述一般用途的合理性和必要性，是为了让投资者了解发行人用募集资金补充流动资金、偿还银行贷款等一般用途的目的、效果、影响和风险，以便投资者评估发行人的资金管理和运用能力，强化发行人的责任，防止滥用或浪费募集资金。

（b）分析披露相关合理性、必要性应考虑的因素

（ⅰ）补充流动资金

结合公司行业特点，指发行人根据所处的行业的特点和发展阶段，包括行业的竞争格局、市场结构、周期性等因素，分析自身的流动资金需求和管理水平，以及行业内的资金使用效率和竞争压力，从而合理确定补充流动资金的规模和比例。结合公司行业特点进行分析，是为了让投资者了解发行人的行业背景和市场地位，以及发行人的行业优势和风险，也是为了让发行人资金投入规模符合行业趋势，避免行业过热或萎缩。

结合现有规模及成长性，指发行人根据自身的现有规模和成长性，包括公司财务表现、规模扩张计划和未来发展预期等因素，分析自身的流动资金缺口和压力，从而合理确定补充流动资金的规模和比例。结合现有规模及成长性进行分析，是为了让投资者了解发行人的经营状况和盈利能力，以及发行人的成长潜力和战略，也是为了让发行人相关安排适应市场变化和客户需求，避免规模过大或过小。

结合资金周转速度，指发行人根据自身的资金周转速度，分析自身的流动资金使用效率和回收能力，以及与行业内的资金周转速度的差异和影响，从而合理确定补充流动资金的规模和比例。结合资金周转速度进行分析，是为了让投资者了解发行人的资金管理和运用能力，以及发行人的资金收益和风险，也是为了让发行人优化资金结构和配置，避免资金闲置或紧张。

（ⅱ）偿还银行贷款

结合银行信贷及债权融资环境，指发行人根据银行信贷市场的供求状况、利率水平、贷款条件等，以及债权融资市场的发展趋势、成本效益、发行条件等，分析自身的融资需求和选择，从而合理确定偿还银行贷款的规模和比例。结合银行信贷及债权融资环境进行分析，是为了让投资者了解发行人的融资成本和收益，以及发行人的融资策略和优化，也是为了让发行人适应市场变化和机会，避免融资过贵或过难。

公司偿债风险控制目标，指发行人根据自身的偿债能力和风险承受能力，制定的偿债风险的预防和控制的目标和措施，包括偿债比例、偿债期限、偿债来源、偿债保障等。公司偿债风险控制目标进行分析，是为了让投资者了解发行人的偿债责任和压力，以及发行人的偿债安排和保障，也是为了让发行人维护自身的信用和声誉，避免违约或破产。

负债结构，是指公司债务的种类、期限、成本、条件等方面的组合，是衡量公司债务管理水平的重要指标，也是影响公司债务风险和盈利能力的重要因素。偿还银行贷款后公司负债结构合理性，指发行人用募集资金偿还银行贷款后，公司的负债结构是否符合公司的经营特点、发展阶段、财务目标等，是否有利于公司的资本运作和效率，是否有利于公司的财务稳健和健康。偿还银行贷款后公司负债结构合理性与募集资金用于偿还银行贷款的合理性、必要性有密切的关系，因为偿还银行贷款是一种负债结构的调整，既要考虑偿还银行贷款本身的必要性和适度性，也要考虑偿还银行贷款后的负债结构的优化和改善。

③投向科技创新领域的披露、核查

（a）披露要求

规则规定，募集资金投向科技创新领域的，发行人应当披露其具体安排及与发行人现有主要业务、核心技术之间的关系、发行人为实施募投项目所储备的研发基础。保荐机构应当对募集资金用途是否符合科创领域、是否与发行人现有业务与技术水平相匹配、发行人是否具备实施本次募投项目的科研能力发表核查意见。[①]

募集资金投向科技创新领域，指发行人用募集资金投资于科技创新领域的项目或活动，包括但不限于新产品、新技术、新模式、新服务等的研发、生产、推广、应用等，以提升发行人的科技创新能力和竞争优势，增加发行人的核心价值和未来收益。

具体安排，是指发行人对募集资金投向科技创新领域的项目或活动的具体内容、目标、进度、预算、收益等进行的详细规划和安排，以便投资者了解发行人的科技创新方向和计划，以及募集资金的使用效果和回报。例如，发行人拟用募集资金投资于智能汽车的研发和生产，具体安排包括以下内容：（ⅰ）项目名称：智能汽车研发和生产项目；（ⅱ）项目内容：研发和生产具有自动驾驶、语音控制、智能导航等功能的智能汽车；（ⅲ）项目目标：提升发行人在智能汽车领域的技术水平和市场份额，增加发行人的品牌影响力和盈利能力；（ⅳ）项目进度：预计在2024年完成研发，2025年开始生产，2026年实现销售；（ⅴ）项目预算：预计投入募集资金10亿元，其中研发费用6亿元，生产费用4亿元；（ⅵ）项目收益：预计在2026年实现销售收入15亿元，净利润3亿元，投资回报率为30%。

募集资金投向科技创新领域具体安排及与发行人现有主要业务、核心

---

① 《保荐人尽职调查工作准则》第五十四条规定："募集资金运用涉及重点投向科技创新领域的，调查其与主营业务的关系和区别，是否会导致发行人的业务种类和业务模式发生变化，结合发行人的业务规划、技术储备及未来行业发展趋势等，调查其必要性、合理性和可行性。""募集资金用于研发投入、科技创新、新产品开发生产的，调查其在研技术、核心技术人员储备及其他相关安排，以及募投项目与发行人现有主要业务、核心技术之间的关系，是否会导致发行人的业务种类和业务模式发生变化，调查其必要性、合理性和可行性，结合对发行人新产品的市场容量、主要竞争对手、行业发展趋势、业务规划、技术保障、项目投产后新增产能等情况的调查结果，对发行人投资项目的市场前景作出独立判断。"

技术之间的关系，指发行人对募集资金投向科技创新领域的具体安排与发行人现有的主要业务、核心技术之间的联系、协同、补充等进行的分析和说明，以便投资者了解发行人的科技创新战略和布局，以及投资是否符合公司整体战略，并且是否有助于推动公司在其核心领域的发展。披露这一项是为了让投资者评估募集资金投向与公司核心技术和业务的契合度、与公司整体业务发展的协同度，是否存在重复建设或偏离主业，进而评估发行人是否合理规划和利用募集资金。

发行人为实施募投项目所储备的研发基础，指发行人为实施募集资金投向科技创新领域的项目或活动所具备的研发基础，包括但不限于研发团队、研发设施、研发经验、研发成果、研发合作等，以便投资者了解发行人的研发条件和水平，公司是否有足够的研发资源、人才和设施来支持计划中的项目。披露这一项是为了让投资者了解公司在研发方面的实力和准备情况，以更好地评估项目的可行性和成功概率，从而作出募集资金的使用效果和回报的判断。

（b）核查要求

募集资金用途是否符合科创领域，是指发行人用募集资金投资于科技创新领域的项目或活动是否属于科技创新的范畴，是否具有科技含量、创新性、前瞻性、战略性等特征，是否符合国家和地区的科技发展规划和政策导向，是否有利于推动科技进步和产业升级。核查可能包括：（ⅰ）项目或活动的性质和目标：是否涉及新产品、新技术、新模式、新服务等的研发、生产、推广、应用等，是否有利于提升发行人的科技创新能力和竞争优势，是否有利于增加发行人的核心价值和未来收益等。（ⅱ）项目或活动的技术水平和创新程度：是否具有自主知识产权、专利等，是否处于国内外同行业的领先或先进水平，是否具有突破性或颠覆性的创新意义，是否能够解决行业或社会的重大问题或需求等。（ⅲ）项目或活动的市场前景和风险：是否有明确的市场定位和目标客户，是否有充分的市场需求和潜力，是否有良好的市场竞争力和优势，是否有可靠的市场渠道和合作伙伴，是否有合理的市场策略和计划，是否有可控的市场风险和应对措施等。（ⅳ）项目或活动的投资规模和收益：是否有详细的投资预算和安排，是否有明确的投资进度和阶段，是否有合理的投资回报率和期限，是否有可衡量的投资效果和指标，是否有完善的投资监督和管理机制等。

是否与发行人现有业务与技术水平相匹配，指发行人用募集资金投向科技创新领域的项目或活动是否与发行人现有的主要业务、核心技术之间有良好的协同、补充、延伸等，以及是否与发行人现有的技术水平之间有合理的差距、提升、突破等，从而判断发行人的科技创新投资是否有利于公司的整体发展和竞争优势。核查可能包括：（ⅰ）发行人的现有主要业务和核心技术：主营产品或服务、市场占有率、盈利能力、技术特点、技术优势、技术壁垒等。（ⅱ）发行人的科技创新战略和布局：科技创新方向和目标、科技创新资源和投入、科技创新项目和成果、科技创新合作和交流等。（ⅲ）发行人的募集资金用途与现有业务和技术的关系：是否有明确的业务和技术的对接和衔接，是否有有效的业务和技术的协调和协作，是否有有益的业务和技术的互补和互促，是否有必要的业务和技术的调整和优化等。

是否具备实施本次募投项目的科研能力，指发行人是否有足够的研发基础和条件，包括但不限于研发团队、研发设施、研发经验、研发成果、研发合作等，能够顺利地实施募集资金投向科技创新领域的项目或活动，能够达到预期的研发目标和效果，能够有效地控制研发风险和成本。核查可能包括：（ⅰ）发行人的研发团队：主要指研发团队的规模、结构、素质、经验、稳定性等，如发行人的研发人员的数量、学历、专业、职称、年龄、工作年限、流动率等，以及发行人的研发人员的激励机制、培训机制、考核机制等。（ⅱ）发行人的研发设施：主要指研发设施的数量、规格、性能、水平、使用率等，如发行人的研发场地的面积、位置、环境、安全等，以及发行人的研发设备的种类、型号、功能、效率、维护等。（ⅲ）发行人的研发经验：主要指研发经验的深度、广度、质量、效果等，如发行人过去参与或完成的研发项目的数量、规模、难度、周期、投入、产出、评价等，以及发行人在研发过程中遇到的问题、挑战、困难、解决方案等。（ⅳ）发行人的研发成果：主要指研发成果的数量、类型、价值、水平、影响等，如发行人获得的研发奖励、荣誉、认证、评级等，以及发行人拥有的研发成果的知识产权、专利、标准、论文、报告等。（ⅴ）发行人的研发合作：主要指研发合作的范围、对象、方式、内容、效果等，如发行人与国内外的高校、科研机构、行业协会、同行企业等的研发合作的协议、项目、成果、评价等，以及发行人在研发合作中的角色、贡献、收益等。

（3）募集资金用途调整的限制

①投资项目、投资数量的调整

规则规定，已通过上市委员会审议的，发行人原则上不得调整募集资金投资项目，但可根据募投项目实际投资情况、成本变化等因素合理调整募集资金的需求量，并可以将部分募集资金用于公司一般用途，但需在招股说明书中说明调整的原因。

已通过上市委员会审议，是指发行人的发行上市申请文件已经经过证券交易所上市委员会审议，形成审议意见的情况。[①]证券交易所结合上市委员会的审议意见，认为发行人符合发行条件和信息披露要求的，将审核意见、发行人注册申请文件及相关审核资料报中国证监会注册。[②]

① 《首次公开发行股票注册管理办法》第十九条规定："交易所设立独立的审核部门，负责审核发行人公开发行并上市申请；设立科技创新咨询委员会或行业咨询专家库，负责为板块建设和发行上市审核提供专业咨询和政策建议；设立上市委员会，负责对审核部门出具的审核报告和发行人的申请文件提出审议意见。"

② 《首次公开发行股票注册管理办法》第二十条。

原则上不得调整募集资金投资项目，指发行人在已通过上市委员会审议后，原则上不得改变募集资金的投资方向和内容，即不得增加、减少、替换或取消原拟投资的固定资产投资项目，以保证发行人的募集资金用途与招股说明书中披露的一致。之所以如此要求，是因为发行人的募集资金投资项目是发行人的发展战略和规划的重要组成部分，也是投资者对发行人的价值和前景的重要判断依据。上市委员会审议是发行人发行上市的重要环节，上市委员会审议意见是证券交易所对发行人是否符合发行上市条件的初步评判，也是投资者对发行人价值和投资决策的重要参考。如果发行人在已通过上市委员会审议后，随意或不合理地改变募集资金的投资方向和内容，可能会导致上市委员会审议基础和结果发生动摇，并影响投资者的投资决策。

调整募集资金的需求量，是指发行人在已通过上市委员会审议后，根据募投项目的实际投资情况、成本变化等因素，合理调整募集资金的投入金额和占比，即可以增加或减少原拟投资的固定资产投资项目的募集资金的需求量，但不得改变募集资金的投资方向和内容。例如，发行人拟用募集资金投资于智能汽车研发和生产项目，原计划投入募集资金10亿元，占募集资金总额的50%。但在已通过上市委员会审议后，由于市场环境的变化、技术进步的提升、合作伙伴的加入等因素，发行人发现该项目的实际投资成本降低了，只需要投入募集资金8亿元，占募集资金总额的40%。这种情况下，发行人可以合理调整募集资金的需求量，将原拟投入该项目的募集资金从10亿元减少到8亿元，将节省的2亿元用于其他用途，但不得改变该项目的投资方向和内容。

可以将部分募集资金用于公司一般用途，指发行人在已通过上市委员会审议后，由于合理调整募集资金的需求量，导致募集资金有剩余的部分，可以将这部分募集资金用于公司的一般用途，如补充流动资金、偿还银行贷款等，但需在招股说明书中说明用途的合理性和必要性。如前例中，智能汽车研发和生产项目原计划投入募集资金10亿元，后合理调整减少到8亿元，将节省的2亿元用于补充流动资金，以提高公司的经营效率和盈利能力。

在招股说明书中说明调整的原因，是为了让投资者了解发行人调整募集资金的需求量和用途的原因、依据、影响和风险，以便投资者重新评估发行人的募集资金的使用效果和回报，也是为了让发行人对募集资金的使用负责，避免随意或不合理地调整募集资金的需求量和用途。

②募集资金总额的调整

规则规定，已通过上市委员会审议的发行人如提出增加新股发行数量的，属于发行上市审核规则规定的影响发行上市及投资者判断的重大事项，需重新提交上市委员会审议。

提出增加新股发行数量，是指发行人在已通过上市委员会审议后，由于市场环境变化、募集资金需求变化等原因，向证券交易所申请增加新股的发行数量，以扩大募集资金的规模。例如，发行人在招股说明书中计划发行1亿股新股，募集资金总额为20亿元。但在通过上市委员会审议后，由于市场需求的增加、股价的上涨、资金的紧张等因素，发行人向证券交易所申请增加新股发行数量，将发行新股的数量增加到1.2亿股，募集资金总额增加到24亿元。

属于发行上市审核规则规定的影响发行上市及投资者判断的重大事项，是指发行人在已通过上市委员会审议后，发生的可能对发行人发行上市条件、发行人价值、发行人未来经营和发展、投资者投资决策等产生重大影响的事项，包括但不限于以下情形：发行人的主要财务数据、经营状况、业绩预测等发生重大变化；发行人的主要资产、业务、股权结构、控制权等发生重大变化；发行人的主要管理人员、董事、监事等发生重大变化；发行人的主要法律事项、诉讼、仲裁等发生重大变化；发行人的主要风险因素、风险揭示等发生重大变化；发行人的主要募集资金投资项目、募集资金用途等发生重大变化；发行人的主要发行安排、发行条件、发行价格等发生重大变化；发行人的主要保荐机构、会计师事务所、律师事务所等发生重大变化；发行人的主要相关方关系、关联交易等发生重大变化；发行人的主要信息披露、承诺履行等发生重大变化；发行人的主要行业环境、市场竞争、政策法规等发生重大变化；发行人的主要其他事项发生重大变化。①

重新提交上市委员会审议，是指发行人在已通过上市委员会审议后，

① 《证券法》第八十条规定："前款所称重大事件包括：（一）公司的经营方针和经营范围的重大变化；（二）公司的重大投资行为，公司在一年内购买、出售重大资产超过公司资产总额百分之三十，或者公司营业用主要资产的抵押、质押、出售或者报废一次超过该资产的百分之三十；（三）公司订立重要合同、提供重大担保或者从事关联交易，可能对公司的资产、负债、权益和经营成果产生重要影响；（四）公司发生重大债务和未能清偿到期重大债务的违约情况；（五）公司发生重大亏损或者重大损失；（六）公司生产经营的外部条件发生的重大变化；（七）公司的董事、三分之一以上监事或者经理发生变动，董事长或者经理无法履行职责；（八）持有公司百分之五以上股份的股东或者实际控制人持有股份或者控制公司的情况发生较大变化，公司的实际控制人及其控制的其他企业从事与公司相同或者相似业务的情况发生较大变化；（九）公司分配股利、增资的计划，公司股权结构的重要变化，公司减资、合并、分立、解散及申请破产的决定，或者依法进入破产程序、被责令关闭；（十）涉及公司的重大诉讼、仲裁，股东大会、董事会决议被依法撤销或者宣告无效；（十一）公司涉嫌犯罪被依法立案调查，公司的控股股东、实际控制人、董事、监事、高级管理人员涉嫌犯罪被依法采取强制措施；（十二）国务院证券监督管理机构规定的其他事项。公司的控股股东或者实际控制人对重大事件的发生、进展产生较大影响的，应当及时将其知悉的有关情况书面告知公司，并配合公司履行信息披露义务。"第八十一条规定："前款所称重大事件包括：（一）公司股权结构或者生产经营状况发生重大变化；（二）公司债券信用评级发生变化；（三）公司重大资产抵押、质押、出售、转让、报废；（四）公司发生未能清偿到期债务的情况；（五）公司新增借款或者对外提供担保超过上年末净资产的百分之二十；（六）公司放弃债权或者财产超过上年末净资产的百分之十；（七）公司发生超过上年末净资产百分之十的重大损失；（八）公司分配股利，作出减资、合并、分立、解散及申请破产的决定，或者依法进入破产程序、被责令关闭；（九）涉及公司的重大诉讼、仲裁；（十）公司涉嫌犯罪被依法立案调查，公司的控股股东、实际控制人、董事、监事、高级管理人员涉嫌犯罪被依法采取强制措施；（十一）国务院证券监督管理机构规定的其他事项。"《北京证券交易所上市公司证券发行上市审核规则》第四十四条规定："本章所称重大事项，是指可能对上市公司符合发行条件、上市条件或者信息披露要求产生重大影响的事项。"

发生了发行上市审核规则规定的影响发行上市及投资者判断的重大事项，需要向证券交易所重新提交发行上市申请文件，并经过上市委员会的再次审议，形成发行人是否符合发行条件、上市条件和信息披露要求的审议意见。由于发行人的新股发行数量是发行人的股本结构、募集资金规模、发行价格等的重要组成部分，也是投资者对发行人的价值和前景的重要判断依据，如果发行人在已通过上市委员会审议后，随意或不合理地增加新股发行数量，可能导致发行人的股本结构、盈利能力、估值水平等发生变化，影响上市委员会对发行人是否符合发行上市条件的判断，并影响投资者的投资决策。[①]

① 根据《首次公开发行股票注册管理办法》第十八条、第二十六条的规定，注册申请文件受理后，未经中国证监会或者交易所同意，不得改动。发生重大事项的，发行人、保荐人、证券服务机构应当及时向交易所报告，并按要求更新注册申请文件和信息披露资料。交易所应当对上述事项及时处理，发现发行人存在重大事项影响发行条件、上市条件的，应当出具明确意见并及时向中国证监会报告。《深圳证券交易所股票发行上市审核规则》第五十四条、《上海证券交易所股票发行上市审核规则》第五十五条规定："上市委员会审议会议后至股票上市交易前，发生重大事项，对发行人是否符合发行条件、上市条件或者信息披露要求产生重大影响的，发行上市审核机构经重新审核后决定是否重新提交上市委员会审议。重新提交上市委员会审议的，应当向中国证监会报告，并按照本章的相关规定办理。"